Anotações sobre a Propaganda Política e as Condutas Vedadas aos Agentes Públicos

Autor
ALCEU PENTEADO NAVARRO
Desembargador aposentado do TJ-SP,
Ex-Presidente do TRE-SP (2012 – 2013),
Advogado em São Paulo

Anotações sobre a Propaganda Política e as Condutas Vedadas aos Agentes Públicos

Atualizadas conforme as Leis nº 13.105, de 16/03/2015, nº 13.165, de 29/09/2015, e nº 13.188, de 11/11/2015

Apresentação
Arruda Alvim

Prefácio
Antônio Carlos Mathias Coltro

GZ
EDITORA
Rio de Janeiro
2016

1ª edição - 2016

CIP - Brasil. Catalogação-na-fonte.
Sindicato Nacional dos Editores de Livros, RJ.

N239a

Navarro, Alceu Penteado
Anotações sobre a propaganda política e as condutas vedadas aos agentes públicos / Alceu Penteado Navarro; apresentação Arruda Alvim; prefácio Antônio Carlos Mathias Coltro. - 1. ed. - Rio de Janeiro: LMJ Mundo Jurídico, 2016.
374 p.; 24 cm.

Inclui bibliografia e índice
ISBN 978-85-62027-95-6

1. Direito eleitoral - Brasil. I. Título.

16-35259

CDU: 342.8(81)

GZ EDITORA

e-mail: contato@editoragz.com.br
www.editoragz.com.br
Av. Erasmo Braga, 299 - sala 202 - 2º andar - Centro - Rio de Janeiro - RJ - CEP 20010-170
Tels.: (0XX21) 2240-1406 / 2240-1416 - Fax: (0XX21) 2240-1511

Impresso no Brasil
Printed in Brazil

Impressão e acabamento:
Grupo Smart Printer
Soluções em impressão

Apresentação

Alceu Penteado Navarro concedeu-nos a distinção de apresentar esta obra, intitulada "Anotações sobre a propaganda política e condutas vedadas".

O tema versado é de complexidade ímpar, de tal sorte que a qualidade da obra exigia do autor atributos que Alceu Penteado Navarro, desembargador aposentado do Tribunal de Justiça do Estado de São Paulo e ex-Presidente do Tribunal Regional Eleitoral de São Paulo, ostenta como poucos: erudição, experiência na matéria e habilidade para expor as ideias com propriedade e clareza.

A abordagem do conteúdo enunciado no título foi realizada em 16 minuciosos capítulos, que começam por definir, no capítulo primeiro, o processo eleitoral, sua finalidade e os princípios regentes, com o cuidado de esclarecer uma série de conceitos relacionados ao tema.

Ao depois, no capítulo segundo, passa-se à definição da propaganda política e de seus desmembramentos, com ênfase à propaganda eleitoral, tema profundamente tratado ao longo do trabalho.

O tratamento dos temas subsequentes observa a sequência dos dispositivos contidos na Lei das Eleições (nº 9.504/1997), merecendo destaque os capítulos que cuidam da configuração do abuso de poder (capítulo quarto) e do sistema de proibições de condutas eleitorais (capítulo quinze). A importância dos mencionados capítulos não ofusca o brilhantismo com que são tratados todos os aspectos da propaganda eleitoral, desde sua delimitação temporal (capítulo quinto), passando pelos casos de propaganda ilícita em bens públicos e bens de uso comum (capítulos sétimo e oitavo) e, explorando, ainda, a propaganda eleitoral nos diversos meios de comunicação (capítulos nono a doze).

Afigura-se-nos que o grande diferencial da obra consiste na forma pela qual o autor associa os fundamentos teóricos da propaganda política a aspectos inerentes ao funcionamento do processo eleitoral na prática, propiciando, assim, uma compreensão abrangente do assunto a ser tratado.

Complementarmente, o autor está atento aos objetivos das normas que tipificam condutas ilícitas, advertindo, sempre, que o abuso no exercício do direito à propaganda política – em especial, da propaganda eleitoral – contamina a liberdade de escolha da população. As consequências do exercício irregular desse direito são analisadas à luz da jurisprudência, com foco na realidade cotidiana e no ordenamento jurídico pátrio.

Constata-se, no decorrer da obra, a preocupação com o desenvolvimento de um processo eleitoral igualitário, livre e dentro dos parâmetros legais, a partir de uma propaganda que efetivamente propicie a escolha democrática

– embora, admita o autor, em muitos pontos, as dificuldades procedimentais e logísticas possam obstar essa finalidade.

Não temos dúvida em afirmar que relevantes questionamentos e críticas trazidos pelo autor certamente contribuirão para a efetivação de um processo eleitoral mais democrático.

Parabenizamos o autor e a editora pela publicação desta primorosa obra, que desponta como leitura obrigatória para os interessados no Direito Eleitoral e na compreensão das instituições democráticas deste país.

Arruda Alvim
Advogado. Desembargador Aposentado do TJSP.
Livre-docente pela Pontifícia Universidade Católica de São Paulo e Professor Titular (Mestrado e Doutorado) da Pontifícia Universidade Católica de São Paulo

Prefácio

Cuidar naturalmente de seu povo, onde quer que seja, ***não seria a melhor propaganda de bons políticos?*** **(Lya Luft).**

Originária a palavra do latim, *praefatio* serve para justificar ou apresentar determinada obra, podendo tanto ser escrito pelo próprio autor, quanto por terceiros ou o editor e tem como objetivo a descrição objetiva da obra e de quem a escreveu.

No caso, convidado para que o preparasse, recebi o pedido com imensa satisfação, preocupando-me, contudo, a tarefa a ser desenvolvida, tanto por ser o autor quem é, quanto pela responsabilidade atribuída ao prefaciador, de lançar notas sobre o que tenha sido elaborado, dispondo-me a tanto, apesar disso, por conta da amizade que, desde o ano de 1980, passou a entre nós existir, culminando com o fato de, ao ser promovido para o Tribunal de Alçada Criminal de São Paulo, ser por ele convidado para integrar a 6ª Câmara, onde se encontrava e para onde fui, ali permanecendo desde 1995 até a unificação dos Tribunais Paulistas, a Tribunal de Justiça, valendo o tempo em que trabalhamos juntos, para aferir que o Juiz Alceu Penteado Navarro não era conhecedor apenas do Cível, onde até a sua ida para o Segundo Grau, de forma efetiva, estivera atuando, em um dos Juízos Cíveis do Foro Regional do Tatuapé, tendo extrema aptidão também para a judicatura criminal.

Não bastasse isso e como já de algum tempo soubera, era e é ele afeito à Justiça Eleitoral, pela qual passara a interessar e gostar desde o momento em que seu pai, o ilustre Juiz Bolívar Ferraz Navarro, foi designado como Titular da 6ª Zona Eleitoral, tendo o próprio Alceu, posteriormente e já magistrado de carreira, atuado no Judiciário Eleitoral, acabando por ser eleito, pelo Tribunal de Justiça e ainda como Juiz de Direito, mercê de seus méritos, para o Tribunal Regional Eleitoral Paulista, onde ficou até sua promoção para a Corte de Alçada Criminal, local em que, depois de o prefaciador também ter podido integrar aquela Corte Eleitoral, novamente encontrou-se com o prefaciado, em virtude de também ser promovido para ocupar uma vaga então ali existente e na mesma Câmara por aquele integrada.

Não bastasse a aplicação que sempre dedicou ao aspecto doutrinário e jurisprudencial, nos setores em que atuou, Alceu também se ocupou em elaborar modelos destinados aos juízes recém ingressos na magistratura, os quais, quando solicitados, fornecia aos colegas novatos na carreira, sempre com simpatia e boa vontade que tradicionalmente ornamentavam sua pessoa.

Como a vida é cíclica e os fatos acabam por se reiterar, uma vez mais viemos a nos encontrar no Judiciário Eleitoral, onde, estando na condição de desembargador e justamente no instante em que assumiu a Presidência da Corte, cheguei eu novamente ali, como Vice-Presidente e Corregedor, ensejo em que pude verificar que sua conduta e forma de trabalho permaneciam conforme quando eu o conhecera, só aprimoradas em virtude da maior experiência, que o conduzia a novas ideias ao melhor desenvolvimento das tarefas que lhe cabiam e à melhoria da Corte, sempre procurando adequá-la às mudanças ocorridas na atualidade e ao disto decorrente, tanto formulando propostas novas, como buscando aprimorar as que lhe eram submetidas pelo Tribunal Superior Eleitoral, sempre com o intuito de agilizar e tornar mais prática a atividade dos vários Órgãos Integrantes da Justiça Eleitoral Estadual e inclusive nacional.

Por conta das iniciativas que teve como Corregedor Eleitoral e depois Presidente da Corte, logrou entabular convênio com o Poder Executivo Estadual, para que também o denominado *Poupa Tempo* passasse a atender, em regiões variadas, o cadastramento eleitoral, de forma rápida e exitosa, o mesmo se dando quanto ao atingimento de metas previstas pelo Conselho Nacional de Justiça e, que, inclusive, conduziu a que o TRE-SP recebesse o *Selo Ouro* outorgado por tal Organismo no ano seguinte ao último em que exerceu a Presidência da Corte.

No primeiro ano em que a presidiu, teve ensejo de conduzir as eleições para Prefeitos e Vereadores em São Paulo, com o resultado que se esperava, além de atingir os objetivos pretendidos.

Desde o início de seu mandato na classe Desembargador, no TRE, foi possível perceber sua intenção em preparar obra que tratasse de determinado aspecto em relação ao Judiciário Eleitoral, acabando por decidir-se por aquele que denomina e é o objetivo do presente livro, referente à propaganda eleitoral, mas no qual aborda uma gama enorme de assuntos envolvidos com o processo eleitoral, como as eleições e sua preparação e normatização decorrente do próprio Judiciário Eleitoral, sem olvidar o abuso de poder praticado no curso da campanha e principalmente o inerente à propaganda, fazendo considerações amplas e detalhadas sobre tudo o que comenta, abordando a maneira como ela pode ocorrer e interessantes circunstâncias que acabam por dela resultar.

Com a experiência adquirida desde a primeira instância, no trato da matéria e das tarefas que lhe foram cometidas enquanto judicava no setor, indica e de forma fundamentada, tudo o que pode ocorrer no espaço temporal em que a propaganda é permitida, apontando, ademais, a distinção entre ela e a publicidade, ingressando, outrossim, no complexo tema da interpretação das regras eleitorais e as soluções que a jurisprudência dos Tribunais Regionais e a do Superior Eleitoral tem adotado.

Preocupado, como sempre, em ser detalhista, aborda a propaganda política, a partidária, a intrapartidária, a eleitoral e a institucional, especificando o que é necessário ao entendimento de cada uma e o quanto delas decorre e tem que ser considerado pelo intérprete.

Como para tudo o que diga respeito às eleições há um tempo próprio e delimitado, comenta sobre o necessário a levar-se em conta quanto a tal, sempre se reportando à previsão legal ou regulamentar a respeito e invocando a jurisprudência pertinente que atine a cada caso e os aspectos que lhe são próprios, sem deixar de manifestar o entendimento que tem sobre os fundamentos que orientam as soluções que formula.

É obra séria, aprofundada e cuja leitura mostra ter sido escrita por quem, além de gostar do assunto, o conhece de forma profunda e tem autoridade para comentar sobre o quanto exposto em cada um dos 16 capítulos em que dividido o trabalho, podendo sobre eles comentar e conhecendo a razão de ser dos aspectos considerados.

Num cenário em que as variantes não são de fácil intelecção e cujo caminho, muita vez é tortuoso, conseguiu Penteado Navarro dissertar com profundidade e capacidade de argumentação, que indicam o conhecimento que possui sobre o que discorre, permitindo não só a compreensão a respeito, quanto a solução e afastamento de dúvidas que sobre este ou aquele ponto possam se apresentar.

Não bastasse o quanto tenha se dedicado e escrito acerca dos inúmeros aspectos ventilados no livro, ainda cuidou sobre cada qual pesquisando mesmo após considerar findo o trabalho, vindo a acrescentar outros comentários aos que já fizera, qualificando mais o que já fora suficientemente qualificado e com isto demonstrando ainda não estar satisfeito com o muito que já fora feito e a aplicação dada à sua obra.

Merece elogio pela pesquisa e exposição que faz a respeito de questão complexa e que demanda estudo aprofundado e conhecimento dos princípios orientadores o direito eleitoral e o quanto seja inerente à propaganda que ocorre nos períodos eleitorais.

A leitura da obra mostra o acerto da afirmação de Herman Hesse, no sentido de que *se o conhecimento se adquire*, a *experiência se transmite* e a que o autor passa é de extremo relevo para todos os que se dedicam ao ramo de direito a que concerne o que escreveu e traz a público.

Por isso e como é óbvio, interessou-se o editor em publicar seu texto e permitir que o público interessado na matéria aprofunde o conhecimento teórico e prático que o assunto necessita, muito honrado ao aqui subscritor o convite feito para prefaciar livro elaborado com tal esmero e com isto ter a oportunidade desde logo conhecer o escrito por seu autor e admirado amigo.

São Paulo de Piratininga, Outono de 2016

Antônio Carlos Mathias Coltro
Desembargador TJ-SP
Presidente do TRE-SP (2014/2015) e do Instituto Brasileiro de Direito Constitucional.
Mestre em Direito das Relações Sociais (PUC-SP).

Sumário

Capítulo 6

Capítulo 7

Capítulo 8

Capítulo 9

Capítulo 10

Capítulo 11

Capítulo 12

Capítulo 13

Capítulo 14

Capítulo 15

Capítulo 16

Introito

As explicações contidas nestes apontamentos mantêm, na medida do possível, a sequência dada aos dispositivos previstos na Lei das Eleições (nº 9.504/1997), inclusive quanto aos seus títulos, para facilitar ao leitor o exame desse instrumento legal. Vão elas acompanhadas de remissões ao direito positivo, em especial à Constituição da República, à Lei de Inelegibilidade (LC nº 64/1990) alterada em parte pela Lei da Ficha Limpa (LC nº 135/2010), à Lei dos Partidos Políticos (nº 9.096/1995), ao Código Eleitoral (Lei nº 4.737/1965), à Lei da Minirreforma Eleitoral (nº 12.891/2013) e, por fim, à Lei para Reduzir os Custos das Campanhas Eleitorais (nº 13.165/2015), a qual alterou as leis ordinárias anteriores e trouxe novos dispositivos sobre as eleições, basicamente para proibir o financiamento de campanha por pessoas jurídicas, encurtar o seu período, impedir a utilização de várias formas de propaganda (nova redação do art. 37) e, consequentemente, reduzir os gastos decorrentes da campanha. Este último instrumento legal busca, portanto, diminuir a influência do poder econômico na política, com o escopo de privilegiar o interesse público e, reflexamente, aumentar a legitimidade dos certames eleitorais.

Sintetizando: os instrumentos legais acima contêm preceitos relativos às modalidades de propaganda política, às condutas para elas previstas e às reprimendas pelo seu descumprimento.

Remete-se o leitor, igualmente, às várias leis que, de algum modo, são aplicadas ao *processo eleitoral*. Entre elas a de Abuso de Autoridade (nº 4.898/1965), que dispõe sobre o crime de atentado "aos direitos e garantias legais assegurados ao exercício do voto" (art. 3º, alínea *g*). Ainda no concernente aos crimes eleitorais, aplicam-se a eles as regras gerais do Código Penal (CE, art. 287) e na sua ação penal, como lei subsidiária ou supletiva, o Código de Processo Penal (CE, art. 364). Quanto às infrações e respectivas sanções de natureza administrativa (matérias apreciadas em processos não-penais), emprega-se também, subsidiariamente e supletivamente, o Código de Processo Civil (Lei nº 13.105/2015, art. 15). Com referência à aplicação do Código de Defesa do Consumidor (Lei nº 8.078/1990), este terá cabimento na parte que proíbe a propaganda falsa ou enganosa (arts. 6º, inc. IV, 30 e 37, §§ 1º a 3º). Aplica-se igualmente, no que couber, o Marco Civil da Internet (Lei nº 12.965/2014) quanto aos provedores que hospedam os terminais das redes (sites) na Internet destinadas à propaganda política (LE, arts. 57-A a 57-I). No que toca ao Direito de Resposta na propaganda (LE, arts. 58 a 58-A), utiliza-se apenas as regras de direito material da Lei do Direito de Reposta (nº 13.188/2015), dispostas no art. 12 e seu § 1º. Emprega-se a Lei de Direitos Autorais (nº 9.610/1998) também como subsidiária e supletiva de alguns instrumentos legais, como a Lei Fundamental (art. 5º, incs. XXVII e XXVIII, alínea *a*, e § 1º) e o Código Eleitoral (art. 243, inc. VIII, 4ª fig.). Cabe aplicar-se, igualmente, o Código Civil (Lei nº 10.406/2002), quanto às perdas e danos na divulgação de escritos, a transmissão da palavra ou a publicação, a exposição ou a utilização da imagem de uma pessoa quando lhe atingirem a honra, a boa fama ou respeitabilidade (arts. 11, 12 e 20); também quanto: (i) à natureza dos partidos políticos e a sua proteção (arts. 44, inc. V, e 52); (ii) à conceituação de bens públicos (arts. 98 e 99); (iii) aos atos ilícitos e ao abuso de direito (arts. 186, 187 e 927, **caput**).

Este despretensioso labor também pretende trazer à colação a *doutrina* mais autorizada, tendo por escopo o seu confronto com as decisões que formam algumas *correntes* na interpretação dos textos legislativos, em decorrência da enorme variedade de casos concretos que surgem na Justiça Eleitoral. A *jurisprudência* que promana dos pretórios exerce, nesse ponto, papel interpretativo de grande relevância, uma vez que estabelece a harmonia entre o direito escrito e a sua aplicação. O principal objetivo destas anotações consistirá, portanto, em *selecionar* os julgados pelos diversos *rumos* que tomaram na interpretação fático-jurídica dos casos reais. Proclamando o Direito Eleitoral, essas decisões judiciais são a viva **vox iuris**.

O valor da jurisprudência, como forma viva do Direito, merecerá destaque no que se vai discorrer acerca dos temas escolhidos.

De fato, deve ser conhecido o Direito na realidade do seu cotidiano, sem embargo do pouco apreço pela jurisprudência externado pelo insigne Luiz da Cunha Gonçalves, para quem os julgamentos devem resultar "sempre, do cuidadoso, consciencioso e inteligente exame das leis e dos fatos, e não, em grande parte, da lei do menor esforço, da *superstição* do precedente, da preguiça mental, da debilidade de dialética, e, não raro, da pobreza de conhecimentos jurídicos" (**in** Tratado de Direito Civil, 1ª ed. bras., Limonad, 1955, vol. I, tomo I, nº 17, págs. 124-5).

Contrapondo-se a tal pensar impulsivo, o eminente Francesco Ferrara (**in** Tratatto di Diritto Civile, vol. I, nº 12) observa que "A interpretação da lei é, de facto, essencialmente teleológica; mira ao resultado prático; quer realizar um ordenamento de protecção. Por isso se explica a eficácia prática da jurisprudência que plasmou e plasma continuamente o material jurídico e portanto, longe de situar-se no ambiente vazio da dialética, age num ambiente cheio de realidade" (tradução de Manuel A. Domingues de Andrade, sob título Interpretação e Aplicação das Leis, 3ª ed., Arménio Amado, Coimbra, 1978, p. 170). Prosseguindo, o mestre italiano afirma: "A extrema simplicidade é a manifestação do belo. Se se chega a conceber as relações mais complexas na mais simples das formas, atinge-se as culminâncias da arte" (ob. cit., nº 13, p. 181).

Entre nós, o festejado Washington de Barros Monteiro figura junto àqueles que têm posição contrária à ideia do "nenhum valor da jurisprudência como ciência". Depois de citar Rudolf von Ihering, asseverando que "a jurisprudência foi a filosofia nacional dos romanos", conclui: "inúmeras e benéficas foram as transformações introduzidas no direito romano pela jurisprudência, muitas vezes chamada de direito pretoriano, em homenagem à obra construtiva efetuada pelo pretor. Modernamente, ela se constitui em verdadeira fonte da vida jurídica. Na frase de Capitant, o direito jurisprudencial vem completar, enriquecer, modificar, recobrir de nova vegetação o direito escrito nos textos legislativos" (**in** Curso de Direito Civil, 42ª ed., Saraiva, 2009, vol. 1, págs. 22-3, sem grifo no texto original).

Importa destacar, aqui, que está se cuidando do que se chama Direito Codificado, onde a jurisprudência tem menor peso na motivação das decisões judiciais, mas não pode nem deve ser tida como irrelevante.

Com efeito, segundo preleciona José de Oliveira Ascensão, nos sistemas de Direito há dois subsistemas ocidentais. Nestes "é uso distinguir um sistema continental, ou de direito civil (os ingleses apõem os países de **civil law** aos países de **common law**) ou de direito escrito, ou romano-germânico, a um sistema anglo-saxão ou de **common law**" (**in** O Direito – Introdução e Teoria Geral, 2ª ed., Calouste Gulbenkian, Lisboa, 1980, nº 79, item II, p. 131).

Capítulo 1

1.1 – Do Processo Eleitoral em Sentido Amplo

A expressão *processo eleitoral* surge na Constituição Federal (art. 16), quando esta dispõe que a nova lei que o altere entre em vigor na data da sua publicação, mas não se irá aplicá-la à *eleição* que ocorra até um ano da data de sua vigência (conforme a EC nº 4/1993).

Cuida-se, aqui, de obrigatoriedade da norma jurídica só depois da sua **vacatio legis**, na qual o prazo foi postergado para além do preceito contido no art. 1º, **caput**, da Lei de Introdução às Normas de Direito Brasileiro. Esse prazo dilatado justifica-se pela necessidade de haver um arcabouço legislativo *uniforme* para a sequência de atos dirigidos à escolha dos representes do povo (isto é, trazer segurança jurídica), bem como para garantir-se a *estabilidade* do devido processo legal eleitoral (ou seja, evitar leis casuísticas), a fim de manter o equilíbrio político necessário ao Estado democrático de direito. Para compreensão mais aprofundada do preceito em questão, vejam-se os fundamentos jurídicos estratificados nas ementas 3, 4 e 5 de julgado do Pretório Excelso (Pleno, ADI 3.685/DF, relª Minª Ellen Gracie, RTJ, 199/957).

Esse texto constitucional contém a ideia de *processo para realizar-se eleições* (formas de organização, fiscalização e execução da legislação para a escolha dos candidatos aos cargos eletivos, bem como das decisões jurisdicionais dos litígios decorrentes desse certame), tratando-o com minudência no seu texto (cf., p. ex., arts. 14, § 5º, 28, **caput**, 29, inc. II, 45, **caput**, 46, **caput**, 77, **caput** e §§ 1º a 5º, e 82, todos com a redação dada pela EC nº 16/1997). Igualmente em conformidade com a Constituição (art. 14, § 9º), a lei complementar regulamenta os casos de inelegibilidade dos pretendentes aos cargos em disputa, os prazos de sua cessação e outras providências, todos estabelecidos na LC nº 64/1990 alterada pela LC nº 135/2010 (art. 1º, I a VII, em especial).

Em palestra proferida no I Congresso Brasileiro de Direito Eleitoral, a insigne Carmén Lúcia Antunes Rocha afirmou ser o "processo eleitoral instrumento de realização de democracia" (**apud** Sivanildo de Araújo Dantas, Teoria e Prática do Procedimento das Eleições Brasileiras, 2ª ed., Juruá, 2006, tít. 3, cap. 1, p. 90 e nota n. 97).

Sendo assim, é de concluir-se que o *processo eleitoral* possui *estrutura constitucional*. De fato, a *cidadania* constitui um dos *princípios fundamentais* da República, porque todo *poder emana do povo*, que o exerce por meio de representantes ou diretamente (CF, art. 1º, inc. II e seu par. único; CE, art. 2º). Esses representantes ou mandatários são eleitos pelo sufrágio universal e pelo voto direto, secreto e periódico (CF, arts. 14, cabeça, e 60, § 4º, inc. II; CE, art. 82, LE, art. 1º). Trata-se, por conseguinte, de um *sistema constitucional harmonioso*, destinado à disputa de cargos eletivos por escolha popular.

Decerto, "A ordem jurídica não é um sistema de normas jurídicas ordenadas no mesmo plano, situadas umas ao lado das outras, mas é uma construção escalonada de diferentes camadas ou níveis de normas jurídicas" (cf. Hans Kelsen, Teoria Pura do Direito, 4ª ed., Arménio Amado, Coimbra, 1979, cap. V, nº 35, letra *a*, p. 310). Partindo dessa lição, Arruda Alvim conclui que "Esta colocação da Constituição no ápice do edifício jurídico decorre da circunstância dela encerrar, ou pretender encerrar, todas as aspirações essenciais de um povo, num dado momento histórico (expressão dessa afirmativa está na CF/88, arts. 1º/4º, esp. nos arts. 1º e 2º)". Confira-se o seu Tratado de Direito Processual Civil, 2ª ed., RT, 1990, vol. 1, tít. I, cap. I, item 4.1.1, p. 248.

Bem andou o novo Código de Processo Civil, portanto, ao inserir no direito positivo a diretriz que se vai seguir: "O processo civil será ordenado, disciplinado e interpretado conforme os valores e as normas fundamentais estabelecidas na Constituição de República Federativa do Brasil, observando-se as disposições deste Código" (art. 1º).

Daí a ideia de que o *Direito Constitucional* abriga todos os ramos do Direito, especialmente o *Direito Político*, relativo à cidadania, com quem está intimamente ligado. O *Direito Político* se ramifica para compor o *Direito Público*, referente às relações entre o Estado e os particulares, o qual, por sua vez, subdivide-se para formar o *Direito Eleitoral*.

O *Direito Político* cuida das regras e princípios inerentes aos três *Poderes* (Legislativo, Executivo e Judiciário), dispondo sobre as atuações dos seus representantes, bem como das eleições e nomeações das pessoas que exercem esses *Poderes*, denominados de delegados da Soberania Nacional. Na sequência, vem o *Direito Público*, que se destina a normatizar as relações jurídicas com a predominância do interesse do Estado sobre o da Sociedade, tornando-o inescusável. Com efeito, o direito subjetivo individual é público quando a Administração participa da relação jurídica. Deveras, neste ramo não há autonomia da vontade, porque regula as chamadas relações de autoridade. Já o *Direito Eleitoral*, que interessa especialmente a este trabalho, dispõe sobre a soberania popular, exercida pelo sufrágio universal, pelo voto direto e secreto, com valor igual para todos, e pela alternância no poder (CF, arts. 1º, par. único, 14, **caput** e §§ 1º a 11º, 27, § 1º, 28, **caput**, 29, inc. I, 44, par. único, 46, §§ 1º e 2º, 77, **caput**, 81, § 1º, e 82; CE, arts. 1º, **caput**, 2º e 82). Consoante esse rol de direitos fundamentais, como razão última, o Estado existe para assegurar a felicidade dos indivíduos (CF, art. 3º, I a IV), conforme os ideais dos *federalistas* norte-americanos, expressados por Alexander Hamilton.

Os demais preceitos referentes ao ordenamento normativo do *Direito Eleitoral* não se encontram previstos na Constituição Federal, que os deixa para leis complementares (arts. 14, § 9º, e 121, **caput**) e ordinárias (art. 22, inc. I). Aquelas se encontram consubstanciadas na denominada Lei de Inelegibilidade (isto é, na LC nº 64/1990 alterada pela LC nº 135/2010). Seguindo a hierarquia do *sistema normativo*, vêm o Código Eleitoral, a Lei dos Partidos Políticos e a Lei das Eleições, todos eles alterados por diversos diplomas legais subsequentes, inclusive pela recente Lei nº 13.165/2015, a qual, por sua vez, altera a mencionada legislação infraconstitucional e, ainda, complementa a reforma das instituições político-eleitorais.

Vê-se, então, que o chamado *processo eleitoral* carece de um balizamento bem definido (= limites assinalados com clareza por meio de regras preestabelecidas), para possibilitar o seu controle efetivo. Quer dizer, o *processo eleitoral* deve ter uma estrutura tal que possa assegurar a coleta da vontade popular (= escolha) com a maior fidelidade. Em caso de violação das normas que lhe são pertinentes, devem ser impostas várias sanções, notadamente nos âmbitos administrativo-eleitoral e penal-eleitoral. Diante disso, verifica-se que a violação de preceitos considerados fundamentais para o *processo eleitoral* implicará em sanções mais fortes, as penais, uma vez que podem levar à privação de liberdade do infrator.

Depois de explicar como se deve compreender o *Direito Eleitoral substantivo* e *adjetivo*, Antônio Tito Costa propõe a seguinte definição: "Dá-se, também, genericamente, a denominação de *processo eleitoral* a todo complexo de atos relativos à realização de eleições, atos esses que vão desde a escolha de candidatos, em convenções partidárias, até a eleição e diplomação. Durante essa trajetória de atos, ficam eles sob a tutela da justiça eleitoral, que tem a sua competência exaurida com a diplomação dos candidatos" (**in** Recursos em Matéria Eleitoral, 9ª ed., RT, 2010, cap. 1, item 1.4, p. 28).

O *Direito Eleitoral substantivo* tem o mesmo significado de Direito substancial ou material, designativo do conjunto de normas que regem as relações jurídicas para que o poder, que emana do povo, seja exercido por meio de representantes eleitos ou, ainda, diretamente (CF, arts. 1º, par. único, e 14, incisos I a III). Noutras palavras, constitui-se num conjunto de normas destinadas a assegurar a organização e o exercício de direitos políticos, precipuamente os de votar e ser votado (CE, art. 1º, **caput**).

Não se está a tratar, aqui, de *Direito Eleitoral adjetivo*, o qual tem nítido caráter formal ou instrumental, isto é, destina-se a realizar ou assegurar o direito material pela jurisdição (composição ou resolução de conflitos pela aplicação das normas legais por intermédio de órgãos jurisdicionais). No Processo Não-Penal Eleitoral (que regulamenta as ações contenciosas eleitorais), além das normas previstas na legislação específica (ou melhor, Código Eleitoral e procedimentos isolados da Lei de Inelegibilidade e da Lei das Eleições), aplica-se, como lei subsidiária e supletiva, o Código de Processo Civil (art. 15). No Processo Penal Eleitoral (estabelecido no Código Eleitoral, arts. 355 a 364) aplica-se, também como lei subsidiária e supletiva, o Código de Processo Penal, como prevê o art. 364 aludido.

Nesta ordem de ideias, sob o prisma do *Direito adjetivo* e com técnica refinada, Arruda Alvim ensina: "A norma processual civil tem por fim fazer com que na sentença se aplique o Direito material. Objetiva-se, comumente, através da atuação ordenada e regular das normas do processo, *aplicar-se* o Direito material que já incidiu, mas que não produziu efeito" (**in** Tratado de Direito Processual Civil cit., vol. 1, tít. I, cap. I, item 4.7.1, p. 248). Do mesmo sentir é Odete Medauar que, apoiando-se na doutrina de Araújo Cintra, Ada Grinover e Cândido Dinamarco, explica que a norma processual tem a finalidade de se obter, "na experiência concreta, aqueles precisos resultados que o direito material preconiza... Em outras palavras, o escopo jurídico da jurisdição é a atuação (cumprimento, realização) das normas de direito substancial (direito objetivo)". Confrontar com

A Processualidade no Direito Administrativo, 2ª ed., RT, 2008, cap. IV, item 28.3, p. 55 e nota de rodapé nº 7.

Em consequência, as normas que regulam o processo eleitoral e, de forma supletiva e subsidiariamente, o ordenamento processual civil conferem proteção jurídica ao direito material (CF, art. 5º, inc. XXXV; CPC, arts. 3º e 15). Melhor dizendo, dá proteção destinada à tutela (ou garantia) do direito material (substancial ou substantivo), o qual está contido no denominado *processo eleitoral* (ou sistema de normas jurídicas destinado à realização de eleições).

Voltando os olhos ao *Direito material*, mas, também, valendo de princípios peculiares ao *Direito Processual Civil*, especialmente daquele que diz respeito à necessidade de se resolver os conflitos decorrentes da vida em sociedade, Pinto Ferreira revela que "O processo é indispensável à realização do direito, e tem uma estrutura e uma função, geralmente constante de uma pluralidade de atos, pelo que também se chama de procedimento" (**in** Código Eleitoral Comentado, 3ª ed., Saraiva, 1991, cap. II, item 1, p. 13). O processo, em última razão, constitui "um método de debate", como assinala Eduardo J. Couture (Introdução ao Estudo do Processo Civil, 3ª ed., Konfino, 1951, cap. III, p. 65), justificando o entendimento adotado na definição de *processo eleitoral* dada por Pinto Ferreira (ob. e loc. cits.). Assim, não é descabido considerar-se o *processo eleitoral* como sendo uma *sequência ordenada de atos*, ou melhor, um conjunto de atos que organiza a disputa pelos postos eletivos (= dispõe sobre a atividade eleitoral, que culmina nesse embate ou contenda).

Tomado sob o aspecto de conjunto de princípios e de regras jurídicas sequenciados, com alguma unidade, o *processo eleitoral* rege toda atividade político-partidária destinada ao exercício da soberania popular e da cidadania, pelo sufrágio universal e pelo voto direto e secreto, com valor igual para todos (CF, arts. 1º, par. único, e 14 a 16; LE, arts. 1º a 5º; CE, arts. 2º a 6º). O *processo eleitoral*, dessa forma, participa do aperfeiçoamento do *Estado democrático de direito*.

Reportando-se ao comando do parágrafo único do artigo 1º da Carta da República, o insigne Alexandre de Moraes esclarece que a *soberania popular* ainda tem como fundamento "normas constitucionais que encerram preceitos básicos sobre o processo político e o sistema eleitoral efetivamente adotado, uma vez que, na definição de Carl J. Friedrich (Gobierno constitucional y democracia, Madrid, Instituto de Estudios Políticos, 1975, p. 16 e ss.), *representação política* consiste no 'processo por meio do qual a influência de toda a cidadania, ou parte dela, sobre a ação governamental, se exerce, com a aprovação expressa e em seu nome, por pequeno número de pessoas, com efeitos obrigatórios para os representados'" (**in** Cidadania, 1ª ed., Atlas, 2013, tít. 1, p. 2, sem destaque no texto original).

Além dos ensinamentos da doutrina já aludidos, ao repelir a arguição de inconstitucionalidade da Lei nº 11.300/2006, sob o fundamento de ofensa ao princípio da anterioridade da lei eleitoral (CF, art. 16), o Pretório Excelso deu pela "inexistência de alteração do processo eleitoral" (Pleno, ADI 3.741/DF, rel. Min. Ricardo Lewandowski, DJ, 23/02/2007, p. 16, grifou-se). Em consulta, a Alta Corte Eleitoral cuida de seu cabimento "ainda que iniciado o processo eleitoral" (Cta 79.636/DF, rel. Min. Marco Aurélio, DJe, 10/09/2010, p. 10). Ademais, Instrução da mesma Corte Eleitoral traz também a expressão *processo eleitoral* com o mesmo sentido, ao estabelecer que, "1. Tendo sido realizadas audiências públicas com a finalidade de colher sugestões e debater, com os partidos políticos e a sociedade em geral, sobre as diretrizes para as eleições gerais de 2014, não há como alterar, em fase avançada do processo eleitoral, os critérios exigidos pela ResTSE nº 23.400/2013, o que causaria insegurança jurídica às entidades e institutos de pesquisa" (**v.** Inst. 95.219/DF, rel. Min. Dias Toffoli, DJe – 214, 13/11/2014, p. 103, grifou-se). Em todos esses casos, portanto, empregou-se a expressão *processo eleitoral* no seu sentido substancial ou material.

Por certo, para o exercício da soberania popular (ou governo por si mesmo), o nacional se alista no corpo eletivo, depois se filia a partido político, em sequência submete o seu nome à convenção do partido para a escolha de candidato dessa agremiação que, anteriormente, registrou-se perante a Justiça Eleitoral. Estando apto para a disputa, tal cidadão participa de campanha eleitoral, e concorre ao prélio que vem a seguir. Se vencer é proclamado eleito, recebe o diploma referente à vitória no certame e, por fim, com tal certificado toma posse no seu cargo eletivo. Assim sendo, do alistamento eleitoral à investidura no cargo eletivo, percorreu-se um *processo* disciplinado por muitas normas contidas em leis mistas, com predominância de preceitos de conteúdo material (p. ex., LI, LE, LPP, CE etc.), preceitos esses que, em conjunto, podem ser considerados um *processo eleitoral*.

Na forma acima a soberania e a cidadania são exercidas e resguardadas no Estado democrático de direito (CF, arts. 1º, incs. I e II, e 14, §§ 1º a 11). "A Constituição é aqui entendida num sentido material, quer dizer: com esta palavra significa-se a norma positiva ou as normas positivas através das quais é regulada a produção das normas jurídicas gerais" (cf. Hans Kelsen, Teoria Pura do Direito cit., cap. V, nº 35, letra *a*, p. 310).

Dispõe o Código Eleitoral, a esse respeito, que ele "contém normas destinadas a assegurar a organização e o exercício de direitos políticos precipuamente os de votar e ser votado" (art. 1º, **caput**). Quer dizer, conjunto ordenado de normas que se destinam à participação política do povo, cuja eficácia advém do próprio texto da Constituição Federal (art. 1º, par. único). Além de organizarem o *processo eleitoral*, a Lei de Inelegibilidade, o Código Eleitoral, a Lei dos Partidos Políticos e a Lei das Eleições contêm regras para a celeridade necessária ao seu pleno exercício.

O *processo eleitoral*, largo senso, constitui-se no conjunto de atos sucessivos destinados à realização de eleições, os quais se iniciam com a escolha dos candidatos, em convenção partidária (LE, arts. 7º a 9º e 11; LPP, arts. 3º a 17; CE, arts. 93, § 2º, e 94, § 1º, inc. I), e terminam com a entrega dos diplomas àqueles que, concluída a apuração dos votos, forem proclamados eleitos (LE, arts. 2º e 3º; CE, arts. 186, 197, IV, 198, 202, VIII e IX e § 1º, 210, par. único, e 215). Calha observar, em sequência, que o art. 2º da recente Lei nº 13.165, de 29/09/2015, deu nova redação aos arts. 9º e 11 à Lei das Eleições, enquanto o art. 4º da mesma Lei nº 13.165 deu nova redação ao art. 93, § 2º, do Código Eleitoral.

Há quem o chame de *procedimento eleitoral*. Na linguagem jurídica mais descuidada, aliás, os termos *processo* e *procedimento* são usados promiscuamente.

Sintetizando-se, o chamado *processo eleitoral* compreende uma sucessão de atos, na forma estabelecida por lei, com o escopo de escolher os candidatos que, mais votados, são considerados eleitos e, deste modo, são investidos nos cargos eletivos.

Levando em conta a finalidade do processo em questão, infere-se que os seus atos, sempre sequenciados, têm por objetivo a renovação dos mandatos dos representantes dos cidadãos; destinam-se tais atos, portanto, à escolha dos titulares de mandatos (ou mandatários) pelos eleitores (ou mandantes) que os investem de poder, vale dizer, são governantes escolhidos pela vontade dos governados (CF, arts. 1º, par. único, e 14, **caput** e § 1º; LE, art. 1º; CE, arts. 2º e 82).

Segundo o ilustrado Marco Aurélio Mendes de Farias Mello, a "Capacidade eleitoral ativa pressupõe o direito político de votar, de participar efetivamente na formação da vontade de Estado" (**in**

Comentários à Constituição Federal de 1988, 1ª ed., Forense, 2009, art. 14, item 2, p. 493). Decerto, "Todo poder emana do povo não quer dizer, de si só, que em seu nome seja exercido" (cf. Pontes de Miranda, Comentários à Constituição de 1946, 4ª ed., Borsoi, 1963, t. I, art. 1º, item 11, p. 376).

Tal *processo eleitoral* é, pois, a forma legal de *investidura no poder* dos agentes políticos que dependam de eleição (CF, art. 1º, par. único), na qual são colhidas as manifestações dos cidadãos sobre os candidatos que lhes aprouverem. Vale dizer, é a forma de escolha dos que irão exercer a chamada *investidura eletiva*.

Na compreensão mais simples, por intermédio do *processo eleitoral* ouve-se a *palavra do povo*, como pressuposto necessário do *autogoverno*.

De fato, "a estruturação de qualquer governo procede, em última análise, da comunidade, ou do povo" (cf. Manoel Gonçalves Ferreira Filho, O Poder Constituinte, 5ª ed., Saraiva, 2007, nº 19, p. 26). Daí afirmar-se que a democracia "É o governo do povo pelo povo, com o povo, para o povo" (cf. Pinto Ferreira, Comentários à Constituição Brasileira, 1ª ed., Saraiva, 1989, vol. 1, art. 1º, p. 34).

Note-se, neste ponto, que "O sentido da palavra *povo*, na Constituição, exprime noção de conteúdo essencialmente político. *Povo* é o conjunto de eleitores, que se qualificam pela posse da cidadania. Esse conceito distingue-o, por inconfundível, das noções de *população* (totalidade das pessoas que habitam o País) e de *nação* (conjunto de pessoas que partilham identidade sócio e ético-cultural). A definição de *povo* rege-se por critério exclusivamente político; a de *população*, por um critério demográfico; e de *nação*, por um critério de caráter étnico-cultural. A concepção de *povo* é estritíssima. A de *população*, amplíssima" (cf. José Celso de Mello Filho, Constituição Federal Anotada, 2ª ed., Saraiva, 1986, nota ao art. 1º, p. 27).

Não é demais lembrar, ainda, que "O conceito de cidadania se estendeu em direção a uma perspectiva na qual o cidadão não é apenas aquele que vota, mas aquela pessoa que tem meios para exercer o voto de forma consciente e participativa" (cf. José Luiz Quadros de Magalhães, Comentários à Constituição Federal de 1988, 1ª ed., Forense, 2009, art. 1º, item 1.5, p. 19).

Ensina o douto Antônio de Sampaio Dória que a votação "É o ponto culminante do pleito eleitoral. É o momento em que o cidadão última sua escolha. Pela propaganda que lhe chegou aos ouvidos, ou por conhecimento próprio, já se inteirou do valor dos candidatos" (**in**

Direito Constitucional, 3ª ed., Nacional, 1953, tomo 1º, parte 2ª, cap. V, p. 384).

Como o ato principal do *processo eleitoral* é o da *eleição*, ou melhor, da *votação*, o seu dia – primeiro domingo de outubro, em primeiro turno, e o último domingo desse mês, em segundo turno, se houver, do ano anterior ao término dos mandatos –, serve de marco para estabelecer, muitas vezes, as épocas dos demais atos do certame. Encontrando-se em situação intermediária, no período destinado ao *processo eleitoral*, é desse dia da eleição, em primeiro turno, que serão contados, as mais das vezes, os prazos para a realização de outros atos. De molde que se contam os prazos quer de trás para frente (o termo de referência retrocede para indicar a época do ato), quer da frente para o fim (o termo inicial segue até o momento destinado ao ato). Em resumo: muitos dos prazos do *processo eleitoral* correm do dia da *votação*, para trás ou para frente, até o seu termo final.

Ressalte-se, por oportuno, que o *processo eleitoral* sempre envolve o *Direito Constitucional* e vários ramos do *Direito Político*, especialmente do *Direto Público* e o seu sub-ramo *Direito Eleitoral*, dividido, finalmente, em *Administrativo Eleitoral* e *Penal Eleitoral*, nos quais devem ser buscados os seus princípios basilares.

Diante disso, cabe relembrar que "**se entende por Derecho público la parte del ordenamento jurídico que regula las relaciones del Estado y de otras corporaciones investidas de poder de autoridade, tanto con sus membros com entre sí, así como la organización de dichas corporaciones**" (cf. Karl Larenz, Derecho Civil, Parte General, 1ª ed., Edersa, Madrid, 1978, § 1, item I, letra *a*, p. 1).

No *processo eleitoral*, os prazos de natureza tanto material como formal (isto é, substantiva ou adjetiva) estão dispostos de maneira muito desordenada, dificultando sua compreensão e cumprimento acerca da tramitação. Daí possibilita o surgimento do "jus esperniandi" de que fala Lauro Barretto, quando trata das práticas e atividades políticas relacionadas "às aspirações pessoais de cada cidadão" (**in** Das Representações no Direito Processual Eleitoral, 1ª ed., Edipro, 2006, 1ª parte, p. 29).

Por certo, consoante essa sagaz observação de Lauro Barretto, no *processo eleitoral* surge, comumente, o esperneio, isto é, a tentativa de reverter uma situação jurídica da qual se discorda, com veemência, que justifica, então, o emprego de todos os instrumentos processuais possíveis para obter-se o pretendido, até mesmo da chicana. Daí a necessidade de haver normas claras e bem detalhadas, isto é, um bom arcabouço normativo.

Segue no mesmo diapasão Alexandre de Moraes, que fala da necessidade de "regras claras sobre o regime de governo e o sistema eleitoral, uma vez que a escolha do sistema eleitoral exerce forte e direta influência sobre o exercício da soberania popular" (**in** Cidadania cit., tít. 1, p. 2).

Realmente. Para amparar os direitos garantidos pelo sistema eleitoral, que são quase sempre conflituosos (= os envolvidos encontram-se muitas vezes em campos opostos), surge a necessidade do *processo* destinado a interpretar-se o direito aplicável ao caso concreto e, também, satisfazer as pretensões dos interessados (= legislação realizada pela jurisdição). O *processo*, neste segundo sentido, constitui-se num instrumento para obter o previsto no direito material (= produzir as consequências jurídicas pretendidas).

Na lição de Elcias Ferreira da Costa, "Como direito instrumental, formal ou adjetivo, o processo eleitoral tende, com suas normas: a) formalizar o adimplemento do dever eleitoral (alistamento, votação, apuração, diplomação e outras funções estatais); b) verificar, julgar e dar execução aos deveres dos funcionários do Estado (juiz, inclusive) na satisfação dos direitos pré-eleitorais (registro, elegibilidade, organização partidária e propaganda política); c) verificar, julgar e dar execução aos direitos consequentes à ocorrência normal dos fatos geradores eleitorais (votação, apuração e diplomação) e compor litígios oriundos da competitividade dos interesses, tanto individuais quanto partidários, na esfera dos direitos subjetivos públicos, quer os que são pressupostos, quer os que são consectários dos fatos geradores eleitorais" (**in** Direito Eleitoral, 2ª ed., Forense, 1994, cap. XI, item 96, págs. 137-8). Tal ensinamento foi abonado por Torquato Jardim (**v.** Direito Eleitoral Positivo, 1ª ed., Brasília Jurídica, 1996, V, 18, item 171, p. 119).

Entretanto, a clareza necessária aos ritos processuais não existe em nosso sistema normativo eleitoral, como vai seguir-se.

Com razão a crítica. Um exemplo concreto pode facilitar a sua compreensão. Inexiste prazo para a propositura das *representações* por *propaganda eleitoral irregular* (ver LE, art. 96, **caput**; AI 3.308/CE, rel. Min. Fernando Neves, DJ, 06/09/2002, p. 205). Apesar disso, o mesmo preceito legal (art. 96) estabelece o prazo de 48 horas para a defesa do representado (§ 5º) e 24 horas para a sua decisão e publicação (§ 7º). Cabendo recurso, novamente será de 24 horas o prazo para a sua interposição (§ 8º) e 48 horas o julgamento pelo tribunal (§ 9º).

Vale a pena mencionar outro exemplo, refente à *representação* prevista no art. 30-A da Lei das Eleições, a ser proposta no prazo de 15 dias da diplomação, possui prazo de 3 dias tanto para o recurso como para as suas razões (art. 30-A, § 3º), seguindo a regra geral do art. 258 do Código Eleitoral e, em consequência, afastando-se daquele de 24 horas do § 8º do art. 96 da mesma Lei das Eleições.

Esses prazos exíguos justificam-se, aliás, "pela solução imediata da lide" (cf. TSE, AgR - AI 3.055/SP, rel. Min. Fernando Neves, DJ, 12/04/2002, p. 187). Com efeito, em se tratando de *propaganda eleitoral irregular*, a *eficiência processual* é imprescindível. A propósito, pela importância do princípio, ele está previsto na Constituição Federal (art. 5º, inc. LXXVIII e § 1º) e no Código de Processo Civil (art. 4º). Está-se, portanto, diante de uma espécie de procedimento sumaríssimo para ser aplicado em caso de desrespeito às *normas da propaganda eleitoral* ou infração das normas proibitivas sobre o exercício desse direito. Não deve ser confundido, porém, com o procedimento destinado ao exercício do direito de resposta do ofendido (LE, art. 58 a 58-A), estudado mais adiante (item 14.1).

Diante da lacuna apontada acima, "3. A jurisprudência firmou-se no sentido de que o prazo final para ajuizamento de representação, por propaganda eleitoral antecipada ou irregular, é o da data da eleição" (TSE: R - Rp 189.711/DF, rel. Min. Joelson Dias, DJe - 91, 16/05/2011, p. 52; R - Rp 153.691/DF, relª Minª Laurita Vaz, DJe - 117, 27/06/2014, p. 47).

Vale lembrar, p. ex., que, em descompasso com o comando do § 8º do art. 96 da Lei das Eleições, o art. 259 do Código Eleitoral prevê o prazo de 3 dias para a interposição de recursos eleitorais, como regra geral. Daí a solução de se fixar, no recurso contra decisão em reclamação por descumprimento da Lei das Eleições, o prazo de interposição em 24 horas (cf. TSE, AgR - REspe 24.600/RS, rel. Min. Caputo Bastos, DJ, 15/04/2005, p. 162). Sim, nesta interpretação, aplicou-se o *critério da especialidade* (**lex specialis derogat legi generali**).

Observe-se, por oportuno, que a dita *representação* por propaganda eleitoral irregular (LE, art. 96, **caput**) é diversa da *ação de impugnação de pedido de registro de candidatura* (AIPRC). Esta *ação* tem o seu procedimento previsto na Lei de Inelegibilidade (arts. 3º a 15), enquanto que o *processo de registro de candidatura* encontra-se regulado na Lei das Eleições (arts. 10 a 16-A; ver que o art. 16 tem nova redação dada pelo art. 2º da Lei nº 13.165/2015).

Cumpre notar também que, na aplicação dos arts. 10 a 16-A da Lei das Eleições, "2. A jurisprudência do colendo Tribunal Superior Eleitoral é firme no sentido de que os prazos relativos a processo de registro de candidatura são peremptórios, contínuos e correm em secretaria ou cartório, não se suspendendo, durante o período eleitoral, aos sábados, domingos e feriados" (TSE: AgR – REspe 12.212/MS, rel. Min. Dias Toffoli, ac. publ. em sessão de 18/10/2012, grifou-se; AgR – REspe 68.230/RJ, rel. Min. Henrique Neves, ac. publ. sessão de 18/09/2014). Neste rito estabelecido pelos arts. 10 e seguintes da Lei das Eleições, portanto, aplica-se, subsidiariamente, o preceito do art. 16 da Lei de Inelegibilidade, harmonizando-o com os dispositivos dos arts. 219, 222, **caput**, 1ª parte, e 224, **caput**, todos do Código de Processo Civil.

Sucede, porém, que "1. Não se aplica ao recurso contra a expedição de diploma os prazos peremptórios e contínuos do art. 16 da Lei Complementar nº 64/90" (cf. TSE, RCED 653/SP, rel. Min. Fernando Neves, DJ, 25/06/2004, p. 82).

Sem embargo da proibição legal de aplicar-se à decadência "normas que impedem, suspendem ou interrompem a prescrição" (ver CC, art. 207), "1. Segundo a jurisprudência do TSE, a superveniência do recesso forense no transcurso do prazo decadencial autoriza a prorrogação de seu termo final para o primeiro dia subsequente" (cf. TSE, AgR – RCED 671/PR, rel. Min. Dias Toffoli, DJe – 65, 09/04/2013, p. 37, sem grifo no texto original).

Deve ser mencionada, igualmente, a *ação de investigação judicial eleitoral* (AIJE), regulada pelos arts. 1º, inc. I, alínea *d*, e 22, incs. I a XVI, ambos da Lei de Inelegibilidade. Substitui ela a investigação prevista no art. 237, §§ 2º e 3º, do Código Eleitoral, até então destinada a produzir prova de *abusos de poder*, para a posterior *ação* denominada, indevidamente, *de recurso contra a expedição de diploma* (RCED), que vem disciplinado pelo art. 262 do mesmo códex (com a redação dada pela Lei nº 12.891/2013).

Por outro lado, assentou-se que "1. Esta Corte pacificou entendimento no sentido de ser incabível a interposição de recurso contra expedição de diploma com fundamento no art. 262, IV, do Código Eleitoral, uma vez que tal dispositivo não foi recepcionado pela Constituição Federal, conforme jurisprudência firmada a partir do julgamento do RCED 884/PI, orientação que foi aplicada, inclusive, em feitos alusivos ao pleito de 2012 (REspe 413, rel. Min. João Otávio de Noronha, DJe - 71, 15/04/2015, p. 28; AgR-REspe 2.320/RN, rel. Min. Henrique Neves, DJe - 193, 14/10/2014, p. 28)". Confira-se a Aç. Cautelar 105.237/PI, rel. Min. Henrique Neves, DJe, 26/11/2015, p. 75.

Cabe advertir, por necessário, que os casos de *abuso de poder* - econômico, político, de autoridade e do uso indevido dos meios de comunicação -, corrupção ou fraude devem ser apreciados em *ação de impugnação de mandato eletivo* (AIME), a teor do art. 14, § 10, da Constituição Federal. Nesta ação, até a sentença, deverá ser observado o rito dos arts. 3º a 8º da Lei de Inelegibilidade (TSE: AgR - REspe 25.443/SC, rel. Min. Humberto Gomes de Barros, DJ, 10/03/2006, p. 177; RMS 71.926/PI, rel. Min. Henrique Neves, DJe - 186, 27/09/2013, p. 66). Note-se, ademais, que o abuso de poder econômico entrelaçado com o abuso de poder político poderá ser objeto de ação de impugnação de mandato eletivo (AIME), a teor da jurisprudência dominante (TSE: REspe 28.040/BA, rel. Min. Carlos Ayres Britto, DJ, 01/07/2008, p. 249; AgR - AI 11.708/MG rel. Min. Felix Fischer, DJe - 70, 15/04/2010, p. 18).

De outra feita, a Alta Corte Eleitoral confirmou decisão que, em ação de investigação judicial eleitoral (AIJE), "reconheceu a prática de abuso do poder econômico e político em um esquema de aliciamento de eleitores para alistarem-se ou transferirem seus domicílios eleitorais, com a doação de terrenos e o oferecimento de transporte para a sede da zona eleitoral, além do fornecimento de documentos e orientações por ocasião dos requerimentos na Justiça Eleitoral" (AC 85.230/RN e REspe 1.153.348/RN, rel. Min. Henrique Neves, DJe - 157, 19/08/2015, p. 60).

Do exposto se conclui que "1. O recurso contra a expedição de diploma (RCED) é instrumento processual adequado à proteção do interesse público na lisura do pleito, assim como o são a ação de investigação judicial eleitoral (AIJE) e a impugnação de mandato eletivo (AIME). Todavia, cada uma dessas ações constitui processo autônomo, dado possuírem causas de pedir próprias e consequências distintas, o que impede que o julgamento favorável ou desfavorável de alguma delas tenha influência no trâmite das outras" (cf. TSE: ED - RCED 698/TO, rel. Min. Felix Fischer, DJ, 05/10/2009, p. 18; REspe 28.015/RJ, rel. Min. José Augusto Delgado, DJ, 30/04/2008, p. 5).

Não é demais lembrar, por oportuno, que as ações visando o indeferimento, a perda ou o cancelamento do registro de candidaturas ou de diplomas, são processadas por ritos fixados dentro do *proces-*

so eleitoral (cf., p. ex., Marcos Ramayana, Direito Eleitoral, 14ª ed., Impetus, 2015, item 16.1, p. 676; José Jairo Gomes, Direito Eleitoral, 11ª ed., Atlas, 2015, cap. XII, item 3, p. 266; TSE, RCED 643/SP, rel. Min. Fernando Neves, DJ, 06/08/2004, p. 158).

Durante a apuração dos votos pelas Juntas Eleitorais também não há suspensão dos prazos em sábados, domingos e feriados (CE, art. 159, **caput**).

Para se computar os prazos, quando a lei eleitoral não os prevê, exclui-se o dia do começo e se inclui o do vencimento, como dispõem as leis que devem ser aplicadas supletiva e subsidiariamente (CC, art. 132, **caput**; CPC, art. 224, **caput**).

De outro lado, "os prazos de meses e anos expiram no dia de igual número do de início, ou no imediato, se faltar exata correspondência" (CC, art. 132, § 3º; TSE, Cta 13.115/DF, rel. Min. Henrique Neves, DJe - 154, 20/08/2014, p. 71).

Já nos prazos fixados por hora, contar-se-ão de minuto a minuto (CC, art. 132, § 4º; STF, Pleno, RMS 21.030/CE, rel. Min. Sepúlveda Pertence, DJ, 19/02/1993, p. 2.033), mas estes podem ser convertidos em dia (TSE, AgR - REspe 26.904/RR, rel. Min. Cezar Peluso, DJ, 12/12/2007, p. 192).

No Direito Eleitoral, inexistindo regra específica sobre o cômputo do prazo, aplicam-se, subsidiariamente, outros diplomas legais no que toca à forma de sua contagem, como preconizam Francisco Dirceu Barros (**in** Direito Processual Eleitoral, 1ª ed., Elsevier, 2010, cap. 10, nº 14.2, págs. 331-2 e nota 32) e Lauro Barretto (Propaganda Política & Direito Processual Eleitoral, 1ª ed., Edipro, 2004, 4ª parte, nº 1, págs. 166-7 e nota n. 99). Sem qualquer dissensão vem se manifestando a Alta Corte Eleitoral (ver, **exempli gratia**, AI 12.040/MS, rel. Min. Torquato Jardim, ac. publicado em sessão de 10/08/1994; REspe 26.078/RO, rel. Min. José Augusto Delgado, DJ, 06/12/2006, p. 153; AgR - REspe 27.132/DF, rel. Min. Caputo Bastos, DJ, 02/05/2007, p. 117).

Demais disso, a Lei de Introdução às Normas de Direito Brasileiro permite que, no caso de omissão da lei, seja aplicada a *analogia* (art. 4º). Não discrepa o Código de Processo Civil (art. 140). Vale dizer, o que está implícito num preceito legal empregado para preencher a *lacuna* da ordenação jurídica. Proíbe-se, todavia, surpresa aos partícipes da disputa eleitoral com a alteração do *processo eleitoral*, os quais também se encontram protegidos pelo *princípio da segurança jurídica* (CF, arts. 16 e 5º, **caput**, 4ª fig., combinados).

A propósito, o nosso direito eleitoral positivo, além de conter omissões e ser posto de maneira fragmentada, prima por misturar institutos de direito material com os de direito formal. A ausência de técnica legislativa cria, consequentemente, dificuldade na análise da norma jurídica em si mesma, e no processo isolado da sua formação, bem como no exame das "normas nas suas recíprocas relações e consideradas, antes de mais, sob o ângulo da sua interpretação no sistema jurídico de que fazem parte" (cf. José Dias Marques, Introdução ao Estudo do Direito, 4ª ed., Universidade de Lisboa, 1972, nº 71, item 2, p. 302).

Convém frisar, por oportuno, que o *processo eleitoral* não deve ser confundido com os seus *ritos processuais*, destinados à *prestação jurisdicional*. Esta busca compor o *conflito de interesses*, assegurando a organização e o exercício de direitos políticos. Em outras palavras, o primeiro constitui o *direito substantivo* (normas reguladoras das relações jurídicas), enquanto que o segundo representa o *direito adjetivo* (normas para o exercício do direito já existente, assegurando-lhe a realização).

O *processo eleitoral* (na condição de *direito material*), pelo lado passivo da relação jurídica, é constituído por normas de dever jurídico e de sujeição (cf. Manuel A. Domingues de Andrade, Noções Elementares de Processo Civil, 1ª ed., Coimbra, 1979, tít. I, cap. I, item 1, p. 1; ou Teoria Geral da Relação Jurídica, 1ª ed., Almedina, 1983, vol. I, item 3, II, p. 16).

Do exposto, pode-se afirmar que o *direito eleitoral* pode ser dividido em *material* e *formal*, cada qual subdividido em *não-penal* (ou *administrativo eleitoral*) e *penal-eleitoral*. O *não-penal eleitoral* ou *administrativo eleitoral* destina-se a proteger o interesse público, embora, em segundo plano, possa tutelar interesse particular. O *penal eleitoral* igualmente protege o interesse político da sociedade, porém destina-se à violação de preceitos mais importantes. Importa frisar que, não poucas vezes, as condutas proibidas no campo administrativo são dotadas de sanções mais rigorosas (**verbi gratia**, cancelamento do registro ou do diploma, perda ou cassação do mandato eletivo e decretação da inelegibilidade) daquelas definidas como crime eleitoral.

Por outro lado, o *direito eleitoral formal* comporta o *direito processual civil* (utilizado em todos os litígios não-penais, chamados de contenciosos) e o *direito processual penal* (aplicado exclusivamente em litígios penais). Cuidando da divisão **ratione materiae** entre a jurisdição penal e a jurisdição civil, José Frederico Marques explica que "A jurisdição penal cuida dos litígios penais e a jurisdição civil dos litígios não-penais[9]" (**in** Tratado de Direito Processual Penal, 1ª ed., Saraiva, 1980, vol. I, § 4º, item 16, p. 19). Explica esse autor, em outra obra, que "Há, por isso mesmo, uma *teoria geral do processo*, que informa tanto o Direito Processual de cada uma das justiças especiais como o da jurisdição ordinária. Até mesmo o processo eleitoral propriamente dito, que é, no direito pátrio, o que se distingue pelo maior número de institutos e normas só a ele peculiares, guarda nos seus contornos matrizes e principais, a conformação genérica dos demais processos" (**in** Manual de Direito Processual Civil, 2ª ed., Saraiva, 1974, vol. I, item 19, p. 20; ainda Instituições de Direito Processual Civil, 2ª ed., Forense, 1962, vol. I, § 3º, item 9, págs. 41-4).

Sintetizando os ensinamentos acima, o novo Código de Processo Civil dispõe que, "Na ausência de normas que regulem processos eleitorais, trabalhistas ou administrativos, as disposições deste Código lhes serão aplicadas supletiva e subsidiariamente" (art. 15, grifou-se).

Em síntese: a delimitação entre o Direito Processual Penal e o Direito Processual Civil se faz mediante a exclusão daquele.

Já o direito substantivo ou material possui os sub-ramos *administrativo eleitoral* (LI, art. 1º; LE, arts. 1º a 57, 91 a 93-A, 98 a 105; CE, arts. 42 a 256) e *penal eleitoral* (LI, art. 25; LE, arts. 33, § 4º, 34, §§ 2º e 3º, 35, 39, § 5º, I a III, 40, 41-A, 57-H, §§ 1º e 2º, 68, § 2º, 72, I a III, 87, § 4º, 90, §§ 1º e 2º, 91, par. único, e 94, § 2º; L 7.021/82, art. 5º; L 6.091/74, art. 11, I a V e par. único; CE, arts. 283 a 564). O direito adjetivo ou instrumental, por sua vez, contém os sub-ramos *processual civil eleitoral* (LI, arts. 2º a 26-C; LE, arts. 30-A, 40-B, 41-A, 57-D, 57-I, 58 e 58-A, 63, § 1º, 76, § 4º, 81, § 4º, 87, § 4º, 94 a 97-A e 105-A; CE, arts. 12 a 41 e 257 a 364) e *processual penal eleitoral* (LE, art. 94, § 3º; CE, arts. 236 e 355 a 364).

A propósito, na *Justiça Eleitoral* há independência das instâncias *administrativa* e *penal*, com exceção aos casos de inexistência de materialidade ou negativa de autoria decididos na jurisdição *penal*. Nestas duas únicas hipóteses, portanto, a decisão criminal absolutória projetará os seus efeitos na instância *administrativa* (art. 364 do CE c.c. art. 386, incs. I e IV, do CPP; ainda STF: Pleno, MS 22.476/AL, rel. Min. Marco Aurélio, DJ, 03/10/1997, p. 49.230; 1ª T., HC 101.604/SP, rel. Min. Dias Toffoli, RT, 914/401).

Em sequência, cumpre frisar que "o processo se apresenta desvinculado do direito material (supostamente) ofendido". Eduardo

Arruda Alvim ainda explica que, "Conforme a divisão do poder jurisdicional, temos os vários sub-ramos do direito processual. Em regra, a atividade jurisdicional é exercida pelos órgãos do Poder Judiciário (atividade típica desse Poder), o que representa um critério orgânico, o principal. Dentro do Poder Judiciário, temos, de um lado, as jurisdições especializadas, como a do trabalho, militar e eleitoral, e, de outro, a jurisdição ordinária ou comum, que exerce tanto a jurisdição civil como a penal. Assim, o que não for de competência das jurisdições especiais será afeto à jurisdição comum. Neste sentido é que se fala em direito processual penal, eleitoral, militar e trabalhista. Cada sub-ramo do direito processual, que é o ramo maior, regulamenta o exercício da atividade jurisdicional nesses campos específicos" (**in** Direito Processual Civil, 3ª ed., RT, 2010, cap. I, item 3, p. 38, sem destaques no texto original).

Prosseguindo-se, convém frisar que o *processo eleitoral*, em boa parte, não contém lide (ou seja, conflito de interesse ou contenda). A circunstância de atribuir-se à Justiça Eleitoral o exercício de *funções de índole administrativa* (atípicas para as demais Justiças) decorre, apenas, de *considerações de conveniência* dos interesses envolvidos na disputa dos pleitos. De fato, os Poderes Executivo e Legislativo – que são *poderes políticos* – têm sempre um maior comprometimento no denominado *processo eleitoral*. Por essas razões, deu-se à Justiça Eleitoral a competência para administrar todo o *processo eleitoral*, ou seja, atribuiu-se-lhe, além das funções jurisdicionais (típicas para as demais Justiças), as funções administrativas (as que não exigem provocação dos interessados). Na lição de José Jairo Gomes, "o administrador deve agir sempre que as circunstâncias reclamarem, não podendo manter-se inerte diante dos acontecimentos" (**in** Direito Eleitoral, 11ª ed. Atlas, 2015, cap. IV, item 2.1, p. 69).

Inclui-se nas funções administrativas aquelas decorrentes do *poder de polícia* (cf., p. ex., LE, arts. 41, §§ 1º e 2º; LPP, art. 46, §§ 2º, 4º, 6º, I e II, e 47; CE, arts. 23, XIV, 30, XII, 35, IV e XVII, 127, III, 139, 140, §§ 1º e 2º, e 242, par. único).

Sendo assim, na Justiça Eleitoral os órgãos judiciais singulares – Juízes Eleitorais – e os colegiados – TSE e TREs – também exercem *função administrativa típica* – organizando e dirigindo todo o *processo eleitoral* – de forma muito semelhante às atividades dos órgãos da Administração Pública. Os órgãos judiciais aludidos têm previsão expressa no direito positivo (CF, arts. 118 a 121; CE, arts. 12 a 41). Além das atribuições administrativas estreito senso, a Justiça Eleitoral possui também duas *peculiaridades*, quais sejam, o seu órgão colegiado superior tem *funções normativas* (LE, art. 105, **caput**; CE, arts. 1º, par. único, e 23, inc. IX) e todos os seus órgãos colegiados têm *funções consultivas* (CE, arts. 23, inc. XII, e 30, inc. VIII).

Em comentário acerca da competência da Justiça Eleitoral para exercer funções normativas (expedir normas complementares da legislação eleitoral) e responder a consultas sobre matéria eleitoral (em tese), o eminente Victor Nunes Leal afirma, "Por mera precaução expositiva, repetimos aqui a verdade cediça de que a prevalência dos regulamentos pressupõe a sua legalidade ou constitucionalidade, assim com a prevalência das leis pressupõe a sua conformidade com a constituição, podendo os tribunais eleitorais, como quaisquer outros, negar aplicação às leis e regulamentos a que faltem aqueles pressupostos" (**in** Problemas de Direito Público, 1ª ed., Forense, 1960, cap. VIII, item III, *a*, nº 15, p. 217). Sem dissensão há manifestações da doutrina e da jurisprudência (ver Walber de Moura Agra, Manual Prático das Eleições, 2ª ed., Forense, 2014, item 1.3, p. 15; STF, Pleno, RMS 21.185, rel. Min. Moreira Alves, DJ, 22/02/1991, p. 1.259).

Cabe frisar, por oportuno, que "A teor do disposto no inciso XII do artigo 23 do Código Eleitoral, a competência do Tribunal Superior Eleitoral para responder consulta está ligada ao envolvimento de tema eleitoral, sendo desinfluente a regência, ou seja, se do próprio Código, de legislação esparsa ou da Constituição Federal" (ResTSE 22.045, Cta 1.153/DF, rel. Min. Marco Aurélio, DJ, 26/08/2005, p. 176).

De resto, sobre a possibilidade de Tribunal Eleitoral conhecer de consulta formulada durante o processo eleitoral, por maioria de votos na Alta Corte, decidiu-se "ainda que iniciado o processo eleitoral, cabe responder a consultas" (TSE, Cta 79.636/DF, rel. Min. Marco Aurélio, DJe, 10/09/2010, p. 10).

As considerações acerca dos preceitos jurídicos lançadas no início deste item não têm conteúdo meramente acadêmico, porquanto, considerando-se o Direito Eleitoral como um ramo do Direito Público, é possível inferir que, quase sempre, tem ele natureza imperativa (**ius cogens**), isto é, não pode ser modificado pela vontade das partes. Explica Andreas von Thur que "**El Derecho público es, en su mayor parte, imperativo; en cambio, los preceptos del Derecho privado sólo tienem este caráter cuando es un interés público el que inspira una determinada regulación de las relaciones jurídicas privadas**" (**in** Parte General del Derecho Civil, 1ª ed., Juricentro, San José, Costa Rica, 1977, cap. I, item 5, p. 15).

Em síntese: o interesse privado é sempre suplantado pelo interesse público.

1.2 – Do Tempo, da Finalidade e do Destinatário da Propaganda Política, Especialmente na Modalidade Eleitoral

Nestas anotações se pretende fornecer alguns elementos para a compreensão das questões relativas à *propaganda política*, especialmente na sua modalidade *eleitoral*, a qual não pode ser antecipada por nenhuma pessoa (nem sendo ela pré-candidato, dirigente partidário, filiado de partido político, correligionário etc.), conforme proibição legal expressa (ver o **caput** do art. 36 da LE, com a nova redação dada pelo art. 2º da Lei nº 13.165/2015, reiterado no **caput** do art. 240 do CE, com a redação do art. 4º da referida Lei nº 13.165/2015).

Consequentemente, a *propaganda eleitoral* só pode ter lugar durante a *campanha*, ou melhor, no lapso de tempo em que os *partidos políticos* e os *candidatos*, que aqueles apresentam para os *cargos eletivos*, procuram captar os votos dos brasileiros *alistados* para exercer esse *dever* ou *direito político* (CF, arts. 14, § 1º, e 60, § 4º, inc. II; LE, arts. 36 a 58-A; CE, arts. 42 a 50). De maneira que esse período destinado à *campanha eleitoral* está delimitado explicitamente (art. 36, **caput**, da LE c.c. art. 240, par. único, do CE, ambos com as novas redações dadas pela Lei nº 13.165/2015), para se afastar a possibilidade de quaisquer antecipações e prorrogações, como vem proclamando a jurisprudência iterativa (TSE: R – Rp 177.413/DF, rel. Min. Joelson Dias, ac. publ. em sessão de 10/08/2010; ED – AI 5.243/MG, relª Minª Luciana Lóssio, DJe – 224, 25/11/2013, p. 52).

Segundo o Código Eleitoral, a "propaganda de candidatos a cargos eletivos somente é permitida após a respectiva escolha pela Convenção" (art. 240, **caput**). Entretanto, para *uniformizar* a data de início da *propaganda eleitoral*, a Lei das Eleições estabeleceu que ela "somente é permitida após o dia 15 de agosto do ano da eleição" (art. 36, **caput**, com a redação dada pelo art. 2º da Lei nº 13.165/2015). Esta lei posterior revogou, portanto, aquela anterior (LINDB, art. 2º, § 1º), facilitando assim o controle de propaganda *fora da época* ou *antes do período legal* (conhecida também por propaganda extemporânea, prematura ou antecipada), que é enquadrada como ilícita.

Em face deste segundo diploma legal, no caso de ser "queimada a largada" para o início da propaganda eleitoral, cabe a imposição de multa ao infrator (art. 36, § 3º), mediante *representação* de qualquer partido político, coligação ou candidato (art. 96). Inclui-se nesse elenco, também, o órgão do Ministério Público Eleitoral (ver TSE: R - Rp 144.474/DF, rel. Min. Herman Benjamin, ac. publ. em sessão de 14/10/2014; AgR - REspe 12.773/CE, rel. Min. Gilmar Mendes, DJe - 169, 04/09/2015, p. 314) e até mesmo a coligação que participa da eleição majoritária (**v.** TSE, AgR - REspe 25.770/RS, rel. Min. Cezar Peluso, DJ, 21/03/2007, p. 159).

Não se há confundir a *propaganda eleitoral antecipada* (prematura ou extemporânea) com a *propaganda eleitoral realizada no período próprio* (oportuna ou tempestiva), dado que, geralmente, aquela se dá de maneira *implícita* (induzindo que o beneficiário é mais apto para o cargo eletivo), enquanto esta se verifica de forma *explícita* (pedindo diretamente o voto para quem será beneficiado). Seguindo tal linha de entendimento, verifica-se que tanto a *propaganda partidária* como a *propaganda intrapartidária* (à convenção ou pré-convencional) podem ser *desvirtuadas* para se levar a efeito a *propaganda eleitoral*. Ambas são *propagandas eleitorais* irregulares ou ilícitas, por violarem o princípio da igualdade entre os participantes do certame.

Nem sempre, porém, é possível descobrir-se o autor e o mandante da *propaganda eleitoral extemporânea*, especialmente quando ela se encontra desordenada (prática de grafites em muros, paredes, bens privados ou públicos, locais de uso da população etc.). Também pode haver a colocação irregular de "propaganda de qualquer natureza, seja ela móvel ou não, nas árvores localizadas em áreas públicas, sendo irrelevante a ausência de dano ou de prejuízo ao trânsito de pessoas e veículos" (**v.** TSE, AgR - REspe 168.116/DF, rel. Min. Henrique Neves, DJe - 113, 17/06/2015, p. 69).

Daí a observação oportuna de Olivar Coneglian: "A dificuldade não reside em se definir propaganda eleitoral antecipada. A dificuldade está em definir ou determinar se uma peça de publicidade específica caracteriza, ou não, propaganda antecipada" (**in** Propaganda Eleitoral, 10ª ed. Juruá, 2010, nº 185, p. 238). De fato, "o pedido expresso de voto não é condição necessária à sua configuração, tendo em vista a possibilidade de a irregularidade ser aferida por outros elementos ligados ao contexto" (**v.** TSE, AgR - REspe 18.234/SP, relª Minª Maria Thereza de Assis Moura, DJe, 24/09/2015).

A ilicitude consiste, por isso, em fazer propaganda de futura candidatura com pedido de voto, que pode ser explícito ou mesmo subliminar. Segue tal diretriz um aresto que esclarece: "1. A fim de se verificar a existência de propaganda subliminar, com propósito eleitoral, não deve ser observado tão-somente o texto dessa propaganda, mas também outras circunstâncias, tais como imagens, fotografias, meios, número e alcance da divulgação. 2. Hipótese em que as circunstâncias registradas no acórdão recorrido trazem clara mensagem de ação política, em que se destaca a aptidão do beneficiário da propaganda para exercício de função pública" (**v**. TSE, REspe 19.905/GO, rel. Min. Fernando Neves, DJ, 22/08/2003, p. 128). Na linha desse pensar, configura-se propaganda eleitoral antecipada quando houver destaque exagerado de filiado ou menção "a possível candidatura ou se faça pedido de votos ou de apoio eleitoral" (TSE: AgR - REspe 22.217/AL, rel. Min. Luiz Fux, DJe - 158, 20/08/2015, p. 30; AgR - REspe 28.428/SP, rel. Min. João Otávio de Noronha, DJe - 32, 14/02/2014, p. 105; AgR - REspe 21.590/RJ, relª Minª Nancy Andrighi, DJe - 79, 24/04/2013, p. 51).

Na ocasião própria, a *propaganda eleitoral* tem a finalidade precípua de convencer os *alistados* dos atributos e aptidões dos destinatários de seus *sufrágios*, que virão a ocupar os cargos em disputa na eleição já próxima. Ou por outra, a *propaganda* é feita para a escolha dos *candidatos*, na *eleição majoritária*, e dos *candidatos* ou apenas da *legenda*, na *eleição proporcional*, quando esta última hipótese tiver previsão no sistema jurídico-eleitoral (CF, art. 45, **caput**; LE, arts. 5º e 59, §§ 1º e 2º; CE, art. 84).

Segundo o magistério autorizado de Pedro Roberto Decomain, "a propaganda eleitoral consiste na atividade desenvolvida... por partidos e candidatos, não com o objetivo apenas de divulgar seu pensamento e seus programas partidários, embora isso possa estar nela incluído, mas que se destina especificamente a levar ao conhecimento do eleitorado as candidaturas apresentadas pelos partidos, e a convencer os (as) eleitores (as) a sufragarem referidas candidaturas" (**in** Comentários ao Código Eleitoral, 1ª ed., Dialética, 2004, exposição sobre art. 240, p. 303).

Daí vem o entendimento de que "a propaganda eleitoral configura-se quando se leva ao conhecimento geral, ainda que de forma dissimulada, a candidatura, a ação política ou as razões que levem a inferir que o beneficiário seja o mais apto para a função pública" (TSE: AgR - REspe 115.905/PR, rel. Min. João Otávio de Noronha, DJe - 061, 31/03/2014, p. 99; AgR - REspe 362.149/PI, rel. Min. Gilmar Mendes, DJe - 158, 20/08/2015, p. 32).

Por fim, quanto à responsabilização do futuro candidato pela propaganda desvirtuada, a jurisprudência do Tribunal Superior

Eleitoral entende que "a conclusão sobre o prévio conhecimento do beneficiário da propaganda eleitoral pode decorrer das peculiaridades do caso" (cf., p. ex., AgR - AI 363.194/RJ, rel. Min. Marco Aurélio, DJe - 197, 14/10/2013, p. 30; AgR - AI 2.549/SP, rel. Min. Gilmar Mendes, DJe - 154, 14/08/2015, p. 5).

1.3 - Do Corpo Eletivo da Circunscrição Eleitoral Principal Destinatário da Propaganda Eleitoral

Depois do que foi exposto sobre a finalidade da *propaganda política*, convém apontar o alvo principal da sua modalidade *eleitoral*, qual seja, o conjunto dos *cidadãos* que, por sua iniciativa - descabido o impulso estatal (CE, art. 4º) -, já teve ingresso no *Cadastro Nacional de Eleitores*, tornando-se apto a votar no certame que se vai seguir (CF, art. 14, § 1º; LE, art. 91, **caput**; Lei 6.996/1982, arts. 4º a 7º; CE, arts. 42 a 61, 67 e 146). Ou por outra, só tem direito de voto os "eleitores que constem do Cadastro Nacional de Eleitores no 151º dia anterior ao pleito" (art. 67 do CE que teve seu prazo alterado pelo art. 91, **caput**, da LE; ainda TSE, MS 168.383/CE, relª Minª Cármen Lúcia, DJe - 047, 09/03/2012, p. 25).

Com efeito, toda *propaganda política* visa à propagação de mensagens, que podem conter natureza filosófica, ideológica ou eleitoral. Nessa meta derradeira (eleitoral), a propaganda se destina a divulgar as candidaturas apresentadas pelos partidos, bem como a obter o voto do *alistado na circunscrição* onde ocorrerá o certame, o qual deve, em princípio, ter *domicílio eleitoral* no lugar em que exerce o seu *direito de sufrágio* (CF, art. 14, § 1º, incs. I e II, § 3º, incs. III e IV; CE, arts. 42, par. único, 86, 88 e 311). A exceção é a do *alistado* que, mudando-se de *domicílio eleitoral*, não requereu a *transferência* de seção, zona ou município (CE, arts. 46, § 3º, incs. I e II, e 55, **caput**). Para o deferimento de *transferência* de seção eleitoral (inc. II) recomenda-se cautela (cf. TSE, MS 3.705/BA, rel. Min. Caputo Bastos, DJ, 18/08/2008, p. 17).

Eis aqui o que se chama *corpo eletivo*, corpo eleitoral, corpo de votantes ou colégio eleitoral, que é o grupo ou conjunto de eleitores com *direito de sufrágio na circunscrição do* respectivo *alistamento*, ou melhor, *na zona eleitoral* em que está *inscrito* (CE, arts. 117 e 46, § 3º, incs. I e II). A *circunscrição eleitoral* (CE, arts. 86 e 88), por sua vez, consiste na localidade em que os cargos eletivos serão preenchidos mediante eleições. Constitui-se, pois, num *territó-*

rio demarcado geograficamente para efeito de eleições, que podem se destinar ao País, ao Estado, ao Distrito Federal e ao Município. Na compreensão do insigne Ministro Celso de Mello, a *circunscrição* refere-se ao território onde atuará o candidato inscrito no colégio eleitoral (ResTSE 18.110, Cta 12.547/DF, DJ, 01/07/1992, p. 10.610). Daí o entendimento de que "se a candidatura é de cunho municipal, o domicílio e filiação devem ser aí comprovados. Se a candidatura é a cargo eletivo estadual, a circunscrição é o Estado..., se a candidatura é a mandato presidencial, por óbvio, válido será o domicílio e a filiação em qualquer município do território nacional" (ResTSE 22.229, Cta 1.231/DF, rel. Min. José Augusto Delgado, DJ, 04/07/2006, p. 4).

A esta altura, "Pergunta-se: o corpo eleitoral dos Estados-membros é constituído pelos cidadãos brasileiros, isto é, por aqueles que não foram excluídos pela legislação eleitoral, inclusive os não nascidos no Estado-membro? Sim, desde que se achem no Estado-membro de que se trata... Dentro do Brasil, onde se está aí se vota, desde que se conseguiu o título, ou a transferência do título..." (cf. Pontes de Miranda, Comentários à Constituição de 1946 cits., t. I, art. 1º, item 12, págs. 378-9, sublinhou-se).

1.4 - Do Alistamento do Nacional para a Aquisição da Capacidade Eleitoral Ativa e Passiva

"Todo poder emana do povo, que o exerce por meio de representantes eleitos ou diretamente" (CF, art. 1º, par. único). Excluído o poder exercido por represententes eleitos (mandatários do povo), o exercício direto do poder se dá por plebiscito, referendo ou iniciativa popular (CF, arts. 14, incs. I a III). Esta democracia direta configura o contraponto com aquela democracia representativa.

O primeiro exercício direto de poder (*plebiscito*) impõe-se, entre outras hipóteses, nas mudanças na organização político-administrativa do País (CF, art. 18, §§ 3º e 4º). Neste a consulta ao eleitorado tem lugar antes da elaboração do ato legislativo (CF, art. 59; Lei nº 9.709/1998, art. 2º, **caput** e § 1º). O segundo exercício direto de poder pelo povo (*referendo*) ocorrerá depois do ato legislativo, para a ratificação ou rejeição pelos eleitores (Lei nº 9.709/1998, art. 2º, § 2º). Ambos os processos legislativos devem ser convocados ou autorizados, exclusivamente, pelo Congresso Nacional (CF, 49, inc. XV). O terceiro (*iniciativa popular*) se presta para começar o processo legislativo, quer no referente às leis complementares, quer no alusivo às leis ordinárias (CF, art. 61, **caput** e seu § 2º).

A *iniciativa popular* "há de ser exercida por meio de projeto formulado. Tem caráter de ato coletivo. De fato, o art. 61, § 2º, reclama, para que a iniciativa se formalize, seja ela subscrita, no mínimo, por um por cento [1%] do eleitorado nacional, distribuído ao menos por cinco [5] Estados, com não menos de três décimos por cento [3/10%] dos eleitores de cada uma delas. Sendo rigorosas essas exigências, não será fácil sejam apresentados projetos de lei de iniciativa popular. Trata-se de instituto decorativo" (cf. Manoel Gonçalves Ferreira Filho, Do Processo Legislativo, 6ª ed., Saraiva, 2007, nº 123, págs. 207-8, com inserções entre colchetes).

Daí resulta a necessidade de haver *alistamento de eleitores brasileiros* – tanto natos como naturalizados, nos termos do art. 12, I e II, da CF –, para a formação de um *agrupamento de eleitores* (= corpo eletivo, corpo eleitoral, corpo de eleitores ou colégio eleitoral) com caráter nacional.

Entretanto, "O que, não sendo alistável, obteve alistar-se, não se faz eleitoralmente capaz, nem ativa nem passivamente" (cf. Pontes de Miranda, Comentários à Constituição de 1946 cits., t. II, art. 38, item 6, p. 389, grifou-se). Com razão, em caso de indeferimento de registro de candidatura, por falta de naturalização, admitiu-se o acerto dessa decisão pela "nulidade que atinge atos de alistamento e de filiação partidária em razão da ausência de requisito essencial, a nacionalidade brasileira" (cf. TSE, REspe 29.200/RS, rel. Min. Eros Roberto Grau, ac. publ. em sessão de 09/09/2008). Na mesma linha de entendimento, há "Possibilidade de questionamento, a qualquer tempo, se verificado vício ou irregularidade na condição de igualdade de português" (cf. TSE, RO 1.122/SP, rel. Min. Carlos Britto, ac. publ. em sessão de 29/09/2006).

Por outro lado, nos termos do art. 72 do Código Eleitoral, "o eleitor relacionado em processo de cancelamento pode votar validamente até o trânsito em julgado da decisão" (**v.** TSE, AI 191/BA, rel. Min. José Eduardo Rangel de Alckmin, DJ, 16/08/1996, p. 28.133).

Sucede, porém, que a questão fático-jurídica em casos reais nem sempre é muito simples, apresentando situações de solução complexa. Veja-se, **verbi gratia**: "1. O tribunal regional eleitoral reconheceu a prática de abuso do poder econômico e político em um esquema razão de aliciamento de eleitores para alistarem-se ou transferirem seus domicílios eleitorais, com a doação de terrenos e o oferecimento de transporte para a sede da zona eleitoral, além do fornecimento de documentos e orientações por ocasião dos requerimentos na Justiça Eleitoral. 2. Apesar dos eventuais vícios existentes no momento da transferência de eleitores não serem aptos para, no processo que visa à desconstituição do registro, do diploma ou do mandato, ensejar o cancelamento das inscrições eleitorais, a análise das circunstâncias e eventuais ilicitudes que envolvam a transferência de elevado número de eleitores pode ser analisada sob o ângulo da aferição do abuso do poder econômico e/ou político, a fim de se preservar a legitimidade e normalidade do pleito eleitoral. 3. Ainda que não se discuta a validade das transferências na ação de investigação judicial eleitoral – as quais podem, em tese, ser formalmente perfeitas –, o incentivo econômico e a indevida utilização de agentes e bens públicos para que elas ocorressem caracteriza abuso do poder político e econômico" (TSE, AC 85.230/RN, rel. Min. Henrique Neves, DJe – 157, 19/08/2015, p. 60).

Surge, agora, a questão do *alistamento* dos analfabetos e dos que não saibam exprimir-se na língua nacional. Enquanto no *primeiro caso* há previsão expressa (CF, art. 14, § 1º, inc. II, letra *a*), no *segundo* se deve ter em conta que o disposto no art. 5º, inc. II, do Código Eleitoral não foi recepcionado pela CF/88 (ResTSE 23.274, PA 19.840/AM, rel. Min. Fernando Gonçalves, **in** DJe, 20/08/2010, p. 115). Portanto, no segundo caso (daqueles que não conhecem o nosso idioma), a questão é mais intrincada, como se verá a seguir.

Considerando-se que a propaganda só poderá ser feita em língua portuguesa (art. 13, **caput**, da CF c.c. art. 242 do CE), dá-se um forte embaraço à plena liberdade de informação ao eleitor (art. 220, § 1º, da CF). Quer dizer, o brasileiro que pode ser *alistado*, mas que não se exprime na língua nacional, como o indígena isolado (ou não integrado), vota sem a possibilidade de se informar, pessoalmente, sobre as mensagens, promessas e ideias que proveem da *propaganda eleitoral*, muito embora se reconheça aos índios o direito à língua (CF, art. 231, **caput**; STF, Pleno, Pet. 3.388/RR, rel. Min. Carlos Ayres Britto, RTJ, 212/49). A questão, no entanto, é bizantina, porque a língua tupi possui vários dialetos (cf. Francisco da Silveira Bueno, Vocabulário Tupi-Guarani, 3ª ed., Brasilivros, 1984, p. 13) e, por outro lado, pouquíssimos eleitores poderão estar nas condições de não entender o nosso idioma.

Esse contingente de *inscritos*, isto é, de brasileiros (natos ou naturalizados) que têm os seus nomes incluídos na lista de eleitores, deverá, forçosamente, ser *estabilizado* há 151 dias antes da competição próxima, mediante o fechamento desse *cadastro eleitoral* (**caput** do art. 91 da LE, alterando parcialmente o art. 67 do CE), ainda que se trate de uma eleição suplementar (TSE, AgR – MS 408.744/BA, rel. Min. Marcelo Ribeiro, DJe, 01/08/2011, p. 209). Até o término do prazo aludido deverão ocorrer, logicamente, tanto a última *inscrição eleitoral* como a derradeira *transferência de domicílio* (CE, arts. 42, par. único, 46, § 3º, e 55, **caput**). Durante tal período, novos pedidos de inscrição ou transferência não devem ser protocolados nos cartórios eleitorais.

Os títulos de eleitor (CE, art. 45, § 11) que resultarão do acatamento dos *requerimentos de alistamento eleitoral* (RAE), encaminhados à *circunscrição* inicial (originária), ou as admissões posteriores de pedidos de *transferência* para outra *circunscrição* (caso de novo domicílio eleitoral), efetuados pelo *formulário de atualização da situação do eleitor* (FASE), conforme a ResTSE 21.538/2003 (arts. 18, incs. I a IV, e 21, **caput**), formarão o chamado *corpo eletivo* da circunscrição (art. 9º, **caput**, da LE com a redação pelo art. 2º da Lei nº 13.165/2015; arts. 86 e 88, par. único, do CE). Quer dizer, as eleições devem ocorrer nos territórios (ou espaços geográficos) que a legislação chama de *circunscrição*, a qual pode ser maior ou menor conforme os cargos eletivos em disputa (País, Estado ou Município).

Convém lembrar também que, para concorrer às eleições, o futuro candidato deverá possuir *domicílio eleitoral* na *respectiva circunscrição* pelo prazo de, pelo menos, 1 ano antes do pleito, e estar com filiação deferida pelo partido, no mínimo, 6 meses antes da data da eleição (art. 9º, **caput**, da LE, com a nova redação do art. 2º da Lei nº 13.165/2015). Para cumprir esse limite de tempo, não basta que o candidato "tenha iniciado, em momento anterior a um ano antes da eleição, o pré-atendimento para a transferência de seu domicílio, [se] essa providência somente foi concluída no cartório eleitoral após o prazo limite do art. 9º da Lei nº 9.504/97, razão pela qual se evidencia o não atendimento da respectiva condição de elegibilidade" (cf. TSE, AgR – REspe 254.118/MS, rel. Min. Arnaldo Versiani, ac. publ. em sessão de 15/09/2010).

As *inscrições* ou *transferências* no corpo eleitoral, quando solicitadas em ocasião próxima ao *fechamento do cadastro* – no 151º dia anterior à data da eleição (art. 91, **caput**, da LE, que alterou o prazo do art. 67 do CE) –, também darão ensejo à confecção de títulos, os quais poderão ser entregues até 30 dias antes do pleito que se avizinha (CE, art. 69, **caput**). Depois da *transferência*, o eleitor será chamado à urna da sua *nova circunscrição*.

A falsificação de qualquer documento exigido para a *transferência do título* (ao novo domicílio do indivíduo já inscrito) configura crime eleitoral (art. 349 do CE que corresponde ao art. 298 do CP).

E mais, "Nas hipóteses de alistamento, transferência, revisão e segunda via, a data de emissão do título será a do preenchimento do requerimento" (ResTSE 21.538/2003, art. 23, § 2º).

Reabrir-se-á o *alistamento* somente quando o escrutínio da zona eleitoral estiver concluído (CE, art. 70; ResTSE 21.538/2003, art. 25). Ou por outra, o *alistamento* deverá ficar suspenso até o término dos trabalhos de apuração e diplomação dos eleitos, quando voltarão a ocorrer novas expedições de *títulos de eleitor*. Daí por que o pedido de *inscrição* (RAE), formulado antes do final do *alistamento*, mas que não teve processamento tempestivo, precisa aguardar a reabertura do *cadastro eleitoral* (ResTSE 21.946, PA 19.359/SP, rel. Min. Peçanha Martins, DJ, 18/10/2004, p. 91). Igual solução deverá ser adotada no caso de pedido para a regularização imediata dessa recente inscrição (ResTSE 21.868, PA 19.258/RN, mesmo relator, DJ, 31/08/2004, p. 75).

Cabe ressaltar, por oportuno, que as *circunscrições eleitorais* – territórios onde se dão as eleições para os diferentes cargos – seguem a *divisão político-administrativa* brasileira, constituída pela União, Estados, Distrito Federal e Municípios (CF, art. 18, **caput**; LE, art. 9º, **caput**, com a redação do art. 2º da Lei nº 13.165/2015; CE, arts. 86 e 88, par. único).

Assim, nas eleições presidenciais, a *circunscrição* será o País; nas eleições federais e estaduais, o Estado; e, nas municipais, o respectivo Município (CE, art. 86). Em face destas regras legais, o vocábulo "jurisdição" constante do § 7º do art. 14 da Carta da República, que dispõe sobre inelegibilidade reflexa, deve ser interpretado como "circunscrição", inserto nos art. 86 aludido, correspondente à área de atuação dos chefes do Poder Executivo (TSE, REspe 29.730/SP, rel. Min. Felix Fischer, ac. publ. em sessão de 18/09/2008).

Esta *divisão geográfica* das circunscrições é acompanhada pelas *jurisdições* dos órgãos que pertencem à Justiça Eleitoral (CF, arts. 92, V e § 2º, 118, I a IV, e 121, **caput**), quais sejam, o TSE, em todo o País; um TRE, em cada Estado e Distrito Federal (CE, art. 12, I e II); um Juiz Eleitoral, em cada Zona (CE, arts. 12, IV, 30, IX e 32; ResTSE 21.009/2002, art. 1º); uma ou mais Juntas Eleitorais, em cada Zona (CE, arts. 135, 156, 159 a 187; LE, arts. 59 e 83 a 89).

No concernente à atuação da Junta Eleitoral, ressalte-se que, "Com a implantação das urnas eletrônicas pela Lei nº 9.504/1997 (arts. 59 e segs.), as funções das Juntas Eleitorais ficaram esvaziadas. Pelo novo sistema, a contagem, a apuração e a totalização de votos são feitas automaticamente pela própria máquina... De qualquer sorte, nas eleições municipais, a diplomação dos eleitos permanece sob a competência da Junta" (**v.** José Jairo Gomes, Direito Eleitoral cit., cap. IV, item 6, págs. 80-1). Quer dizer, "A exceção passou a ser – felizmente – o voto por cédula, ainda regulado nos arts. 83 a 89 desta Lei e no Código Eleitoral.[458]" (cf. Joel José Cândido, Direito Eleitoral Brasileiro, 15ª ed., Edipro, 2012, cap. XVI, item 16.11, p. 592 e nota n. 458).

Cada Zona Eleitoral, no entanto, pode corresponder a mais de um município (quando apenas um dos municípios é sede de comarca) ou parte dum único município (quando o município é comarca dotada de mais de uma vara, cujo número é igual ou superior ao número de zonas). Impõe-se, nessa última hipótese, que seja efetuado um rodízio na judicatura eleitoral, o qual é de atribuição da Corte Regional (ResTSE, 21.009/DF, arts. 1º e 3º).

Para a criação de Zona Eleitoral, sempre se leva em conta o número de 200.000 *inscritos* por zona (ResTSE 19.994/1997, art. 1º, § 1º). Quer dizer, para a criação de uma zona não se considera a dimensão territorial do município, mas, sim, a quantidade de eleitores nele domiciliados. E mais, compete ao colendo Tribunal Superior Eleitoral homologar a criação de zona eleitoral, bem como a sua divisão em seções eleitorais (TSE, Pet 1.386/SC, rel. Min. Francisco Peçanha Martins, DJ, 17/10/2003).

As Seções Eleitorais, por sua vez, não devem conter mais de 400 eleitores nas capitais e 300 nos demais municípios; tais Seções são agrupadas, independente do seu número, em Zonas Eleitorais (CE, arts. 117, **caput** e § 1º, e 46, § 3º, incs. I e II).

Vale aqui uma advertência. No caso de ser derrubado o veto ao art. 59-A da Lei das Eleições, acrescentado pelo art. 2º da Lei nº 13.165, de 29/09/2015, a adoção de *voto registrado* e, ao mesmo tempo, *impresso* por outro equipamento, instalado na própria urna eletrônica, não mais será possível a concentração acima de 400 eleitores por seção eleitoral (quantidade que não vem sendo respeitada há muito tempo, por absoluta falta de urnas de contingência). Com efeito, a implantação de impressora térmica – impraticável a de jato de tinta pelo espaçamento de tempo entre as eleições, levando ao endurecimento da tinta do cartucho –, que deverá ser acoplada à máquina de votar, conterá, necessariamente, uma enorme bobina de papel, destinada a imprimir cada voto a ser registrado e, depois, inserido num recipiente lacrado, situado no corpo do próprio equipamento eletrônico. Em seção eleitoral com excesso de votantes, portanto, haverá necessidade de várias reposições de bobinas de papel no curso da votação; isto implica, necessariamente, no deslocamento de técnicos da Justiça Eleitoral para a troca dessas bobinas e, durante tal operação, a suspensão do recebimento de votos dos eleitores, que aguardarão insatisfeitos.

O dispositivo vetado tem a redação seguinte: "Art. 59-A. No processo de votação eletrônica, a urna imprimirá o registro de cada voto, que será depositado de forma automática e sem contacto manual do eleitor, em local previamente lacrado" (acrescido pelo art. 2º da Lei nº 13.165/2015).

Esse modelo de urna eletrônica, que foi implantado no Estado de Jalisco (México), além de muito dispendioso (mais ou menos, US$ 4.600) é muito volumoso e pesado, dificultando o seu transporte até o local em que estará cada mesa receptora de votos. Comparando-se ao modelo pátrio, que é mais barato (pouco mais de US$ 500), leve e de tamanho reduzido, a alteração fica sem sentido. Como observador da Justiça Eleitoral brasileira, na ocasião da primeira utilização da máquina eletrônica mexicana, percorri inúmeras seções eleitorais, todas instaladas na periferia da cidade de Guadalajara, verificando **in loco** os problemas agora expostos.

Como bem destacou Marcos Ramayana, "já existiu nos idos de 2002, e foi extinto em 2004, o sistema de voto impresso em razão dos seguintes argumentos: custo da impressão do voto; treinamento especial para os mesários; demora na votação; defeitos nas urnas eletrônicas; trava de papel impresso na urna; desinteresse do eleitor em verificar a autenticidade do processo de votação; saída do eleito da cabine de votação sem confirma o voto; e falhas na correção do voto; além de outros problemas apresentados". Ademais, "São raras ou inexistentes as informações sobre a apresentação de números diferentes do boletim de votação com os danos armazenados na memória das urnas eletrônicas" (**in** Comentários sobre a Reforma Eleitoral cits., item 9.3, p. 97).

É, pois, um retrocesso, como bem o disse o Ministro Dias Toffoli, atual Presidente do colendo Tribunal Superior Eleitoral. Portanto, os novos gastos com pessoal e equipamentos para a implantação de outro sistema acarretará mais despesas ao já combalido tesouro brasileiro, além de ser absolutamente desnecessário. O nosso legislador, no entanto, é insensível aos conselhos das pessoas que deverão aplicar as leis editadas. Na prática, quem não se elege nunca admite que não conseguiu conquistar os votos de eleitores, mas atribui sua derrota às fraudes oriundas da urna eletrônica. Essas fraudes, para mudarem o estado de fato decorrente da digitação do eleitor, são dificílimas, quiçá impraticáveis.

Importa ressaltar, em sequência, que o novo formato de urna eletrônica mandará às urtigas todo o sistema de auditoria destinado às máquinas já inseminadas com o programa (**software**), denominado de *votação paralela*, descrito adiante, na anotação sobre os trabalhos eleitorais no dia do pleito (item 1.9).

Seguindo, ressalte-se que a compreensão da sobredita atividade administrativa da Justiça Especializada tem uma consequência prática: a Seção Eleitoral mais próxima fisicamente ao domicílio do *alistando* pode já ter atingido o máximo possível de *eleitores* (CE, art. 117, § 1º), restando, como alternativa, efetuar-se a sua inscrição em outra, territorialmente próxima, ou criar nova Seção Eleitoral (CE, art. 35, inc. X). Na primeira, deverá ela ser escolhida entre outras seções da mesma Zona Eleitoral do *domicílio* desse brasileiro (ou *alistando*) que está requerendo a *inscrição* no *corpo de votantes*.

A criação de Seção Eleitoral, porém, depende da existência de alguns requisitos de caráter material, como edifícios (públicos ou particulares) em condições adequadas (tamanho, estado de conservação, facilidade de acesso, inclusive para os portadores de necessidades especiais, etc.) no território em que deve ser instalada a nova Mesa Receptora de Votos da Seção Eleitoral (CE, arts. 117 e 119). Cuidou-se, neste ponto da explanação, das regras de função administrativa exclusiva da Justiça Eleitoral.

Havendo mais de uma seção com capacidade de aumento de inscrições na zona do domicílio eleitoral, exsurge a lição prática de Marcos Ramayana: "Faculta-se ao eleitor exercer uma preferência sobre o local de votação com a consulta e informação da relação de todas as seções que pertencem à zona eleitoral" (**v.** Direito Eleitoral cit., cap. VIII, item 8.2, p. 224, **in fine**).

Eis aqui as normas administrativo-judiciais específicas para os *alistamentos* eleitorais e *transferências* de domicílios.

Em rigor, o *alistado* vota nos candidatos de sua *circunscrição eleitoral*, para que possa ocorrer o chamado *autogoverno*, melhor dizendo, o pleno *exercício da soberania popular* (CF, arts. 1º, par. único, e 14, **caput**; LE, art. 9º, **caput**, com a redação da Lei nº 13.165/2015;

CE, arts. 82, 86 e 99). Quer dizer: *candidato* e *eleitor* devem possuir *domicílio eleitoral* na mesma *circunscrição*. E mais, por haver tal vínculo jurídico entre os candidatos e os eleitores, o conjunto destes numa *circunscrição* pode ser denominado *colégio eleitoral* daqueles.

Essa *delegação da soberania*, efetuada pelos *eleitores*, vem ocorrendo desde a nossa Constituição do Império. Analisando-a, o insigne José Antônio Pimenta Bueno explicou: "§ 2º Da Delegação dos Poderes – 16. Entretanto, como a soberania nacional repousa no seio da nação inteira, em sua universalidade, como não é possível instituir os poderes públicos de modo que sejam exercidos por ela em massa, como não haveria em tal caso governo, nem governados, revela-se natural e claramente a necessidade indeclinável de delegar a mandatários, ou representantes seus, o exercício de tais poderes" (**in** Direito Público Brasileiro e Análise da Constituição do Império, 1ª ed., Ministério da Justiça, 1958, nº 16, p. 26).

Somente na época da nossa colonização não havia *delegação de soberania*, a qual era exclusiva D'el Rey. Conforme as Ordenações Afonsinas (Livº I, tít. 23, § 45), os *juízes comuns* e *vereadores* eram "eleitos pelos homens bons com a interferência dos corregedores". Ditos *corregedores da comarca*, que sobrepairavam aos órgãos administrativos e jurisdicionais aludidos, eram *delegados reais*. Além do mais, ainda por nomeação D'el Rey, havia o *juiz de fora* que, com a sua chegada, fazia cessar a jurisdição do *juiz comum* (de investidura popular). Assim ocorria a minguada "representação popular" nas terras do Brasil (cf. Waldemar Martins Ferreira, História do Direito Brasileiro, 1ª ed., F. Bastos, 1951, t. I, nº 38, p. 90 e nº 45, p. 106). Essas eleições, portanto, eram para os chamados *Conselhos Municipais*. Posteriormente, nas Ordenações Filipinas (Livº I, tít. 67), o *almotacé* (inspetor de pesos e medidas) também passou a ser eleito (ver texto anotado por Fernando Henrique Mendes de Almeida, 1ª ed., Saraiva, 1957, vol. 1, págs. 359-65). Nesse período – como já visto – as eleições eram apenas para cargos municipais, tanto nas Colônias como na Metrópole. Como anota Elcias Ferreira da Costa "Portugal trouxe, de suas origens, a tradição do municipalismo, estruturado sobre magistraturas eletivas" (**in** Direito Eleitoral cit., introdução, p. XVI).

Os mandatos aludidos, no entanto, têm prazo limitado (CF, arts. 27, § 1º, 28, **caput**, 29, inc. I, 44, par. único, 46, § 1º, e 82), a fim de que as eleições sejam necessariamente periódicas (CF, art. 60, § 4º, inc. II, 4ª fig.).

Para o festejado Richard Allen Posner, a *democracia política* é "um sistema cuja característica definidora nos tempos modernos é a de que todos os legisladores, bem como o chefe do ramo executivo do governo (mesmo se ele não for um legislador, como normalmente será numa democracia parlamentar), são eleitos por voto popular para mandatos limitados" (**in** Direito, Pragmatismo e Democracia, trad. bras., 1ª ed., Forense, 2010, cap. 3, p. 77).

Sob outro aspecto, a *transferência* de domicílio eleitoral (CE, arts. 55 a 61), ou seja, a alteração do *espaço geográfico* onde mora o eleitor, sempre corresponde a um deslocamento no *cadastro nacional de eleitores*, o qual veio substituir as antigas *folhas individuais de votação* (CE, arts. 45, **caput**, 2ª parte e § 11, e 46, §§ 1º, 2º e 3º), guardadas nas caixas de seção. Para ocorrer essa *transferência*, no entanto, o eleitor deverá ter mudado também de *zona eleitoral*, ou de *município* que pertence à outra *zona eleitoral*. Como já foi dito, poderá haver dois municípios com apenas uma zona eleitoral, que se dará quando somente um deles é sede de comarca.

Para a alteração do domicílio constante do *cadastro eleitoral*, decorrente da existência de anterior inscrição (originária ou não), <u>haverá necessidade</u> da *iniciativa* do eleitor que se mudou para a outra circunscrição eleitoral, isto é, para a localidade diversa (CE, arts. 46, § 3º, 55, **caput**, e 4º, combinados).

Daí ser comum encontrar-se eleitor que, mesmo mudando de *domicílio eleitoral*, mantém inalterada a sua inscrição originária, a fim de continuar votando na primitiva *seção eleitoral*, por estar habituado com o lugar e as pessoas que irá rever no dia da eleição (mesários e demais eleitores vinculados à seção aludida). Essa prática, no entanto, não é ilegal (arts. 4º, 42 e 55 do CE, aplicados tanto no alistamento como na transferência de eleitor), dado que este pode continuar vinculado ao seu antigo domicílio (TSE, REspe 15.241/GO, rel. Min. José Eduardo Rangel de Alckmin, DJ, 11/06/1999, p. 90).

Apenas no momento de efetuar a sua primeira inscrição (a originária), o eleitor não pode escolher o *domicílio eleitoral*, a não ser quando ele possuir mais de um domicílio, ocasião em que deve eleger um deles (CE, art. 42, par. único). Em face desse conceito, mais amplo do que o previsto no art. 70 do Código Civil, admite-se a opção até mesmo para a "localidade onde o eleitor mantenha vínculo patrimonial" (**v.** TSE, REspe 10.972/SE, rel. Min. Carlos Velloso, DJ, 12/11/1993, p. 24.103); ou vínculos sociais, afetivos ou políticos (TSE: AgR – REspe 18.124/RS, rel. Min. Garcia Vieira, ac. publ. em sessão de 16/11/2000; REspe 16.397/Al, rel. Min. Garcia Vieira, DJ, 09/03/2001, p. 202); ou ainda "vínculos políticos, sociais e econômicos" (TSE, AgR - AI 4.769/RJ, rel. Min. Gomes de Barros, DJ, 17/12/2004, p. 316). Tem-se admitido, inclusive, que o alistando peça inscrição "em localidade de acesso mais fácil" (cf. TSE, AI 111/SP, rel. Min. Marco Aurélio, DJ, 29/03/1996, p. 9.430).

Enfim, cabe ao nacional (ou alistando) ponderar sobre a conveniência da escolha de *circunscrição eleitoral* (localidade para votar e ser votado), tendo em vista o seu interesse pessoal subjetivo.

Outro não é o sentir de Armando Antônio Sobreiro Neto, ao explicar que "Deve-se levar em conta, a considerar em jogo os direitos políticos, o interesse subjetivo do eleitor" (**in** Direito Eleitoral - Teoria e Prática, 5ª ed., Juruá, 2010, cap. VI, item 2, p. 74).

Então, segundo a jurisprudência, "Para o Código Eleitoral, domicílio é o lugar em que a pessoa mantém vínculos políticos, sociais e econômicos. A residência é a materialização desses atributos. Em tal circunstância, constatada a antiguidade desses vínculos, quebra-se a rigidez da exigência contida no art. 55, III" (TSE, AgR - AI 4.769/RJ, rel. Min. Humberto Gomes de Barros, DJ, 17/12/2004, p. 316).

A alteração do *domicílio eleitoral*, todavia, poderá ter por escopo preencher uma condição de elegibilidade (CF, art. 14, § 3º, inc. IV). Tempos atrás, houve repercussão nacional do caso de um notório homem público, então candidato a senador que, fazendo política tradicionalmente no Maranhão, obteve a sua transferência para o Amapá e, nessa *circunscrição estadual*, disputou eleição diante de *colégio eleitoral* muito menor, com grande relevância em pleito pelo princípio majoritário, nos termos do art. 46 da Constituição Federal (**v.** TSE, RCED 444/AP, rel. Min. Américo Luz, DJ, 11/09/1991, p. 12.318, Acórdão nº 12.039).

Cai como uma luva para a hipótese supra a doutrina do erudito Adriano Soares da Costa que, com visão atilada, afirma: "A simples estadia (conceito distinto de moradia) é o lugar onde alguém passa algum tempo, sem permanecer indefinidamente. Há estadia em hotel, quando em viagem; em casa de amigos, quando nela passa o dia ou a noite; em casa de praia de outrem, quando se passa uma semana ou um mês, ou as férias. É a estadia o ficar nalgum lugar em determinado trato de tempo. É o lugar onde for encontrado, de que fala o art. 73, **in fine**, do Código Civil. Para o Direito Eleitoral não serve, para efeito de domicilização, o estar de passagem apenas, sem algum liame que o vincule à zona eleitoral que o faça parte da comunidade votante. Ao Direito Eleitoral, pois, não basta a estada habitual, intermitente, ainda que de alguma ocorrência. Se alguém possui algum amigo, noutro município, a quem visita de vez em quando, em lugar que pertence à outra zona eleitoral, passando alguns dias, possui estadia, mas não para se domiciliar eleitoralmente. Havendo estadia de ocorrência temporária, embora costumeira, sem outra razão que vincule o cidadão à comunidade, não há moradia. Residência ou moradia, para o Direito Eleitoral, é o local onde se vive habitualmente, mesmo que apenas para trabalhar, sem fixar lugar para morar. Se há local de ocupação habitual, de trabalho frequente, há residência para efeito de domicílio eleitoral[102], como também para efeitos civis (arts. 71 e 72 do Código Civil). Se possui vínculo patrimonial com a localidade, também. Ainda que lá não viva, possui interesses, de modo que se admite domicialização para fins eleitorais. O mesmo se houver vínculo afetivo com a localidade" (**in** Instituições de Direito Eleitoral, 9ª ed., Fórum, 2013, vol. 1, cap. 2, item 2.4, págs. 108-9, e nota nº 102 indicando o acórdão RHC 210/SP, rel. Min. Marco Aurélio, DJ, 12/11/1993, p. 24.100).

Conclui-se, assim, que um simples contrato de locação de imóvel residencial, situado na circunscrição eleitoral escolhida por pretenso candidato, é insuficiente para comprovar o seu domicílio, se tal inquilino não chega a morar nesse prédio alugado.

Atualmente, como já mencionado, o *cadastro dos inscritos* está num *banco de dados*. Depois de adotado o *sistema eletrônico de dados*, simplificaram-se várias atribuições da Justiça Eleitoral, tais como: alistamento de eleitores e seu encerramento, seguido da divulgação do número de cidadãos inscritos e manutenção do cadastro que foi gerado pelo alistamento; manutenção de outro cadastro de eleitores, este referente à filiação partidária; registro de candidaturas à disputa que se aproxima; votação, apuração e totalização dos resultados da eleição efetuada (cf. LE, arts. 59 a 62; Lei nº 6.996/1982; Lei nº 7.444/1985; ResTSE 21.538/2003; ResTSE 23.397/2013).

Além de facilitar tais atividades, o *sistema informatizado* ainda amplia a segurança dos serviços eleitorais (ver, p. ex., TSE, Pet 2.746/DF, rel. Min. José Augusto Delgado, **in** DJ, 14/03/2008, p. 9). E mais, essa circunstância proporciona maior confiabilidade ao *processo eleitoral*, porquanto torna mais ágeis as tarefas fundamentais de cancelamento e exclusão dos eleitores em situação irregular, que ainda figuram no *cadastro de inscritos* (CF, art. 15, **caput**, 2ª parte; CE, arts. 71, incs. I a V, e 75, incs. I a IV) e igualmente dificulta, quando não obsta, a ocorrência de algumas fraudes durante o processo eleitoral.

Cabe, aqui, evocar a observação de Pedro Decomain: "Em todas as hipóteses de suspensão de direitos políticos não há necessidade do cancelamento da inscrição eleitoral. Atualmente é de todo possível que apenas se suspendam os efeitos do alistamento, mediante apropriados comandos de processamento de dados" (**in** Comentários ao Código Eleitoral cits., art. 71, p. 103).

A divulgação do *número de alistados* é formalidade que, por igual, traz maior segurança ao *processo eleitoral*, posto que esse **quantum** deverá *coincidir*, necessariamente, com aquele obtido pela soma dos *votos colhidos*, acrescida da contagem dos *eleitores ausentes* (isto é, dos que se abstiveram de votar), à semelhança do que deverá ocorrer na votação com o emprego de cédulas, em que a apuração é manual (CE, art. 166, **caput**).

A propósito, no sistema de votação utilizando cédula de papel (LE, arts. 59 e 82), hoje infrequente, a *incoincidência* pode decorrer de voto recebido de eleitor que simplesmente não assinou a lista de presença ou, mais difícil, conseguiu votar mais de uma vez, por confusão ou descuido dos mesários da seção, bem como de indivíduo não *inscrito* na própria *seção eleitoral*, onde votou por engano, em razão dos mesmos motivos.

Importa ressaltar, neste ponto, que, nos *municípios* com mais de 200.000 eleitores, a suspensão temporária do recebimento de *inscrições e transferências*, bem como das consequentes inclusões no *Cadastro Nacional de Eleitores* – 150 dias antes do pleito –, também possibilitará verificar-se em quais dessas localidades poderá haver *segundo turno*, se necessário (CF, arts. 14, § 5º, 29, II, e 77, **caput**; CE, art. 68, **caput**, alterado, em parte, pelo art. 91, **caput**, da LE).

Vale frisar, finalmente, que "1 Compete à Justiça Eleitoral julgar questões que digam respeito ao alistamento de eleitores, inclusive alegações de vícios e irregularidades, mesmo quando ocorram fora do chamado período eleitoral" (cf. TSE, REspe 19.474/PA, rel. Min. Fernando Neves, DJ, 16/11/2001, p. 102). Porém, "1. Não é possível a discussão, <u>no processo eleitoral</u>, de vícios ocorridos <u>durante o alistamento eleitoral</u>" (TSE, REspe 19.413/MA, rel. Min. Sepúlveda Pertence, DJ, 22/02/2002, p. 181, sublinhou-se).

1.5 - Dos Princípios Informadores da Propaganda Política

Como regra geral, o que precisa ser divulgado constitui-se no objetivo da *propaganda política*. Essa difusão exerce-se sobre a opinião pública. Na *propaganda política*, que é gênero da *eleitoral*, a comunicação se faz à população, especificamente aos *cidadãos*, que constituem o *corpo eletivo*, *corpo eleitoral* ou *colégio eleitoral*. Com a veiculação da propaganda busca-se, portanto, influenciar a opinião dos eleitores *alistados na circunscrição* para o pleito futuro.

Decorre do próprio texto constitucional que a propaganda eleitoral é regida pelo *princípio da liberdade* (arts. 5º, incs. IV e IX, e 220, § 2º). De sorte que o Código Eleitoral lhe dá a compreensão seguinte: "Ninguém poderá impedir a propaganda eleitoral, nem utilizar, alterar ou perturbar os meios lícitos nela empregada" (art. 248). Em reforço a tal dispositivo, considera crime "Inutilizar, alterar ou perturbar meio de propaganda devidamente empregado" (art. 331); e "Impedir o exercício da propaganda" (art. 332). Mas não é tudo. "A realização de qualquer ato de propaganda partidária ou eleitoral, em recinto aberto, não depende de licença da polícia" (art. 245). Com o advento da Lei das Eleições, estendeu-se tal faculdade para recinto fechado (art. 39, **caput**). A realização desses atos, porém, deve ser comunicada à autoridade policial (LE, art. 39, § 1º), a qual tomará as providencias necessárias à garantia da realização do ato (LE, art. 39, § 2º).

Em extensão ao *princípio da liberdade*, veda-se a *censura prévia* de natureza política (CF, art. 220, § 2º; LE, art. 41, § 2º).

Bem o disse Vera Maria Nunes Michels que "Os arts. 242 e 243 do Código Eleitoral devem ser examinados em conjunto, pois eles contêm proibições em relação à propaganda eleitoral. Deve ser gizado que todas essas proibições são permanentes, *por interesse geral da ordem pública*, à exceção da proibição do inciso IX (caluniar, difamar ou injuriar quaisquer pessoas, bem como órgãos ou entidades que exerçam autoridade pública), o que significa que a Justiça Eleitoral está de pronto autorizada a suspender a propaganda que for contra o disposto no art. 242, o que em hipótese alguma significa que estará com isso implantando censura prévia, pois que a Justiça Eleitoral tem o dever de fazer cessar ou impedir propaganda, quando se deparar com qualquer abuso, sem prejuízo, evidentemente, da promoção de ação penal a ser feita pelo Ministério Público, pois todas as infrações são de ação pública, nos termos do art. 335 do Código Eleitoral" (**in** Direito Eleitoral, 7ª ed., Do Advogado, 2010, item 6.2, p. 81).

Tratando do *princípio da liberdade* atrás mencionado, explica Erick Wilson Pereira que "A ninguém é dado o direito de interferir na liberdade de escolha do eleitor. A soberania popular será exercida pelo sufrágio universal e pelo voto direto e secreto, com valor igual para todos. Mas este voto há de ser absolutamente livre. Apenas com a ideia de liberdade é que se concebe o voto secreto, ou seja, o voto secreto é inseparável da ideia de voto livre" (**vide** Direito Eleitoral – Interpretação e Aplicação das Normas Constitucionais-Eleitorais, 1ª ed., Saraiva, 2010, item 2.5.5, págs. 81-2).

Ao *princípio da liberdade* pode se acrescer, para reforçá-lo, o *princípio da disponibilidade*, contemplado no art. 256, **caput** e seus §§ 1º e 2º, do Código Eleitoral. Este preceito também ampara a *isonomia* na disputa entre os que concorrem ao pleito, disciplinada nos arts. 73 a 78 da Lei das Eleições. Note-se que o art. 2º da Lei nº 13.165/2015 acrescentou o inc. VII ao art. 73 da LE. Tais princípios proveem de comando constitucional (art. 37, § 1º).

Vem a calhar, neste passo, o julgado que averba o seguinte: em caso de entrevista dada em programa de rádio, estando ausente o manifesto favorecimento direcionado a candidato, deve incidir os "princípios vertentes à liberdade de expressão e opinião" (TSE, AgR – REspe 121.028/MG, rel. Min. Luiz Fux, DJe – 53, 18/03/2015, p. 25). Tais princípios acerca da liberdade de expressão, além de relevantes, são de difícil aplicação. Se não, vejamos.

Conforme Paulo Gustavo Gonet Branco, "A Constituição cogita da liberdade de modo direto no art. 5º, IV, ao dizer 'livre a manifestação de pensamento, sendo vedado o anonimato', bem como no inciso XIV do mesmo artigo, em que 'é assegurado a todos o acesso à informação e resguardado o sigilo da fonte, quando necessário ao exercício profissional', e também no art. 220, quando dispõe que 'a manifestação do pensamento, a criação, a expressão e a informação, sob qualquer forma, processo ou veículo não sofrerão qualquer restrição, observado o disposto nesta Constituição'. Acrescenta, nos §§ 1º e 2º do mesmo artigo, 'que nenhuma lei conterá dispositivo que possa atribuir embaraço à plena liberdade de informação jornalística em qualquer veículo de comunicação social, observado o disposto no art. 5º, IV, V, X, XIII e XIV', e que 'é vedada toda e qualquer censura de natureza política, ideológica e artística'. Incluem-se na liberdade de expressão faculdades diversas, como a de comunicação de pensamentos, de ideias, de informações e até de expressões não verbais (comportamentais, musicais, por imagem etc.). O grau de proteção que cada uma dessas formas de se exprimir recebe costuma variar, mas, de alguma forma, todas elas estão amparadas pela Lei Maior" (**in** Curso de Direito Constitucional, 4ª ed., Saraiva, 2009, tít. 6, cap. II, item 1, págs. 402-3).

Ajuda a tratar-se dos limites da liberdade de expressão o que ensina o já citado Richard Allen Posner: "A abordagem natural que um juiz pragmático deve assumir num processo novo de liberdade de expressão é comparar os prós e os contras sociais da restrição à expressão que o autor está questionando" (**in** Direito, Pragmatismo e Democracia cits., cap. 10, p. 278).

Além do mais, na aplicação do *princípio da liberdade*, não convém olvidar que, para preservar o *anonimato do eleitor* (isto é, o segredo ou sigilo do sufrágio), no local destinado à mesa de votação (recinto ou sala do edifício) haverá uma cabina indevassável onde ele possa manifestar, sozinho, a sua preferência pelos candidatos aos cargos em disputa no prélio (CE, art. 138). Até a tentativa de violar o sigilo do voto configura crime eleitoral (CE, art. 312). Esses dispositivos reforçam os cânones que impõem a prática do *voto secreto* (CF, arts. 14, **caput**, e 60, § 4º, inc. II).

Precisa ser abolida, pois, a prática ilegal de alguns eleitores que levam infantes, e até adolescentes, para presenciarem o seu ato de votar. Realmente, algum interessado em violar o *sigilo do sufrágio*, mediante paga, seguindo o costume disseminado, poderá empregar crianças para confirmar se foi cumprido o anteriormente combinado com o eleitor, que, então, votará "vigiado" pelo seu acompanhante petiz. Cuidando-se de voto identificável, deverá ser anulado, por atentar contra a ordem jurídica (CF, arts. 14, **caput**, e 60, § 4º, inc. II; LE, arts. 59, § 4º, e 61; CE, arts. 103, inc. II, 165, inc. V, e 312; todos combinados). Tal prática ilegal, todavia, deve ser examinada com bastante acuidade na hipótese concreta. Aqui o excesso de juridicidade é contraproducente.

"Por outro lado, no período de propaganda eleitoral não há ablação do poder de polícia, sem que qualquer sistema defensivo fique a funcionar para não deixar que a anarquia se instale" (cf. Fávila Ribeiro, Abuso de Poder no Direito Eleitoral, 2º ed., Forense, 1993, cap. VI, item 13, p. 52).

Sem dúvida, a todos os indivíduos que estejam no território brasileiro garante-se a inviolabilidade dos direitos à vida, à segurança e à propriedade (CF, arts. 5º, **caput** e seu § 1º, 60, § 4º, inc. IV, e 144, **caput**; LE, art. 41, § 2º; CE, art. 249). Além do mais, reforçando tal compreensão, há normas específicas de restrição à propaganda eleitoral (LE, art. 6º, § 2º; CE, arts. 242 e 243, incs. I a IX). Assim, o sistema jurídico-eleitoral busca manter um equilíbrio entre os interesses dos envolvidos na disputa dos votos.

Em anotação posterior, referente à desnecessidade de licença prévia para efetuar a *propaganda eleitoral* (item 2.7), outras restrições a ela serão examinadas.

A propaganda eleitoral também é regida pelo *princípio da legalidade* (CF, art. 5º, inc. II); ficando a competência legislativa com exclusividade da União (CF, art. 22, inc. I, 5ª fig.), como se verifica por estas anotações. "Equivale a dizer, portanto, que em matéria de propaganda política, na qual também está incluída a propaganda eleitoral, apenas as leis federais têm vigência, não podendo o Legislativo Estadual e Legislativo Municipal legislar sobre essa questão" (**v.** Lauro Barretto, Propaganda Política & Direito Processual Eleitoral cits., 1ª parte, item 2, letra *a*, p. 23).

Decerto, quando a ordem jurídica não contempla a limitação que se impôs, deve incidir o princípio constitucional da legalidade, segundo o qual ninguém é obrigado a fazer ou deixar de fazer algo senão em virtude de lei (cf. TSE, PP 1.691/DF, rel. Min. Marco Aurélio, DJe - 231, 04/12/2013, p. 86).

Merece lembrado, também, o *princípio do controle judicial da propaganda*, expressado na legislação própria (LE, art. 41, §§ 1ª e 2º; CE, arts. 35, inc. XVII, 139, 140, § 2º, e 249, combinados).

O *princípio do controle judicial da propaganda*, "consiste na máxima segundo a qual à Justiça Eleitoral, exclusivamente, incumbe a aplicação das regras jurídicas sobre a propaganda e, inclusive, o exercício de seu Poder de Polícia" (cf. Joel José Cândido, Direito Eleitoral Brasileiro cit., cap. VI, p. 180).

Ao princípio acima mencionado, o douto eleitoralista Lauro Barretto adiciona outro: "o *Princípio da Ampla Fiscalização da Propaganda*, decorrente da faculdade legalmente assegurada a todos os partidos, coligações, candidatos e, em certos casos, até mesmo aos eleitores de representar à Justiça Eleitoral quando tiverem ciência do descumprimento dos ditames legais que regulam esta matéria" (**in** Propaganda Política cit., 1ª parte, nº 2, item *f*, p. 24).

Na divulgação da *propaganda eleitoral* cumpre respeitar, igualmente, o *princípio da veracidade*, isto é, não se pode faltar com a verdade, fraudar a informação ou fazê-la incorretamente e também praticar omissão dolosa de algum fato, como determina o sistema jurídico-eleitoral (cf., p. ex., CF, art. 5º, inc. XIV, 1ª parte; LE, art. 58, **caput**; LPP, art. 45, § 1º, inc. III; CE, art. 323). Evidentemente, o eleitor não pode ser iludido. Aquele que divulga propaganda não pode atribuir, a quem está apoiando, fato abonador inverídico e nem, ao seu antagonista, fato desabonador também inverídico. Em síntese, o divulgador da propaganda não pode falsear a verdade.

Consoante Alexandre de Moraes, "A proteção constitucional às informações verdadeiras também engloba as eventualmente errôneas ou não comprovadas em juízo, desde que não tenha havido comprovada negligência ou má-fé por parte do informador" (Constituição do Brasil Interpretada, 8ª ed., Atlas, 2011, item 5.35, p. 177, sem grifo no original). Outro não é o sentir de Paulo Gustavo Gonet Branco, que considera "a verdade como limite à liberdade de expressão" (**in** Curso de Direito Constitucional cit., cap. 6, nº II, item 1.4.1, p. 414, sem destaque no texto primitivo).

Não é demais lembrar que, na Constituição de Portugal, o direito de informação implica, entre outras hipóteses, a "de ser informado" (art. 37º, nº 1, 2ª parte), o qual consiste "num direito a ser mantido adequadamente e verdadeiramente informado, desde logo, pelos meios de comunicação (arts. 38º e 39º) e pelos poderes públicos (art. 48º, nº 2)". Confronte-se com J.J. Gomes Canotilho e Vital Moreira, Constituição da República Portuguesa Anotada, 1ª ed., brasileira, RT, 2007, art. 37º, nota IV, p. 573, grifou-se.

A informação mentirosa ou inverídica sobre o adversário, durante a propaganda eleitoral, sempre configura irregularidade a ser coibida (TRE/SP, Rec. 31.519, Ac. 167.490, relª Juíza Clarissa Campos Bernardo, DOE, 21/05/2009, p. 3).

Daí uma das razões do poder de polícia da Justiça Eleitoral, que na hipótese deve agir, de ofício, para coibir os ilícitos constantes da legislação especial (LE, art. 41, §§ 1º e 2º; CE, art. 249).

Impende destacar que o art. 2º da Lei nº 13.165/2015 deu nova redação à Lei das Eleições assim: "Art. 45. Encerrado o prazo para a realização das convenções no ano das eleições, é vedado às emissoras de rádio e televisão, em sua programação normal e em seu noticiário: § 1º - A partir de 30 de junho do ano da eleição, é vedado, ainda, às emissoras transmitir programa apresentado ou comentado por pré-candidato, sob pena, no caso de sua escolha na convenção partidária, de imposição de multa prevista no § 2º e de cancelamento do registro da candidatura do beneficiário". Frise-se, neste ponto, que tanto o **ca-**

put como o § 1º do art. 45 em questão têm nova redação da pelo art. 2º da Lei nº 13.165, de 2015.

Mas ainda não é tudo. Segundo o Código de Defesa do Consumidor (Lei nº 8.078/1990), na *publicidade* também se aplica o *princípio da veracidade*, proibindo-se todo e qualquer caráter enganoso na comunicação ou informação (arts. 37, **caput**, e 38), e ainda obriga aquele que veicular a informação ou publicidade aos termos do seu anúncio (art. 30). O dispositivo referido, portanto, traz algumas noções para a compreensão da *propaganda eleitoral mentirosa*.

Na explicação de Arruda Alvim e Thereza Alvim, "O § 3º do art. 37 especifica o que deve ser considerado, para os efeitos de Código do Consumidor, como publicidade enganosa por omissão. Esta seria a que omitisse informação sobre dado essencial de produto ou serviço, portanto, se aproximaria do dolo por omissão" (**in** Código do Consumidor Comentado, 1ª ed., RT, 1991, anotação ao art. 37, p. 92).

Cuidando da *publicidade mentirosa* a respeito do próprio agente, ensina Pontes de Miranda: "Se alguém, na publicidade que faz, insere proposição mentirosa, o simples fato da mentira não torna ilícito absoluto o ato de inserção. Mas, se tal ato tende a prejudicar a reputação ou negócios alheios... a concorrência desleal exsurge". Finalizando, explica que "a ação emana do direito à verdade" (**in** Tratado de Direito Privado, 3ª ed., Borsoi, 1971, tomo 17, § 2.103, nº 8, p. 326).

Tem razão Aldous Huxley ao afirmar: "Os maiores trunfos da propaganda foram obtidos não fazendo alguma coisa, mas deixando de fazê-la. A verdade é grande, mas ainda maior, de um ponto de vista prático, é o silêncio acerca da verdade" (**in** Admirável Mundo Novo, prefácio).

Aqui vem a ponto o brocardo atribuído ao tribuno Marco Túlio Cícero: **Veritas vel mendacio corrumpitur, vel silentio** (A verdade corrompe-se com a mentira, ou com o silêncio). Aliás, as vitorias deste exímio orador nas eleições ao Consulado Romano também devem ser atribuídas ao seu irmão, Quinto Túlio Cícero, que, como grande estrategista em propaganda eleitoral (isto é, nos comportamentos a ser empregados no prélio), escreveu o Pequeno Manual de Campanha Eleitoral (64 a. C.), visando à conquista de votos na Assembleia das Centúrias (colégio eleitoral nessa disputa).

Seguem-se o *princípio da responsabilidade* e o *princípio da solidariedade* entre os candidatos e partidos políticos (ver LE, arts. 6º, § 5º, 17 e 38; LPP, art. 15-A; CE, art. 241; CC, art. 264). Cabe, aqui, o emprego da denominação de *corresponsabilidade*, a qual se configura quando a responsabilidade atinge mais de um beneficiário pelo excesso ou descumprimento da norma, em vista da solidariedade passiva ou da possibilidade da divisão entre os *co-beneficiários* (isto é, cada beneficiário responde integralmente pela infração à norma eleitoral largo senso).

Aliás, o § 5º do art. 6º da Lei das Eleições acima referido foi acrescido pela Lei nº 12.891, de 11/12/2013, o qual contém a seguinte redação: "A responsabilidade pelo pagamento de multas decorrentes de propaganda eleitoral é solidária entre os candidatos e os respectivos partidos, não alcançando outros partidos mesmo quando integrantes de uma mesma coligação".

De outro lado, inexistindo o conceito de *solidariedade* na legislação eleitoral, deve-se buscá-lo no Código Civil (art. 264).

Portanto, está claro que os excessos cometidos durante a realização da propaganda política – tanto partidária como eleitoral –, ficam sob a *responsabilidade solidária* dos partidos políticos, comitês partidários, coligações e candidatos, isto é, em conjunto ou isoladamente por cada um dos quatro responsáveis.

Com efeito, "Nos termos do art. 241 do Código Eleitoral, os partidos políticos respondem solidariamente pelos excessos praticados por seus candidatos e adeptos no que tange à propaganda eleitoral, regra que objetiva assegurar o cumprimento da legislação eleitoral, obrigando as agremiações a fiscalizar seus candidatos e filiados" (TSE: AgR – AI 385.447/GO, rel. Min. Arnaldo Versiani, DJe, 10/05/2011, p. 44; AgR – AI 282.212/DF, rel. Min. Dias Toffoli, DJe – 104, 05/06/2013, p. 48; AgR – REspe 21.026/SP, rel. Min. Carlos Velloso, DJ, 29/08/2003, p. 99). E mais, "as coligações também são responsáveis pela propaganda eleitoral irregular veiculada em nome dos seus candidatos (TSE, AgR – AI 231.417/PR, rel. Min. Gilmar Mendes, DJe – 168, 09/09/2014, p. 120; TSE, AgR – AI 385.447/GO, rel. Min. Arnaldo Versiani, DJe, 10/05/2011, p. 44; TRE-SP, Ac. 23.348, relª Juíza Clarissa Campos Bernardo, DJe-SP, 06/06/2013).

Em caso de propaganda institucional irregular (LE, art. 73, inc. VI, alínea *b*), levada a efeito por Prefeito, candidato à reeleição, e sua Secretária Municipal, reconheceu-se a prática da conduta vedada, com a imposição de multa a esses dois representados, pela responsabilidade solidária (TRE/SP, Rec. 93.989, rel. Des. Devienne Ferraz, DJe-SP, 24/10/2013).

Daí resulta também que, em caso de danos a terceiros, os partidos e os seus candidatos serão responsáveis, solidariamente, pela restauração do bem estragado (LE, art. 37, §§ 1º e 2º), sempre com direito de regresso contra o infrator, se identificado (CC, art. 934; CPC, art. 125, inc. II e § 1º).

Sob outro prisma, "3. Sendo o beneficiário da propaganda irregular intimado para providenciar a sua retirada, e, não o fazendo, resta caracterizado o prévio conhecimento do candidato, autorizando-se, assim, a imposição de multa" (TSE, AgR - REspe 2.397/CE, rel. Min. Fernando Neves, DJ, 21/06/2004, p. 89).

Admitiu-se, igualmente, a aplicação do *princípio da solidariedade*, entre o partido político e o interlocutor da propaganda eleitoral extemporânea, "quando este último for notadamente candidato a cargo eletivo" (ver TSE, ED - REspe 26.189/MG, rel. Min. José Augusto Delgado, DJ, 02/04/2007, p. 131).

Resta, ainda, o *princípio igualitário* (CF, art. 5º, **caput**; LE, art. 73, incs. I a VIII), cuja aplicação deve reduzir ao máximo a intromissão indevida do poder econômico, muito comum entre nós brasileiros. A **ratio legis** é a igualdade dos que disputam o certame eleitoral. Vale frisar que o inc. VII do art. 73 da Lei das Eleições tem nova redação dada pelo art. 2º da Lei nº 13.165/2015.

"Atualmente, a preocupação de resguardo da igualdade nas eleições por propagandas não abusivas atinge dimensões de efetivo desgaste ao Poder Público, especialmente quando o aspirante a mandato eletivo faz tráfico de influência e abuso do poder político para se lançar na sucessão política eleitoral, que longe de ser natural e meramente competitiva, se vale de subterfúgios, dinheiro e prestígio dentro da Administração Pública caracterizando condutas proibidas não necessariamente tipificadas pela Lei nº 9.504/1997 (art. 73), pois praticadas em anos anteriores ao pleito eleitoral, mas que, sem dúvida, estimulam e se efetivam em indevida e até ilícita ingerência na estrutura do Estado para mover-se em prol desta possível pré-candidatura" (cf. Marcos Ramayana, Direito Eleitoral, cap. XII, item 12.2.1, p. 537).

Para a compreensão do *princípio da igualdade* em pauta, que é muito maltratado no primeiro semestre do ano da eleição, vem à balha um luminoso aresto da lavra do Ministro Gilmar Mendes. Expõe esse magistrado e emérito constitucionalista: "5. Abuso de poder político no desvirtuamento da publicidade institucional: o princípio da publicidade, que exige o direito de acesso à informação correta dos atos estatais, entrelaça-se com o princípio da impessoalidade, corolário do princípio republicano. A propaganda institucional constitui legítima manifestação do princípio da publicidade dos atos da administração pública federal, desde que observadas a necessária vinculação a temas de interesse público - como decorrência lógica do princípio da impessoalidade - e as balizas definidas no art. 37, § 1º, da Constituição Federal de 1988, segundo o qual, 'a publicidade dos atos, programas, obras e campanhas dos órgãos públicos deverá ter caráter educativo, informativo ou de orientação social, dela não podendo constar nomes, símbolos ou imagens que caracterizem promoção pessoal de autoridades ou servidores públicos'. Enquanto a propaganda partidária é um canal de aproximação entre partidos e eleitores, disponível a todas agremiações registradas no Tribunal Superior Eleitoral, a publicidade institucional de municípios é uma ferramenta acessível ao Poder Executivo local e sua atualização com contornos eleitorais deve ser analisada com rigor pela Justiça Eleitoral, sob pena de violação da ideia de igualdade de chances entre os contendores - candidatos -, entendida assim como a necessária concorrência livre e equilibrada entre os partícipes da vida política, sem a qual fica comprometida a própria essência do processo democrático" (TSE, REspe 33.645/SC, DJe - 73, 17/04/2015, p. 45, sem destaques no texto original).

Daí verifica-se a complexidade de normatização e aplicação deste *princípio da igualdade.*

Resumindo, com espeque em Joel José Cândido, verifica-se que "A propaganda política, em qualquer modalidade, rege-se por princípios", que se vão seguir: 1º) princípio da legalidade; 2º) princípio da liberdade; 3º) princípio da responsabilidade; 4º) principio igualitário; 5º) princípio da disponibilidade; 6º) princípio do controle judicial (**in** Direito Eleitoral Brasileiro cit., cap. VI, item 6, p. 180).

Há, como se verifica acima, divergências doutrinárias acerca das nomenclaturas relativas aos *princípios* em questão.

1.6 - Do Dia de Eleição Usado como Marco para a

Contagem das Várias Espécies e Etapas da Propaganda Política

Considerando que no *calendário eleitoral*, expedido antes de se iniciar o procedimento exigido para a realização do certame - por resolução do Tribunal Superior Eleitoral (art. 23, IX, do CE c.c. art. 105, **caput**, da LE) -, constam os atos relativos ao pleito tendo como marco empregado na contagem o dia da eleição ou votação. Urge falar, singelamente, acerca dessa mais importante data do processo eleitoral, que se faz em etapas (períodos ou épocas).

Em seus Comentários à Constituição de 1946 (4ª ed., Borsoi, 1963, t. II, art. 38, nº 2, p. 388), Pontes de Miranda diz sobre tal ocasião: "Recomenda-se que as eleições se façam, em todo país, ao mesmo tempo". E, acrescente-se, de maneira periódica (CF, art. 60, § 4º, inc. II, última figura), com o abono da boa doutrina (cf. Antônio de Sampaio Dória, Direito Constitucional cit., tomo 1º, parte 2ª, cap. V, p. 379; Gilmar Ferreira Mendes, Curso de Direito Constitucional, 4ª ed., Saraiva, 2009, cap. 9, item 2.2, págs. 783-4).

Na trilha desse pensamento, estabeleceu-se que as eleições "dar-se-ão, em todo o País, no primeiro domingo de outubro do ano respectivo" (LE, art. 1º, **caput**; CE, art. 380; CF, arts. 14, **caput**, 28, 32, § 2º, e 77, **caput**), isto é, "do ano anterior ao do término do mandato de seus antecessores" (CF, arts 28, **caput**, 29, inc. II, 32, § 2º, 44, par. único, 46, § 2º, e 77, **caput**).

A *periodicidade das eleições*, decorrente de cláusula pétrea (CF, art. 60, § 4º, inc. II), recai em *ano par* (ou seja, para haver eleição), enquanto o *ano impar* fica sem eleição. Tal *periodicidade* passou a fluir dos mandatos vigentes à promulgação da Constituição Federal (arts. 28, 29, inc. II, 77 e 81).

Dessa forma, evita-se o inconveniente de fazer as eleições, para todos os cargos, num só dia, dividindo-se o certame em dois tempos (duas etapas ou temporadas), com o interstício de um biênio (a cada dois anos pares), sendo o primeiro, para quase todos os postos em disputa, e o segundo, para os restantes, quais sejam, prefeito, vice-prefeito e vereador (LE, art. 1º, par. único, incs. I e II). Além do mais, a simultaneidade dos certames eleitorais leva, obrigatoriamente, à simultaneidade dos mandatos eletivos, exceto o de senador que, sendo de oito anos o seu período, faz-se mediante a renovação alternada, por um e dois terços (CF, art. 46, §§ 1º e 2º).

Cabe, agora, uma observação a propósito das duas ocasiões (épocas ou datas) para as eleições. Aqueles que exercem funções nos dias de votação – especialmente os magistrados, os membros do Ministério Público, os advogados eleitoralistas e os servidores públicos – acabam convictos de que as eleições municipais são as mais conflituosas e trabalhosas. Efetivamente, quanto menor a cidade maior é o embate entre envolvidos (candidatos, dirigentes partidários, cabos eleitorais, apoiadores e apenas simpatizantes), pela proximidade em que se encontram durante a competição; ademais, quase todos os habitantes se conhecem, o que leva ao acirramento dos ânimos de muitos deles. Já nas capitais e municípios populosos, as disputas ficam mais diluídas e menos conflagradas; os interesses dos envolvidos nesses pleitos estão muito mais distantes das divergências decorrentes da própria contenda.

Sem dúvida, o passionalismo que envolve todas as pessoas atraídas pela disputa dos votos é um apanágio de todos os prélios eleitorais, especialmente naqueles com pequeno corpo de votantes ou colégio eleitoral.

Por estes motivos, a ideia de se fazer eleição para todos os cargos num só dia traz muita preocupação, pela sua complexidade, aos servidores e magistrados da Justiça Eleitoral. Tudo isto sem levar em conta a dificuldade que terá o eleitor para escolher, em sequência, sete candidatos para votar. Quando não bastasse, pelo sistema proporcional (CF, arts. 27, § 1º, 29, inc. IV, 32, § 3º, e 45, **caput**), o eleitor ainda poderá optar por três votos só para legenda. Na urna eletrônica, portanto, deverão ser abertas sete telas, para que, então, o eleitor exercite o seu direito de sufrágio, ou seja, possa votar em candidatos pelo princípio majoritário, em outros candidatos pelo sistema proporcional, que também admite o voto exclusivo de legenda ou sigla.

Com a EC nº 16, de 1997, que criou os dois turnos para uma boa parte dos cargos escolhidos por *eleição majoritária* (excluídos apenas aqueles em municípios com menos de 200.000 eleitores), "o primeiro domingo de outubro do ano respectivo" ficou para o primeiro turno, enquanto "o último domingo de outubro" se destinou ao segundo turno, se necessário, sempre no ano anterior ao do término dos mandatos eletivos. A normatividade acerca da *reeleição*, ou melhor, da *recandidatura* dos titulares de mandatos no Poder Executivo está consubstanciada nos artigos 14, § 5º, 28, 29, incisos I e II, 32, 77 e 82 todos da Constituição da República.

À luz dos dispositivos indicados, a *renovação* dos mandatos de quatro anos, ou a *recondução*, somente ocorrerá para um único período subsequente, isto é, os chefes do Executivo são inelegíveis para um terceiro mandato consecutivo.

Interpretando o disposto no § 5º do art. 14 da Constituição Federal, o Pretório Excelso assentou que a reeleição é para um único período subsequente, porém nada obsta que, após quatro anos no exercício de outro cargo, ou mesmo sem exercício de mandato eletivo, o eleitor filiado possa se candidatar novamente para o mesmo cargo (STF, 2ª T., RE 366.488/SP, rel. Min. Carlos Velloso, LexSTF, 324/237).

Segundo o magistério de José Afonso da Silva, "Trata-se de uma eleição como qualquer outra, de sorte que a ela se aplicam as mesmas regras e princípios. A única diferença está em que a ela pode também concorrer o ocupante do cargo em disputa; por isso é que se vem chamando *recandidatura* a esse direito de participação, ou seja, candidatura ao cargo que já exerce, mas só por mais um único período subsequente" (Comentário Contextual à Constituição, 2ª ed., Malheiros, 2006, art. 14, nº 7, p. 225; ou Curso de Direito Constitucional Positivo, 31ª ed., Malheiros, 2008, parte 2ª, tít. V, cap. III, item 16, p. 369, sem grifo nos textos originais).

Aplicando-se as mesmas regras e princípios da eleição, como acima explicado, "O candidato à reeleição deve igualmente ostentar as condições de elegibilidade" (cf. José Jairo Gomes, Direito Eleitoral cit., cap. IX, item 4, p. 159).

Por outro lado, num único turno se procederá à eleição dos parlamentares, que também terão mandato de quatro anos e, no caso de senadores, de oito anos, sem limite para as *recandidaturas*. Os dispositivos constitucionais, relativos aos cargos de deputado estadual, vereador, deputado federal e senador, estão dispersos nos artigos 27, § 1º, 29, inc. I, 44, par. único, e 46, § 1º. Este último preceito se refere ao do agente político que tem mandato exclusivo de oito anos, isto é, o senador já mencionado.

Ainda sobre o mandato dos deputados federais, cabe salientar que cada legislatura terá a duração de quatro anos (CF, arts. 44, par. único), enquanto para os senadores o tempo é de oito anos (CF, art. 46, §§ 1º e 2º). Quer dizer, "Legislatura é o período em que os membros do Congresso exercem o mandato que lhes foi conferido pelo eleitorado" (cf. Paulino Jacques, Curso de Direito Constitucional, 5ª ed., Forense, 1967, cap. XXXIII, p. 131). Em outras palavras, talvez mais fáceis, a *legislatura* "corresponde ao período de mandato do parlamentar" (cf. Michel Temer, Elementos de Direito Constitucional, 5ª ed., RT, 1989, parte III, cap. II, nº 1, p. 125).

1.7 - Do Início da Propaganda Eleitoral

Quinze dias depois de terminar o prazo para a *escolha dos candidatos* e a *formação das coligações*, pelos partidos políticos, que ocorrerão em *convenções*, de 20 de julho a 5 de agosto do ano das eleições (ver LE, arts. 36, **caput** e seus §§ 1º e 8º, a cabeça com a nova redação dada pelo art. 2º da Lei nº 13.165/2015; LPP, art. 15, inc. VI), sobrevirá o período da *campanha eleitoral*, que no primeiro turno dura, aproximadamente, 45 dias antes do pleito. Com as alterações do art. 36, **caput**, mencionado acima e também do art. 240, **caput**, do Código Eleitoral o tempo da *campanha eleitoral* foi bem diminuído, tendo por escopo a redução dos seus gastos.

Esse período tem início *após* 15 de agosto (= a propaganda eleitoral é admitida no dia seguinte) e término 48 horas *antes* da eleição (= a propaganda é proibida a partir da antevéspera), nos termos do art. 36, **caput**, com a nova redação do art. 2º da Lei 13.165/2015 da Lei das Eleições e do art. 240, **caput** e par. único, do Código Eleitoral. Todavia – ressalte-se – este dispositivo sobre o fim da propaganda, que vai *desde* os dois dias anteriores ao pleito *até* um dia depois dele, contém *proibição parcial*, uma vez que incide tão somente na utilização do *rádio, televisão, comícios* ou *reuniões públicas*, como expressamente relaciona o preceito em comento (**numerus clausus**). As quatro *espécies* excepcionadas no referido par. único do art. 240 do Código Eleitoral são, portanto, apenas aquelas consideradas *propagandas de massa* (divulgações destinadas a muitas pessoas).

Cabe notar que preceito legal do par. único art. 240 supra, contendo caráter punitivo, deve receber interpretação estrita, excluindo-se a propaganda eleitoral veiculada gratuitamente pela Internet (ResTSE 23.404/2014, art. 4º, par. único). Há quem sustente que a propaganda pela Internet no dia da eleição é proibida, nos termos do § 5º do art. 39 da Lei das Eleições. Sucede, porém, que tal extensão não pode ser levada a efeito. Tratando-se de disposição nitidamente repressiva, a sua exegese deve ser restritiva (**permittitur quod non prohibitur**).

Igualmente às exceções anteriores, porém *até* a antevéspera do certame (é admitida ainda na sexta-feira), permite-se a divulgação de propaganda eleitoral paga na imprensa escrita, reprodução na internet do jornal impresso, bem como revistas (LE, art. 43, **caput**), consequentemente ela está proibida na véspera da eleição (que recai no sábado). Imprensa escrita, aqui, compreende jornais (em papel e sua reprodução em sistema eletrônico), bem como revistas e magazines. Tem razão Alberto Rollo ao afirmar que é permitida "a reprodução na internet de jornal impresso contendo propaganda eleitoral" (**v.** Eleições no Direito Brasileiro cits., item 13.2.1.15, letra *c*, p. 164 e nota n. 16).

Outras modalidades de propaganda eleitoral devem terminar antes do dia da votação (domingo), ou melhor, vão "até as 22 horas do dia que antecede a eleição" (véspera), quais sejam: "distribuição de *material gráfico*, *caminhada*, *carreata*, *passeata* ou *carro de som* que transite pela cidade divulgando **jingles** ou mensagens de candidatos" (LE, art. 39, §§ 9º e 9º-A, este com a redação dada pelo art. 2º da Lei nº 13.165/2015).

O *material gráfico* atrás mencionado (LE, art. 38, **caput** e §§ 1º e 2º) é constituído por "colas" contendo o número do candidato para induzir o eleitor a lhe dar o voto; "santinhos" com retrato do candidato e elogios a ele; folhetos descrevendo a sua atuação política-administrativa; "volantes" impressos com mensagens do candidato etc. As carreatas não podem, por seu turno, ser transformadas em "comícios ambulantes", pelo uso de som amplificado em veículo a desfilar (TSE, MS 3.107/DF, rel. Min. Fernando Neves, DJ, 25/10/2002, p. 211).

A veiculação das demais espécies de propaganda eleitoral, contrariamente, permite-se até o *encerramento da votação* (art. 144 c.c. art. 153, ambos do CE), quando elas perderão naturalmente o seu objetivo. Isto sem embargo do comportamento das pessoas que se dedicam, com exclusividade, às atividades político-partidárias (os chamados "políticos profissionais"), para as quais: *o término da eleição é o princípio da próxima*.

Desde que não haja pagamento, por qualquer interessado (art. 57-C), a propaganda eleitoral na Internet, em suas várias formas (art. 57-B, incs. I a IV), pode ser mantida no dia do pleito (art. 57-A), conforme os dispositivos já indicados da Lei das Eleições. Por sinal, o mesmo ocorre em face da colocação gratuita de placas, faixas ou cartazes, os quais não precisam ser retirados na data do prélio, segundo a observação que será feita adiante, fundada em acórdão do colendo Tribunal Superior Eleitoral.

Não é demais ressaltar que a propaganda eleitoral, sempre destinada a persuadir o eleitor na escolha do candidato a sufragar, está delimitada pelo chamado *período de campanha*, descabendo quaisquer antecipações ou prorrogações desse tempo, como já salientado no início deste item.

1.8 - Das Restrições à Propaganda Eleitoral no Dia da Eleição

O dia da eleição é destinado, praticamente, à votação e sua apuração (escrutínio ou resultado). Esses dois atos são regidos por procedimentos minuciosos, em face da necessidade de que ocorram de forma ordeira, tranquila, segura e, principalmente, haja o livre exercício do direito de sufrágio (CE, arts. 234 e 297). Buscando a efetivação desses preceitos fundamentais, marca-se a eleição para uma data que recaia em domingo ou feriado nacional (CF, arts. 28, **caput**, 29, inc. II, e 77, **caput**; LE, art. 1º, **caput**; CE, art. 380). Enfim, os trabalhos eleitorais não devem ser prejudicados de qualquer maneira (CE, art. 296). Vale dizer, descabem atos que impeçam ou dificultem a votação, tornando-a mais difícil de qualquer forma (**verbi gratia**, provocação de tumultos nas vias públicas ou prática de quaisquer embaraços durante o seu andamento).

Nessa ocasião, pois, o ordenamento jurídico proíbe quase todas as modalidades de propaganda eleitoral, ressalvando aquela que é manifestada pelo próprio eleitor. Este poderá indicar apenas, de maneira individual e silenciosa, a sua preferência por partido político, coligação ou candidato, revelando-a, exclusivamente, pelo uso de bandeiras, broches, dísticos e adesivos (LE art. 39-A).

Urge, pois, estabelecer restrições à propaganda eleitoral para impedir condutas incompatíveis com esse momento máximo da eleição. Para obstá-las, previram-se duas ordens de infração, isto é, administrativas e penais. Vejamos.

Nesse dia, é vedada qualquer propaganda política mediante: a) *radiodifusão*; b) *televisão*; c) *comícios*; d) *reuniões públicas* (cf. CE, art. 240, par. único). Cabe observar, ainda, que a proibição da propaganda termina com a aposição do lacre na última urna (eletrônica ou de lona) utilizada na circunscrição eleitoral (CE, arts. 144, 153, e 154, inc. I e seu § 1º).

Na mesma data, além da propaganda irregular supracitada, constituem crimes: a) o emprego de *autofalantes* e *ampliadores de som*, ou promoção de *comício* e de *carreata*; b) a *arregimentação* de eleitor ou a propaganda de *boca-de-urna*; c) a *divulgação* de qualquer espécie de propaganda dos partidos políticos ou de seus candidatos (LE, art. 39, § 5º, incs. I a III; CE, art. 144).

Ambas as restrições configuram ressalvas ao *princípio da liberdade da propaganda*, assegurado em inúmeros dispositivos legais (CF, arts. 5º, **caput**, incs. IV e IX, e 220, **caput** e § 2º; LE, arts. 17, 38, 39 e 41, § 2º; CE, arts. 244, 245, 248, 331 e 332).

Em resumo: com esses preceitos, que excluem o *princípio da liberdade* aludido, proíbem-se determinadas condutas no dia da eleição, quer na modalidade de *propaganda irregular* ou *ilícita*, quer na forma de *propaganda criminosa*.

Deveras, a vedação da propaganda irregular, prevista no Código Eleitoral (par. único do art. 240 com a redação do art. 4º da Lei nº 13.165/2015), tem por escopo manter a ordem e a tranquilidade durante o exercício do sufrágio e, ao depois, os atos atinentes à sua apuração. Com estes objetivos, impedem-se as propagandas que atingem toda a população (eleitores ou não), pois que os trabalhos eleitorais não devem ser prejudicados por quaisquer propagandas concomitantes.

Já a propaganda descrita na Lei das Eleições (art. 39, § 5º, incs. I, II e III), a qual não configura uma simples irregularidade, mas conduta criminosa, punida com pena privativa de liberdade, que pode ser substituída por prestação de serviços à comunidade, e multa, serve aos mesmos propósitos da norma anterior e, com maior rigor, ainda busca manter o equilíbrio do prélio, evitando as condutas que se consideram mais perigosas para desvirtuá-lo.

Comentando os dispositivos supra, os ilustrados Roberto Amaral e Sérgio Sérvulo da Cunha enfatizam que "O pressuposto é considerar o dia da votação como data neutra. A campanha se encerrou. Há três dias terminaram a propaganda política mediante comícios e reuniões públicas e a propaganda eleitoral gratuita no rádio e na televisão (art. 47, **caput**), inclusive a realização de debates, ainda que pela internet... Mas os jornais podem circular com propaganda dos candidatos: neles é permitida a propaganda paga até a antevéspera do dia da eleição (art. 43). E podem funcionar na internet os sítios dos candidatos e das coligações... A lei veda, expressamente, qualquer tipo de campanha eleitoral no dia da votação... de sorte a deixar o cidadão inteiramente livre no importantíssimo momento de sua decisão. De maneira genérica, proíbe toda e qualquer ação que vise a influir na vontade de eleitor" (**in** Manual das Eleições, 4ª ed., Saraiva, 2010, parte I, art. 39, § 5º, I a III, p. 350).

Dessa lição não destoam Walber de Moura Agra e Francisco Queiroz Cavalcanti, afirmando: "Para que não se obstaculize o dia em que os cidadãos exercerão seu direito ao sufrágio, autorizou-se a manifestação individual e silenciosa do eleitor sobre a sua preferência em relação a candidato, partido político ou coligação, sendo vedada, assim, qualquer forma de manifestação coletiva, como passeatas, arrastões, carreatas etc.[101]" (Comentários à Nova Lei Eleitoral, 1ª ed., Forense, 2010, art. 39-A, p. 71 e nota n. 101).

Sintetizando com José Jairo Gomes, "Em princípio, é vedada a realização de propaganda eleitoral no dia do exercício do sufrágio (CE, art. 240, par. único)". Confira-se o Direito Eleitoral cit., cap. XVI, item 4.25, p. 448.

Por certo, se pensar é falar consigo mesmo, o eleitor antes de votar deve ter o seu momento de reflexão, pois que, na observação de Enrico Peyretti, "a política de fato exclui a serenidade" (**apud** Norberto Bobbio, Elogio da Serenidade, 2ª ed., UNESP, 2011, p. 12).

Assim sendo, a convicção do eleitor deve ser formada sob a proteção legal, visto que a sua escolha é estritamente pessoal e só deve ser influenciada por propaganda lícita.

A segurança pessoal do eleitor deve ser assegurada pelos órgãos da Justiça Eleitoral, especialmente no dia da votação. Esta atribuição desse ramo da Justiça tem, inclusive, o caráter administrativo (CE, art. 35, inc. XVII). Para tanto, as Cortes Eleitorais podem requisitar a força armada necessária (CE, arts. 23, inc. XIV, e 30, inc. XII). Todas as atribuições abarcam, consequentemente, a preservação da ordem pública e a incolumidade das pessoas e do patrimônio, ressalvado o ingresso nos locais em que funcionam as mesas de votação, onde o poder de polícia é do Presidente da Mesa Receptora de Votos, com a previsão de interveniência de ofício do Juiz Eleitoral (CF, art. 144, **caput**; CE, arts. 127, inc. III, 139 a 141 e 238).

No concernente ao poder de polícia do Juiz Eleitoral há um acórdão que coloca a questão nos seus devidos termos, ao anotar: "1. No âmbito da Justiça Eleitoral, o poder de polícia pertence exclusivamente ao Juiz Eleitoral. Razões históricas que remontam a própria edição do Código Eleitoral de 1932 bem demonstram a razão de assim ser. 2. São nulas as atividades exercidas pelos agentes da Polícia Federal que deveriam ter comunicado à autoridade judiciária, ou ao menos ao Ministério Público Eleitoral, desde a primeira notícia, ainda que sob a forma de suspeita, do cometimento de ilícitos eleitorais, para que as providências investigatórias - sob o comando do juiz eleitoral - pudessem ser adotadas, se necessárias. 3. O inquérito policial eleitoral somente será instaurado mediante requisição do Ministério Público ou da Justiça Eleitoral, salvo a hipótese de prisão em flagrante, quando o inquérito será instaurado independentemente de requisição (ResTSE nº 23.222, de 2010, art. 8º)". Confira-se o acórdão prolatado no RO 190.461/RR, rel. Min. Henrique Neves, DJe - 160, 21/08/2012, p. 39.

Como se vê, o Ministério Público Eleitoral tem importância essencial à função jurisdicional relativa ao denominado *processo eleitoral* (CF, arts. 127, **caput**, e 129, incs. I e II; LC nº 75/1993, art. 72, **caput**; CE, art. 27, § 4º).

Sintetizando, todos os órgãos da Justiça Eleitoral têm papel preponderante no dia da eleição, impondo-se-lhes a preservação da ordem jurídica e a presteza do serviço eleitoral (CE, art. 35, inc. IV). Para melhor desempenho dessas atribuições – tanto de caráter administrativa quanto jurisdicional –, tais órgãos podem agir de ofício ou por provocação, inclusive pelos candidatos, delegados e fiscais dos partidos políticos (LE, arts. 41, § 2º, 65 e 96; CE, arts. 131 e 242, par. único), bem como por qualquer indivíduo ofendido ou prejudicado pelo descumprimento da lei (CE, art. 35, inc. V). Com efeito, "2. É admissível que a representação seja oferecida pelo prejudicado, mesmo que este não se inclua entre aqueles expressamente legitimados na legislação eleitoral" (ResTSE 21.078, Inst. 57/DF, rel. Min. Fernando Neves, DJ, 24/05/2002, p. 370).

Reforçando tais garantias, impõe-se o isolamento do eleitor, no momento da sua escolha de candidato ou legenda (esta só tem lugar na eleição proporcional). Assegura-se o sigilo do voto no próprio texto da Carta da República, incluindo-o, também, como cláusula pétrea (arts. 14, **caput**, e 60, § 4º, inc. II), bem como em leis ordinárias (art. 59, § 4º, parte final, da LE; arts. 103, inc. II, e 312 ambos do CE).

As condutas criminosas específicas à propaganda no dia do pleito não se encontram entre aquelas infrações penais previstas no Código Eleitoral, ou seja, estão previstas tão somente na Lei das Eleições aludida (art. 39, § 5º, incs. I a III).

De forma geral, aquilo que for permitido no período anterior à eleição, fica proibido nesse dia e, ainda, pode configurar crime eleitoral.

Na lição de Antônio Carlos da Ponte, esses crimes podem ser classificados em... "d) crimes eleitorais na propaganda eleitoral" (cf. Crimes Eleitorais, 1ª ed., Saraiva, 2008, cap. III, nº 9, p. 52).

Para Suzana de Camargo Gomes, "A norma penal está, no caso, resguardando a liberdade do eleitor de votar sem sofrer constrangimento, pelo que, no dia da eleição, é vedada a propaganda eleitoral" (**in** Crimes Eleitorais, 4ª ed., RT, 2010, item 7.11, p. 164).

Sem dissensão, acrescentam Leonardo Schmitt de Bem e Mariana Garcia Cunha que a finalidade é preservar a manifestação do eleitor de "interferência da propaganda externa, tendente a influenciar a sua vontade na última hora" (Direito Penal Eleitoral, 2ª ed., Conceito, 2011, parte V, item 3.2, p. 356).

Joel José Cândido, por seu turno, entende que os incisos I e III do § 5º do art. 39 da Lei das Eleições visam a proteger o ato de votar.

As normas querem "assegurar, ainda, tranquilidade à Justiça Eleitoral para que ela possa propiciar o exercício do voto a todos os eleitores e bem executar a totalização e escrituração dos votos, funções que também lhe competem. Na nossa classificação, embora possa [m] ser crime [s] contra os serviços da Justiça Eleitoral, preferimos dizer que é [são] Crime [s] contra o Sigilo e o Exercício do Voto". Quanto ao inciso II, este visa a "proteger o livre exercício do voto, vedando práticas que podem cercear a livre manifestação de vontade do eleitor no exercício do poder de sufrágio. Na nossa classificação, é Crime Contra o Sigilo e o Exercício do Voto" (**in** Direito Penal Eleitoral & Processo Penal Eleitoral, 1ª ed., Edipro, 2006, cap. 2, item 2.4, págs. 492 a 511, com inserções entre colchetes).

Cabe observar, agora, que a propaganda efetuada quando o eleitor segue, pela via pública, na direção à sua Seção Eleitoral - oportunidade que facilita para alguém lhe induzir a vontade (em ação que, muitas vezes, até dificulta a sua caminhada), com o escopo de obter-lhe o voto irrefletido -, o agente que assim o faz está a praticar conduta que configura propaganda de boca-de-urna (a que incute no eleitor, de surpresa, a ideia de votar num candidato). Este constrangimento, que ocorre no momento de votar, é uma forma de arregimentar o eleitor desprevenido. Vale dizer, o agente do crime faz a cabala inesperada para obter o voto irrefletido. E tal comportamento, como já foi visto, constitui *crime contra o exercício do voto* (LE, art. 39, § 5º, inc. II). Evidente está que o dito ato comissivo (a arregimentação) deverá ocorrer somente no horário destinado ao recebimento dos votos (CE, arts. 144 e 153), bem como que o eleitor ainda esteja por fazê-lo (CE, art. 146).

De sorte que a vontade interior deverá ser manifestada livremente, descabendo enganar-se o eleitor prestes a externar o seu desejo (isto é, a sua decisão) por meio do sufrágio. Não deverá haver, pois, disparidade entre o querido e o registrado pelo eleitor.

Lembrando o ensinamento do insigne Professor José Beleza dos Santos, "Normalmente a manifestação exterior da vontade está em perfeita harmonia com a vontade que se declarou. Quis-se juridicamente aquilo que se declarou e declarou-se aquilo que realmente se quis" (**in** A Simulação em Direito Civil, 1ª ed., Coimbra Editora, 1921, vol. I, § 1, item 1, p. 4).

Nesse ilícito penal, que ocorre com frequência, o agente do crime se aproveita da existência de agrupamentos de eleitores, quando estão afluindo às Mesas Receptoras, para ir até eles e, então, incutir-

-lhes razões capazes de os influenciarem na escolha, que se avizinha, com o propósito espúrio de obter um voto impensado e quase sempre diverso daquele pretendido pelo eleitor questionado (ou até *não votar* em algum candidato). Os *infratores* do preceito em pauta são, nas mais das vezes, os próprios candidatos ou cabos eleitorais, estes quase sempre remunerados por aqueles ou, ainda, pelas suas próprias agremiações. Não havendo a forma omissiva do ato de cabalar, ou melhor, quando o eleitor é quem se dirige ao eventual agente (ação inversa da anterior), pedindo-lhe conselho sobre a escolha do candidato que deverá receber o sufrágio, a infração penal não se configura. O alvo do crime de boca-de-urna é, quase sempre, o eleitor mal informado ou aquele que deixou de pensar sobre as perspectivas do próximo governo.

Em acórdão lavrado pela citada Desembargadora Suzana de Camargo Gomes, anotou-se que "O tipo penal em apreço visa a tutelar, justamente, a liberdade de escolha do eleitor, ou seja, o bem jurídico protegido pela norma penal está expresso no direito do eleitor exercitar o seu voto, sem sofrer qualquer ordem de constrangimento, de coação, de incômodo, de abordagem no dia da eleição, daí a proibição de que se distribua propaganda eleitoral no dia da eleição, ou mesmo que se pratique qualquer ato de coação ou aliciamento atingindo o eleitor, visando a influenciar a sua vontade" (ver TRE/SP, Ac. 147.159, Rec. Crim. 1.747, Classe 3ª, j. em 09/03/2004).

Porém, se o agente do crime praticar violência ou grave ameaça, durante o seu *ato comissivo* (a interpelação daquele que segue para o local de votação), o delito se torna bem mais grave, porque tal conduta tipifica aquela prevista no art. 301 do Código Eleitoral, "ainda que os fins visados não sejam conseguidos" (**vide** TSE, AgR – REspe 5.163.598/PI, rel. Min. Arnaldo Versiani, DJe, 11/04/2011, p. 37).

O assédio ao eleitor, no entanto, deve ser pessoal, isto é, com potencial ofensivo. Logo, não se configura boca-de-urna o envio de mensagem de texto ao eleitor por meio do telefone celular (TRE/SP, Rec. 69.959, relª Desª Marli Ferreira, DJe, 25/04/2013).

Antigamente, para demarcar a distância que a força pública deverá manter dos recintos de votação, a qual mede cem metros das salas ocupadas pelas *Seções Eleitorais*, ou melhor, das entradas dos edifícios designados para a instalação das *Mesas Receptoras de Votos* (ver CE, arts. 117, **caput**, 119, 138, par. único, 141 e 238), pintavam-se faixas brancas (caiação) nas vias públicas que davam acesso aos ditos locais.

Aproveitando-se dessa demarcação, os fiscais dos partidos políticos e funcionários das zonas eleitorais, tinham mais facilidade para evitar a prática de boca-de-urna, visto que, neste espaço menor, os pretensos infratores ficavam mais cautelosos. Ademais, no local aludido, a infração ocorrerá habitualmente de maneira mais crítica e, também, o número de eleitores que podem ser interpelados é sempre maior. Esta constatação se faz aqui apenas para registro, sem embargo de que a proibição da boca-de-urna se estende a qualquer lugar em que esteja o eleitor que ainda não votou.

A propósito, a regra é editada para que a força armada se mantenha distante dos lugares da votação (CE, arts. 141 e 238), a fim de evitar que "possa ser utilizada como meio de velada intimidação do eleitor, já que a força pública está subordinada ao Poder Executivo, sempre interessado no resultado do pleito", como entende Pedro Roberto Decomain (**in** Comentários ao Código Eleitoral cits., art. 238, p. 302) com eco na doutrina de José Jairo Gomes (**in** Direito Eleitoral cit., cap. XVII, nº 2, p. 489). Mas parece-me, **data venia**, que maior risco haverá com a falta de policiamento ostensivo nos edifícios designados pela Justiça Eleitoral (CE, arts. 35, inc. XIII, e 135 a 138). A regra está, portanto, superada pelas razões que se vão seguir.

O que se observa, na prática atual, é a inexistência de constrangimento dos eleitores diante da presença de policiais fardados. A sua ausência do local, pelo contrário, poderá possibilitar que pessoas mais ousadas venham a praticar boca-de-urna, sem que elas sejam retiradas do edifício por quem legalmente tem o poder de polícia nessa área, ou seja, o Presidente da Mesa Receptora de Votos ou quem o substituir (CE, arts. 127, inc. III, 139 e 140, §§ 1º e 2º).

Evidentemente, ao Presidente de Mesa Receptora é quase impossível manter a ordem no recinto da votação (sala do edifício), estendendo-se tal atribuição à distância de cem metros em que funciona a seção eleitoral (vale dizer, falta-lhe o dom divino da ubiquidade). Além disso, a esse membro principal da Mesa Receptora de Votos são atribuídas inúmeras outras funções (CE, arts. 127, incs. I a IX, e 129, **caput**), lhe inviabilizando a possibilidade de cumprir mais esse difícil múnus público.

Mas ainda não é tudo. A presença da força armada decorre de requisição da Justiça Eleitoral (CE, art. 30, inc. XII), a qual é integrada por Juízes Eleitorais, com poder de manter a ordem e dirigir os trabalhos eleitorais (CE, arts. 35, IV, XVI e XVII, e 139, combinados). Durante os trabalhos de votação, o Juiz Eleitoral é a *autoridade su-*

perior (CE, art. 140, §§ 1º e 2º). Nesse caso, o poder de jurisdição também é poder de comando da *autoridade* (cf. De Plácido e Silva, Vocabulário Jurídico, 25ª ed., Forense, 2004, p. 176; a respeito do comando de *juiz eleitoral* ver TSE, RO 190.461/RR, rel. Min. Henrique Neves, DJe - 160, 21/08/2012, p. 39, ementa 2).

Enfim, nos incidentes levados ao conhecimento dos Juízes Eleitorais paulistas e do seu Tribunal Regional não se encontram registros, nas últimas décadas, de casos em que policiais fardados estivessem efetuando arregimentação de eleitores, ou seja, crimes de boca-de-urna.

De resto, em reforço às leis ordinárias, deve-se assegurar ao eleitor a proteção que decorre do princípio da liberdade de sufrágio (CF, arts. 5º, **caput** e 14, **caput**; CE, art. 82). Nesse sentir é Erick Wilson Pereira, que afirma: "Apenas com a ideia de liberdade é que se concebe o voto secreto, ou seja, o voto secreto é inseparável da ideia de voto livre" (**in** Direito Eleitoral cit., cap. 2, nº 2.5.5, p. 81).

Cuidando-se de um *crime comissivo de mera conduta*, essa infração penal, denominada *boca-de-urna*, independe de *resultado* (ver TSE, HC 669/RJ, relª Minª Cármen Lúcia, DJe, 19/05/2010, p. 27; TSE, RHC 45/MG, rel. Min. Carlos Velloso, DJ, 06/06/2003, p. 136). Vale dizer, o legislador descreve somente uma *ação antijurídica* atribuída ao agente do crime, que se revela na prática do ato de propaganda proibida, sem se preocupar com o seu resultado (**eventus damni**).

Decerto, o crime de *boca-de-urna* não exige o resultado - convencimento do eleitor que ainda não votou -, bastando o aliciamento com o escopo de influenciar a vontade desse ofendido, inclusive com a mera entrega da propaganda impressa, para configurar a conduta típica (TRE/RO, Rec. Crim. 198.808, Ac 394, rel. Juiz João Adalberto Castro Alves, DJe - 116, 24/06/2011, p. 10; TRE/SP, Rec. Crim. 1.747, Ac 147.159, relª Desª Suzana de Camargo Gomes, DJe, 18/03/2004).

Outra infração penal que ainda se verifica comumente, no dia do pleito, é a divulgação de qualquer espécie de propaganda de partidos políticos ou de seus candidatos (inc. III do § 5º do art. 39 da LE). Tal infração é praticada, geralmente, por meio de veículos estacionados, nas vias públicas, próximas às seções de votação, contendo cartazes; também se efetua pela colocação de cavaletes (ou de engenhos assemelhados) nas calçadas, ilhas para pedestres ou jardins públicos (inclusive nos seus gramados) adjacentes, sustentando tais cartazes; igualmente se comete o delito por intermédio de *pessoas*, em locais públicos contíguos aos recintos das ditas seções eleitorais, ostentando bandeiras, faixas ou dísticos em vestuários, bem como distribuindo materiais de campanha ou volantes impressos etc.

Por certo, configura-se propaganda eleitoral irregular, no dia da eleição, a plotagem em bem particular (caminhão), excedendo a 4 m² [atualmente 0,5 m²]. Ver o acórdão do TRE/SP, Rec. 17.333, relª Juíza Clarissa Campos Bernardo, DJe, 15/02/2013, com inserção entre colchetes no texto. Segue, ainda nessa esteira, um caso de propaganda ostensiva afixada num veículo (automóvel) estacionado, no dia da eleição, "nas proximidades de escola onde se realizavam os trabalhos de votação" (cf. TRE/SP, Rec. 2.670, rel. Juiz Silmar Fernandes, DJe-SP, 25/03/2014).

O disposto nesse inc. III do § 5º do art. 39 da Lei das Eleições tem a redação dada pelo art. 3º da Lei nº 12.034/2009. Na redação anterior, punia-se qualquer espécie de propaganda, tais como: distribuição de prospectos, "volantes", "santinhos" e "colas"; uso de bandeiras, cartazes, camisas com dísticos, bonés e broches.

Admite-se, atualmente, apenas a *manifestação individual e silenciosa* da preferência de qualquer indivíduo (eleitor ou não), por partido político, coligação ou candidato. Revelada, porém, pelo uso de bandeiras, broches, dísticos e adesivos nas roupas (**caput** do art. 39-A da LE). Tal permissão, entretanto, <u>não se estende</u> à *aglomeração de pessoas* portando *vestuário padronizado*, bem como os *instrumentos de propaganda* referidos no **caput**, de modo a caracterizar *manifestação coletiva*, com ou sem *utilização de veículos* (§ 1º do art. 39-A da LE).

Vale frisar, aqui, que "a *aglomeração de pessoas* portando *vestuário padronizado*... de modo a caracterizar *manifestação coletiva*" é uma forma comumente usada pelos *militantes de partido político* para se reconhecerem como grupo e, consequentemente, dominarem o espaço que ocupam no local público. Assim sendo, efetuam a propaganda coletiva, descumprindo a lei.

Essa forma de agir pouco difere da utilização de abadás nos blocos carnavalescos, mantendo os foliões como um grupo compacto e, pelos dizeres na indumentária, efetuando **marketing** coletivo (especialmente das marcas de cerveja).

Conforme assevera Marcos Ramayna, "verifica-se que não são raros os casos em que os cabos eleitorais e simpatizantes das campanhas de candidatos formam grupos portando bandeiras, utilizando vestuário padronizado e outros instrumentos de propaganda, gerando uma evidente manifestação coletiva" (**in** Direito Eleitoral cit., item 19.13, p. 819).

Assim, não demonstrada a situação fática do art. 39-A da Lei nº 9.504/97, estarão caracterizados os crimes do dia da eleição (§ 5º do art. 39 aludido), conforme esclarecedor precedente judicial (**v.** TSE, AgR - AI 144.479/RJ, rel. Min. Arnaldo Versiani, DJe - 162, 23/08/2012, p. 38).

Porém, "1. Nem toda manifestação político-eleitoral, na data da eleição, é vedada pelo art. 39, § 5º, da Lei nº 9.504/1997, porquanto a simples declaração indireta de voto, desprovida de qualquer forma de convencimento, de pressão ou de tentativa de persuasão, não constitui crime eleitoral" (TSE: REspe 485.993/AM, rel. Min. Marcelo Ribeiro, DJe - 93, 22/05/2012, p. 112; AgR - REspe 8.720/PR, relª Minª Luciana Lóssio, DJe - 117, 27/06/2014, p. 44).

Todavia, por se tratar de crime grave, não pode ele ser tido como insignificante (TSE, REspe 1.188.716/RN, relª Minª Cármen Lúcia, DJe - 111, 13/06/2011, p. 59).

De outra feita, tal órgão julgador proclamou o seguinte: "1. A entrega de material de campanha a cabos eleitorais, no interior de residências, não se enquadra no crime capitulado no art. 39, § 5º, II, da Lei nº 9.504/1997, delito que pune a distribuição de propaganda a eleitor, no dia da votação, com o intuito de influir na formação de sua vontade" (TSE, HC 474/SP, rel. Min. Fernando Neves, DJ, 05/12/2003, p. 163).

Cumpre ressaltar, ademais, que a propaganda eleitoral efetuada mediante placas, cartazes ou faixas pode ser mantida no dia da eleição, isto é, não precisa ser retirada antes dessa data, mesmo quando afixada, em edificação particular, no dia anterior ao pleito (cf. TSE, REspe 155.903/SP, rel. Min. Teori Zavascki, DJe - 220, 16/12/2012, p. 11).

Vale lembrar, neste passo, que "4. O art. 39, § 5º, inc. I, da Lei nº 9.504/97 tipifica como crime a realização de carreata apenas no dia da eleição" (**vide** TSE, MS 3.107/DF, rel. Min. Fernando Neves, DJ, 13/12/2002, p. 211, grifei).

A veiculação de outras espécies de propaganda eleitoral, ao contrário, permite-se até o fim da votação (art. 144 c.c. art. 153 do CE). As espécies excepcionadas no parágrafo único do artigo 240 do Código Eleitoral são, portanto, apenas aquelas denominadas *propagandas de massa* (divulgações destinadas a muitas pessoas).

Após formular indagação sobre o que se permite, no dia da eleição, em termos de propaganda eleitoral, responde Olivar Coneglian: "Nada, ou quase nada" (**in** Propaganda Eleitoral, 10ª ed., Juruá, 2010, nº 303, p. 411).

Pela Lei das Eleições, resumindo, a pessoa pode levar bandeira de partido, se estiver sozinha (**caput** do art. 39-A), mas não em grupo (§ 1º do art. 39-A); a pessoa pode usar boné, vestuário com inscrição ou com adesivo, todos contendo dísticos de propaganda, desde que eles não sejam confeccionados tanto por candidato como por partido político (**caput** do art. 39-A); a pessoa também pode ostentar broche de candidato ou de partido político (**caput** do art. 39-A); o condutor pode utilizar adesivo em seu veículo particular (**caput** do art. 39-A), segundo a observação do autor antes mencionado (**in** Propaganda Eleitoral cit., nº 307.b, págs. 418-9).

Em síntese apertada: excluída a propaganda eleitoral *sempre proibida* ou *proibida a qualquer tempo* (p. ex., CE, arts. 242, **caput**, 243, I a IX, 249, 324, 325 e 326; LI, arts. 19, **caput**, e 22, **caput**; LE, arts. 36, **caput**, 37, **caput** e §§ 4º e 5º, e 39, § 3º, I a III, § 4º, §§ 6º a 8º e 10º), segue-se a propaganda eleitoral *sem restrição* ou *ampla* (CE, art. 240, par. único); vem depois a propaganda eleitoral *com restrição* ou *limitada* (LE, arts. 39, § 1º, § 3º, § 5º, I a III, e §§ 9º e 9º-A); finalizando os modos de fazer propaganda eleitoral, exsurge aquele levado a efeito *após concluída a votação* (quando encerra o período da campanha eleitoral e, consequentemente, perde-se o interesse prático de continuá-la). Estas são, portanto, as questões fático-jurídicas que envolvem a propaganda eleitoral em exame, também conhecida por *propaganda de campanha*.

Para arrematar, deve ser lembrada a observação aguda de Lauro Barretto sobre a classificação das restrições e vedações na propaganda política, especialmente a eleitoral. Diz o autor: "Com a fixação destas restrições e vedações, estabeleceu-se, então, uma espécie de linha divisória que separa a *propaganda eleitoral lícita* da *propaganda eleitoral ilícita*. No campo da propaganda ilícita, encontramos uma nítida diferenciação entre a *propaganda irregular* e a *propaganda criminosa*. A *propaganda irregular* é aquela que a legislação proíbe ou restringe, mas não tipifica como crime. A ela cabem tão somente as sanções de cunho administrativo-eleitoral previstas em nosso ordenamento jurídico" (**in** Propaganda Política & Direito Processual Eleitoral cit., 1ª parte, item 3, p. 25). A *propaganda criminosa*, todavia, será objeto de comentários posteriores.

Sobre as formas da propaganda eleitoral, em período próprio, também haverá nova menção no item 5.1 adiante.

1.9 - Dos Trabalhos Eleitorais na Véspera e no Dia da Votação que Justificam a Restrição Ampla da Propaganda

Com a interrupção da propaganda eleitoral antes da votação - afirma Fávila Ribeiro - "Pretende-se que, nas quarenta e oito horas que antecedem ao pleito, fique o eleitorado aliviado da tensão publicitária pelo rádio, pela televisão ou por comício, podendo refletir serenamente sobre as escolhas que estão sendo propostas" (**in** Direito Eleitoral, 3ª ed., Forense, 1988, cap. XI, nº 82, p. 317).

Dessa maneira, no lapso de tempo aludido, cabe somente a propaganda efetuada diretamente ao eleitor (pessoalmente). Outras formas (generalizadas), consequentemente, são proibidas. Permite-se ao eleitor um tempo para a introspecção.

Conforme preleciona José Jairo Gomes, o bom eleitor deve atuar observando dez regras essenciais: "1ª) não deixar de votar; 2ª) votar de acordo com a sua própria consciência; 3ª) saber que pelo voto pode-se mudar o próprio futuro, o da família, o da comunidade, o da nação e até o do mundo; 4ª) discutir com familiares e amigos as propostas dos candidatos - pesquisar o que realmente eles fizeram de útil; 5ª) jamais negociar o voto, pois este não é produto ou mercadoria; 6ª) votar sempre nas melhores propostas e ideias, devendo reparar se são exequíveis. Um candidato não deve ser escolhido pela sua aparência, simpatia ou pela beleza do seu discurso; 7ª) procurar conhecer os candidatos e suas reais intenções, lembrando-se sempre de que 'nem tudo que reluz é ouro'. Importante saber quem financia a campanha do candidato; 8ª) não se deixar influenciar pelo resultado das pesquisas ou enquetes eleitorais, nem pela 'opinião' de veículos de comunicação social; 9ª) o voto é um direito sacrossanto de escolher os governantes; 10ª) estar sempre em dia com a Justiça Eleitoral" (**in** Direito Eleitoral cit., cap. XVII, item 4, págs. 492-3).

E ainda há mais motivos para as restrições à propaganda no período em pauta.

É bem perceptível a inconveniência de admitir-se a prática de propaganda eleitoral no dia que precede e naquele em que se dá a coleta dos sufrágios, haja vista os inúmeros trabalhos variados, complexos e meticulosos que precedem e se fazem necessários para realizar-se a votação segundo os preceitos legais (cf., p. ex., LE, arts. 59 a 72; CE, arts. 114 a 214).

Convém esmiuçar os trabalhos eleitorais já mencionados, que culminam com a votação e sua apuração, as quais podem ser comprometidas por propaganda irregular. Como a votação, a apuração, a totalização dos resultados e a proclamação dos eleitos constituem etapas consideradas como o clímax de todo o processo eleitoral, a ordem, transparência e segurança – envolvendo eleitores, mesários, fiscais e delegados de partido político, funcionários da Justiça Eleitoral e trabalhadores de serviços essenciais etc. – dessas atividades são de inquestionável e vital importância para a regularidade do certame.

No procedimento de votação, que deve encaminhar-se das 8 às 17 horas (CE, arts. 144 e 153; ResTSE 23.397, arts. 59 a 62; ResTSE 23.399, arts. 85 a 114), é utilizado atualmente o *sistema eletrônico* (LE, arts. 59 e segs.; CE, art. 152) ou, em contingência, o *sistema convencional* (LE, arts. 82 e segs.; CE, arts. 146 e segs.).

Concluída a votação perante a Mesa Receptora de Votos, o seu Presidente emitirá, imediatamente, o Boletim de Urna – BU relativo à máquina usada na Seção Eleitoral (LE, art. 68, **caput**; CE, art. 179, inc. II; ResTSE 23.399, art. 153), entregando cópia aos interessados (LE, art. 68, § 1º). Se não for possível expedir esse relatório na própria Seção Eleitoral, após a recuperação dos dados da urna eletrônica (ResTSE 23.399, art. 173), esse ato deverá ser praticado pela Junta Eleitoral (CE, art. 40, inc. III). Não havendo a expedição aludida, configurar-se-á crime eleitoral (LE, art. 68, § 2º; CE, art. 313).

Retirada a urna eletrônica da Seção Eleitoral, entregando-a no Cartório da sua Zona (CE, art. 155) e rompido o lacre desse coletor de votos (ResTSE 23.399, arts. 115 e 82, inc. VII), retira-se a mídia da gravação de resultados instalada na máquina, a qual contém os dados em gravação criptografada. O conteúdo desse arquivo de votos (LE, art. 59, § 6º), já contabilizados (LE, art. 61), será, então, inserto no computador empregado como servidor da zona eleitoral (ResTSE 23.399, art. 169, inc. I). Com esses resultados parciais (isto é, de cada urna eletrônica), o servidor (computador em rede) procede à totalização dos resultados, emitindo o relatório de Resultado da Junta Eleitoral, que substitui os mapas de apuração (ResTSE 23.399, art. 180, § 1º). Segue-se a proclamação dos candidatos eleitos, pela Junta Eleitoral, em caso de eleição municipal (CE, arts. 158, inc. I, e 186), ou pelos TREs e TSE, nas outras eleições (CE, arts. 158, II e III, 197, IV, 202, § 1º, 205 e 211; ResTSE 23.399, art. 192, par. único, 195, par. único, e 197). A transmissão dos dados eletrônicos ao Tribunal Regional Eleitoral é realizada por meio de linhas telefônicas dedicadas, exclusivamente, a cada Cartório de Zona Eleitoral (quer dizer, sem possibilidade de interferência externa no conteúdo dos dados que estão sendo acessados). Com isso, evita-se a atuação do **hacker**, que engana o mecanismo de segurança do sistema de computação e, assim, viola (invade) o sistema aludido, a fim de efetuar alguma fraude nos resultados.

Vale frisar, aqui, que "Os partidos e coligações poderão fiscalizar todas as fases do processo de votação e apuração das eleições e o processamento eletrônico da totalização dos resultados", acompanhando o desenvolvimento dos programas de computador por técnicos que indicarem, bem como por representantes do Ministério Público e Ordem dos Advogados do Brasil. Até 20 dias antes das eleições, todos poderão analisar os programas (**softwares**) e, ao depois, "serão lacradas as cópias dos programas-fonte e dos programas compilados" (LE, art. 66, §§ 1º e 2º). Daí a possibilidade de os partidos solicitarem testes de verificação do sistema eleitoral eletrônico, nestes termos: "I - Solicitação partidária de verificação da segurança do Sistema Eletrônico Eleitoral. II - Teste das urnas eletrônicas quanto à invasão de sistema informatizado. III - O 'Teste de Segurança' está de acordo com o modelo de transparência e efetividade adotado pelo TSE. IV - Acolhimento do pedido" (**v.** ResTSE 23.090, Pet 1.896/DF, rel. Min. Ricardo Lewandowski, DJe - 166, 01/09/2009, p. 48).

Em caso de votação por meio de cédulas de papel, recebida a urna de lona, contendo as cédulas oficiais, que foram depositadas pelos eleitores no receptáculo, junto à respectiva Mesa Receptora de Votos da Seção Eleitoral, a sua apuração manual seguirá o procedimento previsto no Código Eleitoral (arts. 159 a 187).

É bom ressaltar, neste passo, a importância da fiscalização e auditoria, quer dos sistemas já instalados nas urnas eletrônicas, quer das gravações aleatórias dos votos, constantes dos Boletins de Urna (BU), este último para confronto com os resultados obtidos com a totalização eletrônica das eleições (antigo mapa geral).

Ambas têm por objetivo a segurança do registro digital dos votos e de sua contagem pelo sistema eletrônico (ou apuração automatizada). A manifestação do eleitor se dá com a digitação dos números escolhidos, tanto dos candidatos como das legendas (LE, arts. 59, §§ 1º e 4º, 60 e 68, **caput**); nessas gravações estão incluídos os votos em branco e os nulos. Forma-se, assim, um arquivo único do registro digital dos votos computados (ResTSE 23.397, arts. 42 e 43).

O procedimento começa pela *auditoria* destinada a verificar, por amostragem, o funcionamento das urnas já inseminadas (com o **software** instalado), mediante *votação paralela* - com registro duplo:

digitando-se as teclas da urna eletrônica e, ainda, assinalando as cédulas oficiais em papel –, para então constatar a necessária coincidência de resultados (cf. LE, art. 66, §§ 5º e 6º; ResTSE 23.397, arts. 45 e 61).

Ainda para checar se os dados, já calculados pelas urnas eletrônicas, foram transmitidos corretamente ao computador em rede (servidor), faz-se a entrega dos *boletins de urna*, aos partidos ou coligações, os quais constituem cópias dos resultados de cada máquina de votar (LE, art. 68). Com os números apurados em cada coletor de sufrágios, será possível, posteriormente, fazer o seu confronto com aqueles consignados para a seção eleitoral, números estes que voltarão a constar da lista relativa ao processamento final (totalização). Assim sendo, novamente, poderá ser verificada a sua coincidência com os dados já obtidos na gravação das urnas eletrônicas e, a seguir, confrontá-los com os números obtidos pelo processamento realizado pelo servidor (computador em rede servindo de máquina totalizadora) do Cartório da Zona Eleitoral (ResTSE 23.399, art. 180, **caput** e § 1º).

Diante do longo procedimento de votação e sua apuração, todo esse trâmite deve ocorrer de forma ordeira, exigida para o dia culminante do pleito. Parte vital desse sistema é aquela de impedir qualquer constrangimento ao eleitor quanto à escolha que pretende manifestar na urna.

Sem dúvida, a propaganda eleitoral é aquela que se destina *apenas* ao *período da campanha*, na qual o candidato postula ser escolhido por pessoa apta a votar, em certame próximo, nos termos do Código Eleitoral (art. 240, **caput** e par. único), da Lei das Eleições (art. 36, **caput**) e da Resolução – TSE nº 23.404/2014 (arts. 2º e 4º). Por isso, a *campanha eleitoral* pode ser entendida como a época da busca do voto, que traduz a livre vontade do eleitor bem informado sobre as qualidades e defeitos daqueles envolvidos na disputa pelos cargos eletivos.

1.10 – Do Início do Período da Propaganda Eleitoral Caso Haja Segundo Turno para Cargos de Chefe de Executivo

Para os cargos de chefes do Poder Executivo, excetuados aqueles nos municípios com menos de duzentos mil eleitores, poderá haver *segunda votação* ou *segundo turno*, caso nenhum candidato alcance maioria absoluta dos *votos válidos* na *primeira eleição* (ver CF, arts. 28, **caput**, 29, inc. II, e 77, **caput** e § 3º; LE, arts. 2º e 3º).

Surge, neste ponto, a questão referente à maior ou menor representatividade daquele candidato que obtém mais votos numa *única votação*. Nesta hipótese, em princípio, há maior dispersão de votos atribuídos aos vários concorrentes. Aqui são considerados os *votos válidos*, isto é, a soma de todos sem computar os em branco e os nulos. Consequentemente, uma *segunda eleição*, entre os dois candidatos mais votados (= primeiro e segundo colocados), melhor expressará a vontade dos eleitores da respectiva *circunscrição*. É um inquestionável atributo para quem, na forma da lei, buscou a outorga do mandato popular mediante a participação num certame eleitoral.

No processo eleitoral português, denomina-se *segunda volta*, com o significado de reviver a eleição. No francês e no argentino, é o *escrutínio de* ***ballotage***, com a acepção de desempate da eleição em que o candidato mais votado não obteve a maioria absoluta dos *sufrágios válidos*.

Daí a desnecessidade de uma *segunda votação* quando um candidato "obtiver a maioria absoluta dos votos, não computados os em branco e os nulos" (CF, arts. 77, § 2º, 28, **caput**, e 29, inc. II; LE, arts. 2º, § 1º, e 3º, § 2º; CE, art. 211).

Para obter a maioria absoluta dos sufrágios o candidato deve receber mais de cinquenta por cento (+ 50%) dos votos, excluídos os em branco e os nulos. Logo, se o número apurado for ímpar, o disputante deve receber o equivalente ao primeiro número inteiro superior à metade dessa soma (p. ex., se o número for 7, a maioria absoluta não pode ser somente de 3,6 e sim 4).

A maioria simples exige, por sua vez, a obtenção de mais votos válidos do que qualquer concorrente ao pleito.

Na eleição para senador, a despeito da aplicação do sistema majoritário, o candidato deve obter a maioria simples dos votos e, no caso de empate, haver-se-á por eleito o candidato mais idoso (CF, arts. 46, **caput**, e 77, § 5º).

Como se faz o segundo turno no último domingo de outubro do ano da eleição (LE, art. 2º, § 1º), consequentemente o período destinado à campanha eleitoral da segunda votação fica menor (dura 20 dias posteriores à proclamação dos resultados).

Inexistindo normas específicas para a segunda votação, com exceção da propaganda eleitoral gratuita no rádio e na televisão (LE, arts. 44, 49, 51 e 57), incidem as mesmas pertinentes ao primeiro turno, em razão das semelhanças de situações jurídicas (LINDB, art. 4º).

Por conseguinte, "Se houver segundo turno, as emissoras de rádio e televisão reservarão, a partir de quarenta e oito horas da proclamação dos resultados do primeiro turno [= dia do início] e até a antevéspera da eleição [= dia do término], horário destinado à divulgação da propaganda eleitoral gratuita, dividido em dois períodos diários de vinte minutos para cada eleição, iniciando-se "às sete e às doze horas, no rádio, e às treze e às vinte horas e trinta minutos, na televisão" (LE, art. 49, **caput**, sem intercalações em colchetes e com grifos no texto original do dispositivo). Sobre o início da propaganda eleitoral relativa ao segundo turno, ver a ementa 1 da ResTSE 20.377 (PA 17.904/DF, rel. Min. José Eduardo Rangel de Alckmin, DJ, 16/10/1998, p. 86).

Vale notar que, na hipótese de "proclamação dos resultados do primeiro turno" para Presidente e Governadores em datas diferentes, o reinício da propaganda eleitoral não será coincidente, porquanto o termo **a quo** é o da proclamação, que cabe ao Tribunal Superior Eleitoral, para o cargo de Presidente da República, e aos Tribunais Regionais Eleitorais, para os cargos de Governadores de Estado (CE, arts. 202, § 1º, e 205).

E mais, "Em circunscrição onde houver segundo turno para Presidente e Governador, o horário reservado à propaganda deste iniciar-se-á imediatamente após o término do horário do primeiro" (LE, art. 49, § 1º). "O tempo de cada período diário será dividido igualitariamente entre os candidatos" (LE, art. 49, § 2º), sem levar-se em conta o número de representantes do partido político do concorrente na Câmara dos Deputados.

Convém salientar que o art. 47 da Lei das Eleições foi alterado, substancialmente, pelo art. 2º da Lei nº 13.165/2015, acrescentando-se os incs. I a VII no seu **caput**, o § 1º-A, os incs. I e II no § 2º, e § 9º. Para se verificar o teor das modificações, basta a leitura do texto legal.

Ademais, se houver disputa somente para um desses cargos do sistema majoritário, o tempo será destinado integralmente (30 min) à eleição subsistente (ResTSE, 20.377/98, ementa 2).

Para o efeito das inserções de setenta minutos diários (LE, art. 51, **caput**, com a redação do art. 2º da Lei nº 13.165/2015), a divisão será igual para os candidatos, isto é, trinta e cinco minutos para cada um deles (ResTSE 20.377/98, ementa 3).

Em síntese, 1º) a antevéspera (2 dias antes) é a última data para: a divulgação da propaganda eleitoral gratuita no rádio e na televisão

(LE, art. 49, **caput**); a divulgação paga, na imprensa escrita, e a reprodução na internet de jornal impresso (LE, art. 43, **caput**); a realização de debate, que não pode estender-se além da meia-noite (ResTSE 22.452); 2º) a véspera (1 dia antes) é a última data para: a propaganda eleitoral mediante alto-falantes ou amplificadores de som, entre as 8 e as 22 horas (LE, art. 39, §§ 3º e 5º, inc. I); a distribuição de material gráfico e a realização de caminhada, carreata, passeata ou carro de som divulgando **jingles** ou mensagens de candidatos, com término às 22 horas (LE, art. 39, §§ 9º e 9º-A, este acrescentado pelo art. 2º da Lei nº 13.165/2015).

No caso de representação, inclusive nesse segundo turno, o prazo recursal não se suspende aos sábados, domingos e feriados no período compreendido entre 15 de agosto e 16 de novembro (cf. TSE, AgR - AI 167.938/CE, relª Minª Laurita Vaz, DJe, 03/09/2013, p. 72).

1.11 - Das Semelhanças entre os Períodos de Propaganda de Primeiro e de Segundo Turnos da Eleição

Como já observado, somente a propaganda eleitoral gratuita no rádio e na televisão tem regulação específica para a época que antecede a realização do segundo turno das eleições, se houver (LE, arts. 49 e 51).

Outras formas de propaganda só contam com dispositivos referentes ao término de seu período (cf., p. ex., LE, arts. 39, §§ 3º e 5º, inc. I, §§ 9º e 9º-A, 43, **caput**, e 49, **caput**), segundo a ResTSE 22.452 supracitada.

Elucidando o alcance do disposto no art. 48 da Lei das Eleições, assentou-se: "A propaganda eleitoral gratuita em televisão pressupõe localidade apta à realização de segundo turno de eleições e viabilidade técnica" (cf. TSE, Rp 85.298/RJ, rel. Min. Marco Aurélio, DJe - 77, 25/04/2013, p. 64, sem grifo no original).

Mediante interpretação **a contrario sensu**, infere-se que as emissoras de rádio e televisão podem transmitir debates, sobre a eleição majoritária, no segundo turno desse sistema de eleição (CF, arts. 77, 28, 29, I e II), se houver (LE, art. 46, § 5º, com as redações do art. 2º da Lei nº 13.165/2015). Na hipótese, os debates aludidos deverão encerrar-se à meia-noite da sexta-feira, isto é, antevéspera do pleito (ResTSE 22.452/2006), seguindo o horário local de cada unidade da Federação (TSE, Pet 377.216/DF, rel. Min. Arnaldo Versiani, DJe, 04/11/2010, p. 30).

Judiciosa a interpretação feita por Edson de Resende Castro, quando enfatiza: "A propaganda no rádio e na TV, como aquela realizada em comícios e reuniões públicas[59 - 60], não se pode realizar nas 48 horas que antecedem o pleito, em primeiro turno". Neste turno, "então, a propaganda eleitoral com utilização desses veículos de comunicação está vedada na véspera e na antevéspera, ou seja, no sábado e na sexta-feira (art. 240, par. único, do CE e art. 47, §§ 1º a 9º, da LE, ambos com novas redações dadas, respectivamente, pelos arts. 4º e 2º da Lei nº 13.165/2015), já que a eleição se realiza no primeiro domingo de outubro. Para o segundo turno, a propaganda eleitoral no rádio e na TV, que se inicia a partir de 48 horas da proclamação dos resultados, vai até a antevéspera. Portanto, tais meios de propaganda, no segundo turno, só estão vedados nas 24 horas anteriores à eleição, ou seja, no sábado" (cf. Teoria e Prática do Direito Eleitoral, 5ª ed., Del Rey, 2010, cap. III, seç. XII, p. 332, notas ns. 59 e 60, sem destaques no texto original).

Finalmente, cabe frisar que, segundo a jurisprudência, "1. Exaurido o período de propaganda eleitoral gratuita relativa ao primeiro turno das eleições, há perda superveniente do interesse recursal" (cf. TSE: REspe 542.856/GO, rel. Min. Marco Aurélio, ac. publ. em sessão de 19/10/2010; R - Rp 144.474/DF, rel. Min. Herman Benjamin, ac. publ. em sessão de 14/10/2014; R - Rp 173.222/DF, relª Minª Maria Thereza de Assis Moura, DJe - 58, 25/03/2015, p. 32). Quanto ao segundo turno, por falta de regras específicas (LE, art. 49, §§ 1º e 2º), aplicam-se, no que couber, as mesmas referentes ao primeiro.

Anota Alberto Rollo que "A jurisprudência do TSE tem sido firme no sentido de reconhecer a perda de interesse processual, em sede de representação por infração à Lei nº 9.504/97, sempre que o seu ajuizamento venha a ocorrer após as eleições" (**in** Eleições no Direito Brasileiro cits., item 21.2, págs. 260-1, citando os recursos especiais ns. 28.344, 28.536 e 28.010).

1.12 - Da Importância da Propaganda Eleitoral

Afinal, a *propaganda de campanha* só ocorrerá quando o processo eleitoral atinge o seu ápice, quer dizer, o momento no qual o poder, que emana do povo, é atribuído, mediante a eleição, aos seus representantes (CF, art. 1º, par. único; CE, art. 2º), o que corresponde ao *exercício da soberania popular* (CF, arts. 14, **caput**, e

81, § 1º). Noutras palavras, talvez mais sintéticas, é quando os governados expressam o seu consentimento para que os governantes sejam investidos nos cargos públicos eletivos, o que se denomina *poder constituído*.

Sendo assim, no período de *propaganda de campanha* ou *eleitoral* é de importância basilar a existência de um *sistema normativo* disciplinando o acesso aos meios de comunicação social. A propaganda eleitoral deve, portanto, ser exercida dentro de limites pré-estabelecidos. Na sua falta fica muito difícil, se não impossível, manter-se a *equidade* nas disputas eleitorais.

De conformidade com a Alta Corte Eleitoral, "Entende-se como ato de propaganda eleitoral aquele que leva ao conhecimento geral, ainda que de forma dissimulada, a candidatura, mesmo que apenas postulada, a ação política que se pretende desenvolver ou razões que induzam a concluir que o beneficiário é o mais apto ao exercício da função pública. Sem tais características, poderá haver mera promoção pessoal - apta, em determinadas circunstâncias, a configurar abuso de poder econômico - mas não propaganda eleitoral" (REspe 15.732/MA, rel. Min. José Eduardo Rangel de Alckmin, DJ, 07/05/1999, p. 84).

Vale frisar, agora, que a palavra democracia significa governo do povo. Logo, a participação popular em eleição legitima o governo. Em eleições, que devem ser periódicas, os cidadãos exercem a democracia por meio do sufrágio. Daí a extrema importância da propaganda política para possibilitar o voto consciente do eleitor, que tem a proteção de normas legais, para não ser iludido na sua boa-fé. Os partidos, coligações e candidatos, quando desvirtuarem as regras da propaganda, não devem se beneficiar de suas ilicitudes. Por princípio, a vontade popular não pode ser ludibriada em benefício dos infratores do sistema jurídico eleitoral, ou seja, dos maus políticos.

No dizer do notável político Abraham Lincoln, a democracia consiste em **Government of the people, by the people, for the people**. Em vernáculo: Governo do povo, pelo povo, para o povo (Discurso de Gettysburg, em 01/10/1863).

Observa Marcelo Santiago de Pádua Andrade que, "é antiga a preocupação - não só brasileira, mas também de todas as sociedades e Estados contemporâneos - com a lisura e normalidade dos processos eleitorais. Anseiam as ordens constitucionais vigentes e realmente guiadas por aspirações democráticas que os mandatos eletivos sejam fruto da reflexão do corpo eleitoral e demonstrem, efetivamente, o desenho das forças e ideias político-administrativas. E, na mesma medida em que é intenso e elevado o grau de preocupação com tal interesse, ganharam em complexidade e qualidade os instrumentos de tutela de tal estirpe de interesse. Luís Virgílio Afonso da Silva (1999), em seu livro sobre sistemas eleitorais, serve-se de uma locução para dizer tudo o que objetiva as normas que buscam a lisura do processo eleitoral: *eleições competitivas*. De acordo com Silva (1999, p. 37): 'Eleições competitivas podem ser consideradas como um dos alicerces dos regimes democráticos contemporâneos, pois representam uma das únicas formas de participação do povo no processo decisório. Pode-se muito bem afirmar que, pela ótica da democracia liberal, onde não há eleições competitivas, não há democracia'. A despeito dessa palmar preocupação, os precedentes históricos brasileiros e os constantes cortes de desenvolvimento das práticas democráticas não deixam dúvida quanto à realidade de um dado que deve ser tido como premissa para o presente estudo: a inação do direito eleitoral e do direito processual eleitoral" (**in** Ação de Impugnação de Mandato Eletivo, 1ª ed., Manole, 2013, cap. 3, págs. 47-8).

Realmente, a forma de persuadir alguém a aceitar um pensamento é tão importante que há um ditado popular assim: "a propaganda é a alma do negócio". Sem captar a simpatia dos eleitores os candidatos não conseguirão ter êxito no certame que disputam.

1.13 - Da Diferença Entre Publicidade e Propaganda

Não é demais lembrar, neste momento, que no estudo sobre a *comunicação social* há divergência diante do vocábulo *publicidade* e do vocábulo *propaganda*. Ambos são utilizados, como sinônimos, pela Carta da República (art. 220, § 3º, inc. II, e § 4º). Não discrepa o Código Eleitoral (arts. 240, par. único, e 242). Por sua vez, tanto a Lei dos Partidos Políticos (arts. 45 a 49 e 52, par. único) como a Lei das Eleições (arts. 39 a 58-A) empregam, de maneira indistinta, a locução *propaganda política*, quer para a *partidária*, quer para a *eleitoral*. Outras leis eleitorais também não fazem diferença entre *publicidade* e *propaganda*. Ao regulamentar o parágrafo único do art. 52 da LPP e o art. 99 da LE, no entanto, o Decreto Federal nº 5.331/2005 (art. 1º, e seus §§ 1º e 3º), emprega, corretamente, a palavra *publicidade* para o propósito comercial (= venda de produtos e serviços) e a palavra *propaganda*, para fins *partidário* e *eleitoral* (= difusão de ideias políticas e divulgação de propostas dos candidatos ao pleito próximo).

Oportunos os esclarecimentos de Ada Pellegrini Grinover e outros autores de Anteprojeto do Código de Defesa do Consumidor: "Os termos publicidade e propaganda são usados indistintamente no Brasil.[64] Não foi esse, contudo, o caminho adotado pelo Código de Defesa do Consumidor. Não se confundem publicidade e propaganda, embora, no dia-a-dia do mercado, os dois termos sejam utilizados um pelo outro. A publicidade tem um objetivo comercial (**la finalité d'un rendement économique par le recrutemant d'un public de consommateurs**), enquanto que a propaganda visa a um fim ideológico, religioso, filosófico, político, econômico ou social.[65] Fora isso, a publicidade, além de paga, identifica seu patrocinador, o que nem sempre ocorre com a propaganda" (cf. Código Brasileiro de Defesa do Consumidor, 1ª ed., Forense, 1991, art. 35, nota n. 6, págs. 172-3).

Essas distinções acerca da locução *propaganda política* não passaram despercebidas na doutrina meticulosa de José Jairo Gomes que explica: "Embora no dia a dia sejam usados como sinônimos, os vocábulos *propaganda* e *publicidade* não apresentam idêntico sentido. Enquanto a finalidade da publicidade é sempre econômico-comercial - presentes as ideias de lucro, mercado e consumo -, a propaganda tem em foco a comunicação ideológica. Ambos têm em vista persuadir e chamar a atenção do público, mas a publicidade visa a sugerir-lhe ou infundir-lhe desejo acerca dos produtos, serviços e marcas colocados no mercado consumidor. Os produtos e serviços são apresentados de forma atraente, de sorte que o consumidor os queira para si e termine por adquiri-los. Note-se, porém, que se classicamente a publicidade era voltada a operações lucrativas, contemporaneamente tem buscado outras alternativas. O mundo dos negócios conscientizou-se de que tão importante quanto vender produtos e serviços é também estabelecer com a clientela relações individualizadas, duradouras, construir marcas fortes e consolidar o reconhecimento no meio em que se opera" (**in** Direito Eleitoral cit., cap. XVI, item 1.1, p. 378).

De resto, cabe lembrar que, diferentemente da propaganda política, a publicidade comercial pode ser efetuada por meio ou processos infinitos. Mas, para a sua eficiência, na linguagem erudita de Waldemar Ferreira, "Requer gosto. Finura. Conhecimento psicológico. Ciência e arte. Originalidade. Astúcia. Vivacidade. Colorido. Simplicidade. Exageros. Reclama todos os meios e modos de falar aos sentidos e de sugerir, convencer, seduzir e levar o freguês a comprar e considerar-se bem servido, animado sempre do preconceito de ter adquirido o melhor artigo pelo menor preço, mercê de sua habilidade pessoal, mais que da do comerciante ou empregado que lho vendeu" (cf. Tratado de Direito Comercial, 1ª ed., Saraiva, 1960, vol. 2, nº 285, p. 241, **in fine**).

Adaptando-se o preconizado acima, para a propaganda eleitoral, muitos dos seus elementos não podem ser transplantados para a comunicação dos partidos políticos, coligações e candidatos com o *corpo eletivo* ou *colégio eleitoral*. Nem sempre, também, aqueles atuam da maneira que se espera no campo da política. Bem ou mal aconselhados pelos chamados marqueteiros eleitorais, os partícipes do embate vão, com frequência, para o "vale tudo" na *propaganda de campanha* ou *eleitoral*.

1.14 - Dos Conceitos de Sufrágio e de Voto

Cabe observar, agora, que o vocábulo *sufrágio* significa o direito e *voto* o seu exercício (CF, art. 14, **caput**; CE, arts. 82, **caput**, e 297).

Examinando a Constituição ab-rogada, art. 148, o insigne José Celso de Mello Filho acentuava que "*Sufrágio* e *voto* distinguem-se conceitualmente. *Sufrágio* deve ser entendido como expressão da capacidade eleitoral *ativa* do cidadão. É a aptidão para votar. O *voto*, por sua vez, é o *meio* pelo qual o cidadão exerce o seu direito de *sufrágio*. A instrumentalidade do *voto* decorre de sua condição de ser o *meio* posto à disposição dos cidadãos para que exerçam a sua capacidade eleitoral *ativa*. Essa a função instrumental do *voto*: viabilizar o exercício do direito de *sufrágio*" (**in** Constituição Federal Anotada cit., págs. 411-2).

Olhando sob o prisma da *posse de direito político*, para fruir o *direito de sufrágio*, o cidadão deverá proceder ao alistamento (= qualificação mais inscrição), na forma que segue: "Requerer é a intenção. Ser alistado é o facto. Receber o título é a posse" (cf. Ruy Barbosa, Commentarios à Constituição Federal Brasileira, 1ª ed., Saraiva, 1934, vol. V, p. 153). Do mesmo sentir é José Afonso da Silva (Curso de Direito Constitucional Positivo, 31ª ed., Malheiros, 2008, parte 2ª, tít. V, cap. I, nº 4, págs. 346-7).

Em outras palavras, após cumprir tal procedimento (CF, art. 14, §§ 1º e 2º; CE, arts. 42 até 50), o então alistado adquire a sua *capacidade política* (CF, arts. 14, **caput**, e 15, I, II e III), isto é, a *capacidade eleitoral ativa* (votar) e *passiva* (ser votado), consoante o magistério do Professor Alexandre de Moraes (cf. Constituição do

Brasil Interpretada, 8ª ed., Atlas, 2011, nº 14.2, p. 497; ou Direito Constitucional cit., tít. 4, cap. 7, item 3.1, p. 241, **in fine**).

Anotando o art. 49º da Constituição da República Portuguesa (1ª ed. brasileira, RT, 2007, p. 669), os insignes Gomes Canotilho e Vital Moreira explicam que, "II. Em teoria, o **direito de sufrágio** compreende duas vertentes: (*a*) o direito de sufrágio *activo*, que consiste no direito de votar, de participar em eleições; (*b*) o direito de sufrágio *passivo*, que garante o direito de ser eleito para qualquer cargo público, incluindo o direito de se candidatar ou se apresentar como candidato nas eleições. Todavia, na Constituição, o direito de sufrágio designa apenas a primeira vertente, estando a segunda abrangida no direito de acesso a cargos públicos, garantido no artigo seguinte (art. 50º) ".

Daí por que a *capacidade política passiva* também pode ser entendida como aquela que possibilita ao alistado exercer cargos políticos. Também é conhecida por **ius honorum**.

Em seu Direito Romano (5ª ed., Forense, 1983, vol. I, nº 84, p. 127), afirma o insuperável Professor José Carlos Moreira Alves que "Somente o cidadão romano possuía, com relação ao **ius ciuile**, capacidade jurídica integral, dispondo, no terreno político, do **ius honorum** (faculdade de eleger-se magistrado) e do **ius suffragii** (faculdade de votar); e, no campo civil, do **ius conubii** (faculdade de contrair casamento legítimo), do **ius commercii** (faculdade de contrair atos jurídicos patrimoniais **inter uiuos**), da **testamenti factio** (faculdade de testar, ou de ser contemplado em testamento, ou de servir de testemunha para a feitura dele) e do **ius actionis** (faculdade de agir em juízo)".

Enfim, "a cidadania se adquire com a obtenção da qualidade de eleitor, que documentalmente se manifesta na posse do *título de eleitor válido*. O *eleitor* é cidadão, é titular da cidadania, embora nem sempre possa exercer todos os direitos políticos" (José Afonso da Silva, Comentário Contextual à Constituição cit., art. 14, n. 5, p. 224; ou Curso de Direito Constitucional Positivo cit., parte 2ª, tít. V, cap. I, item 4, p. 347).

Em que pese a *obrigatoriedade de votar* imposta à grande maioria dos eleitores (CF, art. 14, § 1º, inc. I; CE, art. 6º, **caput**), sob pena de multa e outras sanções (CE, art. 7º), tal obrigação refere-se ao comparecimento à respectiva mesa receptora de votos para o exercício do direito, porém não vai até ao ponto de exigir que todo eleitor escolha algum candidato registrado para o pleito. Sim, também é possível ao eleitor votar em branco ou anular seu voto.

Essa *liberdade do eleitor* é explicada por Alexandre de Moraes. Diz ele que o voto "manifesta-se não apenas pela preferência a um candidato entre os que se apresentam, mas também pela faculdade até mesmo de depositar uma cédula em branco na urna ou anular o voto. Essa liberdade deve ser garantida e, por essa razão, a obrigatoriedade já analisada não pode significar senão o comparecimento do eleitor, o depósito na urna e assinatura da folha individual de votação" (**in** Direito Constitucional cit., tít. 4, cap. 7, item 5.2, p. 244).

Portanto, além de escolher candidato, ao nacional alistado restam outras duas alternativas: 1ª) anular o voto, que implica em protesto contra o sistema político-eleitoral; 2ª) votar em branco, que significa não encontrar opção entre os candidatos registrados para a disputa.

Na primeira hipótese, referente à de repulsa ao sistema político-eleitoral, o eleitor assinalará, invalidamente, a cédula oficial; e ainda poderá optar em escolher mais de um candidato para o mesmo cargo, sinalizará fora do quadrilátero de modo a tornar duvidosa a sua manifestação, demonstrará materialmente o seu repúdio à eleição em curso, identificará o seu voto etc. (CE, art. 175, **caput**, inc. III, e §§ 1º a 3º).

Na segunda hipótese, a do voto em branco, o eleitor não indicará a sua escolha ou preferência, deixando de fazer qualquer marcação na cédula oficial (CE, art. 174, § 1º).

Quando o eleitor for operar a urna eletrônica, que coleta os votos e os registra aleatoriamente, ele manifestará a sua vontade de não escolher qualquer candidato de maneira diversa. Se não, vejamos.

Para anular o voto, digitará número inexistente no certame, número de candidato inelegível ou não registrado e, na sequência, apertará a tecla destinada a confirmar essa escolha descabida (CE, art. 175, § 3º).

Já no voto em branco, o eleitor simplesmente apertará a tecla que lhe é destinada, a qual também possui cor branca.

Cabe ressaltar, por oportuno, que o voto nulo, a despeito de significar um protesto do eleitor, nunca teve repercussão perante a nossa classe política, tornando-o inútil como manifestação de inconformismo. Como é sabido, pouco ou nada vale tal atitude, por falta de qualquer consequência prática para esse ato.

O sistema do voto obrigatório, imposto à grande maioria dos nossos eleitores (CF, art. 14, § 1º, inc. I; CE, art. 6º, **caput**), parte do pressuposto de haver falta de interesse cívico desses alistados, e lhes atribui uma obrigação política, no dizer de Santi Romano (**in** Princípios de Direito Constitucional Geral, trad. bras., 1ª ed., RT, 1977, cap. XVIII, § 3º, item 2, p. 287). Parece, a meu juízo, que o legislador andou mal ao retirar um direito público subjetivo da maioria dos cidadãos (entre 18 e 70 anos), para, ao contrário, impor-lhes um dever político. O sistema de não poder se escusar de votar, sem motivo justo, vai ao encontro da conveniência daqueles que terão proveito em obter os sufrágios dos que não conseguiram formar convicção e, consequentemente, influenciá-los com maior facilidade.

1.15 - Do Bem Jurídico Tutelado na Legislação Referente à Propaganda

É constituído pelo objetivo de *resguardar*, no período ou prazo de campanha, *a igualdade das oportunidades* entre os que disputam o certame eleitoral. Vale dizer, aquele que detém o poder - tanto político como econômico - deve conduzir-se de maneira a *não usar da sua posição de destaque* para ficar em vantagem sobre os seus concorrentes. Em última razão, o nosso ordenamento jurídico procura conduzir a campanha para um *funcionamento saudável* na disputa pelos votos dos eleitores, destinatários das divulgações, mediante instrumentos legais que buscam o *bom uso do poder político* pelos postulantes do certame.

De sorte que "3. O bem jurídico a ser protegido com o abuso é a titularidade coletiva, sendo suficiente para demonstrar o liame entre a prática da conduta e o resultado do pleito, a sua gravidade e aptidão para macular a igualdade na disputa" (ver TSE, AgR - REspe 872.331.566/RO, relª Minª Luciana Lóssio, **in** DJe - 116, 25/06/2014, p. 62).

Resulta da intelecção feita acima o preceito maior, segundo o qual os resultados das urnas não representarão a *vontade autêntica* dos eleitores, se houver *abuso de poder* nas suas escolhas, pelos *desequilíbrios* que o mau uso do poder acarreta nos resultados, *privilegiando alguns* em *detrimento de muitos*. Surge, assim, a questão do abuso de direito **lato sensu**, do qual derivam várias formas de abuso, como se verificará em seguida.

Vale frisar agora que, no processo de captação da vontade do povo expressa nas urnas, a infringência aos postulados do Estado democrático de direito (CF, arts. 1º, **caput**, e 14, incs. I a III) ocasiona a ilegitimidade do pleito e, consequentemente, da investidura do candidato no cargo eletivo.

Em lição clássica de Fávila Ribeiro, "Para o Direito Eleitoral, a problemática do abuso de poder não pode ficar nos confinamentos públicos ou privados, tendo de transpor essas linhas em busca de apoios mais abrangentes, que penetrem a fundo nas circunstâncias concretas da realidade contemporânea, para que o regime democrático-representativo tenha uma escorreita base de sustentação, expungido de vícios que possam obstar ou macular o caráter genuíno da participação do povo nos processos eleitorais" (**v.** Abuso de Poder no Direito Eleitoral cit., cap. III, item 9, págs. 23-4). Esse ensinamento já recebeu aval de boa doutrina (cf. Marcus Vinicius Furtado Coêlho, Direito Eleitoral e Processo Eleitoral, 2ª ed., Renovar, 2010, nº 12, pág. 248 e nota 198).

Por conseguinte, as burlas à legislação relativa à propaganda na campanha eleitoral devem ser coibidas com tenacidade pela Justiça Eleitoral. Esta foi criada - segundo Mário Guimarães - para conseguir apurar "a verdade das urnas" (**in** O Juiz e a Função Jurisdicional, 1ª ed., Forense, 1958, nº 252, p. 421).

Numa célebre conferência em Viena (1872), Rudolf von Ihering pontificou: "O direito não é uma ideia lógica, porém uma ideia de força; é a razão porque a justiça, que sustenta em uma das mãos a balança em que pesa o direito, empunha na outra a espada que serve para fazê-lo valer. A espada sem a balança é a força bruta, a balança sem a espada é o direito impotente; completam-se mutuamente: e, na realidade, o direito só reina quando a força despendida pela justiça para empunhar a espada corresponde à habilidade que emprega em manejar a balança. O direito é o trabalho sem tréguas, e não somente o trabalho dos Poderes Públicos, mas, sim, o de todo o povo" (**in** A Luta pelo Direito, trad. José Tavares Bastos, 1ª ed., Antunes, 1936, págs. 2-3).

Depois de estudar as condições necessárias à existência da democracia, Manoel Gonçalves Ferreira Filho conclui: para que um povo se governe é indispensável que certas condições estejam preenchidas. A primeira delas é gozar de informação abundante e, para que não seja doutrinado por noticiário deturpado, de informação neutra, ou contraditória. Se um juiz não pode sentenciar sem ouvir as partes, como poderá o povo escolher sem ouvir todos os lados? (Curso de Direito Constitucional, 35ª ed., Saraiva, 2009, cap. 11, nº 9, p. 105).

A forma de veicular a propaganda eleitoral deve, assim, corresponder à verdade, não cabendo quaisquer recursos que a distorçam, como na hipótese de *abuso malicioso da imagem alheia.*

Em **leading case**, relativo a candidato que se aproveitou de sua semelhança física com o político Enéas Ferreira Carneiro e, depois de incluir no seu assento de nascimento o nome do sósia famoso, de quem imitava os gestos, a voz e o modo de falar notórios, tal indivíduo filiado a outro partido político requereu o seu registro para o mesmo cargo eletivo do verdadeiro. Deferindo o registro da candidatura desse dublê, a Corte Regional lhe proibiu a utilização, tanto na propaganda eleitoral como na urna eletrônica, do nome do candidato que estava a imitar, obtendo tal restrição a chancela do pretório de hierarquia superior (ver TSE, REspe 20.156/SP, rel. Min. Sepúlveda Pertence, ac. publ. em sessão de 12/09/2002). Aqui, o *abuso de direito* foi realmente bem obstado, aplicando-se as normas do art. 12, § 1º, I a V, e §§ 2º e 3º, da Lei das Eleições, combinadas com aquela do art. 219, par. único, do Código Eleitoral. A valer, **nemo creditur turpitudinem suam allegans** (ninguém alcança acolhida utilizando-se da própria torpeza).

Verdade seja dita, não fosse a proibição imposta **ex officio** no caso supracitado, caberia a qualquer prejudicado e, também, ao Ministério Público Eleitoral, propor a ação de impugnação de mandato eletivo (AIME). De feito, o nosso ordenamento jurídico admite o ajuizamento dessa ação a fim de coibir o uso de fraude para captar o sufrágio (CF, art. 14, § 9º; LI, art. 22, **caput**).

Via de consequência, "As eleições não podem ser vistas como atos meramente formais, como se os eleitores não estivessem caminhando para um gesto sem comemoração ou festividade, mas não é razoável a tolerância com propaganda sem freios, e que serve apenas ao descrédito das instituições democráticas e aniquilam a normalidade e legitimidade das eleições (§ 9º do art. 14 da CF). Busca-se um terceiro gênero, ou alternativa, para a ponderação e razoabilidade dos interesses em questão" (cf. Marcos Ramayama, Direito Eleitoral cit., item 12.2.6, p. 540, **in fine**).

Conforme Djalma Pinto, "A fraude, a motivar o manejo da ação impugnatória, resta configurada na utilização pelo candidato de meios enganosos ou ato de má-fé para captar voto ou macular a imagem do concorrente, beneficiando-se com seu procedimento astucioso... A fraude alicerça-se na mentira, justificando, assim, a cassação do mandato quando a sua dimensão interfira ou repercuta de forma intensa ou definitiva para sua obtenção" (**in** Direito Eleitoral, 4ª ed., Atlas, 2008, cap. 11, item 8, p. 226).

Bem o disse José Jairo Gomes que "O desvirtuamento da propaganda por partidos e candidatos beneficiários caracteriza ilícito, que pode e deve ser rechaçado pela Justiça Eleitoral, seja **ex officio** – no âmbito do exercício do poder de polícia (LE, art. 41, §§ 1º e 2º) –, seja mediante provocação de interessado ou do Ministério Público – já no campo jurisdicional. A atuação da Justiça tem o sentido de restabelecer a igualdade de oportunidades que deve sempre nortear essa matéria. Também tem o propósito de preservar a veracidade e a seriedade das mensagens veiculadas" (**in** Direito Eleitoral cit., cap. XVI, item 4.1, p. 396).

Realmente, o direito de criticar não ultrapassa o dever legal e moral de falar a verdade ou agir com sinceridade. Não há direito à farsa, porque esta forma de atuar engana e agride a todos. Não se pode valer de um fato mendaz, ou seja, o fato deve ser mencionado com fidelidade. O principal objetivo das normas para as eleições é o de assegurar a lisura do processo.

A recentíssima Lei nº 13.188, de 11/11/2015, menciona "cujo conteúdo atente, ainda que por equívoco de informação, contra a honra, a intimidade, a reputação, o conceito, o nome, a marca, ou a imagem de pessoa física ou jurídica identificada ou passível de identificação" (art. 2º, § 1º, grifou-se).

Daí resulta que toda propaganda eleitoral deve expressar a verdade, sem fraudá-la ou deturpar a informação que se está a divulgar. Agir diversamente é atentar contra os bons costumes políticos. Descabe, consequentemente, o uso indevido dos meios de comunicação social, inclusive os que são postos gratuitamente à disposição dos candidatos por vários preceitos legais. Enfim, o voto livre é inseparável da ideia de voto consciente.

Surge, neste ponto, questão importante, que se refere ao fato sabidamente inverídico, para a concessão do direito de resposta (LE, art. 58). Este "é aquele que não demanda investigação, ou seja, deve ser perceptível de plano" (TSE, Rp 143.175/DF, rel. Min. Admar Gonzaga Neto, ac. publicado em sessão de 02/10/2014). Ou mediante "olhos desarmados" (TSE, Rp 120.133/DF, rel. Min. Tarcísio Vieira de Carvalho Neto, ac. publ. em sessão de 23/09/2014). Quer dizer, a mensagem inverídica "deve conter inverdade flagrante que não apresente controvérsias" (TSE: Rp 126.713/DF, rel. Min. Herman Benjamin, ac. publicado em sessão de 30/09/2014; R – Rp 296.241/DF, rel. Min. Henrique Neves, ac. publicado em sessão de 28/09/2010).

Lembre-se, ainda, que, depois da definição de ato ilícito – divulgar fato inverídico –, o qual é aquele praticado em desconformidade com a ordem jurídica (CF, art. 5º, incs. V e X; CC, art. 186), este último diploma legal dispõe que "Também comete ato ilícito o titular de um direito que, ao exercê-lo, excede manifestamente os limites impostos pelo seu fim econômico ou social, pela boa-fé ou pelos bons costumes" (art. 187). O preceito contido neste artigo ainda pode ser integrado pela regra segundo a qual, na aplicação da lei, o juiz atenderá às *exigências do bem comum* (LINDB, art. 5º). Eis aqui o conceito de *abuso de direito*, que consiste num *ato com objeto lícito*, mas, no seu exercício, *há irregularidade*, com *resultado ilícito*.

Em magnífica dissertação de doutoramento, António Manuel da Rocha e Menezes Cordeiro, fundado em acórdão do Supremo Tribunal de Justiça português, define o *abuso do direito* como sendo "o exercício de qualquer direito de forma anormal, quanto à sua *intensidade* ou à sua *execução*, de modo a poder comprometer o gozo dos direitos de terceiros e criar uma desproporção objetiva entre a utilidade do exercício de direito por parte do titular, e as consequências que os outros têm de suportar. [887]" (cf. Da Boa Fé no Direito Civil, 1ª ed., Almedina, Coimbra, 1984, vol. II, cap. III, § 34, nº 83, item IV, nota n. 887 e págs. 894-5).

Ora, quando a liberdade de divulgar o pensamento é objeto de *abuso* pelo agente, essa deformação no proceder quase sempre atinge a honra da pessoa sobre a qual se refere tal manifestação (**v.** LE, art. 58, **caput**; CE, arts. 243, inc. IX e § 1º, e 323 a 326).

A questão do *abuso de direito* no *processo eleitoral* voltará a ser tratada no item 1.16, que segue mais à frente.

Vale frisar, a esta altura, que promessas de campanha de candidato adversário, quando não cumpridas, poderão ser qualificadas de "mentira", por quem faz propaganda eleitoral, sem que constituam injúria, ou tenham caráter ofensivo (ver TSE: Rp 501/DF, rel. Min. Humberto Gomes de Barros, ac. publ. em sessão de 01/10/2002; AgR - Rp 488/DF, mesmo relator, ac. publ. em sessão de 30/09/2002; MC 1.163/GO, rel. Min. Fernando Neves, ac. publ. em sessão de 01/10/2002).

O critério a orientar o intérprete da lei, seja qual for o ramo do Direito, deve ser: "A liberdade de pensamento, largo senso, é <u>suscetível</u> de <u>danos</u> patrimoniais e <u>morais</u>" (cf. Pontes de Miranda, Tratado de Direito Privado, 1ª ed., Borsoi, 1967, tomo 54, § 5.538, nº 2, p. 73, sem destaque no texto original).

Convém examinar, agora, a questão do tratamento isonômico na *propaganda política* (CF, art. 14, § 9º; LE, art. 73; CE, arts. 242 e 335), a qual pode ser: (i) para angariar a filiação de eleitores aos partidos políticos e obtenção de adeptos (CF, art. 17, § 3º, **in fine**; LE, art. 36, § 2º; LPP, arts. 45 até 49); (ii) para influenciar os filiados das ditas agremiações na escolha, em convenção, dos candidatos aos cargos eletivos de sua legenda (LE, art. 36, § 1º; LPP, art. 15, VI; CE, art. 240, **caput**); (iii) para captar votos dos eleitores em favor dos candidatos escolhidos em convenção, e com pedido de registro já deferido ou, ainda, em curso na Justiça Eleitoral (CF, art. 14, **caput**; LE, arts. 7º, 11, 16-A, 36 até 58-A; CE, art. 240, par. único). Esta última, que é *propaganda eleitoral* propriamente dita, pode ser simplificada como sendo a que faz o candidato para sugestionar o eleitor a lhe outorgar o voto.

Por derradeiro, ressalte-se que, nada obstante as proibições apontadas acima, na propaganda eleitoral não pode restringir a livre manifestação ou emissão do pensamento, ou seja, o direito de liberdade de expressão dos indivíduos (CF, arts. 5º, inc. IV e seu § 1º, e 220, **caput** e seus §§ 1º e 2º).

Via de consequência, a demagogia nefasta poderá vicejar. Com efeito, para a satisfação de interesses pessoais, que não são os legítimos do povo, usa-se "uma praxe política que se apoia na base das massas, secundando e estimulando suas aspirações irracionais e elementares, desviando-a de sua real e consciente participação ativa na vida política" (cf. Norberto Bobbio **et alii**, Dicionário de Política, 5ª ed., UnB, 2001, vol. 1, p. 318).

O futuro votante ou destinatário da propaganda, portanto, não deve ser mal informado ou enganado pelo discurso político. Porém, a proscrição da demagogia durante a campanha eleitoral depende, exclusivamente, do voto do eleitor, que deverá, então, repudiar esse meio enganoso de atrair a sua simpatia.

São muito comuns os discursos demagógicos, prometendo benefícios que afetam as contas públicas - desequilíbrio entre receitas e despesas -, por falta de recursos financeiros. Também prometem executar obras conforme critérios eleitoreiros, sem respeitar os princípios da administração pública; ainda prometem ações que produzam impacto na sociedade, mas não possuem verossimilhança com a realidade das coisas.

1.16 - Das Divergências de Interpretação Acerca das Normas Eleitorais

Neste ponto, vale ressaltar que a interpretação constitui "o objeto primordial da ciência hermenêutica, traduzindo-se no complexo processo lógico, psicológico e metodológico pelo qual se busca a inteligibilidade do sentido de um texto, numa visão ampla, de matiz filosófico, da própria realidade humana" (cf. José Jairo Gomes, Lei de Introdução às Normas do Direito Brasileiro, 1ª ed., Atlas, 2012, parte II, item 1, p. 127).

Cuidando da hermenêutica eleitoral, o mesmo José Jairo Gomes explica que, "Em linhas gerais, a interpretação jurídica volta-se sempre para duas realidades bem distintas, a saber: a norma (que comumente é veiculada em um texto legal) e os fatos da vida submetidos a exame", concluindo: "A qualidade da interpretação apoia-se em sua melhor justificação racional. E tal ocorre não só nos domínios do Direito Eleitoral, mas em todos os ramos do Direito" (Direito Eleitoral cit., cap. I, item 5, págs. 27-8).

Enfim, para a incidência de uma norma jurídica eleitoral, impõe-se interpretá-la corretamente, isto é, segundo os princípios de hermenêutica. Vale frisar, em complemento, que "a exegese das normas do nosso sistema eleitoral deve ser pautada pela normalidade e a legitimidade do pleito" (TSE, PA 59.459/DF, rel. Min. Ricardo Lewandowski, DJe, 23/09/2010, p. 21).

Pela natureza da propaganda eleitoral, a época autorizada para difusão de ideias, projetos e propostas, já ligadas aos nomes e números dos candidatos, possui lapso temporal bem delimitado. Sem dúvida, permite-se a propaganda eleitoral *somente* durante a campanha, **id est**, realiza-se de 16 de agosto do ano da eleição até a sua antevéspera (isto é, 48h antes está proibida). Não pode ser divulgada, portanto, nos últimos dois dias anteriores ao prélio, para que haja um tempo de reflexão destinado à população, especialmente aos *alistados*, que precisam de tranquilidade para escolher os candidatos registrados na circunscrição para a disputa.

As formas de persuasão do eleitor são, pois, disciplinadas pelo sistema jurídico-eleitoral.

Deveras, essa jornada é reservada aos *candidatos* escolhidos em *convenção* – a ser realizada de 20 de julho a 5 de agosto do ano da eleição (LE, arts. 8º e 9º, com as redações dadas pelo art. 2º da Lei nº 13.165/2015; LPP, art. 15, inc. VI; CE, art. 240, par. único) –, já com *pedido* de *registro* – protocolado até às 19h do dia 15 de agosto do ano do pleito na Justiça Eleitoral (LE, arts. 10 e 11, este com a redação dada pelo art. 2º da Lei nº 13.165/2015; CE, art. 87) –, <u>ainda</u> que tal *petição* se encontre indeferida por *decisão pendente de recurso* (LE, art. 16-A). Passada em julgado a decisão denegatória do *registro*, **ipso**

facto, o seu postulante não pode mais *continuar* participando do certame eleitoral (LI, art. 15, **caput**).

Sucede, porém, que a *propaganda eleitoral* veiculada enquanto a decisão de indeferimento do registro da candidatura pende de recurso traz complexo problema de hermenêutica.

Realmente, no que tange ao mencionado art. 16-A da Lei das Eleições, tal norma tem a exegese seguinte: estando o registro da candidatura **sub iudice**, o seu postulante, enquanto nesta condição, pode realizar todos os atos de sua propaganda eleitoral (TSE, AgR - Rcl 87.629/RN, rel. Min. Arnaldo Versiani, ac. publ. em sessão de 04/10/2012).

Tal preceito (LE, art. 16-A), todavia, tem permitido condutas que, no entendimento de muitos operadores do Direito Eleitoral, caracterizam *exercício irregular* ou *abuso de direito* (CC, art. 187; CPC, art. 80, I a VII).

A substituição de candidato, pelo sistema majoritário, em ocasião próxima ao dia do pleito envolverá, consequentemente, a propaganda eleitoral já realizada pelo *substituído*, beneficiando o seu *substituto*, tem ensejado *abuso* do direito estatuído pelo art. 16-A da Lei das Eleições, que causa grave prejuízo aos outros concorrentes para o mesmo cargo eletivo (= violação do princípio **neminem laedere**). É inadmissível, pois, o exercício desse direito de má fé. No ensinamento de Franz Wieacker, "**También aqui se manifesta de forma latente la exigência de igualdad: nadie permitiria consigo mismo una desconsideración semejante. Intentamos plasmar esta conducta en el brocardo *inciviliter agere* que el lenguage jurídico romano utilizo precisamente en relacioón con los amplíssimos deberes de consideración en la comunidade jurídica de los *cives***" (**in** El principio general de la buena fe, 1ª ed., Cívitas, Madrid, 1982, cap. IV, item 2, letra *d*, p. 71).

A valer, em ação de impugnação de mandato eletivo - AIME, apreciada pelo Tribunal Regional Eleitoral de São Paulo, depois de grande controvérsia, a maioria dos seus julgadores decidiu o caso seguinte: conhecido político local, que teve o seu registro de candidatura indeferido, em primeira e segunda instâncias, por força de sua inelegibilidade (LI, art. 1º, inc. I, letra *l*) - motivo pelo qual era sabedor de que não preenchia os requisitos para disputar a eleição (LI, art. 15, **caput**) -, estendeu o seu possível ato de renúncia à véspera da eleição (protocolado às 18h13min), quando, então, foi substituído por um descendente (com nome igual, acrescido de "Filho"). Assim, agiu de maneira abusiva (= cometeu ato ilícito). O intuito desse postulante foi o de estender, ao máximo, a possibilidade de ser candidato, para explorar o seu prestígio junto ao eleitorado da circunscrição, a ponto do substituto (o filho) não ter tempo para realizar campanha e nem ter o seu nome figurando no programa inseminado na urna eletrônica, para o fácil conhecimento dos votantes. Considerou-se caracterizada, pois, a fraude às eleições municipais de Paulínia (2012), por violações dos princípios (i) da igualdade entre os candidatos, (ii) do direito do eleitor à informação e (iii) da soberania popular nos pleitos eleitorais (TRE/SP, Rec. 9.985, relª Desª Diva Malerbi). A propósito, nessa demanda eleitoral eu declarei voto vencedor, como vogal.

Esta, porém, não foi a dicção do colendo Tribunal Superior Eleitoral, que reformou a decisão paulista ao fundamento seguinte: "Nas eleições majoritárias, o prazo de dez dias para a substituição é contado do fenômeno que a viabiliza, podendo ocorrer até a véspera do certame. Descabe, no processo de registro, no qual são aferidas as condições de elegibilidade e ausência de inelegibilidade, adentrar o exame da fraude na substituição, que, de qualquer forma, não se presume" (REspe 54.440/SP, rel. Min. Marco Aurélio, DJe - 120, 27/06/2013).

Dando como exemplo a julgamento supracitado, Djalma Pinto e Elke Braid Petersen expuseram críticas oportunas sobre tais substituições de candidatos a cargos majoritários, ao asseverarem: "Faltando poucos dias para o pleito, se ocorrer a substituição de candidatos a cargo majoritário, após a geração das tabelas para a elaboração da respectiva lista, os substitutos serão votados com o nome, o número e com a fotografia dos substituídos, por expressa determinação do § 4º do art. 67 da sobredita resolução [23.373/2012]. Essa questão exige profunda reflexão da sociedade. Isso, sob todos os ângulos, significa um atentado contra a essência da legitimidade. Afinal, quem governará não é a pessoa que efetivamente recebeu os votos, mas quem literalmente não foi votado. Muitos eleitores não sabem sequer da ocorrência da substituição, malgrado a divulgação desse fato como manda o § 5º [2] do art. 67 da Resolução TSE nº 23.373/2012) ... O ponto relevante, porém, é que a ação de governar, de chefiar o Executivo é indelegável. Não pode, por isso, conceber que alguém vote para prefeito em João, mas o eleito seja José. A regra básica de nossa democracia no art. 1º, parágrafo único, da Constituição Federal acaba violada mortalmente. O povo não votou no candidato eleito, logo, não poderia este atuar em se nome.... Com isso, padece de patente inconstitucionalidade, por consagrar autêntica farsa destruidora da democracia, a proclamação como eleito para a chefia do Executivo daquele que não recebeu voto algum, que não tinha a foto nem o nome na urna, substituindo o candidato horas antes do pleito. Qualquer norma que consagre essa aberração é, acintosamente, ofensiva ao citado art. 77, § 2º, do Texto Constitucional que, como já dito, repita-se, dispõe seja *considerado eleito o candidato* que, *registrado pelo partido político, obtiver a maioria absoluta de votos, não computados os em branco e os nulos*... O voto em candidato diferente daquele que acabou 'vitorioso' sem ser votado, qualquer que seja o fundamento invocado, não pode assegurar-lhe legitimidade para exercer o poder. Essa distorção expôs o Brasil à situação vexatória que repercutiu, no mundo, quando Sílvio Santos pretendeu disputar a eleição de Presidente da República: 'o nome do candidato é Abravanel. Ele é conhecido por Sílvio Santos, mas será votado como Corrêa'. Corrêa era o candidato a presidente que renunciara à candidatura e seria substituído por Sílvio Santos" (cf. Comentários à Lei da Ficha Limpa cits., cap. 4, item 4.1.3, págs. 179 a 181, com inserção entre colchetes no texto original).

Deveras, a norma do art. 16-A da Lei das Eleições, na sua exegese literal, propicia a aplicação, com eficácia, de estratégia visando a ludibriar o eleitor da circunscrição do pleito, pela qual uma pessoa pública e de grande prestígio político, porém inelegível, ajuda decisivamente a eleger pessoa desconhecida e inapta para disputa eleitoral, mas não atingida por inelegibilidade, obtenha êxito em certame que se vai seguir. Contudo, a ideia inserta no dispositivo não leva à burla desse comando legal, empregando-se de uma forma aparentemente lícita.

Explica Alberto Rollo que "O fato gerador das substituições, quando ocorrido, tem diferentes prazos para ser solucionado. Pelo disposto no § 4º do art. 7º da Lei nº 9.504, com alteração incluída pela Lei nº 12.034, o prazo para o novo pedido de registro de candidato majoritário é de dez dias seguindo-se à deliberação tomada [LE, art. 8º, com a nova redação dada pelo art. 2º da Lei nº 13.165]. E de acordo com o art. 13 da lei em comento, também por ação voluntária de candidatos ou partidos, ocorrida após renúncia, julgamento do pedido de registro pela inelegibilidade do candidato ou seu falecimento, é igualmente facultada a substituição que deverá acontecer em dez dias após o fato que deu causa à substituição. Esse prazo vai até o momento anterior ao pleito, até sua véspera, para o pleito majoritário.

Entretanto, no caso dos proporcionais, nos termos do § 3º do art. 13, deve haver uma anterioridade de sessenta dias com relação ao pleito para que a substituição venha a ocorrer" (**in** Eleições no Direito Brasileiro cits., item 2.6, págs. 18-9, com inserção entre colchetes).

Decisões da Alta Corte Eleitoral têm admitido, entretanto, a substituição de candidato ao pleito majoritário em ocasião mais próxima ao começo da votação (cf., p. ex., REspe 28.363/PI, rel. Min. Henrique Neves, DJe - 180, 19/09/2013; AgR - REspe 85.554/RJ, rel. Min. Dias Toffoli, DJe - 28, 10/02/2014, p. 69). Assim sendo, "2. O pedido de substituição pode ser realizado a qualquer tempo antes da eleição, mas não no curso desta, pois desvirtuaria os votos já depositados nas respectivas urnas" (TSE, AgR - REspe 22.167/AL, relª Minª Luciana Lóssio, DJe - 72, 15/04/2014, p. 70).

Por outro lado, o colendo Tribunal Superior Eleitoral não vem admitindo que, havendo desistência do candidato, este se arrependa e peça novo registro. Diz a ementa de um acórdão: "2. A renúncia à candidatura obsta que o renunciante requeira novo registro para o mesmo cargo e no mesmo pleito" (TSE, REspe 26.418/SP, relª Minª Luciana Lóssio, DJe - 229, 02/12/2013, p. 37).

E mais, o candidato que der causa à anulação do pleito não poderá participar das novas eleições, vedação essa que decorre da prática de ilícito (CE, arts. 224 e 219, par. único; CPC, art. 276). A simples interposição de recurso contra a decisão de indeferimento do pedido de registro, contudo, não gera tal proibição ao pré-candidato, "porquanto, de acordo com o art. 16-A da Lei nº 9.504/97, lhe é facultado concorrer com o registro indeferido e **sub iudice**" (cf. TSE, REspe 720/SC, relª Minª Laurita Vaz, DJe, 01/08/2013, p. 178).

Convém transcrever, neste passo, a seguinte advertência do Ministro Gilmar Mendes: "1. A atuação da Justiça Eleitoral deve ocorrer de forma minimalista, tendo em vista a possibilidade de se verificar uma judicialização extremada do processo político eleitoral, levando-se, mediante vias tecnocráticas ou advocatícias, à subversão do processo democrático de escolha de detentores de mandatos eletivos, desrespeitando-se, portanto, a soberania popular, traduzida nos votos obtidos por aquele que foi escolhido pelo povo" (TSE, REspe 181/MG, DJe, 29/04/2015, p. 168).

Capítulo 2

2.1 – Da Natureza da Propaganda Política como Gênero das Três Espécies Principais: Partidária, Intrapartidária e Eleitoral

No art. 36 da Lei das Eleições se faz a distinção, com nitidez, das três espécies principais de *propaganda política*: 1ª) a *eleitoral* (no **caput**); 2ª) a *intrapartidária* (no § 1º); 3ª) a *partidária* (no § 2º).

Alguns eleitoralistas inserem no rol supra uma quarta espécie, qual seja, a *propaganda institucional*, também chamada de *governamental* ou *oficial* (CF, arts. 5º, inc. XXXIII, e 37, § 1º; LE, art. 73, **caput**, incs. VI, alínea *b,* e VII, este acrescido pelo art. 2º da Lei nº 13.165/2015). Essa colocação decorre, especialmente, do emprego irregular e bem corriqueiro de *propagandas políticas dissimuladas*. É propaganda institucional infringindo as normas proibitivas. Tais ilicitudes surgem, especialmente, na modalidade *eleitoral*. Neste teor há manifestações tanto da doutrina como da jurisprudência (cf., **e. g.**, José Jairo Gomes, Direito Eleitoral cit., cap. XVI, item 1.5, p. 286; TRE/SP, Rec. 40.610, rel. Des. A. C. Mathias Coltro, DJe-SP, 29/10/2013).

Essa propaganda institucional quando desnaturada ou empregada de forma irregular voltará, por isso, a ser examinada no item 2.5, que virá mais adiante.

Dando sequência ao estudo, ressalte-se que, para a difusão de *propaganda partidária*, as agremiações têm acesso gratuito ao rádio e à televisão (CF, art. 17, § 3º; LE, arts. 36, § 2º, 44 e 57; LPP, art. 45, **caput** e seu § 1º). Mas, fora do rádio e da televisão, os partidos políticos podem, sem restrições, divulgar sua propaganda em qualquer meio de comunicação como, p. ex., jornal, revista, cartaz, folheto, internet, **blog**, telefone, **twitter** etc. (CF, arts. 5º, incs. II e IV, e 220, § 2º), excluída apenas a sua divulgação durante o segundo semestre do ano de eleição (LE, art. 36, §§ 2º e 3º).

É na *propaganda partidária*, no entanto, em que se cometem inúmeras distorções (fraudes), tendo por objetivo a realização de *propaganda eleitoral antecipada*, sempre em benefício de quem pretende concorrer em eleição próxima, em detrimento daqueles que serão os adversários no futuro. A valer, na *propaganda partidária* busca-se difundir o programa da agremiação política, as posições tomadas diante de questões de interesse popular e, principalmente, a captação de filiados, adeptos e simpatizantes. Qualquer outra pregação, enaltecendo filiado que pretenda candidatar-se no próximo pleito, indicando suas metas e pedindo votos, configura desvio de finalidade da *propaganda partidária*.

Essas são modalidades ou espécies do gênero *propaganda política* que, nas mais das vezes, configuram *violações* ao sistema *jurídico-eleitoral*, resultando na aplicação de penalidades diversas (**v. g.**, LE, arts. 36, § 3º, 37, **caput**, §§ 1º e 8º, 41-A, 43, § 2º, 55, par. único, 56, § 2º, 57-C, § 2º, 57-D, § 2º, 57-E, § 2º, 57-G, par. único, 57-H, 57-I, §§ 1º e 2º; LPP, art. 45, § 2º, incs. I e II; CE, art. 240, cabeça e par. único), inclusive *cumuladas* (LPP, art. 45, § 2º, incs. I e II; LE, art. 36, § 3º; TSE, Rp 125.198/DF, relª Minª Nancy Andrighi, DJe - 146, 01/08/2012, p. 189).

Impende destacar, neste passo, que, "1. Para que se caracterize propaganda eleitoral em espaço de propaganda partidária, é necessário que haja divulgação, ainda que indiretamente, de determinada candidatura, dos propósitos para obter o apoio por intermédio do voto e de exclusiva promoção pessoal com finalidade eleitoral" (cf. TSE, Rp 1.402/DF, rel. Min. Felix Fischer, DJe, 18/11/2009, p. 41).

Além das *propagandas irregulares* ou *ilícitas* (violam normas proibitivas) mencionadas, existem outras que, ainda, configuram *crimes eleitorais*, ou melhor, *infrações penais eleitorais* (LE, arts. 39, § 5º, incs. I a III, e 40).

Realizada sempre em benefício de algum *pré-candidato*, a *propaganda eleitoral* pode ser divulgada, dissimuladamente, como *propaganda partidária* (CF, art. 17, § 3º; LE, arts. 36, § 2º, e 39, **caput**, 1ª fig.; LPP, arts. 45 a 49; CE, art. 242, **caput**). Em proveito de futuro candidato, a *propaganda à convenção* (ou *intrapartidária*) também pode ser disfarçada na *propaganda eleitoral*, não obstante aquela destinar-se, exclusivamente, à escolha dos filiados que irão concorrer na chapa do partido, escolhida para o certame próximo (LE, art. 36, § 1º). Ainda em favor do *candidato a candidato*, pode ser transmitida antes do momento próprio para a *propaganda eleitoral* (LE, arts. 36, **caput**, 37, § 8º, e 39, **caput**, 2ª fig. e seu § 8º). No interesse de *pretenso candidato*, outrossim, pode ser externada na *propaganda governamental*, proibida nos três meses que antecedem ao prélio (CF, arts. 5º, nº XXXIII, e 37, § 1º; LE, arts. 38 e 73, nº VI, letra *b*). Ressalte-se que o art. 37, **caput** e seu § 2º, têm nova redação dada pelo art. 2ª da Lei nº 13.165/2015.

Até o titular de mandato eletivo pode se valer de um desvio de propaganda partidária. Sim, "3. O parlamentar que participa de programa partidário enaltecendo sua própria pessoa a fim de promover sua candidatura, é parte legítima para figurar no polo passivo da representação" (TSE, AgR - REspe 26.183/MG, rel. Min. Caputo Bastos, DJ, 01/02/2007, p. 229, grifou-se)

Configurou-se propaganda eleitoral antecipada a hipótese em que eleitores não filiados participaram de prévia partidária. O livre acesso ao público excedeu, portanto, os limites desse ato intrapartidário (cf. TSE, AgR - REspe 7.065/RN, rel. Min. João Otávio de Noronha, DJe - 71, 15/04/2015, p. 28).

De resto, *pré-candidato* já tentou obter benefício até mesmo em "comercial de partido", mediante *engenhos* ou *peças publicitárias*, que possuem *destino comercial*, invadindo o disciplinado pelo nosso direito positivo, "com manifestação clara, promovendo, nominalmente, um dos candidatos" (**v**. TSE, AgR - Rp 948/MG, rel. Min. Menezes Direito, ac. publ. em sessão de 08/08/2006).

Na última hipótese, *publicidade* (= divulgação comercial), a mais comum é de utilização de outdoor ou engenho semelhante, com mais de 4 m², infringindo o disposto no § 2º do art. 37 da Lei das Eleições [agora 0,5 m², conforme a redação dada pelo art. 2º da Lei nº 13.165, de 2015], segundo a jurisprudência da Alta Corte Eleitoral (REspe 264.105/PI, rel. Min. Arnaldo Versiani, DJe, 27/05/2011, p. 27; R - Rp 186.773/DF, rel. Min. Joelson Dias, ac. publ. em sessão de 24/08/2010).

Vale lembrar sobre o tema a observação atilada de Dorival Renato Pavan, segundo a qual "Tanto pode ser ela realizada pelo *pré-candidato* que objetiva concorrer ao pleito eleitoral e ainda tem que submeter seu nome à aprovação nas convenções do partido, quanto pode ser realizada, também, pela via da *propaganda institucional* que, desvirtuada quanto às suas finalidades, passa a fazer apologia de *futuro candidato*, quanto, ainda, pela própria *propaganda partidária*, quando também tem desvirtuadas suas finalidades, deixando de divulgar os ideários do partido para divulgar a plataforma política de seus dirigentes ou de futuros candidatos a cargo eletivo" (**in** Propaganda Eleitoral, 1ª ed., Pillares, 2008, item 2.2.1, p. 31).

Deveras, em precedente pretoriano, reconheceu-se a prática de publicidade institucional indevida, em benefício de candidato à reeleição, diante de "Publicidade intensa, reiterada e persistente de obras públicas realizadas" (TSE, REspe 25.935/SC, rel. Min. Cezar Peluso, DJ, 25/08/2006, p. 170).

Sobre a prática de propaganda na forma subliminar, com o escopo de desvirtuá-la, ver o item 4.1 adiante.

2.2 – Da Propaganda Partidária

A primeira modalidade de *propaganda política*, qual seja, a *propaganda partidária*, tem por finalidade divulgar o programa da agremiação, as suas propostas, os seus posicionamentos, as suas reuniões e eventos, ambos considerados ações partidárias (CE, art. 242, **caput**). Assim, deve ter caráter absolutamente impessoal, ou melhor, não pode dar destaque demasiado a qualquer filiado da agremiação, passando-se a ideia de ser ele o mais indicado para um cargo eletivo. Pode ser considerada como uma propaganda de veiculação quase permanente, porque é vedada apenas no rádio e na televisão e, ainda, durante o segundo semestre do ano em que haja eleição (CF, art. 17, § 3º; LE, arts. 36, § 2º, e 39, **caput**, 1ª fig.; LPP, arts. 45 a 49, este com a nova redação do art. 2º da Lei nº 13.165, de 2015). No mais, a *propaganda partidária* prevista na Lei dos Partidos Políticos (art. 45, **caput** e §§ 1º a 6º) deve ser livre para a divulgação (CF, art. 5º, inc. II).

Com efeito, no segundo semestre do ano da eleição ficam proibidas somente as transmissões de propagandas gratuitas no rádio e na televisão (LE, art. 36, § 2º; LPP, art. 45, § 3º). Daí se conclui que, nesse mesmo período, não haverá irregularidade na divulgação de propagandas partidárias pela imprensa escrita (jornais, revistas e magazines), por falta de proibição legal (ResTSE 21.983, Cta 1.132/DF, rel. Min. Francisco Peçanha Martins, DJ, 01/04/2005, p. 158).

Além do mais, "Os partidos políticos, fora do tempo de campanha, não podem fazer *propaganda eleitoral*, não porque seja proibido aos partidos fazer propaganda, mas porque a propaganda eleitoral só pode acontecer após o dia 5 de julho [atualmente, 15 de agosto] do ano das eleições" (cf. Olivar Coneglian, Propaganda Eleitoral cit., nº 147.b, p. 198, texto com inserção entre colchetes).

Releva notar, em sequência, que independentemente de representação legislativa, qualquer agremiação partidária tem direito à propaganda gratuita no rádio e na televisão (TSE, REspe, 21.334/SC, rel. Min. José Augusto Delgado, DJ, 23/04/2008, p. 9).

Os direitos e obrigações dos partidos políticos devem ser, em princípio, os relativos à pessoa jurídica de direito privado (CF, art. 17, § 2º; LPP, arts. 1º e 15-A; CE, art. 244, incs. I e II; CC, arts. 44, inc. V, 45 e 46). Aplica-se aos partidos políticos, "no que couber, a proteção dos direitos da personalidade" (CC, art. 52).

A *propaganda partidária*, como tal espécie é denominada, realiza-se por meio dos partidos políticos registrados junto ao colendo Tribunal Superior Eleitoral (ver CF, art. 17, § 2º; LPP, arts. 7º a 9º; CC, art. 44, inc. V e § 3º; CE, art. 244, **caput**; Lei nº 13.165/2015, art. 13).

Pela referida Lei dos Partidos Políticos (nº 9.096/1995), "Art. 45. A propaganda partidária gratuita, gravada ou ao vivo, efetuada mediante transmissão por rádio e televisão será realizada entre as dezenove horas e trinta minutos e as vinte e duas horas para, com exclusividade: I – "a difundir os programas partidários; II – a transmitir mensagens aos filiados sobre execução do programa partidário, dos eventos com estes relacionados e das atividades congressuais do partido; III – divulgar as posições do partido em relação a temas político-partidários; IV – promover e difundir a participação política feminina, dedicando às mulheres o tempo que será fixado pelo órgão nacional de direção partidária, observado o mínimo de 10% e das inserções a que se refere o art. 49" (LPP, art. 45, **caput**, incs. I a IV, este com a nova redação dada pelo art. 3º da Lei nº 13.165/2015).

Desvirtua a propaganda partidária aquela "voltada à exclusiva promoção pessoal, no semestre anterior às eleições, extrapolando os limites da mera divulgação programática do partido em relação a temas político-comunitários" (**v.** TSE, Rp 1.297/SP, rel. Min. César Asfor Rocha, DJ, 11/04/2007, p. 198). Ainda nesse teor há vários julgados (p. ex., TSE: AgR – REspe 9.712/RJ, rel. Min. Luiz Fux, DJe – 213, 12/11/2014, p. 41; AgR – REspe 655/RN, relª Minª Maria Thereza de Assis Moura, DJe – 188, 02/10/2015, p. 14). Decidindo de forma um pouco menos rigorosa dos arestos retro, a mesma Alta Corte Eleitoral vem dizendo que "a mera exaltação das qualidades do integrante do partido não viola os fins do art. 45 da Lei nº 9.096/95" (AgR – REspe 7.636/RJ, rel. Min. Dias Toffoli, DJe – 97, 27/05/2014, p. 71; R – Rp 176.381/DF, rel. Min. João Otávio de Noronha, DJe – 157, 25/08/2014, p. 169; Rp 31.568/DF, rel. Min. João Otávio de Noronha, DJe – 197, 20/10/2014, p. 104). Além do mais, "A propaganda partidária protagonizada por liderança política de maior expressão dentro da agremiação, desde que veicule temas de interesse político-partidário, não viola, por si só, os ditames do art. 45, § 1º, II, da Lei nº

9.096/95" (TSE, Rp 68.717/DF, relª Minª Luciana Lóssio, DJe - 198, 21/10/2014, p. 67; TSE, AgR - AI 6.784/AP, rel. Min. Henrique Neves, DJe, 02/10/2015).

Na compreensão de Alberto Rollo, "A propaganda partidária visa a divulgar os ideais, princípios e eventos partidários, e costuma, com frequência, ser desvirtuada para a propaganda antecipada. Isso vai acontecer sempre que houver o destaque demasiado de um filiado, a fim de passar para a população a ideia de que ele é o mais capacitado para o exercício de um determinado cargo" (**in** Eleições no Direito Brasileiro, 1ª ed., Atlas, 2010, item 13.2.1.1, p. 150).

Exemplo de promoção pessoal do filiado pode se dar com a "menção ao cargo pretendido, logotipo usado na campanha, número de candidatura, dentro outros elementos que incutem a ideia de que a candidata é a melhor para o cargo almejado" (TRE-SP, Rec. 7.996, rel. Des. A. C. Mathias Coltro, ac. publ. em sessão de 21/08/2012).

Para desvirtuar a propaganda partidária não se exige, pois, o pedido expresso de voto para o seu filiado. Nem mesmo o pedido implícito ou dissimulado pode ser tolerado.

Em caso de transgressão do preceito supra, pela prática de propaganda eleitoral antecipada, desvirtuando-se a propaganda partidária gratuita, cabe a imposição da multa prevista no art. 36, § 3º, da Lei das Eleições (TSE, AgR - AI 7.763/SP, rel. Min. Caputo Bastos, DJ, 05/11/2007, p. 135). Se for desvirtuada a propaganda partidária, nas eleições pelo o sistema proporcional, haverá maior gravidade na ilicitude, tendo em vista a forma de se computar os votos em que não seja possível a identificação do candidato (LE, art. 59, § 2º).

Como se vê do disposto no mencionado art. 45 da Lei das Eleições, o objetivo impessoal da propaganda partidária está previsto expressamente na lei, para evitar abusos que, nas mais das vezes, desviando-a para o campo exclusivamente pessoal, serve como propaganda eleitoral com intuito de promover aspirante a candidato de futuro cargo eletivo, como previsto no inc. II do **caput** do mesmo art. 45 (TSE, Rp 695/SP, rel. Min. Peçanha Martins, DJ, 04/02/2005, p. 186).

Em acórdão da minha lavra, deixei assentado que "O acesso gratuito ao rádio e à televisão deve ser 'na forma da lei', ou seja, para difundir exclusivamente ideias e plataformas partidárias (CF, art. 17, § 3º; Lei nº 9.096/95, art. 45, incs. I a IV) e serve, com exclusividade, para as finalidades previstas nos incisos I a IV do **caput** de artigo 45 da Lei nº 9.096/95. E a Lei dos Partidos Políticos em questão, para impedir eventuais abusos, veda expressamente, nos programas aludidos, 'a divulgação de propaganda a cargos eletivos e a defesa de interesses pessoais' (art. 45, § 1º, II) ". Confronte-se com o acórdão TRE/SP, Rp 189.093, DJe-SP, 27/07/2010, p. 49. Daí a ideia de que "É possível a aplicação da multa prevista no art. 36, § 3º, da Lei nº 9.504/97, quando comprovada a prática de propaganda eleitoral extemporânea em espaço reservado à divulgação dos partidos" (**v.** TSE, AgR – AI 7.826/SP, rel. Min. Joaquim Barbosa, DJe – 118, 24/06/2009, p. 52).

Sem dissensão, a Alta Corte Eleitoral vem decidindo que "1. A propaganda eleitoral extemporânea em espaço da propaganda partidária se configura quando há o anúncio, ainda que de forma indireta e disfarçada, de determinada candidatura, dos propósitos para obter apoio por intermédio do voto e de exclusiva promoção pessoal com finalidade eleitoral" (Rp 34.654/DF, rel. Min. João Otávio Noronha, DJe – 222, 25/11/2014, p. 149; Rp 12.690/DF, mesmo relator, DJe – 198, 21/10/2014, p. 78).

Novamente em caso de divulgação no horário de partido político, "Entende-se como ato de propaganda eleitoral aquele que leva ao conhecimento geral, ainda que de forma dissimulada, a candidatura, mesmo que apenas postulada, e a ação política que se pretende desenvolver ou razões que induzam a concluir que o beneficiário é o mais apto ao exercício de função pública" (TSE, AgR – AI 7.739/MG, rel. Min. Marcelo Ribeiro, DJ, 05/05/2008, p. 4)

São tantas as distorções na divulgação da *propaganda partidária*, indevidamente empregadas como *propaganda eleitoral*, que causam grande confusão entre as duas modalidades. Aliás, a *propaganda partidária* divulgada no primeiro semestre do ano da eleição é a mais desvirtuada, com objetivo de utilizá-la antes do período destinado à *propaganda eleitoral*, que só pode iniciar-se no segundo semestre desse mesmo ano.

Em observação muito oportuna, Lauro Barretto preconiza: "é notório que a *propaganda partidária* acaba sendo facilmente confundida com a *propaganda eleitoral*. É que quase sempre sua veiculação no horário gratuito das emissoras de rádio e televisão tem o indisfarçável e ilegal objetivo de procurar captar votos ou apoio para os líderes e dirigentes partidários que a protagonizam, dando pouca ou nenhuma ênfase às questões *partidárias* que deveria abordar" (cf. Propaganda Política cit., 1ª parte, item 1, p. 19, **in fine**).

Assim sendo, "8. Para a identificação deste trabalho antecipado de captação de votos, é comum que o julgador se depare com atos que, embora tenham aparência de licitude, possam configurar ilícitos como a propaganda antecipada, que podem acabar por ferir a igualdade de oportunidade dos candidatos no pleito" (**v.** RCED 673/RN, rel. Min. Caputo Bastos, DJ, 30/10/2007).

Além do objetivo acerca da propaganda partidária ser específico no sistema jurídico (LE, arts. 44 a 57; LPP, arts. 45 a 49), para maior compreensão, o primeiro diploma legal estatui que "Art. 45, § 1º. A partir de 30 de junho do ano da eleição, é vedado, ainda, às emissoras transmitir programa apresentado ou comentado por pré-candidato, sob pena, no caso de sua escolha na convenção partidária, de imposição da multa prevista no § 2º e de cancelamento do registro da candidatura do beneficiário" (com nova redação dada pelo art. 2º da Lei nº 13.165/2015).

Sintetizando-a, "A finalidade é divulgar os programas dos partidos, transmitir mensagens aos filiados sobre certos programas de atividade congressual e divulgar a posição do partido quanto aos temas de interesse nacional, tais como: educação, saúde, cultura, segurança pública etc." (cf. Marcos Ramayana, Direito Eleitoral cit., item 12.3.1, p. 552; Lauro Barretto, Propaganda Política cit., 1ª parte, item 1, p. 20, **in fine**).

Daí por que "O uso do tempo da propaganda partidária para beneficiar político filiado a outra agremiação, com ostensiva intenção de concorrer a cargo eletivo no pleito a realizar-se no período eleitoral subsequente, traduz falta gravíssima, sujeita a sanção correspondente ao máximo previsto em lei: a cassação de todo o direito de transmissão a que o infrator faria jus no semestre subsequente" (**v.** TSE, Rp 766/DF, rel. Min. Humberto Gomes de Barros, DJ, 09/06/2006, p. 133). Voga nas mesmas águas a Corte Regional paulista (Rp 45.494, rel. Des. A. C. Mathias Coltro, DJe-SP, 10/03/2014).

Sem embargo do caráter abrangente do período dessa propaganda, como já observado no início deste item, ela não será veiculada no segundo semestre do ano de eleição (LE, art. 36, § 2º).

É apropriada para a *propaganda partidária*, igualmente, a indicação da ideologia da agremiação, a fim de esclarecer a opinião pública e conscientizar os seus adeptos (filiados ou prosélitos).

Explicam Carlos Mário da Silva Velloso e Walber de Moura Agra que "O filiado em exposição de propaganda partidária tem o direito de divulgar as ações concretas de sua agremiação, inspiradas no seu ideário e do programa contido no estatuto da agremiação. Se a publicidade partidária for convertida em espaço de promoção pessoal de determinado filiado, com nítido caráter de campanha eleitoral, atesta-se seu desvio de finalidade, sujeitando o infrator à perda do tempo de transmissão pela duração correspondente.[166]" (**in** Elementos de Direito Eleitoral, 2ª ed., Saraiva, 2010, nº 6.10, p. 130 e a nota n. 166, que alude à Rp 679/SP, rel. Min. Francisco Peçanha Martins, DJ, 05/11/2004, p. 159).

De sorte que, na divulgação da *propaganda partidária*, o seu emprego na "promoção pessoal de filiado ao partido responsável pelo programa, notório pré-candidato a cargo eletivo, no semestre anterior ao pleito, impõe a cassação do tempo a que faria jus o partido infrator" (**v.** TSE, Rp 660/CE, rel. Min. Barros Monteiro Filho, DJ, 06/02/2004, p. 145). Está bem evidenciado, aqui, o desvio de finalidade da propaganda partidária que foi disseminada.

Porém, em caso da vedação prevista no § 1º do art. 45 da Lei dos Partidos Políticos deve-se entender que "é possível a participação de convidado, membro de outra agremiação, desde que se manifeste tão somente sobre tema de natureza político-comunitária, sem nenhuma repercussão eleitoral ou promoção de interesse de seu próprio partido" (ResTSE 21.419, Cta 874/DF, relª Minª Ellen Gracie, DJ, 19/09/2003, p. 111).

2.3 – Da Propaganda Intrapartidária

A segunda espécie, chamada *propaganda intrapartidária*, propaganda dentro do partido, propaganda à convenção ou propaganda pré-convencional (LE, art. 36, § 1º), a ser efetuada na quinzena anterior à assembleia aludida (isto é, em prazo bem limitado), destina-se à escolha daqueles que irão concorrer pelo partido e à deliberação sobre as coligações para a próxima eleição (LE, arts. 7º e 8º; CE, art. 240, **caput**). Cabe enfatizar, aqui, que tanto o art. 8º da Lei das Eleições como o **caput** do art. 240 do Código Eleitoral têm novas redações dadas pelos arts. 2º e 4º da Lei nº 13.165, de 2015. Como não há candidatura isolada, quer dizer, sem filiação partidária (CF, art. 14, § 3º, inc. V; LE, art. 9º; LPP, art. 18), os eleitores filiados que pretenderem ser escolhidos para futuros candidatos do partido, no próximo pleito, deverão submeter seus nomes à aprovação da *convenção partidária* (LE, arts. 7º, 8º e 36, § 1º; LPP, art. 51), ou melhor, aos filiados com direito de voto, nos termos do estatuto (LE, art. 7º; LPP, art. 15, inc. VI; CE, art. 93, § 2º). Estes membros do partido também podem ser chamados de *convencionais*.

Cuida-se, pois, de propaganda que é feita, exclusivamente, aos convencionais do partido, descabendo o uso de qualquer forma dissimulada para atingir os eleitores em geral.

O colendo Tribunal Superior Eleitoral "já decidiu que, realizada propaganda antes da convenção partidária visando a atingir não só os membros do partido, mas também os eleitores em geral, caracteriza propaganda eleitoral antecipada, que atrai a aplicação da multa prevista no art. 36, § 3º da Lei das Eleições. Precedente (AgR - REspe 26.136/RN, rel. Min. Gerardo Grossi, DJ, 12/02/2008, p. 7; o precedente se constitui no REspe 15.885/DF, rel. Min. José Eduardo Rodrigues de Alckmin, DJ, 09/06/2000, p. 96).

Cumpre salientar, outrossim, que na formação de coligações (reuniões ou alianças) entre dois ou mais partidos, a *convenção partidária* poderá delegar ao *órgão de direção partidária* a deliberação sobre tais coligações, que pode ocorrer após o prazo do art. 8º da Lei das Eleições, porém dentro do prazo do art. 11 da mesma lei (TSE, REspe 26.763/PA, rel. Min. César Asfor Rocha, ac. publ. em sessão de 21/09/2006). E mais, "Havendo sido deliberado, em convenção, pela possibilidade futura de coligação com outros partidos, além daqueles expressamente mencionados, não se considera extrapolado o prazo estabelecido nos arts. 8º da Lei nº 9.504/97 e 7º da ResTSE 22.156, nem daquele previsto no art. 11 da Lei nº 9.504/97, na hipóse de inclusão de outros partidos, na coligação, após o prazo das convenções" (cf. TSE, AgR - REspe 26.816/PA, rel. Min. Joaquim Barbosa, DJe - 118, 24/06/2009, p. 54).

Candidatos de todas as agremiações políticas coligadas podem pertencer a quaisquer reuniões de partidos, sem nenhuma proporção entre eles, por decorrência de sua autonomia (art. 17, § 1º, da CF c.c. art. 3º da LPP e art. 7º e seu § 1º da LE).

A *coligação* poderá ter qualquer denominação (LE, art. 6º, §§ 1º e 1º-A), mas, "Na propaganda para eleição majoritária, a coligação usará, obrigatoriamente, sob sua denominação, as legendas de todos os partidos que a integram; na propaganda para eleição proporcional, cada partido usará apenas sua legenda sob o nome da coligação" (LE, art. 6º, § 2º).

Em síntese: é a propaganda realizada pelos *candidatos à convenção* (pré-convencional), visando a sua aprovação pelos membros do partido ou correligionários.

Inclui-se na *propaganda intrapartidária* aquela que antecede à *convenção* para a escolha dos candidatos do partido, *propaganda* essa destinada à *prévia partidária*, a qual antecipa a escolha desses pré-candidatos, mediante consulta aos filiados (**v.** LE, art. 36-A, inc. III, estes com novas redações dadas pelo art. 2º da Lei nº 13.165/2015). Sim, à *prévia eleitoral* podem ser empregados os mesmos princípios da *propaganda intrapartidária* (ResTSE 23.086, ementa 2, item 4, Cta 1.673/DF, rel. Min. Felix Fischer, DJe – 166, 24/03/2009).

A *prévia partidária* é, consequentemente, uma *consulta* ou *indicação interna* da agremiação eleitoral antes da sua *convenção*, que se avizinha.

Proíbe-se, todavia, que as reuniões para essa pré-escolha sejam transmitidas ao vivo por emissoras de rádio e de televisão (art. 36-A, § 1º, da LE estes com novas redações dadas pelo art. 2º da Lei nº 13.165/2015).

É claro que "1. Os partidos políticos podem realizar, entre seus filiados, as chamadas prévias eleitorais, destinadas a buscar orientação e fixar diretrizes, inclusive sobre escolha de candidatos. 2. A eventual divulgação, pelos veículos de comunicação, dos resultados da consulta interna não caracteriza, em princípio, propaganda eleitoral antecipada" (cf. ResTSE 20.8166, Cta 698/DF, rel. Min. Fernando Neves, DJ, 12/07/2001, p. 10). Sem dúvida, "2. A divulgação das prévias não pode revestir caráter de propaganda antecipada, razão pela qual se limita a consulta de opinião dentro do partido" (ResTSE 23.086, Cta 1.673/DF, rel. Min. Felix Fischer, DJe – 166, 24/03/2009, p. 47).

Mas, como adverte José Jairo Gomes, "Conquanto se trate de matéria **interna corporis**, não podem as prévias substituir a convenção do partido, pois esta constitui exigência legal inexorável" (**in** Direito Eleitoral cit., cap. XIII, item 1.5, p. 273). Por certo, reservam-se às convenções as deliberações mais importantes do partido político, especialmente a escolha dos seus candidatos para o pleito seguinte (LE, arts. 7º a 9º; CE, art. 240, **caput**; aliás, o art. 8º da LE e o **caput** do art. 240 do CE têm novas redações dadas pelos arts. 2º e 4º da Lei nº 13.165/2015).

No entanto, "1. É lícito ao partido político, em deliberação efetuada em convenção, delegar à comissão executiva ou a outro órgão partidário a escolha de candidatos. Precedente" (cf. TSE, AgR – REspe 293.071/SP, rel. Min. Gilmar Mendes, ac. publ. em sessão de 30/10/2014; o precedente é o aresto REspe 30.584/MG, rel. Min. Felix Fischer, ac. publ. em sessão de 22/09/2008).

Na *propaganda intrapartidária* (LE, art. 36, § 1º), é comum a colocação de faixas e cartazes, em prédios e vias públicas, nas proximidades do local da convenção partidária (LE, art. 73, inc. I, parte final). Para evitar-se desvio de finalidade da propaganda aludida, fazendo-a por toda a circunscrição eleitoral (CE, art. 86), convém limitá-la ao máximo de duzentos metros, em simetria ao disposto no art. 39, § 3º, da Lei das Eleições, como sugere Marcos Ramayana (**v.** Direito Eleitoral cit., item 15.5.1, p. 642-4), evitando-se que tal propaganda seja "ostensiva e com potencial de atingir eleitores em geral" (**v.** TSE, AgR - AI 362.814/RJ, relª Minª Nancy Andrighi, DJe - 74, 22/04/2013, p. 71).

Voga nas mesmas águas a Corte Regional paulista, ao considerar "4. Desvirtuamento da propaganda intrapartidária. Publicidade que extrapolou os limites da convenção partidária, atingindo todo o eleitorado" na hipótese em que, noutros locais, houve fixação de faixas em comércio e em praça pública, bem como distribuição de brindes (Rec. 7.996, rel. Des. A. C. Mathias Coltro, ac. publ. em sessão de 21/08/2012).

Tal propaganda é realizada, comumente, por meio de visitas dos pré-candidatos aos filiados com direito a voto (corpo a corpo), telefonemas daqueles para estes, envio de mensagens através de **e-mails** (mala direta), por animadas bandas de música que tocam durante a chegada dos convencionais à assembleia, e da colocação das faixas e cartazes aludidos no local dessa reunião.

Surge, neste ponto, questão importante no que concerne à escolha dos candidatos das agremiações partidárias pelos seus respectivos diretórios. Quer dizer, o Diretório Municipal indica os candidatos a Prefeito, Vice-Prefeito e Vereador; o Diretório Estadual designa os candidatos a Governador, Vice-Governador, Senador e Deputados Federal e Estadual; finalmente, o Diretório Nacional aponta os candidatos a Presidente e Vice-Presidente.

Com efeito, para a escolha dos candidatos a cargos eletivos pelo partido político (LE, art. 7º; LPP, art. 15, inc. VI), realizam-se convenções (LE, art. 8º; LPP, art. 51; CE, art. 93, § 2º), que devem ocorrer nas circunscrições eleitorais (CE, art. 86), ou seja, segundo as divisões político-administrativas (LPP, art. 54), de previsão constitucional (CF, art. 18, **caput**). As demais regras acerca dessa assembleia partidária são estabelecidas pelas próprias agremiações políticas (LE, art. 7º), às quais é assegurada autonomia para várias atividades (CF, art. 17, § 1º; LPP, art. 3º).

Em razão dessa autonomia partidária, "2 A. Justiça Eleitoral é incompetente para julgar os critérios utilizados pelo partido para escolher os candidatos que disputarão as eleições, haja vista se tratar de matéria **interna corporis**" (TSE, AgR - REspe 484.336/PB, rel. Min. Arnaldo Versiani, ac. publ. em sessão de 15/09/2010).

Ainda em vista dessa autonomia, não é possível a interferência de pessoas estranhas à reunião (isto é, não filiados), ou mesmo de candidato por outra agremiação partidária (TSE: REspe 14.017/CE, rel. Min. José Bonifácio Diniz de Andrada, ac. publ. em sessão de 29/10/1996; REspe 14.193/SP, rel. Min. Francisco Rezek, ac. publ. em sessão de 12/12/1996).

Sem embargo da sua grande relevância na vida partidária, tal propaganda possui pequena abrangência - destina-se apenas aos convencionais -, com regras limitadoras e atribuídas somente ao filiado do partido que pretende ser indicado para candidato da chapa, sigla ou legenda, isto é, ao postulante a candidato pelo partido político.

Promovida a propaganda somente na quinzena anterior à convenção partidária, com o escopo de obter a indicação do nome do filiado ao cargo pretendido, para esse tipo de assembleia está "vedado o uso de rádio, televisão e outdoor" (LE, art. 36, § 1º, parte final).

Não sendo despesa relativa à campanha eleitoral (LE, art. 17; CE, art. 241), descabe o emprego de doações para esse tipo de propaganda, ou seja, deve ela ser custeada pelo próprio filiado que pretenda ser indicado a candidato da agremiação partidária no próximo certame.

Vale dizer, é a *propaganda reservada à convenção*, "que é uma propaganda especial, que não se confunde com a propaganda eleitoral... Podendo realizar as convenções de [20 de julho a 5 de agosto] do ano do pleito, devem as agremiações divulgar a data desse ato partidário com antecedência, de molde a propiciar os 15 dias de propaganda a que se refere à lei nesse parágrafo [LE, art. 36, § 1º]. Correta a vedação do uso dos veículos de comunicação e de outdoors, dada as características próprias da propaganda à convenção" (cf. Joel José Cândido, Direito Eleitoral Brasileiro cit., cap. XVI, item 16.9, p. 508, com inserções entre colchetes em face da Lei nº 13.165, de 2015).

Deste modo, a entrevista divulgada em jornais, quando extrapola os limites da *propaganda intrapartidária*, configura propaganda eleitoral antecipada, favorável ao declarante e negativa em relação ao seu adversário (TSE, AgR - REspe 26.721/MT, rel. Min. Marcelo Ribeiro, DJe - 197, 16/10/2009, p. 23).

Na esteira do pronunciamento supra, convém lembrar-se da ementa de um acórdão elucidativo: "Representação por propaganda eleitoral extemporânea (art. 36 da Lei nº 9.504/97). Configuração. Veiculação em emissora de rádio, de propaganda intrapartidária dirigida à população em geral" (TSE, REspe 43.736/TO, relª Minª Cármen Lúcia, DJe, 13/06/2011, p. 61, grifei).

Merece destaque, neste emeio, fato recorrente nas pautas de julgamento das Cortes Eleitorais do País, qual seja a divulgação de *propaganda eleitoral* (restrita ao trimestre da campanha) disfarçada (a recepção é subliminar) de *propaganda intrapartidária* (limitada à quinzena da convenção), sempre de forma mascarada (escondida) e com nítido objetivo de "queimar a largada" antes do começo da propaganda de campanha (= início antecipado). Em sua grande maioria, nesses casos concretos, descobriu-se que cuidavam, realmente, de *propaganda eleitoral* antecipada ou extemporânea.

Se não, vejamos:

"1. Nos termos da jurisprudência da Corte, deve ser entendida como propaganda eleitoral antecipada qualquer manifestação que, antes dos três meses anteriores ao pleito, leve ao conhecimento geral, ainda que de forma dissimulada, a candidatura, mesmo que somente postulada, a ação política que pretende desenvolver ou as razões que levem a inferir que o beneficiário seja o mais apto para a função pública" (ver TSE, R – Rp 203.745/DF, rel. Min. Marcelo Ribeiro, DJe, 12/04/2011, p. 29; análogo, do mesmo relator, AgR – REspe 26.721/MT, DJe – 197, 16/10/2009, p. 23).

Segue igual caminho a decisão que contém argumentação na forma seguinte: "configura a realização de propaganda eleitoral antecipada a veiculação de informativo parlamentar no qual, além de se realçar o nome de notório pré-candidato à época da divulgação do periódico, faz-se, ainda, referência expressa à sua plataforma política e aptidão para o exercício do cargo... circunstâncias particulares do caso específico que não evidenciam cuidar-se de comunicação intrapartidária" (cf. TSE, R – Rp 270.176/DF, rel. Min. Joelson Dias, DJe, 05/04/2011, p. 45).

Dá-se o mesmo nesta demanda: "1. Para a configuração de propaganda eleitoral antecipada, na propaganda partidária, é suficiente a divulgação, ainda que subliminar, de determinada candidatura, o que se verifica com a promoção pessoal de filiado com exclusiva finalidade de obter apoio do eleitor em pleito futuro" (cf. TSE, AgR – REspe 155.116/PR, rel. Min. Aldir Passarinho Júnior, DJe, 19/04/2011, p. 53).

Vem a propósito, por sua especificidade, aresto mais recente: "2. A dimensão ostensiva (outdoor) da propaganda, a localização (praça pública) e os elementos nela contidos (foto, nome, número, sigla partidária e dizeres indicando os candidatos como uma escolha do povo) são suficientes para levar ao conhecimento geral a candidatura dos agravantes [beneficiários] ao futuro pleito, o que configura propaganda eleitoral extemporânea e afasta a tese de que se trata de propaganda intrapartidária" (cf. TSE, ED - AI 63.609/BA, rel. Min. Dias Toffoli, DJe - 223, 22/11/2013, p. 72, com inserção no texto original).

Por derradeiro, decidiu-se em acórdão já indicado que "A utilização de faixas, cartazes, e carros de som é permitida nas prévias e nas convenções partidárias desde que a mensagem seja dirigida aos filiados e o âmbito intrapartidário não seja ultrapassado". De molde que, no caso, "a publicidade veiculada durante a realização de convenção intrapartidária foi ostensiva e com potencial de atingir os eleitores em geral" (cf. TSE, AgR - AI 362.814/RJ, relª Minª Nancy Andrighi, DJe - 074, 22/04/2013, p. 71).

2.4 – Da Propaganda Eleitoral

A terceira modalidade da *propaganda política*, denominada *propaganda eleitoral* (LE, arts. 36, **caput**, 37, § 8º, e 39, **caput**, 2ª fig., e seu § 8º; CE, art. 240, **caput**), diz respeito ao filiado de agremiação política que, resolvendo participar de pleito próximo (ocorrerá em 45 dias), para poder iniciar a sua propaganda, submeteu o seu nome à convenção partidária e, depois de escolhido pelos correligionários, pediu o registro da sua candidatura no órgão judicial competente. A partir dessa ocasião (requerimento já protocolizado), as coligações, partidos políticos, candidatos, comitês, dirigentes e simpatizantes estão autorizados a divulgar projetos, propostas e ideias para o exercício dos cargos eletivos em disputa, associando-os ao nome e número desses competidores no certame eleitoral que se avizinha.

Por estes motivos, "Entende-se como ato de propaganda eleitoral aquele que leva ao conhecimento geral, ainda que de forma dissimulada, a candidatura, mesmo que apenas postulada, a ação política que se pretende desenvolver ou razões que induzam concluir que o beneficiário é o mais apto ao exercício da função pública. Sem tais características, poderá haver mera promoção pessoal - apta, em determinas circunstâncias a configurar abuso de poder econômico - mas não propaganda eleitoral" (cf. TSE, REspe 16.183/MG, rel. Min. J. Eduardo Rangel de Alckmin, DJ, 31/03/2000, p. 126).

Cabe enfatizar, a esta altura, que "Um aspecto interessante da propaganda eleitoral é que ela não se restringe a um determinado meio de comunicação, mas procura abranger a todos, porque todos vão ser utilizados até o dia da eleição" (cf. Olivar Coneglian, Propaganda Eleitoral, 10ª ed., Juruá, 2010, nº 19, p. 29).

Mas, como bem entendem Roberto Amaral e Sérgio Sérvulo da Cunha, "O novo art. 36-A (acrescido pela Lei nº 12.034/2009), aliás, inova ao elencar uma nominata de formas de propaganda eleitoral que não podem ser consideradas como infringentes do art. 36. O objetivo do preceito legal, todavia, permanece: assegurar, no processo eleitoral, condições de competitividade entre os diversos partidos e candidatos. Essa a **ratio legis**. A construção dessa tentativa de equilíbrio apoia-se em três pilastras constitucionais: de um lado, o veto a qualquer manifestação de censura, sob qualquer pretexto; de outro, o dever de assegurar a materialização da mais ampla liberdade de manifestação de opinião. Uma e outra se completam na busca da isonomia" (**in** Manual das Eleições cit., parte I, arts. 36 e segs., p. 322).

Em consequência, as formas de propaganda eleitoral são aquelas permitidas, expressamente, em lei. Melhor dizendo, sem previsão legal a propaganda eleitoral é proibida ou ilícita.

Ressalva importante merece uma anotação, qual seja, não configura propaganda eleitoral "o uso e a divulgação regulares do nome comercial de empresa, ou grupo de empresas, no qual se inclui o nome pessoal de seu dono, ou presidente, desde que feitos habitualmente e não apenas no período que antecede às eleições" (**vide** TSE, MS 719/DF, rel. Min. Carlos Velloso, DJ, 01/11/1986, p. 265; TRE/SP, AgR – MS 7.959, rel. Juiz Roberto Maia Filho, DJe, 01/04/2014).

Diante do exposto acima, a *propaganda eleitoral* pode ser decomposta em *lícita* (permitida) e *ilícita* (proibida). Esta, por seu turno, permite a divisão em *irregular* no campo administrativo-eleitoral (violadora de norma proibitiva) e *criminosa* no âmbito das leis eleitorais penais (p. ex., LE e CE).

Sem discrepar dessa compreensão, explica o festejado Lauro Barretto: "A propaganda *irregular* é aquela que a legislação proíbe ou restringe, mas não tipifica como crime. A ela cabem tão somente as sanções de cunho administrativo-eleitoral previstas em nosso ordenamento jurídico. Já a propaganda criminosa é aquela que o legislador entendeu como mais grave e, por isso mesmo, tipificou como crime eleitoral. A ela, além das sanções de cunho administrativo-eleitoral, cabem também as penas cominadas no Código Eleitoral e nos demais diplomas legais pertinentes" (**in** Propaganda Política cit., 1ª parte, item 3, p. 25).

As hipóteses em que descabe considerar-se propaganda eleitoral prévia ou antecipada terão anotações ulteriores.

2.5 – Da Propaganda Institucional, Desviada de sua Finalidade, Visando à Propaganda Eleitoral

A *propaganda institucional* também pode ser considerada como forma de *propaganda política*, porque serve para informar ao povo assuntos de interesse geral, tais como atos referentes à administração pública, atos oficiais de prática obrigatória, obras, campanhas, serviços dos órgãos públicos etc. Por isso, também é denominada *governamental* ou *oficial* (CF, arts. 5º, incs. XIV e XXXIII, e 37, § 1º; LE, arts. 36-B, **caput**, e 73, inc. VI, alíneas *b* e *c*, inc. VIII, § 3º).

Como ocorre na *propaganda partidária*, a *propaganda institucional* deve igualmente conter caráter impessoal, ou seja, não pode ser desviada em benefício de futuro candidato, partido político ou aliança de partidos (coligação).

Estatui a Constituição da República que "A publicidade dos atos, programas, obras, serviços e companhias dos órgãos públicos deverá ter caráter educativo, informativo ou de orientação social, dela não podendo constar nomes, símbolos ou imagens que caracterizem promoção pessoal de autoridades ou servidores públicos" (art. 37, § 1º). Em reforço a tal dispositivo, a Lei das Eleições proíbe aos agentes públicos, servidores ou não, "nos três meses que antecedem o pleito", a conduta seguinte: "com exceção da propaganda de produtos e serviços que tenham concorrência de mercado, autorizar publicidade institucional dos atos, programas, obras, serviços e campanhas dos órgãos públicos federais, estaduais ou municipais, ou das respectivas entidades da administração indireta, salvo em caso de grave e urgente necessidade, assim reconhecida pela Justiça Eleitoral" (art. 73, inc. VI, alínea *b*).

Mas, verificada a ocorrência da transmissão irregular, deve ser comprovada a autorização ou prévio conhecimento da divulgação da propaganda institucional, não podendo ser presumida a responsabilidade do gestor público (**v.** TSE, REspe 25.614/SP, rel. Min. César Asfor Rocha, DJe, 12/09/2006, p. 149; TSE, REspe 42.512/SP, rel. Min. João Otávio de Noronha, DJe – 157, 25/08/2014, p. 168).

Fora do período de campanha eleitoral, a infringência ao disposto no § 1º do art. 37 da Constituição Federal não tem caráter administrativo eleitoral, mas, sim, administrativo comum (art. 11 da LIA). Nesse teor há precedente recentíssimo (**v.** TSE, REspe 108.739/RN, relª Minª Luciana Lóssio, DJe, 26/10/2015, p. 63).

O ato meramente irregular (sem má-fé), entretanto, deve ser suscetível apenas de correção administrativa. Para que se configure o ato acoimado de ímproba conduta deve haver má-fé do administrador público. "6. É cediço que a má-fé é premissa do ato ilegal e ímprobo. Consequentemente, a ilegalidade só adquire o status de improbidade quando a conduta antijurídica fere os princípios constitucionais da Administração Pública coadjuvados pela má-fé de administrador" (**v.** STJ, 1ª T., REsp 480.387/SP, rel. Min. Luiz Fux, DJ, 24/05/2004, p. 163). Esta conduta fática, contudo, deve ser perquirida na Justiça Comum, quer Federal, quer Estadual, conforme o sujeito passivo do ato de improbidade administrativa (LIA, art. 1º e seu par. único).

Já na ocasião da campanha eleitoral, a propaganda oficial sofre maiores restrições (LE, art. 73, **caput**, inc. VI, alíneas *b* e *c*, e inc. VII, este com nova redação dada pelo art. 2º da Lei nº 13.165, de 2015). Procura-se, assim, evitar que, mesmo podendo ser desvirtuada a propaganda oficial, ela cause maior desequilíbrio na disputa pelos votos dos eleitores.

Sem dúvida, esse tipo de propaganda política não pode prejudicar a igualdade entre os que disputam o certame eleitoral e, inclusive, maltratar o princípio constitucional da impessoalidade, que deve nortear a atuação dos indivíduos que participam da Administração Pública em todos os níveis (CF, arts. 5º, **caput** e inc. XXXIII, e 37, § 1º).

Forte em Celso Antônio Bandeira de Mello (Curso de Direito Administrativo, 15ª ed., Malheiros, 2003, parte I, cap. VIII, item 70, p. 75), entende José Jairo Gomes que "A prestação de informações de interesse público, de caráter estritamente informativo e educativo, de orientação social afigura-se como direito de todos e dever do Estado... O princípio da publicidade impõe a transparência da atividade administrativa exatamente para que os administrados possam conferir se está sendo bem ou mal conduzida" (**in** Direito Eleitoral cit., cap. XVI, item 5, p. 451).

Como se vê, o gênero *propaganda política* contém a espécie *publicidade oficial* (ou comunicação institucional). Esta, por sua vez, pode ser realizada por *órgãos públicos* ou pela *administração pública*, desdobrando-se em *comunicação institucional por força legal*, *comunicação institucional convocatória* e, ainda, *propaganda institucional*.

Essa é a doutrina de Olivar Coneglian (**in** Propaganda Eleitoral cit., nº 76, p. 98).

E ainda, advertem os festejados Carlos Mário da Silva Velloso e Walber de Moura Agra: "Para que abusos não sejam cometidos com a propaganda institucional, proíbe-se nos três meses que antecedem ao pleito a publicidade institucional de atos, programas, serviços, campanhas de órgãos públicos, bem como o mandatário fazer pronunciamentos em cadeia de rádio e de televisão, afora matéria urgente e relevante (art. 73, VI, da LE). Igualmente, almejou a legislação eleitoral proteger o erário público de gastos excessivos com propaganda institucional, obstaculando que despesas com publicidade de órgãos públicos nas esferas governamentais, bem como da administração indireta, excedam a média dos gastos nos três últimos anos que antecedem ao pleito ou do último ano imediatamente anterior à eleição (art. 73, VII, da LE)" (**in** Elementos de Direito Eleitoral cits., item 9.1, p. 188; note-se que o inc. VII tem nova redação dada pelo art. 2º da Lei nº 13.165/2015).

Por tudo isto, não tem caráter informativo o ato pelo qual o agente público, mediante circular, procura convencer eleitores do acerto de uma decisão do governo, e quais as providências que deveriam ser tomadas em benefício da sociedade. A comunicação, pois, não é informativa. Contém explicações de natureza subjetiva, com o escopo de atribuir à oposição política a criação de privilégios (TSE, ED – Rp 68/DF, rel. Min. José Eduardo Rangel de Alckmin, ac. pub. em sessão de 31/08/1998).

Vale resumir a ementa de acórdão acerca de *publicidade institucional* ou *oficial*, a qual contém a explicitação de algumas circunstâncias pertinentes ao *abuso de direito*, objetivando o reconhecimento da prática de publicidade institucional indevida, em benefício de candidato à reeleição. Ocorrendo publicidade intensa, reiterada e persistente de obras realizadas, configura-se o benefício ao candidato (**v.** TSE, REspe 25.935/SC, rel. Min. Cezar Peluso, DJ, 25/08/2006, p. 170, sublinhou-se).

Na mesma linha de interpretação, merece registro um aresto asseverando: "Para configuração da publicidade institucional, é imprescindível a presença dos caracteres educativo, informativo ou de orientação social, previstos na Constituição Federal [art. 37, § 1º]. Considera-se propaganda eleitoral subliminar [indireta] a publicidade que traça paralelo entre a administração atual e a anterior, despertando a lembrança dos eleitores para as qualidades do administrador candidato à reeleição. O simples argumento de que a escolha, produção, supervisão e veiculação da publicidade de agente público diverso do titular da administração não é suficiente para ilidir o prévio conhecimento deste" (TSE, REspe 19.331/GO, rel. Min. Sepúlveda Pertence, DJ, 07/12/2001, p. 8, sem inserções e grifos no texto original).

Noutro caso de abuso da publicidade institucional, mediante carreatas com ambulâncias do SAMU, às vésperas das eleições, vinculando tais serviços a candidato à reeleição, ocorreu desvio de finalidade, porque se transformou a divulgação desse serviço em promoção à candidatura (TSE, RO 273.560/SE, relª Minª Maria Thereza de Assis Moura, DJe - 31, 13/02/2015, p. 32).

O entendimento acima é firme na jurisprudência, podendo ser resumido assim: "Nos três meses que antecedem o pleito, impõe-se total vedação à publicidade institucional, ressalvadas as exceções previstas em lei (art. 73, VI, *b*, da Lei nº 9.504/97)" Ver TSE, AgR - REspe 43.616/MG, rel. Min. João Otávio de Noronha, DJe - 178, 23/09/2014, p. 54; igualmente TSE, AgR - AI 33.407/BA, rel. Min. Henrique Neves, DJe - 70, 11/04/2014, p. 95; também nesse sentido TSE, Rp 82.802/DF, rel. Min. Tarcísio Vieira de Carvalho Filho, DJe - 184, 01/10/2014, p. 24. Ainda que a autorização da propaganda tenha ocorrido antes do período de três meses que antecedem o pleito (**v.** TSE, AgR - REspe 957.606.629/CE, rel. Min. Henrique Neves, DJe - 68, 09/04/2014, p. 39) e no mesmo teor há outro aresto (TSE, REspe 44.530/RS, relª Minª Luciana Lóssio, DJe - 32, 14/02/2014, p. 97).

Outrossim, está proibida a publicidade referente a sorteio de prêmios, em ano eleitoral, para incentivar o recolhimento de IPTU (**v.** TSE, AgR - REspe 25.576.255/SP, relª Minª Cármen Lúcia, DJe - 142, 04/08/2014, p. 45).

Percorre a mesma trilha outro acórdão, anotando que "7. Configura propaganda eleitoral extemporânea os temas de entrevista que desbordam da convocação de rádio e televisão (Decreto nº 52.795/63) e se mostram de nítido caráter eleitoreiro" (**v.** TSE, Rp 59.080/DF, relª Minª Maria Thereza de Assis Moura, DJe - 157, 25/08/2014, p. 163).

De outra banda, "A publicidade institucional de caráter meramente informativo acerca de obras, serviços e projetos governamentais, sem qualquer menção a eleição futura, pedido de voto ou promoção pessoal de agentes públicos, não configura conduta vedada ou abuso de poder político" (**vide** TSE, REspe 504.871/AM, rel.

Min. Dias Toffoli, DJe - 40, 26/02/2014, p. 38). No mesmo teor, na colocação de placa (AgR - REspe 51.220/SP, relª Minª Luciana Lóssio, DJe - 183, 24/09/2013, p. 55).

Esta modalidade de propaganda voltará a ser examinada nos itens 15.12 e 15.18, sob os títulos de Publicidade Institucional e Publicidade Institucional Desvirtuada.

2.6 – Da Proibição de Veicular Propaganda Política Paga no Rádio e na Televisão

Dispõe a Lei Eleitoral: "Art. 44. A propaganda eleitoral no rádio e na televisão restringe-se ao horário gratuito definido nesta Lei, vedada a veiculação de propaganda paga" (grifou-se).

A propaganda partidária, por seu turno, sofre as mesmas restrições supracitadas (LPP, art. 45, § 6º).

Consequentemente, essas duas modalidades de propaganda política estão restritas à divulgação durante os denominados *horários gratuitos* no rádio e na televisão (LE, arts. 44, **caput**, e 57; LPP, art. 45, § 6º).

Mais ainda, a gratuidade da propaganda política no rádio e na televisão segue no sentido contrário àquela divulgada na imprensa, que sempre é paga, constando do anúncio o custo da sua inserção (LE, art. 43, **caput** e seu § 1º).

O tratamento diverso entre a *mídia escrita* e a *mídia sonora* ou *de sons e imagens* se dá porque estas (difusões mediante rádio ou TV) constituem serviços públicos, "dependentes de 'outorga' do Estado e prestados mediante a utilização de um bem público (espectro de radiofrequências), tendo um dever que não se estende à mídia escrita", como proclamou o Pretório Excelso pelo voto do Ministro Carlos Ayres Britto (Pleno, MC - Ref na ADI 4.451/DF, ementa nº 7, DJe - 167, 24/08/2012; RTJ, 221/277). A essa motivação se pode acrescentar que as emissoras em questão, como concessionárias de serviço público, podem ser pressionadas a divulgar as propagandas na base de "custo zero" e, ainda, que "um significativo número de parlamentares e líderes partidários é detentor de concessões" (cf. Lauro Barretto, Propaganda Política cit., 1ª parte, item 4, letra *g*, p. 34).

Restrita ao horário gratuito, a propaganda política irregular nesses meios de comunicação torna-se mais fácil de ser combatida, especialmente no tocante aos eventuais abusos do poder econômico, que implicam em inelegibilidade e perda do registro (LI, arts. 1º, inc. I, alínea *d*, e 22, inc. XIV, última parte).

Segundo a doutrina, "A intenção foi impedir que veículos de rádio e televisão possam desequilibrar o jogo eleitoral, privilegiando certos candidatos em detrimento de outros, pois esses meios de comunicação exercem forte influência na formação da opinião pública" (cf. Carlos Mário da Silva Velloso e Walber de Moura Agra, Elementos de Direito Eleitoral cits., item 9.8, p. 213).

Essa dupla proibição, por incidir tanto na *propaganda eleitoral* como na *propaganda partidária* (já aludidas), indica que o legislador teve o propósito de manter a igualdade de oportunidades entre os candidatos que disputam o certame eleitoral, princípio esse já anotado no item 1.12.

Procedimento idêntico, entre a propaganda pela imprensa e aquela realizada pelo rádio e televisão, ocorre na divulgação de fatos que o agente da infração sabe inverídicos (CE, art. 323, par. único).

De resto, ao contrário das propagandas eleitoral e partidária, que sempre são gratuitas (LE, art. 44, **caput**, LPP, art. 45, § 6º), a propaganda institucional (governamental ou oficial) é paga em princípio (CF, art. 5º, inc. II), porém subordina-se a um "caráter educativo, informativo ou de orientação social" (CF, art. 37, § 1º; LE, art. 74). Afora tal restrição, a propaganda por rádio e televisão ainda não pode ser autorizada nos três meses que antecedem o pleito (LE, art. 73, inc. VI, alínea *b*), senão for de "produtos e serviços que tenham concorrência no mercado" ou propaganda institucional "em caso de grave e urgente necessidade pública, assim reconhecida pela Justiça Eleitoral". E mais, está limitada pelo valor das despesas, "que excedam a média dos gastos no primeiro semestre dos três últimos anos que antecedem o pleito" (LE, art. 73, inc. VII, com a nova redação dada pelo art. 2º da Lei nº 13.165/2015).

As formas de propaganda eleitoral no rádio e na televisão voltarão a ser vistas no item 11.1 adiante, posto que ali será tratada apenas da proibição de propaganda paga.

2.7 – Da Desnecessidade de Licença Prévia para Realizar a Propaganda Eleitoral, cuja Prática é Norteada pelo Princípio da Liberdade

O pensamento não exteriorizado (ou interno), por estar fora do conhecimento da sociedade, não possui interesse jurídico. Daí a ideia de Ralph Waldo Emerson: "O pensamento é a semente da ação" (Sociedade e Solidão). A ação surge, pois, quando nasce a atividade (exterioriza-se), quer dizer, saiu-se do campo da conjectura. Na propaganda eleitoral, da mesma forma, o pensamento interno de nada vale juridicamente, ou seja, a sua importância tem início quando ele for externado. E mais, a sua manifestação deve ser livre para ter objetividade jurídica, ou seja, vicia tal declaração de vontade a coação "que incuta ao paciente fundado temor de dano iminente e considerável à sua pessoa, à sua família, ou aos seus bens" (CC, art. 151).

Em decorrência do direito da pessoa natural de expressar-se em liberdade, ou da sua livre manifestação do pensamento (CF, arts. 5º, inc. IV, e 220, **caput**), o qual se harmoniza com a impossibilidade de censura prévia (CF, arts. 5º, inc. IX, e 220, § 2º; LE, art. 53, **caput**), a realização de qualquer ato de propaganda partidária ou eleitoral não depende de licença municipal, da polícia, ou de autorização da Justiça Eleitoral (CE, arts. 245 e 248; LE, arts. 38 e 39, o último com os acréscimos do art. 3º da Lei nº 12.891/2013 e ainda com nova redação dada pelo art. 2º da Lei nº 13.165/2015), quer dizer, não se exige aprovação prévia.

O *princípio da liberdade* na propaganda eleitoral, aliás, já foi mencionado no item 1.3 deste trabalho.

É obvio que as formas empregadas na propaganda devem ser lícitas e exercidas sem abuso de poder econômico, sem abuso de direito, corrupção ou fraude (CF, art. 14, § 10, 2ª parte; LI, art. 22; CC, arts. 186 e 187). Vale dizer, extrapolar os limites legais. É descabido, ademais, o emprego de trapaças, manobras, ardis, subornos etc. Na lição de Alvino Lima, "A fraude é sempre dirigida contra uma regra obrigatória e seu primeiro objetivo é iludir esta regra" (**in** A Fraude no Direito Civil, 1ª ed. Saraiva, 1965, cap. IV, item 1, p. 283).

Por outro lado, o princípio da liberdade política também é limitado pelo direito à tranquilidade de votar do eleitor (LE, art. 39, §§ 5º a 10; CE, arts. 234 e 297), que também possui exceções (LE, art. 39-A, **caput** e § 1º).

Outra limitação advém da necessidade de o poder de polícia ser exercido em benefício da ordem pública (CF, arts. 5º, **caput** e § 1º, e 144, **caput**; LE, art. 41, § 2º, 1ª parte; CE, art. 249). Em vista dos cânones constitucionais indicados, parece que o art. 249 do Código Eleitoral não foi revogado pelo art. 41 da Lei das Eleições, como conclui Marcos Ramayama (**vide** Código Eleitoral Comentado, 3ª ed., Roma, 2006, págs. 420-1).

Como preconiza Vera Maria Nunes Michels, "O poder de polícia na propaganda eleitoral é exercido em nome da ordem pública, conforme disposto no art. 249 do Código Eleitoral. Também deve ser lembrada a atuação ampla que possui o Ministério Público Eleitoral, tendo em vista não apenas a incumbência constitucional disciplinada no art. 127 da CF, que lhe atribui a defesa do regime democrático e dos interesses individuais indisponíveis, como também porque, na Justiça Eleitoral, todos os crimes são de ação pública" (**in** Direito Eleitoral cit., item 6.3, p. 83).

Por tudo isto, "não se exige que o beneficiário da propaganda irregular realizada em bem de uso comum seja citado (após, portanto, o ajuizamento da representação) para que proceda à sua retirada, bastando que seja previamente notificado pela Justiça Eleitoral no exercício do seu poder de polícia (art. 37, § 1º, da Lei nº 9.504/97)" Cf. TSE: AgR – REspe 20.905/SP, rel. Min. Castro Meira, DJe – 121, 28/06/2013, p. 56; AgR – AI 4.947/SP, rel. Min. Gilmar Mendes, DJe – 168, 03/09/2015, p. 107, sem grifo nos originais. Também por isto, pode ser determinada a busca e apreensão de bem móvel, "pelo juízo da propaganda, com esteio no regular exercício do poder de polícia, franqueado pelo art. 41 da Lei das Eleições" (TSE, RO 370.608/RJ, rel. Min. Luiz Fux, DJe – 119, 25/06/2015, p. 155). Ademais, a decisão do Juízo Eleitoral que, "no exercício do poder de polícia, verificou a utilização de veículo da Prefeitura Municipal para transporte de material de propaganda eleitoral", em procedimento singelo, "possui índole administrativa e não caráter judicial, razão pela qual não desafia recurso de natureza jurisdicional" (TSE, AgR – AI 27.660/GO, relª Minª Laurita Vaz, DJe – 38, 24/02/2014, p. 32).

É claro que a liberdade de propaganda não pode ser tratada em termos absolutos. Razão assiste a Paulo Henrique dos Santos Lucon e José Marcelo Menezes Vigliar quando cuidam do exercício do poder de polícia à luz do art. 249 do Código Eleitoral. Dizem os renomados autores, **in verbis**, "observa-se que o artigo afirma a possibilidade do exercício do poder de polícia, mesmo em face de ato de propaganda eleitoral quando tal poder deva ser exercido em benefício da ordem pública. Sobre os limites da propaganda, verificar o que estatui a Constituição Federal de 1988. Entretanto, a preservação da ordem pública não pode servir como pretexto para o uso do poder de polícia com o velado objetivo de impedir a realização de ato de propaganda. Como se viu nos comentários ao artigo anterior, é nesse sentido a regra do art. 41 da Lei nº 9.504/97, segundo o qual a propaganda exercida nos termos da legislação eleitoral não poderá ser objeto de multa nem cercada sob alegação do exercício do poder de polícia. Significa dizer que a polícia não pode ser empregada para, de alguma forma, intimidar os presentes e, com isso, frustrar a realização do ato de propaganda partidária, o que poderia ocorrer com a sua simples presença. Entretanto, sua intervenção para manter a ordem e a segurança dos presentes e da comunidade em geral é legítima e apreciável, com bem destacou Decomain em seus comentários (ob. cit., p. 321-322) ". Ver o Código Eleitoral Interpretado, 2ª ed., Atlas, 2011, nota 2 ao art. 249, págs. 321-2.

Acresce dizer, por oportuno, que: a) proíbe-se a censura prévia da propaganda eleitoral, posteriormente, entretanto, se permite o controle judicial dos atos praticados; b) garante-se o direito de resposta, porque a liberdade deve ser exercida com responsabilidade (CF, arts. 220, § 2º, e 5º, inc. IX; LE, arts. 53 e 58). Além do direito de resposta, também cabe o direito de indenização por dano material, moral ou à imagem das pessoas (CF, art. 5º, inc. V e § 1º; CC, arts. 186, 187 e 927; Lei nº 13.188, de 2015, art. 12 e seu § 2º).

Neste ponto, vale ressaltar que, sem embargo de ser possível o exercício do poder de polícia para a preservação da ordem pública, a propaganda eleitoral não pode ser cerceada sob a alegação de uso do poder aludido e, muito menos, ser passível de multa (LE, art. 41; CE, art. 249). Este direito, todavia, deve ser conciliado com aquele direito "de todos" à segurança pessoal e à preservação da ordem pública (CF, arts. 5º, **caput** e seu § 1º, e 144, **caput**; LE, art. 41, § 2º, 1ª parte; CE, arts. 243, incs. I, IV e VI, e 249).

A importância da liberdade de propaganda também merece a proteção no campo penal eleitoral (CE, arts. 331 e 332).

Convém mencionar, em sequência, que a liberdade de propaganda deve ser garantida não só contra abusos de poder dos agentes públicos (CE, art. 245; LE, arts. 38 e 39; Lei nº 4.898/65, arts. 1º e 3º, letras *h* e *i*), como também de outras práticas ilícitas, por grupos políticos paramilitares, usando, especialmente, de intimidação à integridade física da população (CF, arts. 3º, inc. I, 1ª fig., 5º, **caput**, e 17, § 4º; LPP, art. 6º; CE, art. 243, incs. I e III, 248, 331 e 332).

Por certo, a liberdade de propaganda eleitoral não pode ser tisnada por grupos de indivíduos adestrados que, mesmo sem portar armas de fogo, mas organizados, usam de força física com a finalidade de tumultuar, quando não impedir, a propaganda perante um agrupamento de pessoas em via pública (passeatas, carreatas, manifestações de solidariedade, comícios etc.), sempre atuando em benefício de candidatos adversários no próximo certame eleitoral. Essa conduta truculenta - que chega à utilização de barras de ferro, caibros de madeira ou de pedras -, além de violar o direito à liberdade de propaganda em questão, ainda pode configurar o emprego de organização paramilitar em desfavor da ordem pública.

2.8 – Da Necessidade de Autorização Prévia e Expressa para a Utilização de Obra Alheia ou Proteção ao Direito Autoral

Ainda que não haja qualquer proibição do uso de obra intelectual alheia na legislação eleitoral específica, "aos autores pertence o direito exclusivo de utilização, publicação ou reprodução de suas obras" (CF, art. 5º, inc. XXVII), inclusive nas "participações individuais em obras coletivas" (CF, art. 5º, XXVIII, alínea *a*). Cabe enfatizar, em sequência, que essas normas definidoras de direitos são de aplicação imediata (CF, art. 5º, § 1º; CC, art. 83, inc. III, 1ª fig.; LDA, art. 3º). Por conseguinte, a efetividade desse direito insere-se nas normas reguladoras do *processo eleitoral* (CE, art. 243, inc. VIII, 4ª fig.; LDA, arts. 89 e 101).

A violação de direito autoral também pode configurar crime (CP, art. 184), em que se procede mediante queixa (CP, art. 186, inc. I) e, por ele constituir ofensa ao interesse particular, o inclui entre os crimes contra o patrimônio privado a que se refere o art. 1º, inc. I, alínea *e*, item 2, da Lei Complementar nº 64/90 (TSE, REspe 20.236/SP, rel. Min. Arnaldo Versiani, ac. publ. em sessão de 27/09/2012).

Como bem realça José de Oliveira Ascensão, professor titular das Faculdades de Direito de Coimbra e Recife, "O Direito de Autor representa um ramo autônomo da ordem jurídica. As suas fronteiras são delimitadas com precisão muito superior à dos demais ramos do direito, pois abrange tudo o que respeita à disciplina da obra literária ou artística" (**in** Direito Autoral, 1ª ed., Forense, 1980, nº 22, p. 28).

Daí resulta o direito de se pleitear, para a proteção dos direitos autorais, medidas judiciais nos âmbitos administrativo, civil e penal.

No direito anglo-americano, onde ele é concebido com mais prerrogativas que no brasileiro, denomina-se **copyright**.

Vale transcrever alguns poucos dispositivos da Lei de Direito Autoral (nº 9.610/1998), embora parcialmente, acerca dos efeitos desta lei, como no art. 5º, para considerar-se: "II - transmissão ou emissão – a difusão de sons e imagens, por meio de ondas radioelétricas; sinais de satélite; fio, cabo ou outro condutor; meios óticos ou qualquer outro processo eletromagnético"; "VII – contrafação – a reprodução não autorizada"; "XII – radiodifusão – transmissão sem fio, inclusive por satélites, de sons, ou imagens e sons e imagens, para recepção ao público e a transmissão de sinais codificados, quando os meios de decodificação sejam oferecidos ao público, por organismo de radiodifusão ou com seu consentimento".

Cabe enfatizar, ainda, que, entre as obras intelectuais protegidas, estão as seguintes: "I – os textos de obras literárias, artísticas ou científicas"; "II – as conferências, alocuções, sermões, e outras obras da mesma natureza"; "V – as composições musicais, tenham ou não letra" (LDA, art. 7º).

O diploma legal sobredito também define quem deve ser considerado "autor da obra intelectual" (LDA, art. 13).

Legitimando a proteção do direito autoral na propaganda política (= titular para o exercício do direito), a ResTSE 23.404/2014 dispõe: "Art. 79. A requerimento do interessado, a Justiça Eleitoral adotará as providências necessárias para coibir, no horário eleitoral gratuito, a propaganda que utilize de criação intelectual sem autorização do respectivo autor ou titular. Parágrafo único. A indenização pela violação do direito autoral deverá ser pleiteada perante a Justiça Comum". Com efeito, "Tem legitimidade o titular de direito autoral para representar à Justiça Eleitoral, visando coibir prática ilegal em espaço de <u>propaganda partidária</u> ou <u>eleitoral</u>" (TSE, Rp 678/DF, rel. Min. Peçanha Martins, DJ, 04/02/2005, p. 185, sem destaque no texto original).

Por certo, a autorização do autor para a utilização da sua criação intelectual é matéria a ser submetida à Justiça Eleitoral, quando se cuidar de *propaganda política* (partidária ou eleitoral). Já na apreciação da indenização cabível ao fato, ou consequência dele, a competência é da Justiça Comum (via regular de discussão do direito autoral em juízo).

Evidentemente, "A fiscalização da propaganda eleitoral é da competência do Juiz Eleitoral, a quem devem ser dirigidos requerimentos para fazer cessar quaisquer irregularidades praticadas durante aquela. Qualquer dano ao direito autoral, em decorrência da propaganda eleitoral, deverá ser pleiteado na Justiça Comum" (ResTSE 21.978, Pet 1.547/RJ, rel. Min. Humberto Gomes de Barros, DJ, 16/03/2005, p. 21).

Na verdade, "1. Qualquer vício que venha a ocorrer nos programas de propaganda, tanto a partidária quanto a eleitoral gratuita, deve ser apurado pelos tribunais eleitorais, se provocados, que adotarão as providências necessárias e aplicarão as penalidades cabíveis, no âmbito de sua competência. 2. É admissível que a representação seja oferecida pelo prejudicado, mesmo que este não se inclua entre aqueles expressamente legitimados na legislação eleitoral. 3. Nos horários reservados para a propaganda partidária ou eleitoral, não se pode admitir, de nenhuma maneira, utilização comercial, ou seja, propaganda realizada com a intenção, ainda que disfarçada ou subliminar, de promover marca ou produto. 4. A propaganda eleitoral ou partidária deve respeitar o direito do autor, protegido pelo art. 5°, inciso XXVII, da Constituição da República, o que significa que a utilização de qualquer fruto da criação intelectual depende da autorização de seu autor ou titular" (ResTSE 21.078, Inst. 57/DF, rel. Min. Fernando Neves, DJ, 24/05/2002, p. 143).

Vale dizer, a proteção ao direito autoral na propaganda política será exercida, inicialmente, pela Justiça Eleitoral que, após suspender a divulgação (LE, arts. 41, §§ 1º e 2º, 96, incs. I a III, e 96-B, §§ 1º a 3º, estes dois últimos artigos e seus parágrafos com a nova redação dada pelo art. 2º da Lei nº 13.165/2015), remeterá as partes à Justiça Comum, para a discussão e apuração do quanto para os ressarcimentos morais e patrimoniais do titular desse direito violado (CF, art. 5º, inc. XXVII e seu § 1º; LDA, arts. 22, 89, 101 e 102).

No requerimento do interessado (criador da obra, herdeiro ou sucessor), este deve provar a autoria da criação intelectual e o seu uso indevido (ou sem autorização). Em vista da amplitude do referido cânone constitucional, até a reprodução da imagem e da voz humanas está protegida (CF, art. 5º, inc. XXVIII, alínea *a*).

Na trilha do entendimento acima há precedentes da Alta Corte Eleitoral (ver Rp 586/DF, rel. Min. Fernando Neves, ac. publ. em sessão de 21/10/2002; ResTSE 21.978, Pet 1.547/RJ, rel. Min. Humberto Gomes de Barros, DJ, 16/03/2005, p. 121; Rp 678/DF, rel. Min. Peçanha Martins, DJ, 04/02/2005, p. 185; AgR – Rp 1.097/SP, rel. Min. Marcelo Ribeiro, ac. publicado em sessão de 13/09/2006).

Porém, na aplicação das normas do art. 41, §§ 1º e 2º, da Lei das Eleições, os juízes eleitorais não devem agir de ofício, isto é, precisam aguardar a representação dos que tenham legítimo interesse, nos termos do art. 96 do mesmo diploma legal (TSE: REspe 15.883/SP, rel.

Min. Eduardo Ribeiro, DJ, 03/09/1999, p. 97; RMS 154.104/RO, rel. Min. Gilson Dipp, DJe – 89, 15/05/2012, p. 80).

A jurisprudência, contudo, não está pacificada. Com efeito, já se decidiu que "A questão da violação a direito autoral é tema estranho ao desate da controvérsia perante a Justiça Eleitoral" (cf. TRE/SP, Rec. 30.739, Ac 164.597, rel. Juiz Flávio Yarshel, ac. publ. em sessão de 03/10/2008).

Frise-se, finalmente, que "I – A representação fundada no art. 39, § 8º, da Lei no 9.504/97 deve ser proposta até a data da realização do pleito, sob pena de ser reconhecida a falta do interesse de agir do autor" (TSE, AgR – REspe 27.988/SP, rel. Min. Ricardo Lewandowski, DJe, 02/06/2009, p. 35).

2.9 – Da Obrigatoriedade da Menção de Dados Previstos em Lei na Divulgação da Propaganda Eleitoral

Consta do Código Eleitoral, "Artigo 242. A propaganda, qualquer que seja a sua forma ou modalidade, mencionará sempre a legenda partidária e só poderá ser feita em língua nacional, não devendo empestar meios publicitários destinados a criar, artificialmente, na opinião pública, estados mentais, emocionais ou passionais".

O dispositivo aludido permite a verificação mais rápida da responsabilidade dos partidos e seus candidatos (LE, art. 17) e da solidariedade entre eles no pagamento das multas (LE, art. 6º, § 5º, acrescentado pela Lei nº 12.891/2013).

Não havendo a menção da legenda partidária (= sigla ou abreviação), à falta de norma sancionadora, caberá advertência ao autor dessa conduta sob pena de crime de desobediência (TSE, AgR – Rp 1.069/DF, rel. Min. Marcelo Ribeiro, ac. publ. em sessão de 13/09/2006). Tal determinação tem amparo no exercício do poder de polícia da Justiça Eleitoral (LE, art. 41, §§ 1º e 2º; CE, art. 249).

Nas alianças entre partidos políticos (coligações), que terão denominações próprias, a propaganda eleitoral também deverá conter a legenda de todas as agremiações que as integram (LE, art. 6º, §§ 1º, 1º-A e 2º; CE, art. 242). Aqui, também, no caso de infração ou descumprimento das normas legais, caberá advertência aos responsáveis sob pena de crime de desobediência (**v.** TSE, REspe 326.581/PE, relª Minª Cármen Lúcia, DJe – 86, 09/05/2012, p. 360).

A obrigatoriedade de que a propaganda seja feita "em língua nacional" (CE, arts. 242 e 335) encontra reforço na Constituição Federal (art. 13, **caput**). Aliás, pouca utilidade teria a propaganda realizada em outros idiomas, pois que seria compreendida apenas por poucas pessoas descendentes de imigrantes, que aqui formam pequenos núcleos populacionais. Os próprios estrangeiros, por falta de naturalização, não podem se alistar e, consequentemente, votar (CF, arts. 14, § 2º, e 15, inc. I; CE, arts. 4º e 7º, § 2º, sendo que este último artigo, em seu § 4º, possui nova redação dada pelo art. 4º da Lei nº 13.165/2015).

Sob outro prisma, na parte final do **caput** do art. 242 do referido Código Eleitoral há preceito de difícil compreensão pelo seu subjetivismo. Em princípio, trata-se de propaganda que cause algum pânico na população.

Para justificar a sua adoção em nosso regramento eleitoral Lauro Barretto (Propaganda Política cit., 1ª parte, item 4, letra *i*, p. 35) lembra de ensinamento de Fávila Ribeiro (Direito Eleitoral, 3ª ed., Forense, 1988, nº 81, p. 314 e nota 31) que, por seu turno, faz referência ao exímio Joseph Shumpeter (Capitalismo, Socialismo e Democracia), criador da expressão "vontade manufaturada".

No entendimento do primeiro autor (Barretto), a vedação legal abrange "campanhas em favor do voto nulo, lideradas por partidos ou coligações que não se habilitam ao segundo turno e nele não apoiam qualquer dos dois concorrentes" (ob. cit., fls. 36).

Da lição supra não destoa Marcos Ramayana (Código Eleitoral Comentado cit., p. 405), afirmando que "O artigo veda a criação ou fomentação na opinião pública (eleitores ou não) de situações que possam induzir ou instigar a população a estados mentais, emocionais ou passionais".

Pela sua carga de subjetivismo, as representações alegando infringência ao disposto no art. 242 do Código Eleitoral têm sido rechaçadas com os argumentos seguintes: "É lícito uma pessoa - artista ou não - dizer publicamente que tem medo das próprias previsões e análises que faz em torno da vitória de um ou outro candidato" (TSE, Rp 587/DF, rel. Min. Gerardo Grossi, ac. publ. em sessão de 21/10/ 2002). Na esteira desse julgado, outro asseverou que a norma "não pode embaraçar a crítica de natureza política - ainda que forte e ácida - ínsita e necessária ao debate eleitoral e substrato do processo democrático e representativo" (**v.** TSE, Rp 120.133/DF, rel. Min. Tarcísio Vieira de Carvalho Neto, ac. publ. em sessão de 23/09/2014; igual R - Rp 121.177/DF, mesmos relator e sessão de julgamento).

Prosseguindo, dispõe o Código Eleitoral: "Art. 243. Não será tolerada propaganda:

I - de guerra, de processos violentos para subverter o regime, a ordem política e social ou preconceitos de raça ou de classes;

II - que provoque animosidade entre as Forças Armadas ou contra elas, ou delas contra as classes e instituições civis;

III - de incitamento de atentado contra pessoa ou bens;

IV - de instigação à desobediência coletiva ao cumprimento da lei de ordem pública;

V - que implique em oferecimento, promessa ou solicitação de dinheiro, dádiva, rifa, sorteio ou vantagem de qualquer natureza;

VI - que perturbe o sossego público, com algazarra ou abusos de instrumentos sonoros ou sinais acústicos;

VII - por meio de impressos ou de objetos que pessoa inexperiente ou rústica possa confundir com moeda:

VIII - que prejudique a higiene e a estética urbana ou contravenha a posturas municipais ou a outra qualquer restrição de direito;

IX - que caluniar, difamar ou injuriar quaisquer pessoas, bem como órgãos ou entidades que exerçam autoridade pública.

Pela simples leitura do texto legal, percebe-se que tais práticas na propaganda política são inidôneas para os seus fins, bem como nocivas à própria sociedade.

Verifica-se, ademais, que a calúnia, a difamação e a injúria no campo da propaganda política igualmente configuram crimes eleitorais (CE, arts. 324 a 326). Aos seus ofendidos ainda cabe, no juízo cível, a reparação do dano moral pelo ofensor e, solidariamente, o partido político (art. 243, § 1º, do CE c/c art. 5º, incs. V e X, da CF e art. 186 do CC).

Desses oito incisos, alguns devem receber atenção maior.

Quanto ao inc. VI do art. 243 do CE, referente à perturbação do sossego público, com abuso de instrumentos sonoros e sinais acústicos, verifica-se que tal modo de propaganda está autorizado no § 3º do art. 39 da LE. Mas, nada obstante esta norma ser editada posteriormente, na hipótese deverá prevalecer o cânone que protege a sadia qualidade de vida, proibindo a poluição sonora (inc. V do § 1º do art. 225 da CF). Daí o precedente admitindo o emprego da representação, e explicitando que é da "competência do juiz eleitoral, e não do Ministério Público, o exercício do poder de polícia para fazer cessar a propaganda irregular; impossibilidade de a multa por infração à legislação eleitoral decorrer unicamente do poder de polícia, devendo resultar de regular processamento judicial, cabendo ao MPF, eventualmente, ajuizar, nos termos do art. 96 da Lei nº 9.504/97, representação por descumprimento da do art. 39, § 3º, daquela lei" (cf. TSE, REspe 28.478/CE, relª Minª Cármen Lúcia, DJe, 05/05/2011, p. 44).

Com referência ao inc. VII do art. 243 de mesmo Código Eleitoral, convém recordar de um aresto que admite "a prevalência da lei de postura municipal sobre o art. 37 da Lei nº 9.504/1997 em hipótese de conflito" (TSE, AgR - REspe 34.515/SP, relª Minª Cármen Lúcia, DJe, 12/05/2011). Note-se, por oportuno, que o art. 37 e seu § 2º da Lei das Eleições tiveram a redação alterada pelo art. 2º da Lei nº 13.165/2015.

De resto, no que tange ao inc. IX do mesmo art. 243, cabe frisar que esse dispositivo se destina à proteção da honra das pessoas, tanto naturais (físicas) como jurídicas. Estas também podem ser atingidas, porque possuem honra subjetiva, como será explicado no item 14.2 adiante.

A honra deve ser "entendida como reputação, dignidade ou decoro pessoais" (cf. José Frederico Marques, Tratado de Direito Penal, 1ª ed., Millennium, 2002, vol. 4, § 173, item 3, p. 56 e nota n. 11). Daí a proteção da incolumidade moral, que enseja às pessoas jurídicas públicas o direito de resposta em face do ofensor (cf. Edson de Resende Castro, Teoria e Prática do Direito Eleitoral cits., tít. II, cap. III, seç. IV, p. 252; TSE: AgR - Rp 461/DF, rel. Min. Sepúlveda Pertence, ac. publ. em sessão de 24/09/2002; Rp 592/RS, rel. Min. Caputo Bastos, ac. publ. sessão de 21/10/2002).

2.10 – Da Necessidade de se dar Publicidade aos Nomes dos Vices e Suplentes na Propaganda dos Candidatos a Cargos Eletivos pelo Sistema Majoritário

Atualmente, a Lei das Eleições dispõe que, "Na propaganda dos candidatos a cargo majoritário, deverão constar, também, o nome dos candidatos a vice ou a suplentes de Senador, de modo claro e legível, em tamanho não inferior a 30% (trinta por cento) do nome do titular" (art. 36, § 4º, com a nova redação dada pelo art. 2º da Lei nº 13.165/2015).

Para cumprimento dessa regra, "utiliza-se como critério principal, sem prejuízo da legibilidade e da clareza, a proporção entre os tamanhos das fontes (altura e cumprimento das letras) empregadas na grafia dos nomes cotejados e não a proporção entre a área quadrada e/ou de pixels" (TSE, ED – Rp 107.313/DF, rel. Min. Tarcísio Vieira de Carvalho Neto, ac. publ. em sessão de 09/09/2014).

Verdadeiramente, as eleições do Presidente da República, do Governador e do Prefeito importarão a dos Vices (CF, arts. 77, § 1º, 28, **caput**, e 29, inc. II; LE, arts. 2º, § 4º, e 3º, § 1º; CE, art. 91, **caput**) e as de Senador importarão a de dois suplentes (CF, art. 46, § 3º; CE, art. 91, § 1º).

Seguindo tal diretriz, os registros das candidaturas aos cargos majoritários devem ser em chapa única e indivisível, "não sendo possível, conforme previsto no art. 47 da ResTSE 23.405/2014", defere-se o registro de candidatura a apenas um dos cargos (**v.** TSE, RO 90.431/DF, rel. Min. Henrique Neves, ac. publ. em sessão de 12/09/2014). Igual solução deve ser dada aos registros de candidatura aos cargos de senador (cf. TSE: REspe 15.419/SP, rel. Min. Eduardo Ribeiro, ac. publ. em sessão de 15/09/1998; REspe 9.149/PA, rel. Min. Luiz Otávio Gallotti, ac. publ. em sessão de 11/09/1990).

Desta forma, na hipótese de indeferimento do pedido de registro de um dos integrantes da chapa (sigla ou abreviatura), deverá ser complementado o pedido, substituindo-se o pretenso candidato por outro. Entretanto, não ocorrendo tal substituição necessária, será indeferido o registro de toda a chapa (TRE-SP, Rec. 45.635, rel. Juiz Encinas Manfré, ac. publ. em sessão de 17/09/2012).

Nas eleições pelo sistema majoritário, portanto, os votos são dúplices: candidato principal e um vice ou dois suplentes, conforme o cargo em disputa (chefe do Executivo ou senador).

Consoante a doutrina de Joel José Candido, "Está correto o comando normativo. As eleições a cargos executivos são 'casadas' com os seus respectivos vices. Ao votar no primeiro, o eleitor vota, obrigatoriamente no segundo. O cumprimento ao disposto no § 4º lhe esclarecerá, então, em quem está votando. Às vezes, um eleitor pode deixar de votar num candidato de sua preferência dada a rejeição ou repulsa que sente a seu candidato vice; o contrário também pode ocorrer. Daí a necessidade de se saber, previamente, em quem estaremos votando. Idêntica é a situação em relação às eleições para senador e seus suplentes. Neste caso, a razão de ser da norma é ainda mais evidente, considerando que os suplentes ao Senado Federal são sempre dois, e o vice é sempre um" (**in** Direito Eleitoral Brasileiro cit., cap. XVI, item 16.9, p. 509).

Daí a necessidade da observância do dispositivo em questão (TSE, R - Rp 107.835/DF, rel. Min. Herman Benjamin, ac. publ. em sessão de 30/09/2014).

Capítulo 3

3.1 – Das Orientações Divulgadas pela Justiça Eleitoral, Inerentes ao Direito de Informação, que Não Configuram Propaganda Política

Releva notar, desde logo, que o direito da personalidade sobre o acesso à informação dos órgãos públicos está tutelado na Constituição da República (arts. 5º, incs. XIV e XXXIII, e 60, § 4º, inc. IV). Esse direito, que pode ser praticado de várias maneiras, também pode sê-lo por meio da "publicidade dos atos, programas, obras, serviços e campanhas dos órgãos públicos" (art. 37, § 1º).

Esse direito da personalidade, que é o direito da pessoa – natural ou jurídica – de "defender o que lhe é próprio, como a vida, a identidade, a liberdade, a imagem, a privacidade, a honra etc. É o direito subjetivo de exigir um comportamento negativo, protegendo um bem próprio, valendo-se de ação judicial. Como todos os direitos da personalidade são tutelados em cláusula pétrea constitucional, não se extinguem pelo seu não-uso, nem seria possível impor prazos para sua aquisição ou defesa" (Maria Helena Diniz, Código Civil Anotado, 14ª ed., Saraiva, 2009, art. 11, p. 56).

Sobre a proteção dos direitos da personalidade relativos às pessoas jurídicas, ver os arts. 11, 12 e 52 do Código Civil.

Comentando os incisos XIV e XXXIII do art. 5º sobreditos, o erudito José Afonso da Silva destaca "a dimensão coletiva do direito à informação", concluindo que "a liberdade de informação deixa de ser mera função individual para tornar-se função social" (**in** Curso de Direito Constitucional Positivo cit., parte 2ª, cap. IV, nº VI, item 24, p. 260).

É o direito pessoal "de ser informado", como denomina a vigente Constituição Portuguesa (art. 37º, nº 1, 2ª parte), o qual consiste num direito de ser mantido corretamente informado, inclusive pelos órgãos públicos (art. 48º, nº 2).

Distinguindo os três tipos de propaganda eleitoral gratuita no rádio e na televisão, que classifica de partidária, eleitoral e institucional – e pondo de lado a mídia impressa por não estar sujeita à mesma obrigatoriedade do pagamento –, Walter Ceneviva cuida da propaganda "institucional, da Justiça Eleitoral, quando esta considerar conveniente" (**in** Cadernos de Direito Constitucional e Eleitoral, ed. IMESP, 1988, vol. 4, item 6, p. 8).

Importa salientar, em sequência, que, além dos casos de *propaganda institucional*, *governamental* ou *oficial*, figuram os *comunicados*, as *orientações* e as *instruções* provindos da própria Justiça Eleitoral: 1º) ao *eleitorado* (LE, arts. 93 e 93-A, este com a nova redação dada pelo art. 2º da Lei nº 13.165/2015; CE, arts. 116 e 135, § 6º), como, **verbi gratia**, para regularizar situações de eleitores (ResTSE 20.609/2000); para o eleitor identificar os candidatos (CE, art. 116) e encontrar a sua seção eleitoral (CE, art. 135, § 6º; ResTSE 23.399/2013, art. 15, § 6º) e como exerce o voto (ResTSE, 23.390, em 25/09/2013 do calendário, ou seja, 10 dias antes, item 3; ResTSE 20.609, PA 18.434/DF, DJ, 26/05/2000, p. 93); a justificação do eleitor em trânsito (ResTSE 23.399/2013, art. 229), pois este somente pode votar dessa forma no território nacional, em urnas especiais, unicamente para o cargo de Presidente da República (ResTSE 23.399/2013, art. 32, §§ 1º e 2º; CE, art. 233-A); 2º) à *população* em geral, assim, por ex., o procedimento do nacional para se alistar como eleitor e também a obrigação de fazê-lo para determinados seguimentos da sociedade, porquanto estarão sujeitos a sanções administrativas (CE, arts. 7º, § 1º, incs. I a VII, §§ 2º e 3º, e 231).

Por certo, deve ser assegurado a todo *corpo eletivo* o amplo conhecimento acerca "dos nomes dos candidatos registrados, com indicação do partido a que pertençam, bem como do número sob que foram inscritos". Incluem-se, nessas informações aos *eleitores*, a "localização das seções" onde votarão (CE, arts. 116 e 135, § 6º). Cuida-se, portanto, de promover ampla propaganda institucional necessária (CF, arts. 5º, incs. XIV e XXXIII, e 37, § 1º; LE, arts. 93 e 93-A, ambos com as redações dadas pelo art. 2º da Lei nº 13.165/2015), para propiciar ao *eleitorado* a indispensável informação sobre os candidatos que vai escolher e onde irá fazê-lo.

Para instrumentalizar essa atribuição inerente à Justiça Eleitoral, o art. 3º da Lei nº 12.891/2013 acrescentou o art. 93-A na Lei das Eleições, com a seguinte redação: "O Tribunal Superior Eleitoral (TSE), no período compreendido entre 1º de março e 30 de junho dos anos eleitorais, em tempo igual ao disposto no art. 93 desta lei, poderá promover propaganda institucional, em rádio e televisão, destinada a incentivar a igualdade de gênero e a participação feminina na política".

Essas orientações à população não devem ser confundidas, portanto, com a função normativa da Justiça Eleitoral, também prevista no sistema jurídico-eleitoral (CE, arts. 1º, par. único, e 23, inc. IX; LE, art. 105, **caput**), de expedir instruções que, todavia, não podem dispor contra o previsto na própria lei. Tais instruções resumem os procedimentos e suprem as omissões legais.

Capítulo 4

4.1 – Da Compreensão de Abuso de Poder e do Objetivo da sua Proibição

A luta entre a liberdade das pessoas perante o *poder do Estado* a que estão submetidas sempre é contínua, porquanto o detentor desse poder acaba sendo levado a *abusar* do mando. De sorte que o exercício do poder governamental deve ser limitado pelas normas que regem a organização do Estado, a fim de coibir-se o mandonismo. Também é chamado de abuso de autoridade, de excesso no exercício do poder conferido a alguém ou ato abusivo de autoridade.

A evolução desse instituto jurídico passou pelas Magna Charta Libertatum (1215), Declaração de Direitos Inglesa (1689), Declaração de Direitos do Estado da Virgínia (1776), Declaração de Direitos do Homem e do Cidadão (1789), Declaração Universal dos Direitos do Homem (1948) e Convenção Americana sobre Direitos Humanos (1969, ratificada pelo Brasil em 1992).

Com Karl Larenz, é possível saber que o *abuso de poder* se desenvolveu "à luz de um princípio ético-jurídico" (**in** Metodologia da Ciência do Direito cit., parte II, cap. IV, item 3, letra *c*, p. 484).

Por isso, a expressão *abuso de poder* ou *de autoridade* significa o exercício exorbitante, por parte do seu titular (órgão ou servidor), das faculdades inerentes à "função, cargo ou emprego, na administração direta ou indireta" (CF, arts. 14, § 9º, e 5º, inc. LXIX, parte final; LE, arts. 73, incs. I a VIII e § 1º, 74 e 78; LAA, arts. 3º, alínea *g*; e 5º; CP, arts. 61, inc. II, alíneas *f* e *g*, e 350, **caput** e seu inc. IV). Agir com *abuso de poder* também pode ser o de fazê-lo com *excesso de poder*.

Ressalte-se, por oportuno, que o inc. VII do art. 73 da Lei das Eleições tem nova redação dada pelo art. 2º da Lei nº 13.165, de 2015. Reza o dispositivo que "Art. 73. São proibidas aos agentes públicos, servidores ou não, as seguintes condutas tendentes a afetar a igualdade de oportunidades entre os candidatos nos pleitos eleitorais: VII – realizar, no primeiro semestre do ano de eleição, despesas com publicidade dos órgãos públicos federais, estaduais ou municipais, ou das respectivas entidades da administração indireta, que excedam a média dos gastos no primeiro semestre dos três últimos anos que antecedem o pleito". Suprimiu-se, assim, a alternativa "ou do último ano imediatamente anterior à eleição", que sempre ensejou abusos.

Os enunciados sobre abuso de poder têm, portanto, larga aplicação no campo do Direito Público em geral, especialmente nos seus ramos Administrativo Eleitoral e Penal Eleitoral. Na lição escorreita de Manoel de Oliveira Franco Sobrinho (Atos Administrativos, p. 222) sobre o ato realizado com *abuso de poder*, "o problema, na sua origem é constitucional, porque a lei maior, ao mesmo tempo que fala de ilegalidade, condena igualmente o abuso de poder" (**apud** Diógenes Gasparini, Direito Administrativo, 11ª ed., Saraiva, 2006, cap. V, nº V, item 4, p. 144).

Assim sendo, o *abuso de poder* deve ser considerado *ato ilícito*, porquanto implica em *lesão do direito* de outrem.

Entre os abusos de poder está o político, que se refere ao poder do Estado, ou seja, daqueles que o exercem em seu nome. O *abuso de poder político* deve ser entendido, portanto, como aquele exercido pelas autoridades (em sentido estrito) e seus agentes, isto é, inerente aos que ocupam funções na administração pública.

Oportuno o esclarecimento do erudito Adriano Soares da Costa, que diz: "*Abuso de poder político* é o uso indevido de cargo ou função pública, com a finalidade de obter votos para determinado candidato. Sua gravidade consiste na utilização do **munus** público para influenciar o eleitorado, com desvio de finalidade. Necessário que os fatos apontados como abusivos, entrementes, encartem-se nas hipóteses legais de improbidade administrativa (Lei nº 8.429), de modo que o exercício da atividade pública possa se caracterizar como ilícito do ponto de vista eleitoral" (**in** Instituições de Direito Eleitoral cits., vol. 1, cap. 10, item 3.2, p. 359).

Por tudo isto, é assegurado "o direito de petição aos poderes públicos em defesa de direitos ou contra ilegalidade ou abuso de poder" (CF, arts. 5º, inc. XXXIV, alínea *a* e seu § 1º, e 37, § 1º). O processo para a apuração dos casos de abuso de poder vem regulado pelo nosso direito positivo, no qual muitas normas estão interligadas, exigindo que se busque o seu sentido e alcance mediante interpretação conjunta: Constituição Federal (art. 37, § 1º) e Lei das Inelegibilidades (arts. 19 a 26), para a qual remete a Lei das Eleições (arts. 30-A, § 1º, 40-B, par. único, 73, § 12, e 74). Fica afastado, **a contrario sensu**, o rito do art. 96 e seguintes deste último diploma legal (ver item 15.23 adiante).

Lauro Barretto esclarece os procedimentos supracitados. Diz esse festejado autor: "com o advento da Lei nº 9.504/1997, este problema foi equacionado, pelo menos em parte. É que o seu art. 96 estabelece um rito célere e bem simplificado, aplicável às reclamações/representações pertinentes ao desrespeito aos seus dispositivos que não estejam abrangidas pelo regramento processual penal dos arts. 355 e seguintes do Código Eleitoral, que não estejam sujeitas à norma procedimental própria e que não impliquem em sanção de inelegibilidade" (**in** Das Representações no Direito Processual Eleitoral cits., 2ª parte, item 1, p. 47, sem grifo no texto original).

Assim ocorre porque, segundo Antônio Tito Costa, "Não temos um código de processo eleitoral. Nossa legislação, nesse campo, resume-se fundamentalmente no Código Eleitoral, na Lei dos Partidos Políticos (Lei nº 9.096/1995), na Lei das Inelegibilidades (LC 64/1990 e LC 135/2010) e outras que são correlatas. Essas leis contêm, ao mesmo tempo, normas de direito substantivo e adjetivo. E temos, ainda, a importante Lei das Eleições - Lei nº 9.504, de 30/09/1997) ". Confronte-se com os Recursos em Matéria Eleitoral cits., item 1.3, p. 26.

Já no âmbito do Direito Penal Eleitoral, aplicam-se as normas da Lei das Eleições (art. 90 e §§ 1º e 2º) e do Código Eleitoral (arts. 287 e 355 a 364).

No campo do Direito Processual Eleitoral cabe, igualmente, recorrer-se à *analogia* (LE, art. 90, **caput**; CE, art. 364; LINDB, art. 4º, 1ª fig., CPC, art. 140, **caput**; CPP, art. 3º, 2ª fig.).

Esse direito de petição, assegurado constitucionalmente, está consubstanciado - além dos diplomas legais já mencionados - na chamada Lei de Abuso de Autoridade (nº 4.898, de 09/12/1965), a qual define crimes nesse âmbito e, no seu art. 1º, também dispõe sobre a forma de apuração das responsabilidades administrativa, civil e penal.

Dispõe a Lei de Abuso de Autoridade, no seu art. 3º, alínea *g*, que "Constitui abuso de autoridade qualquer atentado aos direitos e garantias legais assegurados ao exercício do voto".

Essa conduta nefasta configura, igualmente, crime eleitoral assim tipificado: "Impedir ou embaraçar o exercício do sufrágio" (CE, art. 297).

Atentar contra o exercício do sufrágio configura, ademais, conduta proibida no campo administrativo-eleitoral (CE, art. 234).

Para diferenciar essas duas infrações penais análogas – com previsão tanto na Lei de Abuso de Autoridade e como no Código Eleitoral –, deve-se entender que a primeira, por cuidar de crime "que extravasa o período eleitoral, apesar da maior incidência nesta época", não irá configurar caso da competência especializada da Justiça Eleitoral (STJ, 1ª Seção, CC 113.433/AL, rel. Min. Arnaldo Esteves Lima, DJe, 19/12/2011).

Fazendo eco à lição de Tomás Pará Filho (RT, 287/37), sobre a natureza do direito eleitoral, os irmãos Gilberto e Vladimir Passos de Freitas asseveram que "é ele o veículo da vontade popular. Não somente se reconhece a necessidade de que o governo de cada povo seja eleito pela maioria, computada a totalidade dos governados com capacidade jurídica, como também, na realidade, se faz sentir, cada vez de maneira mais visível, a influência da vontade popular na elaboração das leis e nas decisões governamentais (cf. F. A. Gomes Neto, Direito Eleitoral e a Realidade Democrática, p. 14). Essa função de instrumentação cabente ao direito-dever de sufrágio corresponde, aliás, ao princípio fundamental de que 'todo poder emana do povo e em seu nome será exercido' (CF, art. 1º, segunda parte) ". Ver o Abuso de Autoridade, 9ª ed., RT, 2001, nº 26, págs. 53-4.

Como sanção civil, por ato ilícito, ela deve ser estabelecida sob a forma de ressarcimento do dano, em caso de ação praticada por agente público (CF, art. 37, § 6º; CC, arts. 43, 186 e 927, **caput**, combinados).

Na seara do direito administrativo, as condutas relativas ao abuso de poder político podem configurar atos de improbidade (cf., p. ex., LIA, arts. 9º, inc. XII, 10, incs. II e XIII, e 11, inc. I).

Pode ser incluído entre os abusos de poder aquele relativo ao poder econômico, que é uma forma do mau uso do dinheiro, por aquele que dele se vale com finalidade indevida, isto é, vise a obter qualquer vantagem política (obtenção do voto) ou até mesmo na concorrência pelo mercado (serviços ou produtos).

Consequentemente, no campo de direito eleitoral, podem ocorrer: (i) o abuso ou desvio do poder econômico ou do poder político ou de autoridade; (ii) o abuso no exercício de função, cargo ou emprego na administração pública em geral; (iii) o uso indevido, desvio ou abuso de poder político; (iv) a utilização indevida de veículos ou meios de comunicação social. Esses abusos são vedados, especialmente, pela Constituição Federal (art. 14, §§ 9º e 10) e pela Lei de

Inelegibilidade (arts. 1º, inc. I, alíneas *d*, *h* e *j*, 19, **caput**, e 22, **caput** e seu inc. XVI).

É de vital importância, pois, a manutenção da higidez das eleições, especialmente preservando a paridade de armas entre os pleiteantes aos cargos em disputa.

Na Cartilha Política da Humanidade – O Espírito das Leis –, o Barão de Montesquieu (Charles Louis de Secondat) cuidou da liberdade política com visão acurada, **ipsis verbis**: "Temos, porém, a experiência eterna de que todo homem que tem em mãos o poder é sempre levado a abusar do mesmo; e assim irá seguindo, até que encontre algum limite. E quem diria! Até a própria virtude precisa de limites" (liv.º. 11º, cap. IV).

Ainda nessa linha de compreensão, em seus Ensaios e Estudos Históricos, Lorde Dalberg Action asseverou: "O poder tende a corromper e o absoluto corrompe absolutamente. Os grandes homens são quase sempre homens maus".

Os pensamentos acima transcritos servem para nortear todos os envolvidos em disputas eleitorais, porquanto têm clareza solar e, mesmo que assim não fosse, estão roborados por menções de vários doutrinadores autorizados, que se debruçaram sobre a questão do *abuso de poder* nos certames aludidos, quando se quer apurar a *vontade isenta* dos eleitores (entre os autores, Fávila Ribeiro, Abuso de Poder no Direito Eleitoral cit., nº 5, p. 12; Emerson Garcia, Abuso de Poder nas Eleições cit., nº 4, p. 17 e nota n. 43; Marcus Vinicius Furtado Coêlho, Direito Eleitoral e Processo Eleitoral cit., cap. 12, p. 246 e nota n. 196).

Em trabalho abonado de Franz Weiacker, explica-se: "numa democracia saudável, a orientação do direito legal por princípios jurídicos supralegais e indisponíveis já não está garantida. Atualmente, o Estado constitucional procura ele próprio garantir esta orientação pelo reconhecimento de direitos fundamentais individuais pré-estatais, direitos que constituem uma herança das antigas liberdades pré-democráticas. Só que, onde estes direitos fundamentais se mantêm na disponibilidade da lei, ou onde podem ser ultrapassados por maiorias qualificadas no sentido da modificação constitucional, a própria garantia da vontade geral é entregue a maiorias irrefletidas, cegas perante o direito, intimidadas ou prontas a violar os direitos das minorias. Apenas onde uma constituição chegue ao ponto de retirar da disponibilidade da lei o princípio do estado de direito e o núcleo (conteúdo essencial) dos direitos fundamentais se pode dizer que a legitimidade supralegal da ordem jurídica está teoricamente garantida" (**in** História do Direito Privado Moderno, 1ª ed., Calouste Gulbenkian, Lisboa, 1980, parte 6ª, § 29, pp. 648-9; obra a que se refere Fávila Ribeiro, em seu Abuso de Poder no Direito Eleitoral cit., cap. I, nº 2, p. 4).

Em vista da necessária igualdade de oportunidades entre os postulantes aos cargos eletivos, na disputa pelo voto popular, José Jairo Gomes avisa: "Nem tudo é permitido na propaganda política. Ao contrário, ela se submete à observância de alguns princípios, a uma rígida disciplina legal e ao controle da Justiça Eleitoral, o qual é exercido quer no âmbito do poder de polícia, quer no jurisdicional" (**in** Direito Eleitoral cit., cap. XVI, item 1.4, p. 384).

Por outro lado, a liberdade de manifestação de pensamento (CF, art. 5º, incs. IV e IX) não possibilita aos envolvidos no pleito a atuar em desconformidade com a *ordem jurídico-eleitoral* (ver CF, arts. 14, § 3º, incs. I a VI, e 17), como bem explicado em magnífico aresto relatado pelo Ministro Ricardo Lewandowski (STF, Pleno, ADI 3.741/DF, **in** DJ, 23/02/2007, p. 16; igualmente TSE, AgR - AI 739.565/SP, rel. Min. Henrique Neves, DJe - 229, 02/12/2013, p. 36).

De fato, cuidando-se do princípio da igualdade perante a lei, acentua Pontes de Miranda que "não cabe invocar-se tal princípio onde a Constituição mesma, explícita ou implicitamente, permite a desigualdade" (Comentários à Constituição de 1946, 3ª ed., Borsoi, 1960, tomo IV, tít. IV, cap. II, nº 8, p. 314, **in fine**).

De outra forma, quando a livre manifestação de pensamento é objeto de abuso (= mau uso), configura-se uma deformação desse direito, atingindo a imagem e a honra da pessoa mencionada, ou melhor, evidenciando ofensa ao direito de intimidade dessa pessoa.

Com razão, as proibições contidas em nosso sistema jurídico têm a função de *defender*, efetivamente, a *liberdade individual de pensamento*, pois que essas vedações visam a proteger o eleitor, ou seja, este tem direito de não ser induzido a erro ou confusão pelo emprego abusivo da propaganda eleitoral. Realmente, os receptores da propaganda eleitoral não devem formar ideia capciosa a respeito dos que lhes pedem o sufrágio. Vale dizer, os partícipes do certame não podem conduzir o eleitorado ao voto enganoso.

Ou por outra, nessa veiculação, impõe-se o cumprimento dos três princípios básicos do Direito que são, na compilação do Imperador Justiniano I (ver Institutas, I, 1), os seguintes: **Honeste vivere, nemi-**

nem laedere, suum cuique tribuere. Em vernáculo: Viver honestamente, não ofender a ninguém, dar a cada um o que é seu.

Não se está a dizer aqui - advirta-se - que a Justiça Eleitoral deve "tutelar o mercado de ideias em matéria de livre opinião" (cf. TSE, Rp 84.975/DF, rel. Min. Gilmar Mendes, ac. publ. em sessão de 19/08/2014).

Diante da complexidade das questões disciplinadas na propaganda política, por ausência de sistematização legislativa adequada, deve ser buscado com acuidade algum método para se racionalizar a sua compreensão, possibilitando um *funcionamento saudável* dessa forma de difundir as mensagens à população.

A dificuldade surge até mesmo pela forma da divulgação, muitas vezes subliminar, subconsciente ou subentendida (= por entrelinhas ou associação de ideias). O fundador da psicanálise, Sigmund Freud, a partir de 1896, dedicou-se ao estudo do inconsciente, pré-consciente e consciente. Essas maneiras de compreensão passaram, então, a ser utilizados em "larga escala", tanto na *publicidade* como na *propaganda*. Conforme preleciona Vera Maria Nunes Michels, "A *propaganda indireta*, ou *disfarçada*, ou *sugerida*, é muito difícil de ser enquadrada, pois normalmente esse tipo de propaganda é realizada por empresas especializadas em *marketing*, que normalmente unem a realidade particular do pretenso candidato com a realidade político-partidária e, apenas quando encontra-se presente a união dessas duas realidades, voltadas para um cunho eleitoreiro, é que essa propaganda poderá ser enquadrada como propaganda eleitoral extemporânea" (Direito Eleitoral cit., item 6.4, p. 86).

Para Djalma Pinto (Direito Eleitoral, 4ª ed., Atlas, 2008, cap. 12, nº 2, p. 242) "a propaganda eleitoral é aquela feita por candidatos e partidos políticos, e objetiva a captação de voto para a investidura na representação popular. Está intimamente relacionada com o processo eletivo, sendo direcionada para captar a simpatia do eleitor por ocasião da escolha dos governantes" (doutrinador abonado por Paulo Henrique dos Santos Lucon e José Marcelo Menezes Vigliar, Código Eleitoral Interpretado, 2ª ed., Atlas, 2011, LE, art. 36, nota n. 1, p. 701).

A definição retro tem sido adotada, reiteradamente, pela jurisprudência do colendo Tribunal Superior Eleitoral (cf., p. ex., REspe 16.183/MG, rel. Min. José Eduardo Rangel de Alckmin, DJ, 31/03/2000, p. 126; REspe 16.426/MT, rel. Min. Fernando Neves, DJ, 09/03/2001, p. 203; AgR - REspe 115.905/PR, rel. Min. João Otávio de Noronha, DJe - 61, 31/03/2014, p. 99; R - Rp 69.936/SP, relª Minª Nancy Andrighi, DJe - 164, 03/09/2014, p. 57).

Vale acentuar que a propaganda partidária, intrapartidária e eleitoral tem vários pontos comuns, entre eles merece destaque especial o de que "Toda propaganda é de responsabilidade [ou corresponsabilidade] dos partidos políticos e dos candidatos. Aqui vige a solidariedade, conforme já visto nos princípios eleitorais" (cf. Marcos Ramayana, Direito Eleitoral cit., cap. 12, item 12.1, p. 536, com inserção no texto; ainda, do mesmo autor, Código Eleitoral Comentado cit., p. 403).

Merece lida a doutrina de Marcus Vinicius Furtado Coêlho, que assevera: "Tanto o candidato (pessoa física) quanto os partidos políticos (pessoas jurídicas) possuem solidariedade em relação à responsabilidade cível, administrativa e penal pelos abusos e excessos cometidos por eles durante o processo eleitoral, isso caracteriza o princípio da responsabilidade solidária entre candidatos e partidos políticos. Vislumbra-se a presença deste princípio eleitoral nos textos legais do art. 241 do Código Eleitoral e arts. 17 e 38 da Lei das Eleições... A jurisprudência do TSE entende que 'II - Há solidariedade entre os partidos políticos e seus candidatos no tocante à realização da propaganda eleitoral destes' (REspe 21.418/RS, rel. Min. Peçanha Martins, DJ, 21/06/2004, p. 89) ". Confronte-se com o Direito Eleitoral e Processo Eleitoral cit., liv. II, tomo I, item 3.6, págs. 97-8, sem destaque no texto original.

Como se vê, a responsabilidade solidária abarca os *partidos políticos, candidatos* e seus *adeptos* (LE, art. 36, § 3º; CE, art. 241). Assim, p. ex., inclui o *locutor* da propaganda eleitoral antecipada na responsabilização por esse ato em desconformidade com a lei (TSE, REspe 26.189/MG, rel. Min. José Augusto Delgado, **in** DJ, 02/04/2007, p. 131).

Acentue-se, sob outro aspecto, que o dito princípio da responsabilidade solidária é aplicado, de forma contínua e uniforme pela jurisprudência, como se verifica em vários acórdãos, exemplificando: "os partidos políticos respondem solidariamente pelos excessos praticados por seus candidatos e adeptos, no que tange à propaganda eleitoral" (TSE: AgR - AI, 282.212/DF, rel. Min. Dias Toffoli, DJe - 104, 05/06/2013, p. 48; ou AgR - AI 385.447/GO, rel. Min. Arnaldo Versiani, DJe, 10/05/2011, p. 44). Em caso análogo, de propaganda eleitoral mediante outdoor, que é proibida até em bens particulares (LE, art. 37, § 2º), entendeu-se que "II - Há responsabilidade entre partidos políticos e seus candidatos no tocante à realização de propaganda eleitoral destes" (TSE, REspe 21.418/RS, rel. Min. Francisco Peçanha Martins, DJ, 21/06/2004, p. 89).

Convém notar, neste passo, que o § 2º do art. 37 da Lei das Eleições teve a sua redação alterada pelo art. 2º da Lei nº 13.165/2015, ficando assim: "Em bens particulares, independe de obtenção de licença municipal e de autorização da Justiça Eleitoral a veiculação de propaganda eleitoral, desde que seja feita em adesivo ou papel, não exceda a 0,5 m^2 (meio metro quadrado) e não contrarie a legislação eleitoral, sujeitando-se o infrator às penalidades previstas no § 1º". Quer dizer, a anterior possibilidade de fixar, independentemente da obtenção de licença e ou de autorização, "faixas, placas, cartazes, pinturas ou inscrições" ficou restringida a somente "adesivo ou papel", bem como a dimensão de 4 m^2 ficou reduzida a apenas 0,5 m^2.

Sem dissensão da jurisprudência supracitada, existem mais precedentes, como se verá adiante.

"II – O oferecimento de serviço gratuito de mudança para eleitores, no período eleitoral, por intermédio de comitê do candidato, configura captação ilícita de sufrágio" (**v.** TSE, RCED 696/GO, rel. Min. Ricardo Lewandowski, DJe – 62, 05/04/2010, p. 207).

De igual teor: "3. Para a caracterização da infração do art. 41-A da Lei das Eleições, é desnecessário que o ato de compra de votos tenha sido praticado diretamente pelo candidato, mostrando-se suficiente que, evidenciado o benefício, haja participado de qualquer forma ou com ele consentido" (**v.** TSE, AgR – REspe 21.792/MG, rel. Min. Caputo Bastos, DJ, 21/10/2005, p. 99; igual RO 787/DF, rel. Min. César Asfor Rocha, DJ, 10/02/2006, p. 132).

Vogam nas mesmas águas outros julgados, que merecem ser lembrados por conterem ementas muito esclarecedoras: "1. Resta caracterizada a captação de sufrágio prevista no art. 41-A da Lei nº 9.504/97, quando o candidato praticar, participar ou mesmo anuir explicitamente às condutas abusivas e ilícitas capituladas naquele artigo" (**v.** TSE, REspe 19.566/MG, rel. Min. Sálvio de Figueiredo, DJ, 26/04/2002, p. 185; e ainda TSE, AgR – MC 1.229/CE, mesmo relator, DJ, 07/03/2003, p. 111).

Daí por que o maltrato ao *princípio da solidariedade* não é admitido em seguidos precedentes, como estes: aplica-se a norma do art. 39, § 8º, da Lei das Eleições quando, "comprovado o prévio conhecimento dos candidatos acerca da propaganda irregular, havendo mais de um responsável, a multa deve ser aplicada individualmente" (**v.** TSE, ED – AgR – REspe 26.215/MG, rel. Min.

Carlos Ayres Britto, DJe, 20/05/2008, p. 2; TSE, AgR - AI 7.826/SP, rel. Min. Joaquim Barbosa, Dje - 118, 24/06/2009, p. 52; TSE, AgR - REspe 61.696/SC, rel. Min. Henrique Neves, DJe, 23/10/2013). De igual forma, decidiu-se: "2. Ainda que fixada em bem público, a veiculação de propaganda eleitoral por meio de outdoor ou engenho assemelhado acarreta a aplicação do § 8º do art. 39, e não do § 1º do art. 37, de modo que a retirada da publicidade no prazo de 48 horas não impede a aplicação de multa" (**v**. TSE: AgR - REspe 24.446/SP, rel. Min. Dias Toffoli, DJe, 06/05/2013; REspe 264.105/PI, rel. Min. Arnaldo Versiani, DJe, 27/05/2011, p. 27).

Arrematando, convém notar que "3. O abuso de poder econômico entrelaçado com o abuso de poder político pode ser objeto de Ação de Impugnação de Mandato Eletivo (AIME), porquanto abusa do poder econômico o candidato que despende recursos patrimoniais, públicos e privados, dos quais detém o controle ou a gestão em contexto revelador de desbordamento ou excesso no emprego desses recursos em seu favorecimento eleitoral". Precedentes: REspe 28.581/MG, do mesmo relator, DJe, 23/09/2008, p. 15; REspe 28.040/BA, rel. Min. Carlos Ayres Britto, DJ, 01/07/2008, p. 8. E mais, "5. No caso, os agravantes utilizaram-se do trabalho de servidores públicos municipais e de cabos eleitorais, que visitaram residências de famílias carentes, cadastrando-as e prometendo-lhes a doação de quarenta reais mensais, caso os agravantes sagrassem-se vencedores no pleito de 2008" (TSE, AgR - AI 11.708/MG, rel. Min. Felix Fischer, DJe - 70, 15/04/2010, p. 18).

4.2 – Dos Abusos de Poder na Propaganda Institucional

Anteriormente, no item 2.5, cuidou-se de desvios praticados na divulgação de propaganda institucional ou governamental, a fim de torná-la propaganda política, especialmente àquela distorcida para a modalidade eleitoral.

Por isso, os abusos ou excessos cometidos ao efetuar-se propaganda oficial são coibidos expressamente por vários dispositivos da Lei das Eleições (arts. 73 a 78). Aliás, o inc. VII do art. 73 desse diploma recebeu nova redação por meio do art. 2º da Lei nº 13.165, de 2015.

Merece lido um brilhante aresto que, judiciosamente, explica a questão de direito da seguinte forma: "5. Abuso de poder político no desvirtuamento da publicidade institucional: o princípio da publicidade, que exige o direito e o acesso à informação correta dos atos estatais, entrelaça-se com o princípio da impessoalidade, corolário do princípio republicano. A propaganda institucional constitui legítima manifestação do princípio da publicidade dos atos da administração pública federal, desde que observadas a necessária vinculação a temas de interesse público – como decorrência lógica do princípio da impessoalidade – e as balizas definidas no art. 37, § 1º, da Constituição Federal de 1988, segundo o qual 'a publicidade dos atos, programas, obras, serviços e campanhas dos órgãos públicos deverá ter caráter educativo, informativo ou de orientação social, dela não podendo constar nomes, símbolos ou imagens que caracterizem promoção pessoal de autoridades ou servidores'. Enquanto a propaganda partidária é um canal de aproximação entre partidos e eleitores, disponível a todas agremiações registradas no Tribunal Superior Eleitoral, a publicidade institucional de municípios é uma ferramenta acessível ao Poder Executivo local e sua utilização com contornos eleitorais deve ser analisada com rigor pela Justiça Eleitoral, sob pena de violação da ideia de igualdade de chances entre os contendores – candidatos –, entendida assim como a necessária concorrência livre e equilibrada entre os partícipes da vida política, sem a qual fica comprometida a própria essência de processo democrática" (TSE, REspe 33.645/SC, rel. Min. Gilmar Mendes, DJe – 73, 17/04/2015, p. 45).

Esses abusos podem, como já foi dito, caracterizar também atos de improbidade administrativa (ver CF, arts. 14, § 9º, 15, inc. V, e 37, § 4º; LI, art. 1ª, inc. I, alíneas *g* e *l*; LE, arts. 73, § 7º, e 78), os quais estão previstos na Lei nº 8.429/1992 (arts. 11, inc. I, e 12, inc. III). Na esteira deste entendimento, segue a jurisprudência dominante do colendo Tribunal Superior Eleitoral. Vejamos alguns arestos.

A caracterização da hipótese de inelegibilidade prevista na alínea *l* do inc. I do art. 1º da Lei Complementar nº 64/1990, "demanda a existência de condenação à suspensão dos direitos políticos transitada em julgado, ou proferida por órgão colegiado, em decorrência de ato doloso de improbidade administrativa que tenha importado, cumulativamente, enriquecimento ilícito e lesão ao erário" (cf. TSE, RO 87.513/MG, rel. Min. Henrique Neves, DJe – 188, 02/10/2015, p. 16).

"3. A causa de inelegibilidade descrita no art. 1º, I, *g*, da LC nº 64/90 aperfeiçoa-se com a necessária junção dos seguintes requisitos: (i) prestação de contas relativas ao exercício de cargos ou funções públicas, (ii) julgamento e rejeição das contas, (iii) existência de irregularidade insanável, (iv) que essa irregularidade configure ato doloso de improbidade administrativa e (v) decisão irrecorrível do órgão competente para julgar as contas" (TSE, AgR - REspe 143.183/MG, rel. Min. Luiz Fux, DJe - 117, 23/06/2015, p. 88). Mas, não é tudo, tal inelegibilidade "é aferível por órgão competente, restando irrelevante a natureza do procedimento por meio do qual as irregularidades foram apuradas, máxime porque basta o reconhecimento do vício insanável que configure, em tese, ato doloso de improbidade administrativa, mediante decisão irrecorrível que não tenha sido suspensa por decisão judicial" (**vide** TSE, ED - AgR - REspe 29.595/AL, mesmo relator, DJe - 83, 05/05/2015, p. 152).

Ademais, as rejeições de contas "com imputação de débito, indicação de dano ao erário e da prática de ato ilegal, ilegítimo, antieconômico e de infração à norma legal ou regulamentar, além da ocorrência de omissão no dever de prestar contas e de julgamento à revelia, demonstram a má administração dos recursos públicos, o descaso com a coisa pública, a conduta consciente do agente no ato de natureza ímproba, a atrair a inelegibilidade da alínea *g* do inc. I do art. 1º da LC nº 64/90" (TSE, REspe 2.437/AM, rel. Min. Dias Toffoli, ac. publ. em sessão de 29/11/2012).

"Para a configuração do abuso de poder - todavia -, é necessário que se demonstre que os atos praticados pelo agente público comprometem a igualdade da disputa eleitoral e a legitimidade do pleito" (cf. TSE, AgR - REspe 970.372/PR, rel. Min. Arnaldo Versiani, DJe, 30/11/2012, p. 7; ainda nesse teor, TSE, RO 1.517/TO, rel. Min. Felix Fischer, DJe - 166, 01/09/2009, p. 42).

Como se viu anteriormente, o sistema jurídico balizou toda a *propaganda política* (partidária, intrapartidária, eleitoral e oficial) procurando manter a igualdade entre os disputantes dos cargos eletivos, especialmente os candidatos que estão na oposição. Esse disciplinamento específico confere ao eleitor o direito de votar livremente, porquanto o seu sufrágio é exclusivamente pessoal, não devendo ser induzido a erro ou enganado (= ter a sua vontade desvirtuada). O eleitor, portanto, deve formar a própria convicção com absoluta liberdade, ou melhor, escolher o seu candidato segundo a sua consciência, a qual não deve receber influência deturpada ou viciada pela propaganda eleitoral gratuita. Em País com educação pública sabidamente precária, o eleitor deve exercer o direito de votar isento de inverdades e falsos apelos emocionais.

Vem de longe no tempo a lição clássica segundo a qual "O suffragio universal é um resultante do principio da egualdade de todos perante a lei e de que a representação nacional deve ser tanto quanto possível a expressão da vontade de todos os membros da collectividade. É, segundo Adolpho Prins, a applicação do princípio - *one man, one vote*[1]" (cf. Domingos Vellasco, Direito Eleitoral, 1ª ed., Guanabara, 1935, nº 4, p. 11).

Há muito tempo, igualmente, disse Carlos Maximiliano: com a expressão "sufrágio direto", se quer significar que os agentes políticos "devem ser eleitos diretamente pelo povo; jamais por uma assembleia ou por um corpo de eleitores do segundo grau, isto é, pela massa geral dos inscritos no cadastro dos votantes primários" (**in** Comentários à Constituição Brasileira, 1ª ed., F. Bastos, 1948, vol. III, nº 488, p. 23).

Deveras, "a soberania popular será exercida pelo sufrágio universal e pelo voto direto e secreto, com igual valor para todos" (CF, arts. 14, **caput**, e 60, § 4º, inc. II). De sorte que o sufrágio se caracteriza pela incondicionalidade do direito de votar aos nacionais (CE, art. 82); o voto é direto uma vez que ao próprio mandante cabe escolher o mandatário, isto é, não há intermediário na seleção; o voto também é secreto, ou seja, não pode ser a descoberto, pois que somente o eleitor sabe em quem votou (CE, arts. 103, incs. I a IV, e 312); o voto tem valor igual para todos e, ainda, cada eleitor vota só uma vez (CE, art. 309) na Seção Eleitoral em que estiver incluído o seu nome (LE, art. 62, **caput**; CE, art. 148, **caput**).

Apenas a propaganda lícita pode informar e orientar corretamente o sufrágio do eleitor, livrando-o de manifestações que distorçam ou falseiem fatos ou comportamentos humanos. A manifestação de pensamento, portanto, deve ser absolutamente livre e sempre isenta de ideias que possam ludibriar as pessoas, especialmente as menos racionais.

Estudando, com grande perspicácia e aprofundamento, a igualdade na distribuição de oportunidades, Felix Oppenheim assevera que "O princípio da igualdade, ou melhor, do nivelamento das oportunidades aplica-se por isso à redistribuição do acesso a várias posições na sociedade e não à atribuição dessas mesmas posições" (cf. Dicionário de Política, org. por Norberto Bobbio **et alii**, 5ª ed., UnB e IMESP, 2000, vol. I, págs. 597-605, item XIV).

É a **par conditio** do Direito Romano, hoje chamada tutela da igualdade ou paridade, em tradução livre.

No dizer do exímio Antônio de Sampaio Dória, "a característica máxima da igualdade é a *ausência de posições privilegiadas*" (**in** Direito Constitucional cit., t. 1º, parte 1ª, seç. III, cap. II, p. 176).

Interpretando as normas constitucionais-eleitorais, Erick Wilson Pereira esclarece: "deve a lei, sem que signifique quebra da igualdade, distinguir situações para conferir tratamento igual às pessoas ou grupos que se igualam em situações diversas do ambiente em geral. Há, deste modo, razão adequada a justificar tratamento diferenciado entre o sujeito ativo e o sujeito passivo nos processos eleitorais, conferindo uma maior exigência de conduta para este último que são os candidatos. Assim, tem-se uma necessidade de direitos e deveres recíprocos. Tratar igual os iguais, e desigual os desiguais. O princípio da igualdade pode ser analisado sob a vertente do destinatário da norma, que são todos aqueles que expedem e aplicam normas jurídicas. Ou seja, não só o legislador deve observá-lo, mas, sobretudo, o aplicador do direito no momento da interpretação" (cf. Direito Eleitoral – Interpretação e Aplicação das Normas Constitucionais-Eleitorais cit., item 2.5.3, p. 81, sem destaques no texto original).

Em síntese arguta, Emerson Garcia aduz que "O acesso do poder deve erigir-se como consectário lógico da democracia, garantindo-se a participação de muitos na escolha dos poucos que conduzirão o destino de todos" (**in** Abuso de Poder nas Eleições cit., cap. I, item 4, p. 16).

Portanto, para o exercício pleno da soberania popular, a escolha dos ocupantes de cargos públicos não pode prescindir de eleições *honestas* e *livres* (= a opinião pública não deve ser iludida ou pressionada), que lhes conferem o indispensável *fundamento de legitimidade*.

Na esteira da asserção anterior, decidiu-se que "3. O abuso de poder político caracteriza-se quanto ao agente público, valendo-se de sua condição funcional e em manifesto desvio de finalidade, compromete a igualdade da disputa e a legitimidade do pleito em benefício de sua candidatura ou de terceiro" (confronte-se TSE, REspe 46.822/RJ, rel. Min. João Otávio de Noronha, **in** DJe – 111, 16/06/2014, p. 70).

Efetivamente, a normatividade que se destina às disputas eleitorais deve objetivar a higidez de conduta pelos envolvidos nesses certames, porquanto, em **ultima ratio**, "visa a proporcionar a captação eficiente, segura e imparcial da vontade popular democraticamente manifestada, de sorte que os mandatos eletivos sejam conferidos e exercidos com legitimidade" (v. José Jairo Gomes, Direito Eleitoral cit., cap. VII, item 1, p. 121, sem grifo no original). Sobre tal entendimento, não há qualquer dissensão na doutrina (ver, por todos, Pinto Ferreira, Comentários à Constituição, 1ª ed., Saraiva, 1989, vol. 1, cap. V, p. 349).

Com certeza, a República do Brasil constitui-se em Estado democrático de direito (CF, arts. 1º, **caput** e par. único, 17, 60, § 4º, inc. II, e 91, § 1º, inc. IV; CE, art. 2º) que, na lição do festejado Alexandre de Moraes, "significa a exigência de reger-se por normas democráticas, com eleições livres, periódicas e pelo povo, bem como o absoluto respeito das autoridades públicas aos Direitos e Garantias fundamentais, pois o alcance do Princípio Democrático, como ressaltado por Gomes Canotilho e Vital Moreira (Fundamentos da Constituição, Ed. Coimbra, 1991, p. 136), alcança os mais importantes elementos da teoria democrático-representativa" (**in** Cidadania, 1ª ed., Atlas, 2013, nº 1, p. 2, ou então no Direito Constitucional, 27ª ed., Atlas, 2011, cap. I, nº 7, págs. 25-6).

Por sua vez, Gilmar Ferreira Mendes, Inocêncio Mártires Coelho e Paulo Gustavo Gonet Branco explicam que "entende-se como Estado Democrático de Direito a organização política em que o poder emana do povo, que o exerce diretamente ou por meio de representantes, escolhidos em eleições livres e periódicas, mediante sufrágio universal e voto direto e secreto, para o exercício de mandatos periódicos como proclama, entre outras, a Constituição brasileira" (**in** Curso de Direito Constitucional cit., cap. 2, item 1.2, p. 171).

Aliás, depois que a Constituição da República concedeu o direito à reeleição aos ocupantes de cargos eletivos do Poder Executivo, para um período subsequente (art. 14, § 5º, com a redação da Emenda nº 16/1997), ficou mais agudo o problema da *igualdade* entre os candidatos que buscam os sufrágios dos eleitores no certame próximo.

Entende Edson de Resende Castro que, "A partir do momento em que se admitiu, no plano constitucional, a reeleição dos chefes do Poder Executivo, a preocupação com o abuso de poder político se acentuou, tendo em vista que agora há o empenho pessoal do Prefeito, Governador ou Presidente no próprio sucesso eleitoral. Agora é preciso, mais que nunca, buscar o equilíbrio entre o tratamento equânime a ser dado aos candidatos, em obediência ao princípio da igualdade de oportunidades no processo eleitoral e a continuidade administrativa, já que, como dito, se admitiu a reeleição independentemente de desincompatibilização" (**in** Teoria de Prática do Direito Eleitoral cit., cap. III, seç. IX, p. 298).

Bem observou o insigne Professor Manoel Gonçalves Ferreira Filho que, "Tradicionalmente, o direito brasileiro consagrava a irreelegibilidade dos Chefes do Executivo. Esta regra, na verdade, jamais foi quebrada em toda a história republicana" (**in** Curso de Direito Constitucional cit., cap. 13, nº 6, p. 119).

Finalmente, no concernente a todos os cidadãos, as normas constitucionais e complementares disciplinam o pressuposto de sua capacidade eleitoral (ativa e passiva), o pressuposto de legitimação para a titularidade de cargos eletivos (condições de elegibilidade e casos de inelegibilidade), o pressuposto para o exercício desses cargos (condição de compatibilidade e casos de incompatibilidade), bem como os pressupostos de capacidade e legitimação para a investidura e o exercício das funções desses agentes políticos eleitos (= servidores públicos, largo senso).

4.3 – Do Abuso de Poder Econômico e Político dos que Disputam o Certame Eleitoral ou Terceiros em Benefício daqueles

Durante a campanha eleitoral fica proibido "o abuso do poder econômico ou político" para os que concorrem ao pleito ou terceiros que os auxiliam nessa etapa ou período (art. 14, § 9º, da CF c.c. arts. 1º, inc. I, alínea *d*, e 22, **caput** e inc. XVI, da LI). Vale frisar que a alínea *d* do inc. I do art. 1º da Lei de Inelegibilidade tem a redação dada pelo art. 2º da Lei da Ficha Limpa (LC nº 135/2010).

Ressalte-se, em sequência, que a proibição de emprego do poder econômico nos prélios eleitorais tem sempre difícil controle e punição, porquanto a dependência financeira de muitos em face da abastança de poucos são fatos naturais da *livre iniciativa*, assegurada pela Carta Magna (arts. 1º, inc. IV, 2ª fig., 5º, XIII, 1ª parte, e 170, inc. IV e seu par. único). Os enunciados aludidos protegem a ampla liberdade dos indivíduos em suas atividades econômicas e, consequentemente, impedem qualquer interferência do Estado no campo das iniciativas privadas. Dessa forma, legitima-se o regime capitalista. Sucede, porém, que a *livre concorrência* se contrapõe ao *abuso do poder econômico*. Por este motivo, o emprego do poder econômico sem qualquer disciplina (ou abusivamente) macula o *processo eleitoral* e, portanto, interfere diretamente no seu resultado.

Outrossim, excedendo-se o limite do poder econômico, poderá ocorrer um indevido emprego de recursos pecuniários ou humanos, sempre com o fim de obter vantagem eleitoral para candidato, partido político ou coligação.

É evidente, ademais, que "Compete à Justiça Eleitoral velar pela moralidade no processo eleitoral" (TSE: REspe 25.745/SP, rel. Min. Carlos Britto, DJ, 08/08/2007, p. 230; REspe 93.389/MG, relª Minª Luciana Lóssio, DJe - 39, 27/02/2015, p. 74).

Por ora, convém dizer que os sujeitos ativos do ilícito acima são os agentes políticos - que concorrem à eleição ou tenham sido diplomados -, e não os agentes públicos - que figuram em outras alíneas do inc. I do art. 1º da Lei de Inelegibilidade - como será visto mais adiante. São sujeitos ativos do ilícito, igualmente, os beneficiados pela atuação dos agentes arrolados na alínea *h* do mesmo inciso I, ou seja, os terceiros que, embora não tenham disputado a eleição, contribuíram para a prática do abuso de poder no certame.

Em síntese, pela alínea *d* do inc. I do art. 1º da Lei de Inelegibilidade responsabiliza-se os candidatos aos cargos eletivos beneficiados pelo abuso, inclusive os parlamentares de qualquer nível (não indicados em qualquer alínea do inciso I), bem como pessoas comuns (p. ex., coordenadores de campanha, dirigentes partidários, cabos eleitorais, prosélitos etc.) que contribuírem para a prática do ilícito em foco. Nesse teor há pronunciamentos tanto da doutrina como da jurisprudência (cf. Joel José Cândido, Inelegibilidades no Direito Brasileiro, 2ª ed., Edipro, 2003, cap. V, item 5.1, p. 156; Marcos Ramayana, Direito Eleitoral cit., cap. 10, item 10.15.1.1, h, p. 436; José Jairo Gomes, Direito Eleitoral cit., cap. X, item 5.3.4, p. 196; TSE: REspe 11.841/RJ, rel. Min. Torquato Jardim, DJ, 05/08/1994, p. 19.346; REspe 15.105/AM, rel. Min. João Otávio de Noronha, DJe - 54, 19/03/2015, p. 36).

Sob outro aspecto, no dizer de Antônio Soares da Costa, "Os fatos que ensejam a cominação da inelegibilidade para 'essa' eleição e para eleição futura são a prática de abuso de poder econômico ou a prática do abuso de poder político. Dessarte, temos de ler o preceito legal como se viesse escrito assim: São inelegíveis os que praticarem ou se beneficiarem de abuso do poder econômico ou político, para a eleição na qual concorrem ou tenham sido diplomados, bem como para as que se realizarem nos oito anos seguintes" (**in** Instituições de Direito Eleitoral cits., vol. 1, cap. 4, item 3.3.1, p. 206).

Daí o entendimento de que, mesmo nos casos anteriores à Lei da Ficha Limpa (LC nº 135/2010), há interesse jurídico de manejar a AIJE por suposto abuso de poder econômico (**v.** TSE, REspe 6.404/PB, relª Minª Nancy Andrighi, DJe - 172, 06/09/2012, p. 36).

A representação a que alude o **caput** do art. 22 da Lei de Inelegibilidade deve ser entendida por devido processo legal (inc.

LIV do art. 5º da CF), ou seja, segundo aquele previsto em direito: AIJE (**caput** do art. 22 da LI) e AIME (§ 10 do art. 14 da CF).

Para promover essas ações judiciais, têm legitimidade o candidato, o partido político ou a coligação (LI, art. 20, **caput**), ou seja, houve um acréscimo de interessados para complementar a do Ministério Público (CF, art. 127, **caput**), segundo vem admitindo a jurisprudência do TSE (ver REspe 68.254/MG, rel. Min. Gilmar Mendes, DJe - 35, 23/02/2015, p. 56; REspe 65.807/RJ, rel. Min. Castro Meira, DJe - 160, 22/08/2013, p. 32; RO 171.568/AL, rel. Min. Arnaldo Versiani, DJe - 148, 03/08/2012, p. 51).

Igualmente tem legitimidade ativa qualquer partido político registrado, ainda que não tenha participado com candidato no certame eleitoral contra o qual se insurge (TSE, REspe 26.012/SP, rel. Min. José Augusto Delgado, DJ, 08/08/2006, p. 115).

Já no que diz respeito à legitimidade de candidato que participou da disputa na circunscrição do pleito, para o exercício desse direito subjetivo não será necessária a repercussão direta do abuso de poder em sua esfera política (TSE, ED - RO 1.537/MG, rel. Min. Felix Fischer, DJe, 15/12/2008, p. 38).

Tais atos abusivos empregados no convencimento do eleitor, em sua integralidade, geram posterior inelegibilidade daqueles que os perpetraram (LI, art. 1º, inc. I, alínea *d*), cuja declaração refoge à competência da Justiça Comum (TSE, AgR - REspe 36.020/CE, relª Minª Cármen Lúcia, DJe, 08/10/2010, p. 35).

Cuidando de inelegibilidade por abuso de poder econômico ou político, explicam os ilustrados Djalma Pinto e Elke Braid Petersen que "A expressão abuso de poder, na linguagem jurídica, é usada para expressar o mau uso ou a utilização indevida da Administração Pública para favorecimento de candidatura. De Plácido e Silva[20] esclarece que o abuso pode ser entendido com o 'uso artificioso de meios, ou ardil, utilizado por alguém para iludir a boa-fé de outrem'. No caso do abuso de poder político ou econômico, praticado para influenciar o resultado das eleições, tem-se uma conduta indecente, que macula e torna ilegítima a representação política de quem dela lançou mão, pois ludibria a boa-fé do eleitorado, desvirtuando assim, a vontade popular, além de expor o perfil indesejável do candidato que se beneficiou da ilicitude" (**in** Comentários à Lei da Ficha Limpa, 1ª ed., Atlas, 2014, item 3.4, p. 63 e nota n. 20).

Os autores supracitados trazem à colação dois acórdãos contendo os conceitos de *abuso de poder econômico* e *abuso de poder político* ou *de autoridade* (CF, art. 14, § 9º; LI, arts. 1º, inc. I, alínea *d*, 19, **caput**, e 22, **caput** e inc. XVI; CE, art. 237, **caput**).

O primeiro aresto assevera que os dois *abusos* são espécies do *mesmo gênero*, e ambos visam a beneficiar candidato, partido ou coligação. Mas têm nítida distinção. "Com efeito, enquanto aquele se refere à indevida utilização de recursos materiais e humanos, que representam valor econômico, este diz respeito a atos de autoridade praticados com desrespeito aos princípios constitucionais que norteiam a Administração" (TSE, AgR - REspe 25.652/SP, rel. Min. Caputo Bastos, DJ, 14/11/2006, p. 171).

Já na segunda decisão, anota-se que "O abuso do poder econômico se refere à utilização excessiva, na campanha eleitoral, de recursos materiais ou humanos que representam valor econômico, ocasionando desequilíbrio na disputa entre os candidatos", enquanto que o abuso de poder político se refere "à utilização do cargo público para fins eleitorais" (TSE, AgR - REspe 25.906/SP, rel. Min. Gerardo Grossi, DJ, 29/08/2007, p. 114).

Vale transcrever, agora, o ensinamento de monografia muito frequentada pelos estudiosos da matéria. Diz o seu autor que "O êxito nas eleições, acima de tudo, é reflexo do poder econômico, permitindo o planejamento de uma estratégica adequada de campanha, com a probabilidade de que seja alcançada maior parcela do eleitorado: a receita, por sua vez, é originária de financiamentos, diretos ou indiretos, de natureza pública ou privada. O dinheiro público é injetado em atividades político-partidárias com a utilização dos expedientes de liberação de verbas orçamentárias, de celebração de convênios às vésperas do pleito etc., fazendo que o administrador favorecido aufira maior popularidade, que reverterá para si, caso seja candidato à reeleição, ou para a legenda partidária a que pertença, alcançando os candidatos por elas apoiados. Tratando-se de financiamento privado, a imoralidade assume perspectivas ainda maiores. Tais receitas, em regra de origem duvidosa, não consubstanciam um mero ato de benevolência ou um abnegado ato de exteriorização de consciência política. Pelo contrário, podem ser concebidos com a prestação devida por um dos sujeitos de uma relação contratual de natureza sinalagmática, cabendo ao outro, tão logo seja eleito, cumprir a sua parte na avença, que normalmente consistirá na contratação de pessoas indicadas pelos colaboradores para o preenchimento de cargos em comissão, na contratação de obras e serviços sem a realização do procedimento licitatório, ou mesmo com a sua realização em caráter meramente formal, com desfecho previamente conhecido etc.[86]" (cf. Emerson Garcia, Abuso de Poder nas Eleições cit., cap. I, item 8.1, págs. 38-9 e nota n. 86).

Sendo análogos, os dois *abusos de poder* são reprimidos com inelegibilidade do candidato (LI, art. 1º, inc. I, alínea *d*).

Interessa destacar, neste passo, que "1. O abuso de poder político com viés econômico pode ser objeto de Ação de Impugnação de Mandato Eletivo (AIME) ", sendo suficiente que tal abuso seja "apto a desequilibrar o pleito" (**vide** TSE, REspe 1.322.564/BA, rel. Min. Gilson Dipp, DJe – 113, 18/06/2012, p. 30).

Daí por que o servidor público, que ocupa cargo de confiança, da escolha do agente político, não pode sofrer desconto sobre a sua remuneração, com a finalidade de contribuição para partido político do agente aludido (ResTSE 22.025, Cta 1.135/DF, rel. Min. Marco Aurélio, DJ, 25/07/2005, p. 1).

4.4 – Do Abuso de Poder de Autoridade em Benefício Próprio ou de Terceiros, Afetando a Legitimidade da Eleição

Cuida-se, aqui, de inelegibilidade por abuso do exercício da função pública, ou seja, caracteriza-se o abuso de poder quando "os detentores de cargo na administração pública, direta, indireta ou fundacional", se "beneficiarem a si ou a terceiros, pelo abuso do poder econômico ou político... para a eleição na qual concorrem ou tenham sido diplomados" (arts. 14, § 9º, e 37, **caput**, da CF c.c. arts. 1º, inc. I, alínea *h*, 19, **caput**, e 22, **caput** e inc. XVI, da LI).

As normas supracitadas referem-se a todos os detentores de cargos na administração pública, abrangendo, assim, os agentes públicos ocupantes de cargos eletivos (TSE, RO 60.283/TO, rel. Min. Aldir Passarinho Júnior, ac. publ. em sessão de 16/11/2010).

"Cuida-se, aqui, do denominado *abuso de poder político*. A palavra *político* deriva de **polis**, que significa cidade, Estado. O poder político, consequentemente, refere-se ao poder estatal. Dada a sua natureza, o Estado fala, ouve, vê e age por intermédio de seus agentes ou *representantes*, que, naturalmente, ocupam posições destacadas na comunidade, porquanto suas atividades terminam por beneficiá-la direta ou indiretamente" (cf. José Jairo Gomes, Direito Eleitoral cit. cap. X, item 5.3.5, p. 198).

Na hipótese em foco, igualmente, o desvio ou abuso do poder de autoridade não exige que o agente público beneficie a si próprio, mas pode fazê-lo para um terceiro, que não ostenta tal condição (TSE, REspe 37.250/RO, rel. Min. Aldir Passarinho Júnior, DJe, 03/08/2010, p. 262).

Vale a pena mencionar, agora, a conclusão pela qual "para além da conduta vedada de que trata o art. 73, inc. VI, alínea *b*, da Lei nº 9.504/1997, também ficou comprovado o abuso do poder de autoridade, por afronta ao art. 37, § 1º, da Constituição Federal, levado a efeito pelos agravantes por meio da veiculação não apenas na conta de Facebook, como também no sítio oficial da Prefeitura de publicidade institucional contendo clara promoção pessoal em prol de suas candidaturas, com gravidade suficiente para desequilibrar a disputa eleitoral e, por conseguinte, ensejar a condenação com base no art. 74 da Lei das Eleições c.c. art. 22, **caput** e inc. XIV, da Lei Complementar nº 64/90" (**v.** TSE, AgR - REspe 24.258/MS, relª Minª Maria Thereza de Assis Moura, DJe - 24, 04/02/2015, p. 116).

4.5 – Do Abuso de Poder Mediante a Corrupção Eleitoral

Outra forma de abuso de poder ocorrerá "por corrupção eleitoral", realizada durante a campanha (art. 14, § 10, da CF c.c. arts. 1º, inc. I, alínea *j*, 1ª fig., 19, **caput**, e 22, **caput** e seu inc. XVI, da LI e art. 41-A da LE e art. 299 do CE). Essa prática ilícita de clientelismo político, quando não apreciada na esfera penal eleitoral, leva às sanções de multa e, diante de gravidade maior, da cassação do registro ou do diploma, gerando a inelegibilidade do infrator (LE, art. 41-A, parte final).

Vale notar, desde logo, que o art. 41-A da Lei das Eleições foi acrescido pelo art. 1º da Lei nº 9.840/1999, enquanto que a alínea *j* do inc. I do art. 1º da Lei de Inelegibilidade foi adicionada pelo art. 2º da Lei da Ficha Limpa (LC nº 135/2010).

A "corrupção eleitoral" mencionada na primeira figura da alínea *j* do inciso I do artigo 1º da Lei de Inelegibilidade tem a sua descrição no artigo 299 do Código Eleitoral, **ipsis litteris**: "Dar, oferecer, prometer, solicitar ou receber, para si ou para outrem, dinheiro, dádiva, ou qualquer outra vantagem, para obter ou dar o voto e para conseguir promessa de abstenção, ainda que a oferta não seja aceita". Descrição análoga contém o artigo 41-A da Lei das Eleições: "constitui captação ilícita de sufrágio, vedada por esta Lei, o candidato doar, oferecer, prometer ou entregar, ao eleitor, com o fim de obter-lhe o voto, bem ou vantagem pessoal de qualquer natureza, inclusive emprego ou função pública, desde o registro da candidatura até o dia da eleição".

Oportuna a ensinança de Djalma Pinto e Elke Braid Petersen, que elucidam o seguinte: além do candidato (corruptor ativo), o eleitor (corruptor passivo) também "não está salvo de ficar inelegível, pois será alcançado pela inelegibilidade da alínea *e*, item 4, do inciso I do artigo 1º da Lei Complementar nº 135/2010, já que cometeu crime eleitoral para o qual a lei cominou pena privativa de liberdade" (**in** Comentários à Lei da Ficha Limpa cits., item 3.9.2, p. 118).

O corruptor ativo pode ser o próprio candidato ou alguém a seu mando; o corruptor passivo é sempre o eleitor, apto a votar, que aceita vantagem diretamente do candidato ou de seu cabo eleitoral. Não é necessário, todavia, que o eleitor receba qualquer vantagem e, muito menos, que o beneficiado venha a se eleger. Constitui-se, pois, numa mercancia de votos, que não precisa ser concretizada.

No mesmo teor há um esclarecedor aresto da Alta Corte Eleitoral, proclamando que "4. O crime de corrupção eleitoral ativa é crime instantâneo, cuja consumação é imediata, ocorrendo com a simples prática de um dos núcleos do tipo (dar, oferecer, prometer, solicitar ou receber), bem como se qualifica como crime formal, pois a consumação independe do resultado, da efetiva entrega da benesse em troca do voto ou da abstenção, sendo irrelevante se o eleitor corrompido efetivamente votou no candidato indicado" (**v.** TSE, AgR – AI 20.903/MT, rel. Min. Gilmar Mendes, DJe – 43, 05/03/2015, p. 44).

Outras formas de corrupção, tanto ativas como passivas, são aquelas constantes do Direito Penal (CP, arts. 317 e 333), mas diferem da eleitoral, a qual indica ação dissimulada à margem da lei e da moral, tendo por escopo obter vantagens que não podem ser conquistadas pelas vias comuns da propaganda política e outras maneiras de angariar os sufrágios (= aliciar eleitores).

A corrupção é sempre bilateral – ação de um corruptor que se conluia com um corrompido –, exige cumplicidade, quer dizer o agente capta a vontade do eleitor de maneira torpe.

Bem o disse Gianfranco Pasquino que "Corrupção significa transação ou troca entre quem corrompe e quem se deixa corromper. Trata-se normalmente de uma promessa de recompensa em troca de um comportamento que favoreça os interesses do corruptor; raramente se ameaça com punição a quem lese os interesses dos corruptores" (**in** Dicionário de Política, org. por Norberto Bobbio **et alii** cit., vol. I, p. 292).

Daí falar-se em corrupção ativa e passiva. É crime contra o exercício do voto. Tal captação ocorre às ocultas. Já o abuso de poder como ato ilícito é unilateral, ou seja, não há corrompido e a conduta do agente é ostensiva. Ademais, aqui a captação do voto se obtém mediante um artifício (= enganar, iludir, tapear ou usar bico-doce).

Na posição de sujeito ativo do crime pode figurar qualquer pessoa, mesmo a não alistada, bastando que seja imputável (arts. 26 e 27 do CP c.c. art. 287 do CE). O sujeito passivo, por sua vez, deve ser eleitor identificado ou identificável e, ainda, apto a votar (alistamento regular) na circunscrição eleitoral em que se dá a disputa pelo cargo (TSE: AgR - AI 749.719/RJ, rel. Min. Dias Toffoli, DJe - 35, 23/02/2015, p. 54; AgR - AI 20.903/MT, rel. Min. Gilmar Mendes, DJe - 43, 05/03/2015, p. 44). Quer dizer, a denúncia "deve indicar qual ou quais eleitores teriam sido beneficiados ou aliciados" (TSE, RHC 13.316/SC, relª Minª Luciana Lóssio, DJe - 34, 18/02/2014, p. 95).

De outro lado, "1. A atual jurisprudência deste Tribunal não exige, para a configuração da captação ilícita de sufrágio, o pedido expresso de votos, bastando a evidência, o fim especial de agir, quando as circunstâncias do caso concreto indicam a prática de compra de votos" (TSE, RO 151.012/AP, rel. Min. Arnaldo Versiani, DJe - 162, 23/08/2012, p. 38, sublinhou-se).

Porém, "para configurar a inelegibilidade aqui prevista, é necessária decisão pela cassação do diploma ou do registro do candidato por conduta vedada aos agentes públicos em campanhas eleitorais, e não somente a aplicação de multa" (TSE, AgR - REspe 16.076/PR, relª Minª Laurita Vaz, ac. publ. em sessão de 25/10/2012), ou seja, desde que o ilícito tenha implicado na cassação de registro ou diploma (cf. Adriano Soares da Costa, Instituições de Direito Eleitoral cits., vol. 1, cap. 4, item 3.3.3. p. 213).

Com relação ao acréscimo pela Lei da Ficha Limpa (art. 2º), anota José Jairo Gomes que "O abuso de poder apresenta diversas roupagens e efeitos. Antes da promulgação da LC nº 135/2010, não geravam *inelegibilidade* as infrações enumeradas nessa alínea *j*, a saber: captação ilícita do sufrágio (LE, art. 41-A), captação ou gastos ilícitos de recursos de campanha (LE, art. 30-A) e conduta vedada a agentes públicos em campanhas eleitorais (LE, arts. 73 e segs.). É que tais condutas ilícitas não tinham sido contempladas em lei complementar, conforme exige o art. 14, § 9º, da Lei Maior" (**in** Direito Eleitoral cit., cap. X, item 5.3.6, p. 199).

De resto, convém esclarecer que os atos concernentes à corrupção eleitoral (art. 14, § 10, da CF c.c. art. 1º, inc. I, alínea *j*, 1ª fig., da LI, art. 41-A da LE e art. 299 do CE), quanto à sua apuração e questões processuais decorrentes, bem como às imposições de penalidades, estão anotadas no item 15.22 adiante.

4.6 – Do Abuso de Poder Mediante a Captação Ilícita de Sufrágio

Mais um caso de abuso de poder pode advir de "captação ilícita de sufrágio", no curso da campanha eleitoral (art. 14, § 9º, da CF c.c. arts. 1º, inc. I, alínea *j*, 2ª fig., 19 e 22, **caput** e seu inc. XVI, da LI e art. 41-A, §§ 1º e 2º, da LE).

Diz o art. 41-A que, "Ressalvado o disposto no art. 26 e seus incisos, constitui captação de sufrágio vedada por esta Lei, o candidato doar, oferecer, prometer, ou entregar, ao eleitor, com o fim de obter-lhe o voto, bem ou vantagem pessoal de qualquer natureza, inclusive emprego ou função pública, desde o registro de candidatura até o dia da eleição, inclusive, sob pena de multa de mil a cinquenta mil UFIR, e cassação do registro ou do diploma, observado o procedimento previsto no art. 22 da Lei Complementar nº 64, de 18 de maio de 1990".

O dispositivo sobredito configura o abuso de poder na sua forma mais genérica possível.

Por isso, a sua prática é considerada, por alguns, mais uma espécie de conduta vedada aos agentes públicos (LE, arts. 73 a 78), que será estudada adiante, nos itens 15.1 a 15.22 deste trabalho.

A captação ilícita de sufrágio também é conhecida, na linguagem popular, por "compra de voto".

Diferem a *conduta vedada* e a *captação ilícita de sufrágio*, especialmente porque nesta "presume-se o objetivo de obter o voto sendo desnecessária a prova visando a demonstrar tal resultado" (**v.** TSE, REspe 25.146/RJ, rel. Min. Marco Aurélio, DJ, 20/04/2006, p. 124).

Ninguém desconhece que a captação do sufrágio de eleitor é sempre o objetivo da campanha eleitoral, porém ela deve ser lícita, ou melhor, proíbe-se o emprego de métodos que possam viciar o livre convencimento do cidadão, ludibriando a vontade popular a ser manifestada nas urnas.

Por conseguinte, a "1. Manutenção em período eleitoral de 'cursinho pré-vestibular' gratuito e outras benesses... revela intuito do candidato em obter votos. 2. Para a caracterização da conduta ilícita é desnecessário o pedido específico de votos, basta a anuência do candidato e a evidência do especial fim de agir" (TSE, RO 773/RR, rel. Min. Carlos Velloso, DJ, 06/05/2005, p. 150).

E mais, a "Hipótese na qual o conteúdo fático-jurídico revela o intuito de angariar votos, mediante o fornecimento de carteira de habilitação" (**vide** TSE, RO 777/AP, rel. Min. Gilmar Mendes, DJ, 06/04/2006, p. 140).

Sem dúvida, como já se proclamou "4. A representação para apurar a conduta prevista no art. 41-A da Lei nº 9.504/97 tem o objetivo de resguardar um bem jurídico específico: a vontade do eleitor" (STF, Pleno, ADI 3.592/DF, rel. Min. Gilmar Mendes, RTJ, 209/97).

Na compreensão do ilustrado Adriano Soares da Costa, "o convencimento dos eleitores não pode ser feito de qualquer modo, por meio de técnicas e formas que quebrem o equilíbrio da disputa entre os candidatos e que viciem a vontade livre e soberana dos cidadãos votantes. Assim, são repelidos pelo ordenamento jurídico o uso abusivo do poder econômico ou político, o uso indevido dos meios de comunicação social, além das condutas a que a legislação atribui a pecha de ilícitas e, para inibi-las, impõe a sanção de inelegibilidade" (**in** Instituições de Direito Eleitoral cits., vol. 1, cap. 6, § 1, p. 245).

Daí a razão de a *sanção administrativa* (ou extrapenal) não haver revogado a *sanção penal*, que se vai seguir. Dispõe o Código Eleitoral, "Art. 299. Dar, oferecer, prometer, solicitar ou receber, para si ou para outrem, dinheiro, dádiva, ou qualquer outra vantagem, para obter ou dar voto e para conseguir ou prometer abstenção, ainda que a oferta não seja aceita: Pena – reclusão até quatro anos e pagamento de 5 a 15 dias-multa".

Ensinam Walber de Moura Agra e Francisco Queiroz Cavalcanti, que "um dos grandes problemas que historicamente assolou a democracia brasileira foi a compra de votos, que chega a ser uma prática corriqueira em muitas regiões do Brasil, realizadas pelos detentores do poder econômico e político, que aproveitam a hipossuficiência das classes menos favorecidas economicamente. Esse poder econômico e político sempre foi uma condição **sine qua non** para ganhar uma eleição, deixando de lado os grandes debates nacionais[112]" (**in** Comentários à Nova Lei Eleitoral cits. p. 77 e nota de rodapé n. 112).

Além das formas de "doar, oferecer, prometer, ou entregar, ao eleitor, com o fim de obter-lhe o voto, bem ou vantagem pessoal de qualquer natureza", praticadas pelo infrator, ainda há aquela de atuar conforme métodos que podem viciar o livre convencimento do eleitor. Esta última prática tem alguma semelhança com o erro ou ignorância (CC, art. 138), que pode ser considerado um defeito capaz de viciar o ato de votar (CC, art. 140). Ambos são institutos jurídicos bem diferentes, como está evidente, mas, para efeito de ampliar o raciocínio, foram lembrados os seus pontos comuns.

Quanto à captação ilícita de sufrágio, sua apuração e questões processuais decorrentes, bem como às imposições de penalidades, cabe ver as anotações do item 15.22 adiante.

4.7 – Do Abuso de Poder Mediante a Arrecadação, Aplicação e Gastos Ilícitos de Recursos em Campanha

Configura abuso de poder, igualmente, a "doação, captação ou gastos ilícitos de recursos de campanha" (art. 14, § 9º, da CF c.c. arts. 1º, inc. I, alínea *j*, 3ª fig., 19, § 1º, e 22, **caput** e inc. XVI, da LI e art. 30-A, **caput**, da LE). Como se vê, a normalidade e legitimidade das eleições contra a influência do poder econômico no *processo eleitoral* são asseguradas pela própria Constituição Federal (art. 14, § 9º). Na Lei Complementar nº 64/1990 (arts. 19 e 22), em simetria, coíbe-se abusos nas arrecadações, aplicações e gastos de recursos durante as campanhas eleitorais. Também o faz a Lei das Eleições (art. 30-A, **caput**). Por todas estas razões, confirma-se a importância vital do financiamento das campanhas eleitorais, isto é, doação, captação e gastos nessa jornada, até porque sem dinheiro não se realiza essa campanha. A falta de recursos provoca, certamente, o desequilíbrio no pleito.

Visando o equilíbrio no prélio eleitoral, recursos públicos são destinados ao Fundo Especial de Assistência Financeira dos Partidos Políticos, também chamado de Fundo Partidário (CF, art. 17, § 3º, 1ª fig.), o qual é constituído por: "I – multas e penalidades pecuniárias aplicadas nos termos do Código Eleitoral e leis conexas; II – recursos financeiros que lhes forem destinados por lei, em caráter permanente e eventual; III – doações de pessoa física ou jurídica, efetuadas por intermédio de depósitos bancários diretamente na conta do Fundo Partidário; IV – dotações orçamentárias da União em valor nunca inferior, cada ano, ao número de eleitores inscritos em 31 de dezembro do ano anterior da proposta orçamentária, multiplicados por trinta e cinco centavos de real, em valores de agosto de 1995" (LPP, art. 38). E há mais, ressalvas as hipóteses do art. 31, I a IV, do mesmo diploma legal, "o partido político pode receber doações de pessoas físicas e jurídicas para constituição de seus fundos" (LPP, art. 39, §§ 1º e 2º). Mas não é tudo. Também é vedado "instituir impostos sobre patrimônio, renda ou serviços dos partidos políticos" (CF, art. 150, inc. VI, alínea *c*, 1ª fig.). Ainda tem mais. Às agremiações concede-se o *direito de antena* (CF, art. 17, § 3º, 2ª fig.), na forma da Lei dos Partidos Políticos (arts. 45 a 48) e da Lei das Eleições (arts. 44 a 57). Calha frisar que os arts. 45, **caput** e § 1º, 46, **caput** e § 5º, e 47, §§ 1º, 1º-A, 2º, incs. I e II e 9º da Lei das Eleições têm nova redação conferida pelo art. 2ª da Lei nº 13.165/2015.

Sucede, porém, que há defensores de uma destinação ainda maior de recursos públicos, para compensar eventual proibição de doações de pessoas jurídicas de direito privado. É verdade que, na prática, o doador espera que o donatário retribua, de alguma forma, a benesse recebida, no caso em que aquele seja eleito para o cargo público em disputa. Porém, não é menos verdadeiro que, com todos os já mencionas recursos públicos, renúncia fiscal em favor das atividades partidárias e concessão de gratuidade para a divulgação de propaganda política no rádio e na televisão, ainda se pretenda onerar mais o contribuinte, que atualmente vem sofrendo pesada carga tributária.

De outra banda, diante do aporte dos vultosos recursos financeiros já aludidos, os candidatos não podem descumprir as normas da Lei das Eleições com referência à arrecadação (captação ou doação) e os gastos de recursos financeiros em campanha eleitoral (§ 4º do art. 24, com a redação do art. 2º da Lei nº 13.165, de 2015, **caput** do art. 30-A, com a redação dada pelo art. 3º da Lei nº 12.034, de 2009). Esta última alteração legislativa, aliás, configura mera repetição de preceito cronologicamente anterior, inserto no art. 22 da Lei de Inelegibilidade já referida.

Proibindo o abuso do poder econômico, anteriormente, lei temporária deveria ser editada, a fim de estabelecer o limite máximo dos gastos na campanha eleitoral de cada certame. Caso não fosse editada a tal lei específica, como vinha ocorrendo sistematicamente, caberia "a cada partido político fixar o seu limite de gastos, comunicando-o à Justiça Eleitoral" (LE, art. 17-A), dispêndio esse que ainda deveria constar do requerimento para registro de candidatura, no item chamado Demonstrativo de Regularidade de Atos Partidários (DRAP). Daí surgia a sanção segundo a qual, gastando mais que os valores informados anteriormente, o candidato poderia tornar-se inelegível (LI, art. 1º, inc. I, alíneas *d* e *j*), dependendo da "gravidade das circunstâncias" que caracterizariam tal conduta abusiva (LI, art. 22, inc. XVI). Vale dizer, os candidatos, partidos políticos e alianças partidárias (coligações) não poderiam extrapolar o montante estabelecido pelos próprios partidos para a campanha eleitoral, inclusive para as coligações que, eventualmente, realizassem.

Mantem-se, aqui, as anotações acerca do disposto no art. 17-A da Lei das Eleições (foi acrescido pelo art. 1º da Lei nº 11.300/2006) o qual, mesmo revogado, serve para a compreensão melhor das alterações que foram trazidas pelos arts. 5º a 8º da Lei nº 13.165/2015.

Com o advento da referida Lei nº 13.165, de 29/09/2015, ocorreram alterações como vai se seguir.

"Art. 5º. O limite de gastos nas campanhas eleitorais dos candidatos às eleições para Presidente da República, Governador e Prefeito será definido com base nos gastos declarados, na respectiva circunscrição, na eleição para os mesmos cargos imediatamente anteriores à promulgação desta Lei, observado o seguinte: I – para o primeiro turno das eleições, o limite será de: *a*) 70% do maior gasto declarado para o cargo, na circunscrição eleitoral em que houve apenas um turno; *b*) 50% do maior gasto declarado para o cargo, na circunscrição eleitoral em que houve dois turnos; II – para o segundo turno das eleições onde houver, o limite de gastos será de 30% do valor previsto no inciso I. Parágrafo único. Nos Municípios de até dez mil eleitores, o limite de gastos será de R$ 100.000,00 para Prefeito e de R$ 10.000,00 para Vereador, ou o estabelecido no **caput** se for maior".

"Art. 6º. O limite de gastos nas campanhas eleitorais dos candidatos às eleições para Senador, Deputado Federal, Deputado Estadual, Deputado Distrital e Vereador será de 70% do maior gasto contratado na circunscrição para o respectivo cargo na eleição imediatamente anterior à publicação desta Lei".

"Art. 7º. Na definição dos limites mencionados nos arts. 5º e 6º, serão considerados os gastos realizados pelos candidatos e por partidos e comitês financeiros na campanha de cada um deles".

Ainda na vigência do art. 17-A da Lei das Eleições, José Jairo Gomes observava judiciosamente que "É explícito o desiderato de sancionar a conduta de *captar ou gastar ilicitamente recursos* durante a campanha. O objetivo central dessa regra é fazer com que as campanhas políticas se desenvolvam e sejam financiadas de forma escorreita e transparente, dentro dos parâmetros legais. Só assim poderá haver disputa saudável entre os concorrentes. O termo *captação ilícita* remete tanto à fonte quanto à forma de obtenção de recursos. Assim, abrange não só o recebimento de recursos de fontes ilícitas e vedadas (art. 24 da LE), como também sua obtenção de *modo ilícito*, embora a fonte seja legal. Exemplo deste último caso são os recursos financeiros obtidos à margem do sistema legal de controle, que compõem o que se tem denominado 'caixa dois' de campanha" (**in** Direito Eleitoral cit., cap. XX, item 4.1, p. 576, sem destaque no texto original).

Da lição supra ainda não destoavam Djalma Pinto e Elke Braid Petersen (**in** Comentários à Lei da Ficha Limpa cits., item 3.9.4.1, p. 135, sem grifo no texto original).

Convém ressaltar, agora, que estão proibidas "As doações e contribuições de pessoas jurídicas para campanhas eleitorais", uma vez que o art. 81 da Lei das Eleições foi expressamente revogado pelo art. 15 da Lei nº 13.165/2015. Além do mais, "O partido ou candidato que receber recursos de fontes vedadas ou de origem não identificada deverá proceder à devolução dos valores recebidos ou, não sendo possível a identificação da fonte, transferi-los para a conta única do Tesouro Nacional" (§ 4º do art. 24 da Lei das Eleições com a nova redação dada pelo art. 2º da Lei nº 13.165, de 2015). Ficou mais fácil, portanto, evitar-se o emprego de recursos de procedência desconhecida ou ilícita (vulgarmente chamados de caixa 2) na campanha eleitoral. Mas, esse novo sistema legal, ainda não impede tal prática disseminada na política brasileira.

Com efeito, os dispositivos supracitados não impedem a utilização de doações espúrias para o financiamento de campanha, porquanto a pessoa física doadora, mesmo quando identificada, poderá lançar mão, p. ex., de "valores provenientes, direta ou indiretamente, de infração penal" (cf. Lei nº 9.613/1998, art. 1º, **caput**).

A propósito, os doadores não podem ser coagidos, pelos que estão a captar as contribuições de campanha, a fazê-lo, sob pena de viciar a vontade daquele que vai dar os recursos financeiros.

Com certeza, examinando o dispositivo supracitado da Lei de Lavagem de Capitais, no campo de seus elementos objetivos, conclui-se que "O **caput** do art. 1º apresenta a primeira das modalidades típicas de lavagem de dinheiro: 'ocultar ou dissimular'... Trata-se da consumação da primeira (ocultar) ou da segunda (dissimular) etapas do processo de lavagem, que, como aventado, se exaure com a reinserção do capital na economia com aparência lícita" (cf. Gustavo

Henrique Badaró e Pierpaulo Cruz Bottini, Lavagem de Dinheiro, 2ª ed., RT, 2014, parte II, item 2.2.1, p. 65, sem grifo no texto original).

Daí descaber a afirmação, atualmente em moda, de que a declaração dos recursos de campanha à Justiça Eleitoral os *tornam lícitos*, mesmo que oriundos de alguma *infração penal* (p. ex., corrupção passiva ou ativa, associação criminosa, lavagem de dinheiro, improbidade administrativa etc.). No caso, a Justiça Especializada limita-se a verificar a regularidade das contas de campanha como questão contábil, ou seja, tem por escopo único o de verificar se foi excedido o *limite dos gastos de campanha*, estabelecidos para cada cargo em disputa, vale dizer, se existem "ilícitos que extrapolem o universo contábil" (cf. TSE, RO 874/AM, rel. Min. Dias Toffoli, DJe – 117, 24/06/2013, p. 57).

Cuida-se, pois, de procedimento com caráter praticamente administrativo, visando a demonstrar se há equilíbrio financeiro (receita = despesa) e se o teto dos gastos de campanha não foi ultrapassado.

Tem razão o experiente Alberto Rollo ao afirmar: "A prestação de contas confiável deve conter a anotação contábil de todos os atos praticados na campanha eleitoral e demonstrar sua adequação às regras legais de financiamento e formalização de gastos a eles aplicáveis" (**in** Eleições no Direito Brasileiro cits., item 9.2, p. 97).

Infringidas as normas aludidas (isto é, violadas as normas proibitivas), impõe-se multa pelo seu eventual excesso (LE, arts. 18, § 2º, e 81). A decisão sobre a prestação de contas, além de ser tomada em prazo legal exíguo (LE, arts. 29, inc. III, e 30, § 1º), destina-se somente a declarar: aprovadas, aprovadas com ressalvas, desaprovadas ou não prestadas (LE, art. 30, incs. I a IV). No julgamento das contas de campanha eleitoral (gastos nessa atividade), consequentemente, não será declarado que as doações apontadas procedem de recursos obtidos licitamente (isto é, que as doações não contêm qualquer ilicitude).

Somente quando tal declaração for omissa, falsa ou diversa da que devia constar (art. 21 da LE com a redação dada pelo art. 1º da Lei nº 11.300, de 2006), poderá ocorrer crime de *falsidade ideológica eleitoral* (art. 350 do CE), a ser apurado em ação penal posterior, de competência da Justiça Especializada em questão. Não se há confundir, aqui, a *falsidade ideológica* com a *falsidade material*. Esta abrange a forma do documento, enquanto aquela envolve o seu conteúdo (STF, 2ª T., RHC 59.443/PR, rel. Min. Djaci Falcão, RTJ, 105/957; STJ, 6ª T., HC 108.919/SP, ementa 1, letra *b*, relª Minª Maria Thereza de Assis Moura, RSTJ, 215/744; TSE, AgR – AI 11.555/ES, mesma relatora, ementa 5, DJe – 213, 11/11/2015, p. 149).

De par com isso, "2. Se as contas forem desaprovadas, por existência de eventuais irregularidades, estas poderão eventualmente fundamentar a representação de que cuida o art. 30-A da Lei nº 9.504/97" (cf. TSE, AgR - REspe 10.893/MG, rel. Min. Arnaldo Versiani, ac. publ. em sessão de 23/08/2012).

Em vista das graves sanções previstas para esses abusos, a cassação do registro ou do diploma é reservada para casos de maior gravidade. Com efeito, julgou-se improcedente o pedido formulado em representação quando o candidato não comprovou a arrecadação de todos os recursos na sua prestação de contas, o que não autoriza, por si só, a cassação do diploma (TSE, REspe 181/MG, rel. Min. Gilmar Mendes, DJe, 29/04/2015, p. 168).

De outra feita, um candidato que arrecadou recursos antes da abertura da conta bancária específica para registrar todo o movimento financeiro da campanha (LE, art. 22, § 3º), foi conivente ao apontar inscrição falsa no CNPJ (LE, art. 22-A) e, por fim, não contabilizou gastos com banners, minidoors e cartazes (LE, arts. 26, inc. I, 28 e 30), acabou não sofrendo a punição prevista no § 2º do art. 30-A aludido. Aplicou-se à hipótese, então, o princípio da proporcionalidade - mediante a comparação do valor diminuto dessas despesas com o despendido na campanha -, resultando no entendimento de que, para a cassação do diploma, não basta haver ilegalidade. Além da comprovação do ilícito, deve-se examinar a relevância do ato abusivo (TSE: REspe 28.448/AM, relª Minª Nancy Andrighi, DJe - 87, 10/05/2012, p. 362; REspe 13.068/RS, rel. Min. Henrique Neves, DJe, 04/09/2013).

E mais, decidiu-se na forma supracitada apesar de anterior entendimento de que constitui irregularidade, insanável, a arrecadação de recursos e a realização de despesas antes da abertura de conta específica (TSE, REspe 28.448/AM, rel. Min. Arnaldo Versiani, DJe - 24, 02/02/2012, p. 46).

Tem razão Adriano Soares da Costa ao afirmar que "A AIJE, nestas hipóteses do art. 30-A, será proposta contra o candidato que tenha praticado ou sido beneficiário da arrecadação ou aplicação ilícita de recursos eleitorais. Em caso de eleição proporcional, poderá ser proposta também contra candidato que não tenha sido eleito, com a finalidade de cassar o seu diploma de suplente: 'A ação de investigação judicial eleitoral com fulcro no art. 30-A pode ser proposta em desfavor do candidato não eleito, uma vez que o bem jurídico tutelado pela norma é a moralidade das eleições, não havendo falar na capacidade de influenciar no resultado do pleito. No caso, a sanção de negativa de outorga do diploma ou sua cassação prevista no § 2º do art. 30-A também alcança o recorrente na sua condição de suplente' (REspe nº 1.540/PA, Rel. Min. Félix Fischer, DJE, 1º jun. 2009) ". Confrontar com as Instituições de Direito Eleitoral cits., vol. 1, cap. 10, item 3.5, p. 362.

Assim sendo, as ofensas genéricas à Lei das Eleições podem ser punidas pelo procedimento previsto nos seus arts. 40-B e 96, enquanto as que se referem às hipóteses em exame, ou seja, à arrecadação de recursos e gastos de campanha de maneira ilícita devem seguir aquele do art. 22 da Lei de Inelegibilidade.

Diante do rigor maior da Lei, as decisões da Justiça Eleitoral sobre as contas, prestadas pelos candidatos e comitês financeiros, desafiam a interposição de recurso ao órgão jurisdicional superior (**v.** LE, art. 30-A, § 3º).

4.8 – Do Abuso de Poder Mediante as Condutas Vedadas aos Agentes Públicos

O abuso de poder é um instituto jurídico de caráter geral, embora o fato exorbitante, em detrimento do direito alheio, possa ocorrer de formas diversas. Realmente, tal desvio ou mau uso do poder se dá quando o fato sai dos contornos legais, ou melhor, descumpre preceitos do sistema jurídico. Com natureza eleitoral, o abuso de poder comete-se em benefício de alguma candidatura.

Daí por que, no *processo eleitoral* em comento, os derradeiros casos de abuso de poder estão tipificados sob o título "condutas vedadas aos agentes públicos em campanhas eleitorais" (art. 14, § 9º, da CF c.c. arts. 1º, inc. I, alínea *j*, 4ª fig., 19 e 22, **caput** e inc. XVI, da LI e ainda art. 30-A da LE).

Estes últimos casos, qual sejam, os relativos às condutas vedadas pelos agentes públicos, serão anotados nos itens 15.1 a 15.22, mais abaixo.

4.9 – Da Inelegibilidade Decorrente das Transgressões Durante a Campanha Eleitoral

As hipóteses de inelegibilidade por atos ilícitos praticados durante a campanha eleitoral, ou perda de elegibilidade por essas transgressões, estão previstas na Lei de Inelegibilidade (arts. 1º, inc.

I, letras *d*, *h* e *j*, e 22, inc. XVI). As duas primeiras alíneas têm a redação dada pelo art. 2º da Lei Complementar nº 135/2010 e a última teve acréscimo pelo mesmo art. 2º dessa chamada Lei da Ficha Limpa. Também a Lei das Eleições (art. 74) se reporta ao art. 22 da Lei de Inelegibilidade, bem como ao art. 37, § 1º, da Constituição da República.

Existem outras hipóteses de inelegibilidade, entretanto, por não se tratarem de condutas inerentes à *campanha eleitoral*, são descabidos os seus respectivos exames nestas anotações, que apenas dizem respeito à propaganda política.

Além das causas de inelegibilidade supracitadas, podem ser lembradas condições de elegibilidade previstas no sistema eleitoral (CF, art. 14, § 3º, incs. I a VI; LE, arts. 8º, **caput**, e 11, § 1º, inc. I). Frise-se que o **caput** do art. 8º da LE, teve a sua redação alterada pelo art. 2º da Lei nº 13.165/2015, a qual não modifica o que se vai expor. Se não, vejamos.

Para obter o registro da sua candidatura, o eleitor filiado ao partido político (CF, art. 14, § 3º, inc. V) precisa ser escolhido em convenção (LE, arts. 7º, 8º e 93, § 2º; CE, art. 94, § 1º, inc. I; TSE, AgR – REspe 26.598/MG, rel. Min. Carlos Ayres Britto, ac. publ. em sessão de 24/10/2006).

Depois da escolha em convenção partidária, para concorrer às próximas eleições, os candidatos precisam ser registrados por seus partidos na Justiça Eleitoral (art. 10 da LE com a nova redação dada pelo art. 2º da Lei nº 13.165/2015; art. 87 do CE).

Em resumo, posteriormente à condição de eleitor, vem a sua filiação partidária, seguida da escolha de seu nome em convenção partidária e depois o registro da candidatura para o certame, sempre como condições de elegibilidade.

Vale frisar, a esta altura, que o registro eleitoral é obrigatório para alguém participar no prélio que se avizinha, isto é, o cidadão deve ser investido no **ius honorum**.

Já a inelegibilidade, que é uma restrição ao direito político, atua como impedimento ao registro da candidatura (§ 10 do art. 11 da LE acrescentado pelo art. 3º da Lei nº 12.034/2009).

Sucede, porém, que no caso de indeferimento do registro de candidato ao prélio, por decisão de jurisdição voluntária com efeito constitutivo, ela pode ser modificada tendo em conta fato superveniente, desde que não cessada a jurisdição relativa ao registro, que é da Justiça Eleitoral (TSE, RO 927.112/SC, rel. Min. Marco Aurélio, DJe,

17/06/2011, p. 46). Fato superveniente é aquele que surge depois do requerimento de registro e, também, pode ser constitutivo, modificativo ou extintivo do direito capaz de influir no deferimento dessa inscrição (ver CPC, art. 462).

Não podendo ser votado, consequentemente, o cidadão não pode ser eleito para cargo público, ou seja, está impedido de exercer os seus diretos políticos no modo passivo (= ausência dessa prerrogativa). Porém, o mesmo cidadão não está proibido de votar, uma vez que o seu direito político ativo (**ius suffragii**) permanece intocado.

Neste ponto, vale ressaltar a lição do festejado Adriano Soares da Costa, alertando que "A elegibilidade é o direito de ser votado. Mas tal direito não é um estado jurídico constante no tempo, ininterrupto, como uma qualidade personalista agregada à vida nacional. De maneira alguma. O direito de ser votado é sempre o direito de se candidatar em determinada eleição, após a obtenção do registro da candidatura. Obtido o registro, nasce o direito de ser votado, exercido durante todo o processo eleitoral até a apuração. Encerrada a eleição, com a proclamação dos eleitos, consuma-se tal direito, deixando de existir. Para os vereadores, nascem outros direitos (à diplomação, à posse, ao exercício do mandato etc.), mas não há mais falar em elegibilidade. Mesmo o candidato vitorioso terá que, na eleição seguinte, preencher as condições de elegibilidade, registrar-se de novo, para nascer um novo direito de ser candidato, ao mesmo ou a outro cargo. Assim, quando falamos de elegibilidade devemos ter bem presente essa sua característica sazonal e relativa, bem delimitada pelo ordenamento jurídico. É um direito subjetivo bem situado no tempo e no espaço, com momento oportuno para ser exercido e atuado, quando, então, deixa de existir por consumação" (**in** Instituições de Direito Eleitoral cits., vol. 1, cap. 4, § 3, pp. 187-8).

"Doutrinadores pátrios como Djalma Pinto e Pedro Niess explicam as diferenças entre registro, condições de elegibilidade e inelegibilidade. Afirmam que com o registro nasce a candidatura e não a elegibilidade, confirmando que o candidato possui requisitos de elegibilidade. Se após o registro houver modificações em suas condições de elegibilidade, com a suspensão de seus direitos políticos, o cidadão deverá ser considerado inelegível. Todavia, a elegibilidade por si só não é suficiente para tornar alguém candidato, apesar de se configurar como requisito imprescindível, precisa-se ainda da obtenção do registro, que a torna explícita. Por sua vez, a inelegibilidade pode ser inata, por não apresentar o cidadão as condições de elegibilidade, ou por ter natureza sancionatória, advinda de uma infração legal; também podendo aparecer antes ou posteriormente ao registro, provocando impeditivo às condições de elegibilidade" (cf. Carlos Mário da Silva Velloso e Walber de Moura Agra, Elementos de Direito Eleitoral cits., item 8.2, p. 166).

No mesmo teor é o entendimento de José Jairo Gomes, ao afirmar que "o cidadão poderá ostentar o **status** de elegível e inelegível, candidato, eleito, diplomado, agente público... o **status** de inelegível impõe restrições à esfera jurídica da pessoa, a qual não pode ser eleita; já o **status** de elegível confere-lhe o direito subjetivo público de disputar o certame e participar do governo. O **status** de candidato confere ao seu titular diversos direitos e deveres, tais como: realizar propaganda eleitoral, arrecadar recursos, não ser preso até 15 dias antes das eleições... ser diplomado se eleito, prestar contas à Justiça Eleitoral" (**in** Direito Eleitoral cit., cap. X, item 1.2, p. 167).

Sob outro prisma, "3. As condições de elegibilidade e as causas de inelegibilidade devem ser aferidas a cada eleição, na conformidade das regras aplicáveis ao pleito, não cabendo cogitar-se de coisa julgada, direito adquirido ou segurança jurídica (AgR – REspe 35.880/PI, rel. Min. Arnaldo Versiani, DJe de 27/05/2011)". Ver TSE, AgR – REspe 17.865/PI, relª Minª Nancy Andrighi, ac. publ. em sessão de 21/11/2012.

Não é demais lembrar que, "3. A teor da jurisprudência do TSE, as condições de elegibilidade e as causas de inelegibilidade são aferíveis no momento do registro de candidatura, sendo inoportuno antecipar juízo de valor sobre a matéria fora daquela sede" (TSE, RMS 15.090/RJ, relª Minª Luciana Lóssio, DJe – 225, 28/11/2014, p. 59). Com razão, este é o entendimento da Alta Corte Eleitoral (cf., p. ex., REspe 22.832/SP, relª Minª Laurita Vaz, DJe – 146, 02/08/2013, p. 91; REspe 32.209/SP, rel. Min. Joaquim Barbosa, ac. publ. em sessão de 06/11/2008).

Capítulo 5

5.1 – Do Período de Propaganda Eleitoral

O *período* da campanha eleitoral está previsto no artigo 240, **caput** e par. único, do Código Eleitoral e no art. 36, **caput** e §§ 1º a 5º, da Lei das Eleições. Vale notar que tais artigos (240 e 36) têm novas redações dadas, respectivamente, pelos artigos 4º e 2º da Lei nº 13.165, de 29/09/2015. Nesse lapso temporal, que sucede ao período das convenções partidárias, divulgam-se as ideias e os programas dos candidatos ao próximo certame eleitoral.

Não se vai cuidar aqui da *propaganda partidária*, a qual pode ser divulgada a qualquer tempo (CF, art. 17, § 3º; LPP, arts. 45 a 49; ResTSE 21.983, Cta 1.132/DF, rel. Min. Peçanha Martins, DJ, 01/04/2005, p. 158), exceto nos anos de eleições, a partir de 16 de agosto (§ 2º do art. 36 da LE com a redação dada pelo art. 2º da Lei nº 13.165, de 2015). Ou por outra, a Lei nº 9.096/1995 – denominada Lei dos Partidos Políticos – proíbe expressamente a *divulgação de propaganda de candidatos a cargos eletivos* e à defesa de *interesses pessoais* e de *outros partidos* (art. 45, inc. III).

Nem da *propaganda intrapartidária*, realizada pelos futuros candidatos, com início na quinzena anterior às convenções (LE, art. 36, § 1º), que "deverão ser feitas no período de 20 de julho a 5 de agosto do ano em que se realizarem as eleições" (**caput** do art. 8º da LE com a redação dada pelo art. 2º da Lei nº 13.165/2015).

Na lúcida observação do ilustre Edson de Resende Castro, a propaganda em questão, "que de propaganda eleitoral nada tem, pois não se dirige ao eleitor. Dirige-se, ao revés, aos convencionais do partido, ou seja, aqueles que têm, segundo os estatutos do partido, direito a voto na convenção" (Teoria e Prática do Direito Eleitoral 5ª ed., Del Rey, 2010, cap. III, seç. II, p. 235).

Por certo, sendo "realizada propaganda antes da convenção partidária visando a atingir não só os membros do partido, mas também os eleitores em geral, caracteriza propaganda eleitoral antecipada, que atrai a aplicação da multa prevista no art. 36, § 3º, da Lei das Eleições" (**vide** TSE, AgR - REspe 26.136/RN, rel. Min. Gerardo Grossi, DJ, 12/02/2008, p. 7, grifou-se).

Convém lembrar, nesta altura, que a propaganda realizada durante a campanha eleitoral, que também tem *período delimitado*, como visto acima, é aquela destinada a obter o voto do eleitor no certame que se avizinha. Além do mais, não é necessário o deferimento do registro da candidatura ao cargo eletivo para participar da campanha, basta protocolar, no prazo, o pedido na Justiça Eleitoral (LE, arts. 16-A e 16-B).

Na síntese elaborada por Dorival Renato Pavan, que contém clareza solar, diz esse autor: "O que caracteriza a propaganda partidária é a divulgação genérica e exclusiva do programa ou das propostas do partido político (vedada, como se viu, a divulgação de propaganda dos candidatos a cargos eletivos e a defesa de interesses pessoais ou de outros partidos), no bojo da qual não pode haver menção de nomes ou veiculação de plataformas políticas de pré-candidato. Outra característica é a de que não será divulgada no segundo semestre do ano em que houver eleição" (**in** Propaganda Eleitoral cit., nº 2.1, p. 28).

Aí estão, pois, as diferenças entre os principais tipos de propaganda (relativas ao partido político, à convenção partidária e ao candidato à eleição).

Oportuno lembrar, por fim, que já foram estudados os princípios informadores da *propaganda política* (item 1.5) e, em especial, os da *propaganda eleitoral* (item 1.7).

5.2 – Da Propaganda Eleitoral Antecipada

A propaganda eleitoral antecipada tem por escopo adiantar a captação de votos, isto é, antes de iniciar a propaganda permitida, conforme dispõe o art. 36 da Lei das Eleições (com a nova redação dada pelo art. 2º da Lei nº 13.165, de 2015). Tal proibição alcança a todos, especialmente os futuros candidatos, partidos políticos, coligações, dirigentes partidários, filiados ou simpatizantes. Pela amplitude da proibição estabelecida, cuidou-se de limitá-la no dispositivo seguinte (art. 36-A também com a nova redação da Lei nº 13.165/2015), tendo por objetivo de facilitar a sua aplicação aos casos concretos. Daí a razão de ter-se cuidado, ainda que por alto, da irregularidade no item 1.2 sobre o tempo da propaganda.

Importa destacar, neste passo, que a representação por propaganda antecipada prescinde da escolha do seu beneficiado em convenção partidária. Nesse teor há um elucidativo aresto, com as ementas seguintes: "3. O entendimento do TRE está em harmonia com a jurisprudência do TSE no sentido de que, para configurar a realização de propaganda eleitoral antecipada, não se exige pedido expresso de votos, basta a divulgação das razões que levem o eleitor à conclusão de que o pré-candidato é o mais apto para ocupar o cargo em disputa. 4. Segundo já consignado pelo TSE, 'a configuração de propaganda eleitoral antecipada independe da distância temporal entre o ato impugnado e a data das eleições ou das convenções partidárias de escolha dos candidatos' (R - Rp nº 1.406/DF, rel. Min. Joelson Dias, julgado em 6.4.2010)." Confronte-se com o AgR - AI 12.426/MG, rel. Min. Gilmar Mendes, DJe - 202, 23/10/2015, p. 56.

Diante da possibilidade de se realizar propaganda "implícita ou subjacente ao discurso", como visto no acórdão acima, bem adverte José Jairo Gomes: "É árdua a identificação da propaganda antecipada subliminar" (**in** Direito Eleitoral cit., cap. XVI, item 4. 2, p. 398). Realmente, a mensagem liminar é sempre direta e objetiva, enquanto a subliminar não é direta e nem explícita, busca-se nas entrelinhas ou se faz por associação de ideias. "O que importa é que, antes do período permitido, o postulante se lançou candidato e comportou-se como se o fosse, desequilibrando a disputa" (cf. Alberto Rollo, Eleições no Direito Brasileiro cits., item 13.2.1.12, p. 159).

Conclui-se, pois, que a propaganda de *pré-candidato* (= futuro candidato, candidato a candidato ou pretenso candidato) é ilegal, por ter início antes do dia previsto para a partida - também chamada *antecipada*, prematura, extemporânea ou fora da época -, não importando *o momento* em que ela se verificou (ResTSE 20.507, Cta 559/DF, rel. Min. Costa Porto, DJ, 27/12/1999, p. 2); quer dizer, "independente da distância temporal entre o ato impugnado e a data das eleições ou das convenções partidárias de escolha dos candidatos" (**v.** TSE, R - Rp 1.406/DF, rel. Min. Joelson Dias, DJe, 10/05/2010, p. 28).

Por isso, uma cartilha louvando as realizações do Governo Federal - sem objetivo de orientação educacional -, e comparando-as com aquelas da administração anterior, configura *propaganda extemporânea* (TSE, Rp 875/DF, rel. Min. José Augusto Delgado, DJ, 12/09/2006, p. 148).

Não discrepa do entendimento desse julgado, outro relativo à distribuição de encarte especial, em jornal de ampla circulação, divulgando as ações de governo e de entrevista com o então governador, que se coloca como candidato à reeleição, informando como pretende realizar suas futuras ações políticas (TSE, AgR - AI 7.501/SC, rel. Min. Gerardo Grossi, DJ, 16/03/2007, p. 210).

Ainda no mesmo teor, considerando *propaganda antecipada*, o boletim ou jornal informativo de partido político com menção a circunstâncias eleitorais, que conduzem o eleitor a considerar apto para as funções públicas eletivas um determinado político (TSE: AgR - AI 4.806/SP, rel. Min. Carlos Velloso, DJ, 11/03/2005, p. 134; AgR - REspe 20.507, rel. Min. Eros Grau, DJ, 26/03/2009).

Sem divergir, decidiu-se ainda que "Sorteio de prêmios, em ano eleitoral, para incentivar pagamento de IPTU, infringe a norma do art. 73, VI, *b*, da Lei nº 9.504/93" (TSE, AgR - REspe 25.762.255, relª Minª Cármen Lúcia, DJe - 142, 04/08/2014, p. 45).

Igualmente, há outros casos merecedores de destaque sobre o tema, "O desvirtuamento da conduta de jornais e demais veículos de imprensa escrita, em relação a pleitos eleitorais, poderá caracterizar propaganda eleitoral antecipada favorável a terceiro, e passível da multa prevista no art. 36, § 3º, da Lei nº 9.504/97" (TSE, REspe 21.656/RP, rel. Min. Peçanha Martins, DJ, 15/10/2004, p. 94, grifou-se).

Em julgamento bem recente, exigindo exame aprofundado da questão fático-jurídica, ficou assentado que "2. Caracteriza propaganda eleitoral antecipada, vedada pelo art. 36 da Lei nº 9.504/97, e capaz de causar desequilíbrio, a veiculação de propaganda institucional com claro propósito de identificar programas da instituição, no caso a Caixa Econômica Federal, com programas de governo" (**v.** TSE, AgR - Rp 14.392/DF, rel. Min. Gilmar Mendes, DJe - 161, 29/08/2014, p. 116).

Infere-se dos casos supracitados que, nas mais das vezes, a propaganda antecipada é direcionada ao eleitor de maneira subliminar (subentendida, oculta ou não explícita). Este quase não a percebe, porque tal mensagem atua no seu inconsciente.

A propósito, com mais extensão, a propaganda subliminar já foi anotada no item 4.1 do capítulo 4.

Complexa, pois, a tarefa de identificar, nessa zona cinzenta, a linha divisória entre a mera promoção pessoal e a campanha eleitoral antecipada. Fazer proselitismo tem amparo constitucional (arts. 5º, incs. IV e IX, e 220, **caput** e § 2º). Logo, a promoção pessoal deve ser desvinculada totalmente do contexto eleitoral, isto é, da aptidão ao exercício do cargo eletivo em disputa próxima.

Portanto, "A fim de verificar a existência de propaganda subliminar, com o propósito eleitoral, não deve ser observado tão somente o texto dessa propaganda, mas também outras circunstâncias, tais como imagens, fotografias, meios, número e alcance da divulgação" (cf. TSE, REspe 19.905/GO, rel. Min. Fernando Neves, DJ, 28/08/2003, p. 128).

Convém assinalar, ademais, que "4. A propaganda eleitoral antecipada por meio de manifestações dos partidos políticos ou de possíveis futuros candidatos, na **internet**, somente resta caracterizada quando há propaganda ostensiva, com pedido de voto e referência à futura candidatura, ao contrário do que ocorre em relação aos outros meios de comunicação social nos quais o contexto é considerado" (TSE, REspe 2.949/RJ, rel. Min. Henrique Neves, DJe - 157, 25/08/2014, p. 165, sem grifo no texto original).

Questão interessante foi enfrentada pelo egrégio Tribunal Regional Eleitoral do Rio de Janeiro, sobre propaganda subliminar, em que se configurou propaganda antecipada, mediante a utilização de grande número de faixas (+ de 30), com a expressão "Sou Fiel" (logomarca), sem indicação expressa do nome do candidato, cargo pretendido e pedido de voto. "Assim, tem-se que a inclusão de expressão vinculada ao nome do pretenso candidato em cartazes afixados em diversos pontos da cidade mostra-se apta a desequilibrar a disputa do pleito, colocando em evidência a imagem do recorrente em desfavor dos demais participantes do certame, tornando-se, assim, induvidosa, a propaganda eleitoral extemporânea". No caso, também, considerou-se a reiteração, ou seja, cada autuação por uso irregular de propaganda ordenada pelo juiz da fiscalização, arredando-se a arguição de **bis in idem** (v. TRE/RJ, Ac. 34.962, RE 4.730, relª Juíza Jacqueline Monteiro, ac. publ. em sessão de 14/08/2008).

5.3 – Dos Casos que Não Devem Ser Considerados como Propaganda Eleitoral Antecipada

Não deve ser considerada *propaganda eleitoral antecipada* os casos previstos nos incisos I a IV do art. 36-A da Lei das Eleições, com as redações dadas pelas posteriores Leis ns. 12.034/2009, 12.891/2013 e 13.165/2015.

Conforme o inc. I da art. 36-A, com a redação dada pela mencionada Lei nº 12.891/2013, não se considera propaganda antecipada "a participação de filiados a partidos políticos ou de pré-candidatos em entrevistas, programas, encontros ou debates no rádio, na televisão e na internet, inclusive com a exposição de plataformas e projetos políticos, observado pelas emissoras de rádio e televisão o dever de conferir o tratamento isonômico" (sem grifo no texto original)

Este tratamento isonômico, entretanto, que se configura num *conceito geral e abstrato*, fica a critério da emissora. Para Karl Larenz, "a *este* sistema não corresponde um valor de conhecimento, mas chega mesmo a constituir um obstáculo a uma compreensão conforme ao sentido das instituições e princípios fundamentais da ordem jurídica. Mas como meio de orientação é completamente indispensável na aplicação do Direito. Sem tal sistema, aquele que procura a norma 'adequada' a uma situação 'dada', teria de proceder por tentativas sem um ponto de apoio" (**v.** Metodologia da Ciência do Direito, 1ª ed., Gulbenkian, Lisboa, 1978, parte II, cap. II, item 3, letra *a*, p. 308).

Tem razão Marcos Ramayana ao afirmar: "Na prática, a cobertura da notícia desse evento acabará sendo amplamente divulgada restando quase impossível a caracterização da antecipação da propaganda" (**in** Direito Eleitoral cit., item 12.4.2, p. 569).

Nos termos do inc. III do art. 36-A (alterado pelo art. 3º da Lei nº 12.891/2013 e depois pelo art. 2ª da Lei nº 13.165/2015), ficará afastada a possibilidade de se considerar como *propaganda antecipada* a realização e a divulgação das *prévias partidárias* (ou prévias para escolha de candidato a candidato) pelos instrumentos de comunicação intrapartidária e pelas redes sociais. É vedada, todavia, a transmissão ao vivo por emissoras de rádio e televisão das *prévias partidárias* (§§ 1º a 3º do art. 36-A, acrescidos pela art. 2º da Lei nº 13.165/2015). Como tais normas referem-se a um *ato partidário* que antecede à *convenção*, seu estudo já foi incluído no item 2.3 sobre a *propaganda intrapartidária*.

Para a perfeita interpretação desses casos específicos, que estão insertos na Lei das Eleições (art. 36-A, incs. I a IV), convém proceder-se à leitura de elucidativo e minucioso aresto do colendo Tribunal Superior Eleitoral (AgR – Rp 20.574/DF, rel. Min. Felix Fischer, DJe, 11/05/2010, p. 31).

Levando em conta todos esses casos que não configuram propaganda antecipada, porque *especificados* na Lei das Eleições (art. 36-A, incs. I a VI, com a redação dada pelo art. 2º da Lei nº 13.165/2015), Marino Pazzaglini Filho conclui, acertadamente, que "meros atos de promoção pessoal e de proselitismo político, como a divulgação de feitos, ações e pensamentos dos eleitores, que, posteriormente, são indicados à disputa de mandato eletivo, sem referência às eleições próximas, anteriores a 6 de julho... não se confundem com propaganda antecipada" (**in** Eleições Gerais 2010, 1ª ed., Atlas, item 5.1, p. 59). Com igual compreensão das normas em comento, há precedente bem atual da egrégia Corte Superior (R – Rp 172.217/DF, rel. Min. Joelson Dias, DJe – 033, 16/02/2011, p. 52).

Ainda para melhor entendimento da alteração legislativa aludida, convém trazer a observação de Joel José Cândido: "Não temos dúvidas de que este art. 36-A veio para corrigir duas situações. A primeira, legalizar a prática desses atos, comuns de parte de quase todos os partidos e candidatos, uns mais, outros menos, exercidos em todas as eleições. O legislador quer deixar o processo eleitoral menos proibitivo e repressivo, no que está com absoluta razão. Na segunda situação, o segundo objetivo da norma é igualar, na medida do possível, na prática, as eleições. Principalmente nas eleições para presidente e governador, tudo o que está assegurado, nestes quatro incisos, é feito, há anos, sem maiores reprimendas" (**in** Direito Eleitoral Brasileiro, cap. XVI, item 16.9, págs. 510-1).

Na esteira da interpretação retro, diferenciando promoção pessoal da promoção eleitoral, as *situações fático-jurídicas* têm merecido soluções menos rigorosas do que a interpretação literal acerca das normas gerais. De fato, quando as normas especiais (arts. 36-A e 36-B) opõem-se às gerais (art. 36, **caput** e §§ 1º e 2º), cabe aplicar aquelas, como proclamam vários julgamentos dos pretórios de causas eleitorais.

De fato, o colendo Tribunal Superior Eleitoral decidiu que "2. A exaltação de atos de governo sem qualquer referência a pleito futuro configura mera prestação de contas à sociedade, o que não se confunde com a propaganda eleitoral extemporânea" (**vide** Rp 65.257/DF, relª Minª Luciana Lóssio, ac. publicado em sessão de 05/08/2014; igual, R – RP 176.381/DF, rel. Min. João Otávio de Noronha, DJe – 157, 25/08/2014, p. 167).

De outra feita, o Tribunal Superior proclamou que, conforme dispõe o inc. I do art. 36-A da Lei nº 9.504/1997, "não será considerada propaganda eleitoral antecipada a participação de pré-candidato em entrevista no rádio, 'inclusive com a exposição de plataformas e projetos políticos', sendo vedado apenas o pedido de votos" (AgR – REspe 12.061/SP, rel. Min. Henrique Neves, DJe – 200, 17/10/2013, p. 23).

Entendendo da mesma forma, a Alta Corte referida também se manifestou da forma seguinte: "Não configura propaganda eleitoral antecipada a veiculação, em sítio da **internet**, de matéria voltada ao lançamento de candidatura própria ao cargo de Presidente da República por certo partido" (R – Rp 132.118/DF, rel. Min. Marco Aurélio, ac. publ. sessão de 10/08/2010).

Decidiu-se, igualmente, que não viola a regra do art. 36 da Lei das Eleições a distribuição de exemplares do Código de Trânsito, em cuja capa está estampada a fotografia de um futuro candidato, sem nenhuma menção a quaisquer circunstâncias político eleitorais. Argumentou-se, na oportunidade, que não havia um apelo direto para o convencimento do eleitor (**v.** TSE, REspe 15.234/CE, rel. Min. J. Eduardo Rangel de Alckmin, DJ, 04/09/1998, p. 57). E mais, a "veiculação de notícia com claro propósito informativo, antes do período de campanha, pelo governador que renunciou ao cargo, sem pedido de voto, de menção ao próximo pleito ou a candidatura futura, não configura propaganda antecipada" (TSE, R – Rp 40.627/DF, rel. Min. Gilmar Mendes, ac. publ. em sessão de 01/08/2014).

Segue neste diapasão, ainda, um acórdão que pode ser sintetizado na forma adiante: "Distribuição de calendários, contendo fotografia de parlamentar e mensagens, semelhantes aos enviados em anos anteriores, não configura propaganda subliminar" (cf. TSE, REspe 15.273/AP, rel. Min. Néri da Silveira, DJ, 07/04/2000, p. 126). De igual teor há outro julgado para se lembrar (cf. TSE, REspe, 15.307/MA, rel. Min. Eduardo Ribeiro, DJ, 24/03/2000, p. 124).

Além do mais, a distribuição de tabloide, contendo fotografia do deputado, ao lado de autoridades, e noticiando as suas atividades parlamentares, não infringe a Lei das Eleições (cf. TSE, AI 1.858/MG, rel. Min. Eduardo Ribeiro, DJ, 24/03/2000, p. 122).

Entre os exemplos mais significativos, impende lembrar: "Entrevista no rádio pelo prefeito, declarando voto, no dia da eleição, não configura crime eleitoral previsto no art. 39, § 5º, da Lei nº 9.504/97. A simples declaração indireta de voto, desprovida de qualquer forma de convencimento, de pressão ou de tentativa de persuasão, não constitui crime eleitoral" (cf. TSE, REspe 485.993/AM, rel. Min. Marcelo Ribeiro, DJe – 95, 22/05/2012, p. 112).

No mesmo teor, mas sob motivo diverso, decidiu-se que não caracteriza propaganda eleitoral antecipada a entrevista de pré-candidato à reeleição esclarecendo à população as ações de governo, <u>sem pedido de votos</u> (TSE, R – Rp 23.825/DF, rel. Min. Tarcísio de Carvalho Neto, DJe – 155, 21/08/2014, p. 80, grifei).

Ainda seguindo essa diretriz, declarou-se que não configura propaganda eleitoral antecipada a entrevista de pré-candidato à reeleição com a exposição de plataformas e projetos políticos, <u>sem fazer</u>

pedido de votos (cf. TSE, AgR - REspe 12.061/SP, rel. Min. Henrique Neves, DJe - 200, 17/10/2013, p. 23, grifei).

Consequentemente, inexistindo pedido de votos, não há falar em propaganda antecipada (cf., **verbi gratia**, TSE: AgR - REspe 387.512/AM, rel. Min. Arnaldo Versiani, DJe, 12/08/2011, p. 71; AgR - REspe 251.287/AM, relª Minª Nancy Andrighi, DJe, 10/08/2011, p. 63, sem grifo no original).

Mas, como adverte o ilustrado José Jairo Gomes, "embora seja ilícito o uso na propaganda de 'símbolos, frases ou imagens' de entes da Administração direta e indireta [art. 40 da LE], não há irregularidade em o candidato apresentar 'as realizações do seu governo', pois isso é inerente à natureza do debate envolvido na disputa eleitoral e desenvolvido na propaganda" (**in** Direito Eleitoral cit., cap. XVI, nº 4.1, p. 395, com inserção; TSE: Rp 1.098/DF, rel. Min. César Asfor Rocha, DJ, 20/04/2007, p. 223; RCED 698/TO, rel. Min. Felix Fischer, DJe - 152, 12/08/2009, p. 28).

Da mesma forma não é irregular, porque atípica, "a conduta de utilizar na propaganda eleitoral palavra também contida em propaganda institucional" (TSE, HC 355.910/RN, rel. Min. Marcelo Ribeiro, DJe, 26/08/2011, p. 306).

Por fim, "A utilização de determinada cor durante a campanha eleitoral não se insere no conceito de símbolo, nos termos do art. 40 da Lei nº 9.504/1997" (TSE, REspe 26.380/GO, rel. Min. Marcelo Ribeiro, DJ, 05/06/2008, p. 30).

Procurando sintetizar os vários casos encontradiços na jurisprudência lembre-se, **en passant**, a decisão seguinte: "Considerando que a propaganda não se utilizou de símbolos, frases ou imagens associadas a órgãos de governo, não há falar em violação ao art. 40 da Lei nº 9.504/97" (olhar TSE, AgR - REspe 206.046/CE, relª Minª Luciana Lóssio, DJe - 148, 12/08/2014, p. 110).

Em sentido contrário, para o bom entendimento dos arestos indicados acima, cabe transcrever parte de um acórdão: "configura propaganda eleitoral antecipada qualquer manifestação que, previamente aos três meses anteriores ao pleito e fora das exceções previstas neste artigo [36-A], leve ao conhecimento geral, ainda que de forma dissimulada, a candidatura, mesmo que somente postulada, a ação política que se pretende desenvolver ou as razões que levem a inferir que o beneficiário seja mais apto para a função pública" (**vide** TSE, R - Rp 1.406/DF, rel. Min. Joelson Dias, DJe, 10/05/2010, p. 28, com inserção entre colchetes).

É oportuno salientar, em sequência, que "Nem sempre será o candidato o promovente da propaganda extemporânea, principalmente nas grandes campanhas, em que há a figura do 'coordenador de campanha', além dos simpatizantes da candidatura e 'cabos eleitorais' que às vezes realizam atos de propaganda por conta e risco. Embora essa propaganda... possa produzir efeitos negativos em relação ao futuro candidato (como no caso de abuso do poder, por exemplo), a multa aqui prevista só lhe será aplicada se ficar demonstrado o seu prévio conhecimento" (cf. Edson de Resende Castro, Teoria e Prática do Direito Eleitoral cit., tít. II, cap. III, seç. I, p. 226, sem destaque no original). Em hipótese contrária (= desconhecimento da irregularidade pelo candidato que se beneficia do ato), somente ao responsável pela propaganda poderá ser imposta a multa do prevista no § 3º do art. 36 da Lei das Eleições.

Aliás, em propaganda divulgada por outdoor, na maneira antecipada, decidiu-se já fica sinalizado o prévio conhecimento do beneficiário da irregularidade, ou seja, é forte o indício (**v.** TSE, REspe 26.262/MG, rel. Min. Carlos Ayres Britto, DJ, 01/06/2007, p. 247, grifei).

Importa salientar, por último, que alguns ocupantes de cargos públicos, quando convocarem redes de radiodifusão para divulgar alguns atos proibidos, tal transmissão será considerada propaganda antecipada, nos termos do art. 36-B da Lei das Eleições, acrescentado pelo art. 3º da Lei nº 12.891, de 2013.

Capítulo 6

6.1 – Da Propaganda Eleitoral em Geral

A propaganda eleitoral está regulada, de uma forma geral, pela Constituição Federal (arts. 5º, incs. IV e IX, e 220, **caput** e seu § 2º), pela Lei de Inelegibilidade (arts. 1º e 22, **caput**) pela Lei das Eleições (arts. 36 a 41-A, 79 e 81), pela Lei dos Partidos Políticos (art. 44, inc. III, 2ª parte, e 45 a 49), pelo Código Eleitoral (arts. 240 a 256), pelas Resoluções do Tribunal Superior Eleitoral, nos termos do **caput** do art. 105 da Lei das Eleições, bem como do par. único do art. 1º e do inc. IX do art. 23 ambos do Código Eleitoral e, ainda, pelas respostas às consultas sobre matéria eleitoral, em tese (= descabido pronunciamento antecipado sobre o caso concreto), aos Tribunais Eleitorais conforme prescrevem os arts. 23, XII, e 30, VIII, os dois do Código Eleitoral. Vale frisar, ainda, que a cabeça do art. 36 da LE e os arts. 41-A, I, 44, I, V, VI, VII, § 5º, § 5º-A e § 7º da LPP, têm novas redações e acréscimos dados, respectivamente, pelos arts. 2º e 3º da Lei nº 13.165, de 29/09/2015.

Além das normas supracitadas, aplicam-se igualmente, por *analogia*, os preceitos semelhantes do ordenamento jurídico – que justificam o tratamento idêntico –, conforme permite a Lei de Introdução às Normas do Direito Brasileiro (art. 4º). Deveras, numa hipótese em que se tentou provocar uma causa de impedimento judicial (LE, art. 95), protegeu-se a boa-fé processual (CPC, art. 77, inc. II), e combateu-se o abuso de direito (CC, art. 187), com a aplicação, por *analogia*, do par. único do art. 20 do Código Eleitoral (**v.** TSE, AgR – AI 8.310/PA, rel. Min. Gilmar Mendes, DJe – 202, 23/10/2015, p. 55).

Desta forma, o último fundamento de validade referente à propaganda eleitoral repousa em normas constitucionais. Bem se houve Hans Kelsen quando afirmou que "O facto de uma norma pertencer a uma determinada ordem normativa baseia-se em que o seu último fundamento de validade é a norma fundamental dessa ordem. É a norma fundamental que constitui a unidade de uma pluralidade de normas enquanto representa o fundamento de validade de todas as normas pertencentes a essa ordem normativa" (**in** Teoria Pura do Direito cit., cap. V, nº 34, letra *a*, p. 269).

No entanto, para compatibilizar o *princípio da liberdade de expressão* com o *princípio da igualdade*, entre os adversários nos certames eleitorais, a tarefa é árdua, especialmente durante a campanha que lhe é inseparável. Diante da necessidade de se conter abusos inevitáveis, a legislação deve compatibilizar as situações antagônicas, para que as normas relativas à propaganda eleitoral tenham um funcionamento isonômico e saudável.

Surge, neste ponto, questão de se conciliar as situações que, em princípio, apresentam-se contrárias. Sem embargo da proibição da censura prévia (CF, arts. 5º, inc. IX, e 220, § 2º; LE, art. 53, **caput**), deve-se conter o frequente e nocivo *abuso de direito* na propaganda política (CF, arts. 5º, inc. XXXIV, alínea *a*, e 14, § 9º; LE, art. 53, §§ 1º e 2º; CC, art. 187), mediante uma valoração axiológica do exercício desse direito (LINDB, art. 5º).

Daí que nessa *propaganda eleitoral* divulgada na ocasião própria, o seu procedimento está sujeito a restrições, quando realizado, **verbi gratia**, (i) nos lugares proibidos, quais sejam, (a) nos bens de domínio nacional e nos de uso comum dos povo, p. ex., terrenos e edifícios das pessoas jurídicas de direito público interno e autarquias, logradouros públicos, rios, mares, estradas, ruas, avenidas, pontes, viadutos, passarelas, calçadas, postes de iluminação, sinalização de tráfico, paradas de ônibus e outros equipamentos públicos; e (b) nos bens em cujo uso dependa de cessão ou permissão do referido poder público, como tubulações de água destinada à população, torres para sustentação dos cabos de energia elétrica também à população, torres para transmitir sinais de rádio e televisão aos receptores e ainda torres para transmitir correntes eletromagnéticas de telefones sem fio, ônibus tanto na parte externa como interior desses coletivos, inclusive nas suas janelas, peruas de fretamento para transporte de pessoas, serviços de táxi ou de lotação, caminhões para coleta de lixo e para conservação de logradouros públicos e outros equipamentos urbanos; (ii) nos bens particulares de uso comum, elucidando, cinemas, teatros, museus, escolas, supermercados, centros comerciais, lojas, clubes, templos, ginásios, arenas, estádios, ainda que de propriedade privada (LE, art. 37, § 4º); (iii) nos bens particulares, de uso exclusivo dos seus proprietários, possuidores e detentores, como tais os edifícios, terrenos, quintais, prédios, apartamentos, casas, lojas, galpões, muros, cercas, tapumes, paredes etc., apesar de permitida, necessitam da autorização dos seus donos e dos seus possuidores, inclusive locatários, mas ainda é proibido o pagamento às pessoas aludidas em troca do espaço para tal finalidade (LE, art. 37, §§ 2º e 8º; ResTSE 24.404, art. 12, **caput** e § 2º, grifou-se). Sem influência para essa observação, note-se que o **caput** do art. 37 e seu § 2º têm nova redação dada pelo art. 2º da Lei nº 13.165/2015.

Para *coibir* a propaganda irregular, cabe a *reclamação*, prevista no art. 40-B, **caput** e seu par. único, da Lei das Eleições (redação da Lei nº 12.034/2009), *até a realização do pleito*, como já entendeu a jurisprudência anterior ao dispositivo aludido (**v.** TSE, AgR – REspe 28.014/SP, rel. Min. Caputo Bastos, DJ, 05/10/2007, p. 133, grifei), ao depois reiterada (p. ex., TSE, R – Rp 1.406/DF, Min. Joelson Dias, DJe, 10/05/2010, p. 28; TSE, R – Rp 189.711/DF, Min. Joelson Dias, DJe – 91, 11/05/2011, p. 52).

Explicitando o texto do art. 40-B, **caput** e par. único, da Lei das Eleições em foco, o ilustrado Olivar Coneglian afirma "que a representação relativa à propaganda irregular deve ser instruída com prova da autoria ou, ao menos, do prévio conhecimento do beneficiário, caso não seja ele o responsável. Em geral, o beneficiário é o candidato, podendo também ser o partido ou a coligação. Ao apresentar uma representação sobre propaganda irregular, o autor (candidato, partido, coligação ou Ministério Público) deve, desde já, apresentar uma prova de autoria da propaganda ou, então, uma prova do prévio conhecimento do beneficiário. O parágrafo único esclarece um ponto, que é o conhecimento do beneficiário sobre sua própria propaganda irregular... Nesse caso, o candidato deve ser intimado para retirar a propaganda, no prazo de 48 horas. Se ele fizer isso, está estancado o processo. Mas se ele não o fizer, então o processo continua, para aplicações das sanções" (**in** Propaganda Eleitoral, 10ª ed., Juruá, 2010, nº 255.c, p. 353).

Convém frisar, finalmente, que as ditas normas gerais de propaganda eleitoral disciplinam a conduta individual dos candidatos, dos partidos políticos, das coligações, dos dirigentes partidários, dos cabos eleitorais e ainda de quaisquer pessoas que pratiquem atos de propaganda em benefício dos primeiros. Dessas condutas estão excluídas apenas "as manifestações individuais e silenciosas" de preferência pelos envolvidos na disputa dos votos.

6.2 – Do Poder Normativo do TSE

A Corte Superior pode *expedir* instruções ou *resoluções*, com *força de lei ordinária* (Código Eleitoral, arts. 1º, par. único, e 23, incs. IX e XVIII; Lei das Eleições, art. 105, este com a redação dada pelo **caput** do art. 3º da Lei nº 12.034/2009), como já mencionado no final do item 1.1. Consolidando a legislação, as resoluções têm grande efeito prático, especialmente no curso do *processo eleitoral*.

Essas resoluções possuem caráter normativo e, assim, não podem dispor contra as leis. Mas, como atos normativos em tese, aplicam-se como orientadores de alguma situação jurídica envolvendo qualquer pessoa (**v**. STF, Pleno, RMS 21.185/DF, rel. Min. Moreira Alves, DJ, 22/02/1991, p. 1.259).

Já na lição de Paulo Henrique dos Santos Lucon e José Marcelo Menezes Vigliar, fundada em precedente do Tribunal Superior, "Referidas resoluções possuem, em matéria eleitoral, força de lei ordinária (TSE, Boletim Eleitoral, 13/15), sendo certo que a sua violação dá ensejo, quando em comparação com as normas eleitorais, à interposição de recurso especial eleitoral" (cf. Código Eleitoral Interpretado, 2ª ed., Atlas, 2011, art. 1º, nota 3, p. 2).

Discorrendo sobre a chamada função normativa de Justiça Eleitoral, o Professor Erick Wilson Pereira afirma que tal atribuição não decorre diretamente da Carta da República, mas provém "de lei complementar que autoriza o exercício pleno desta função que se iguala a legislar em matéria que se encontre no âmbito do Código Eleitoral e da Lei das Eleições". Lembra o autor, ainda, que o descumprimento de resolução desafia o recurso especial. A seguir, ele traz à colação o preclaro Victor Nunes Leal (Problemas de Direito Público, 1ª ed., Forense, 1960, cap. VII, nº 15, págs. 216-7) o qual assinala: "nesse poder normativo, que nada mais é do que uma função ínsita ao Judiciário Eleitoral, apenas há um pressuposto de validade e eficácia: manter obediência às normas ordinária e complementar, assim como à Constituição, haja vista ser hierarquicamente inferior e, portanto, não poder confrontá-las" (**in** Direito Eleitoral - Interpretação e Aplicação das Normas Constitucionais-Eleitorais cit., item 1.1.3.1, p. 41).

Aplicando os dispositivos legais que permitem a expedição de *instruções* e *resoluções*, há precedentes reiterados do colendo Tribunal Superior Eleitoral (p. ex., REspe 1.943/RS, rel. Min. Pena e Costa, ac. publ. em sessão de 10/07/1952; MS 3.738/DF, rel. Min. Joaquim Barbosa, DJe, 31/03/2009, p. 34).

Ainda não é tudo. As respostas às consultas sobre matéria eleitoral em tese (CE, arts. 23, XII, e 30, VIII), também possuem caráter normativo para a Justiça Eleitoral, como admite o colendo Tribunal Superior Eleitoral (AgR - MS 3.119/RJ, rel. Min. Barros Monteiro Filho, DJ, 09/05/2003, p. 165). Portanto, respondendo às consultas, os Tribunais Eleitorais evitam a propositura de ações nessa Justiça Especializada.

Além da matéria de direito a ser apreciada e da legitimidade para postular a consulta (CE, arts. 23, XII, e 30, VIII), a pergunta formulada tem a sua tramitação disciplinada no Regimento Interno do Tribunal Superior de Justiça (arts. 8º, alínea *j*, e 55, §§ 1º e 2º), bem como nos regimentos internos das Cortes Regionais.

Consequentemente, as indagações devem ser formuladas tão somente no que tange ao direito em tese, dado que os tribunais "não conhecem de consulta sobre casos concretos, pois haveria a supressão de graus de jurisdição e violação ao devido processo legal, cuja tramitação deflui na via cognitiva natural" (cf. Marcos Ramayana, Direito Eleitoral cit., item 25.3.5, p. 1.098; ResTSE 22.699, Cta 1.501/DF, rel. Min. Carlos Britto, DJ, 10/03/2008, p. 16; TSE, PA 56.652/SC, relª Minª Luciana Lóssio, DJe - 207, 04/11/2014, p. 153).

Ademais, o "questionamento formulado pelo consulente" deve conter "especificidade necessária, de modo a permitir preciso enfrentamento da questão", evitando "suposições e interpretações casuísticas" (cf. ResTSE 23.135, Cta 1.718/DF, rel. Min. Arnaldo Versiani, DJe - 198, 19/10/2009, p. 49).

Sob outro enfoque, "Para ser conhecida, a consulta pressupõe uma dúvida plausível quanto ao alcance do preceito legal" (TSE, Cta 43.344/DF, relª Minº Luciana Lóssio, DJe - 118, 01/07/2014, p. 60).

Conforme preleciona Antônio Tito Costa, "Quando o Tribunal Superior Eleitoral fixa determinada diretriz, ao responder às consultas, essa decisão ganha, na Justiça Eleitoral, força de coisa julgada. Argumentar-se-á com a falta de caso concreto. O TSE decide em tese. Mas decide diante das partes - o consulente e, de qualquer forma, o Ministério Público, como parte integrante do TSE, opinando sobre todas as questões atinentes ao julgamento da corte eleitoral. O pronunciamento do Ministério Público formará o contraditório [CE, art. 24, II, III e IV]. Portanto, fazendo coisa julgada material, quer pela preclusão, quer pela própria decisão. Os prazos são preclusivos, exceto quando houver matéria constitucional [CE, art. 259]. A decisão faz lei em relação à parte interessada" (**in** Recursos em Matéria Eleitoral cits., item 3.11, págs. 77-8, com inserções, em colchetes, substituindo as notas de rodapé ns. 57 e 58).

Por tudo isso, a prévia resposta sobre questão de direito dá maior segurança jurídica, que decorre dum conjunto de normas estáveis e previsíveis quanto aos seus efeitos.

De resto, cumpre assinalar que a consulta, quando dirigida ao Tribunal Superior Eleitoral, poderá ser recebida como processo administrativo para a emissão de resolução dessa Corte. Reza a ementa dum aresto: "1. Consulta formulada por presidente de tribunal regional eleitoral recebida como processo administrativo em razão da necessidade de orientar os diversos Tribunais Regionais Eleitorais e de uniformizar o entendimento sobre a matéria (Precedentes: Consultas ns 770, relª. Minª. Ellen Gracie, DJ de 9.8.2002; 519, rel. Min. Fernando Neves, DJ de 8.8.2000; e 391, rel. Min. Néri da Silveira, DJ de 16.4.1998)". Confronte-se com a ResTSE 22.992, PA 20.159/PI, relª. Minª. Eliana Calmon, DJe - 178, 19/02/2008, p. 36.

6.3 – Do Alcance das Normas em Comento

Como os dispositivos legais em pauta possuem, no geral, *caráter sancionatório*, neles são *inadmissíveis acréscimos* às *hipóteses previstas* (= os casos são taxativos ou a tipologia é fechada), na forma do art. 6º da LICC, já revogado, mas vale como *princípio hermenêutico*. De sorte que "a analogia não pode levar a solução que agrave, piore ou prejudique a situação da pessoa... Somente o legislador detém poder e legitimidade para restringir a liberdade das pessoas" (cf. José Jairo Gomes, Lei de Introdução às Normas do Direito Brasileiro, 1ª ed., Atlas, 2012, item 7.1, p. 64).

Daí a fundamentação contida num magnífico acórdão, que diz: "norma de direito excepcional só admite interpretação estrita, não sendo aplicável por analogia" (cf. STF, Pleno, ADI 41/DF, rel. Min. Moreira Alves, RTJ, 134/1016; ainda RE 564.413/SC, rel. Min. Marco Aurélio, RTJ, 218/137).

De mais a mais, a propaganda não prevista em lei, no dizer de Olivar Coneglian, é aquela que não mereceu a preocupação do legislador. É livre, ou seja, pode ser utilizada, só ficando adstrita às regras gerais. A difusão segue, também, os princípios da liberdade e da disponibilidade (**in** Propaganda Eleitoral cit., nº 251.c, p. 346).

Assim sendo, interpretam-se tais normas de forma declarativa, isto é, conforme a sua expressão literal.

Daí por que é inaceitável restrição de propaganda eleitoral por ajuste de comportamento, ainda que ele seja efetuado entre coligações, partidos políticos, candidatos, órgão do Ministério Público e juiz eleitoral (cf. TSE, REspe 32.231/RN, rel. Min. Henrique Neves, DJe - 100, 30/05/2014, p. 60).

Merece atenção, pela sua utilidade prática, a forma de se compreender a extensão das restrições impostas, pela legislação pátria, acerca da propaganda eleitoral.

Para o erudito Paulo Thadeu Gomes da Silva, "A legalidade vem positivada no artigo 5º, inciso II, da Constituição Federal, pelo qual ninguém será obrigado a fazer ou deixar de fazer alguma coisa senão em virtude de lei. Uma primeira leitura desse artigo pode confundir o observador, pois produz o sentido de que, no frigir dos ovos, o que existe é uma limitação à liberdade, e não o seu contrário. Todavia, a leitura mais adequada indica que tudo o que a lei não proibir está autorizado, e aí a liberdade se manifesta. Inquestionável a necessidade da restrição proporcional, constitucional, supralegal ou infraconstitucional, porquanto sem a sua existência não haveria possibilidade de a ordem social se manifestar, mas para que essa restrição tenha válida existência impõe-se que seja veiculada pelo formal instrumento da lei, antiga lição montesquiana segundo a qual a forma é a garantia da liberdade, aliada a que seja ela, também, proporcional. Nesse fio condutor de argumentação, pode-se pensar que a legalidade é sinônimo de regulamentação das liberdades e cuja finalidade é obstar que haja tanto a formação de um despotismo estatal quanto individual ou mesmo de grupos, atinentes, portanto, à sociedade, despotismo aqui considerado como tendência à tirania e à opressão, ações e condutas erradas que podem ter como origem o Estado e a própria maioria que se forma na sociedade[2]" (**in** Sistema Constitucional das Liberdades e das Igualdades, 1ª ed., Atlas, 2012, parte 1, item 1.1, p. 14 e nota n. 2).

Em outras palavras, porém com o mesmo teor, "os limites impostos na propaganda eleitoral visam a assegurar a regra isonômica norteadora do processo eleitoral, não implicando em violação à livre manifestação de pensamento" (**v.** TSE, REspe 21.656/PR, rel. Min. Peçanha Martins, **in** DJ, 15/04/2004, p. 94).

Com certeza, a propaganda eleitoral, em regra geral, pode ser exercida livremente pelos políticos e seus simpatizantes (CF, arts. 5º, inc. IV, e 220, § 1º; LE, art. 41, **caput** e § 2º; CE, arts. 248 e 332).

Os diplomas legais já transcritos *são os principais*, porém *não os únicos* aplicáveis em matéria de propaganda eleitoral.

Demais, à luz do sistema jurídico, em primeiro plano, está a *supremacia* das normas constitucionais, que não podem ser malferidas. Explica Luís Roberto Barroso que, "Como consequência do princípio da supremacia constitucional, nenhuma lei ou ato normativo - a rigor, nenhum ato jurídico - poderá subsistir validamente se for incompatível com a Constituição" (**in** Curso de Direito Constitucional Contemporâneo, 1ª ed., Saraiva, 2009, cap. III, item 4.1, p. 299).

Daí a necessidade de se assinalar que no processo de interpretação da norma eleitoral, "o intérprete tem que envidar esforços iniciais no sentido de valorizar o texto constitucional[368]" (cf. Erik Wilson Pereira, Direito Eleitoral cit., nº 5.1, p. 181).

Nesse sentido é a ementa seguinte: "Jornalista pode manifestar sua opinião sobre debate entre os candidatos, por meio da televisão, para a informação dos eleitores em vista de assuntos da propaganda eleitoral" (**v.** TSE, Rp 1.256/DF, rel. Min. Ari Pargendler, ac. publ. em sessão de 17/10/2006).

E mais, "Não é proibido afixar cartaz e faixa contendo propaganda eleitoral, em residência particular, antes do dia das eleições [ou até a véspera]. Atipicidade da conduta à luz do art. 39, § 5º, II, da Lei das Eleições" (**v.** TSE, REspe 155.903/SP, rel. Min. Teori Zavascki, DJe - 220, 16/11/2012, p. 11, com inserção entre colchetes).

Já o princípio de disponibilidade pode ser encontrado em várias normas, quer do Código Eleitoral (arts. 239 e 256, **caput** e § 1º), quer da Lei das Eleições (art. 94-A, incs. I e II).

6.4 – Da Normatividade Pertinente às Hipóteses em Foco nestas Anotações

Cabe ressaltar, agora, que as normas reguladoras dos casos em pauta estão previstas, principalmente, na Constituição Federal (arts. 17, § 3º, e 37, § 1º), na Lei de Inelegibilidade (art. 22), na Lei das Eleições (arts. 36 a 57 e 96), na Lei dos Partidos Políticos (art. 3º, par. único), no Código Eleitoral (arts. 240 a 256) e, por fim, na Resolução TSE nº 23.404/2014 (arts. 4º e 49).

Não é demais lembrar que os arts. 36 e 96 da Lei das Eleições, bem como o art. 240, **caput**, do Código Eleitoral, têm nova redação dada, respectivamente, pelos arts. 2º e 3º da Lei nº 13.165, de 29/09/2015.

Seguem os preceitos de principal interesse ao estudo sobre a propaganda eleitoral ou propaganda de campanha.

Capítulo 7

7.1 – Dos Casos de Propaganda Ilícita em Bens Públicos

Nos bens cujo uso dependa de cessão ou permissão do poder público, ou que a ele pertençam, e nos de uso comum, inclusive postes de iluminação pública e sinalização de tráfico, viadutos, passarelas, pontes, paradas de ônibus e outros equipamentos urbanos, é vedada a veiculação de propaganda de qualquer natureza, inclusive poste de iluminação pública, sinalização de tráfego, viadutos, passarelas, pontes, paradas de ônibus e outros equipamentos urbanos, inclusive pichação, inscrição a tinta, exposição de placas, estandartes, faixas, cavaletes, bonecos e assemelhados (LE, art. 37, **caput**, com a redação dada pelo art. 2º da Lei nº 13.165/2015).

Cabe frisar, portanto, que bens que dependam de cessão ou permissão do poder público, ou que lhe pertençam e veio a cede-los a uma entidade particular, ou ainda têm uso comum, não podem ser utilizados para veicular propaganda eleitoral (**v**. TSE, REspe 25.615/SP, rel. Min. Caputo Bastos, DJ, 23/08/2006, p. 110). Mesmo que o bem público esteja em construção (**v**. TSE, AgR – AI 6.757/MG, rel. Min. Gerardo Grossi, DJ, 13/12/2006, p. 169), ou seja usado para a distribuição de propaganda (TSE, REspe 760.572/RJ, rel. Min. Dias Toffoli, DJe – 222, 24/11/2015, p. 191).

O dispositivo acima transcrito, portanto, abarca definições que estão contidas em vários diplomas legais, as quais devem ser mencionadas com o fito de lhe dar maior facilidade para uma boa compreensão. Vejamos quais são os conceitos de direito positivo aplicáveis à norma em comento.

7.2 – Do Conceito de Bens Públicos para Efeito de Proibição da Propaganda Eleitoral

São públicos os bens do domínio nacional, visto que pertencem às pessoas de direito público interno, isto é, União, Estados e Municípios (CF, arts. 20, I a XI, e 26, I a IV; CC, arts. 98, 1ª parte, 99, II e III, e 41, I a V; LE, art. 37, **caput**). No Direito português, diz-se que eles pertencem às pessoas coletivas públicas ou à coletividade. São públicos, igualmente, os bens de uso comum do povo, tais como rios, mares, estradas, ruas, praças (CC, arts. 98, 1ª parte, 99, inc. I; LE, art. 37, **caput**). São públicos, ainda, os bens usados na prestação de serviços públicos sob o regime de concessão, permissão ou autorização do poder público (CF, arts. 21, inc. XII, e 175, **caput** e seu par. único, inc. I; LE, art. 37, **caput**).

As prestações de serviços delegados a particulares são executados por "empresas privadas e particulares individualmente" (cf. Hely Lopes Meirelles, Direito Administrativo Brasileiro, 32ª ed., Malheiros, 2006, cap. VI, nº 8, p. 384).

Por fim, são bens particulares todos os demais (CC, art. 98, 2ª parte; LE, art. 37, §§ 2º e 8º). Vale lembrar que o § 2º do art. 37 da LE tem nova redação dada pelo art. 2º da Lei nº 13.165/2015.

No que concerne à fixação de conceitos mediante aplicação de lei comum, no campo do Direito Eleitoral, convém recordar a explicação da Comissão Revisora do Projeto de Código Civil, que "assim se manifestou: O Código Civil só enumera as pessoas jurídicas de direito público interno para que não se crie uma lacuna no direito brasileiro, que não dispõe de um Código de Direito Administrativo" (cf. José Carlos Moreira Alves, A Parte Geral do Projeto de Código Civil Brasileiro, 1ª ed., Saraiva, 1986, cap. VIII, item 6, p. 132).

Ensina Carlos Alberto da Mota Pinto que "As *normas de direito privado* não se dirigem apenas à realização de interesses particulares, *tendo em vista frequentemente, também, interesses públicos*" (**in** Teoria Geral do Direito Civil, 1ª ed., Coimbra, 1976, nº 5, p. 12).

Portanto, na integralidade dos bens públicos (escolas, creches, teatros, museus, postos de saúde, hospitais etc.) recai a proibição de usá-los na propaganda eleitoral, *sem qualquer exceção*. Esta "vedação também se aplica aos bens particulares, cujo uso ou exploração dependa de cessão ou permissão do poder público. Então, todas as empresas concessionárias ou permissionárias, como empresas de ônibus ou faculdades privadas, estão impedidas de veicular propaganda eleitoral" (cf. Walber de Moura Agra e Francisco Queiroz Cavalcanti, Comentários à Nova Lei Eleitoral, 1ª ed., Forense, 2010, p. 65). Tal compreensão ainda tem amparo num acórdão, que assevera: "Para fins de propaganda eleitoral, os táxis, ainda que bens particulares, são considerados de uso comum e, portanto, abrangidos pela vedação do art. 37 da Lei nº 9.504, de 1997" (TSE, AI 2.890/SC, rel. Min.

Fernando Neves, DJ, 31/08/2001, p. 158), como destacam os autores citados, em nota de rodapé nº 93 na página 65.

Importa ressaltar, agora, que "A proibição atinge, inclusive, tapumes colocados para proteger obras públicas em reforma ou em construção, pois se entende que os tapumes também fazem parte do patrimônio público, ainda que pertencentes à empresa particular de construção. Nesse caso, o tapume faz parte da obra, num primeiro plano, e num plano econômico, aquele tapume só existe porque o poder público está pagando a construção total da obra ou sua reforma, e está pagando também o tapume" (cf. Olivar Coneglian, Lei das Eleições Comentada, 5ª ed., Juruá, 2008, nº 268, p. 231).

Por sinal, "A veiculação de propaganda em desacordo com o disposto no **caput** deste artigo [37] sujeita o responsável, após a notificação e comprovação, à restauração do bem e, no caso de não cumprida, a multa no valor de R$ 2.000.,00 a R$ 8.000,00" (LE, art. 37, § 1º). Vale dizer, somente no caso de não ser cumprida a determinação para a restauração do bem, no prazo no prazo estabelecido na notificação, "poderá ser imposta a respectiva pena pecuniária" (cf. TSE, AgR - REspe 27.626/SP, rel. Min. Caputo Bastos, DJ, 20/02/2008, p. 16). Além da *restauração* do bem público, impõe, obviamente, a *remoção* da propaganda irregular (cf. TSE, AgR - REspe 812.746/SP, rel. Min. Gilmar Mendes, DJ - 104, 03/06/2015, p. 19).

De resto, ressalte-se que as proibições em pauta atingem a propaganda eleitoral de toda e qualquer modalidade.

Capítulo 8

8.1 – Dos Casos de Propaganda em Bens de Uso Comum

Bens de uso comum, para fins eleitorais, são os assim definidos pela Lei nº 10.406, de 10 de janeiro de 2002 - Código Civil [art. 99, I a III] e também aqueles a que a população em geral tem acesso, tais como cinemas, teatros, supermercados, centros comerciais, exposições de produtos à venda, lojas, clubes, bares, restaurantes, templos, estádios, ginásios de esporte, ainda que de propriedade privada (LE, art. 37, § 4º, grifei e intercalei; ResTSE 23.404/2014, art. 11, § 2º).

São "bens de uso comum, inclusive postes de iluminação pública, sinalização de tráfico, viadutos, passarelas, pontes, paradas de ônibus e outros equipamentos urbanos, é vedada a veiculação de propaganda de qualquer natureza, inclusive pichação, inscrição a tinta e exposição de placas, estandartes, faixas, cavaletes, bonecos e assemelhados" (**caput** do art. 37 da Lei das Eleições com a nova redação dada pelo art. 2º da Lei nº 13.165/2015).

Já nos bens particulares com acesso à população em geral deve ser garantido o direito de propriedade, porém atendendo-se a sua função social (CF, art. 5º, incs. XXII e XXIII; CC, art. 1.228, § 1º). Sendo assim, especialmente para fins eleitorais, deve ser feita uma harmonização dos interesses particulares com os da sociedade, buscando-se o sentido e alcance das normas em questão (LINDB, art. 5ª).

Interpretando-se o disposto no mencionado art. 37, § 4º, da Lei das Eleições, há decisão elucidativa proclamando que "É vedada a propaganda em estabelecimento comercial que, apesar de ser bem particular, é de uso comum, sujeitando-se às restrições previstas no art. 14 da Resolução - TSE nº 21.610/2004" (ver TSE, AgR - REspe 21.610/SP, rel. Min. Humberto Gomes de Barros, DJ, 31/03/2006, p. 134). No mesmo teor foi decidido que estabelecimento comercial é bem de uso comum (**v.** TSE, AI - REspe 230.812/CE, rel. Min. Henrique Neves, DJe - 198, 15/10/2013, p. 31), ou por outra, "Restaurante é bem de uso comum para fins eleitorais. Interpretação do art. 37, **caput**, da Lei nº 9.504/97" (cf. TSE, AgR - AI 8.652/SP, rel. Min. Eros Roberto Grau, DJ,

27/08/2008, p. 5). Até mesmo "a veiculação de propaganda em estabelecimento misto residencial e comercial" caracteriza "propaganda irregular em bem de uso comum, nos termos do art. 37, § 1º, da Lei nº 9.504/97" (cf. TSE, AgR - REspe 220.881/MA, relª Minª Luciana Lóssio, DJe - 201, 22/10/2015, p. 34).

Além disso, "1. Inclui-se no conceito de bem de uso comum, previsto no § 4º do art. 37 da Lei nº 9.504/97, a faixa de domínio do DER ou área não edificável às margens de rodovia" (cf. TSE, AgR - AI 520.553/MG, relª Minª Luciana Lóssio, DJe, 15/12/2015). Descabe, pois, efetuar-se propaganda eleitoral afixando-a às margens de rodovia.

Deste modo, "1. No que concerne à propaganda eleitoral irregular insculpida no art. 37, § 1º, da Lei nº 9.504/97, averiguada a sua irregularidade, o responsável deverá ser notificado para efetuar a restauração do bem e, caso não cumprida no prazo estabelecido pela Justiça Eleitoral, poderá ser imposta a respectiva penalidade pecuniária" (cf. TSE, AgR - REspe 94.447/MG, relª Minª Maria Thereza de Assis Moura, DJe - 219, 19/11/2015, p. 54).

A aplicação de multa atinge, além do responsável pela veiculação da propaganda irregular, qualquer um dos seus beneficiados (cf. TSE: REspe 27.973/SP, Min. José Augusto Delgado, DJ, 17/09/2007, p. 131; AgR - AI 10.954/PR, rel. Min. Marcelo Ribeiro, DJe - 22, 01/02/2010, p. 424; AgR - AI 38195/MG, rel. Min. Henrique Neves, DJe - 176, 13/09/2013, p. 56).

Mas não é tudo. Observa José Jairo Gomes, com propriedade, que tal preceito tem o entendimento seguinte: "não se admite que veículo particular que preste serviço público de pessoa [transporte de passageiro, carro de aluguel ou táxi] ou coisa [transporte de carga] ostente, interna ou externamente, propaganda eleitoral. Essa vedação tem o sentido de estabelecer uma equidistância da Administração Pública, Direta e Indireta, e de seus titulares em relação às várias candidaturas. Daí por que, independentemente de semelhança com o outdoor, é vedada a veiculação de propaganda eleitoral de qualquer natureza em veículos prestadores de serviços públicos, tais como ônibus de transporte urbano [ou coletivo], a teor do art. 37 da Lei das Eleições, conforme ResTSE 22.303, Cta 1.323/DF, rel. Min. Carlos Ayres Britto, DJ, 28/08/2006, p. 104" (**in** Direito Eleitoral cit., cap. XVI, nº 4.5, p. 406, com inserções entre colchetes).

Como se verifica, o sistema jurídico enumera expressamente as proibições na veiculação de propaganda, durante o período da campanha eleitoral, para candidatos, partidos políticos e coligações.

Portanto, toda propaganda eleitoral não proibida por lei é permitida (CF, art. 5º, inc. II).

Vem a pelo, por oportuno, o ensinamento de Olivar Coneglian: "Assim, se surge um tipo novo de propaganda eleitoral, ainda não previsto em lei, daí decorre que não existe proibição para a sua existência, não podendo ser exercido qualquer poder de polícia sobre ela, desde, é claro, que a propaganda não contrarie outras posturas legais" (Lei das Eleições Comentada cit., nº 268, p. 231).

E mais, "Nas árvores e nos jardins [gramados] localizados em áreas públicas, bem como em muros, cercas e tapumes *divisórios*, não é permitida a colocação de propaganda eleitoral de qualquer natureza, mesmo que não lhes cause dano" (LE, art. 37, § 5º, grifei; ResTSE 23.404/2014, art. 11, § 3º).

Na lição precisa de Hely Lopes Meirelles, "O Código Civil coloca os tapumes sob a epígrafe do *direito de tapagem* (art. 1.297), que é uma das formas de exteriorização do direito de propriedade, e reconhece expressamente ao proprietário a faculdade de cercar, murar, valar ou tapar, de qualquer modo, o seu prédio, urbano ou rural, observadas as dimensões estabelecidas pelas normas municipais" (**in** Direito de Construir, 11ª ed., Malheiros, 2013, cap. III, item 2.3.1, p. 56). Aliás, "Prédio, em Direito, é a propriedade fundiária. É o terreno, com as suas construções e servidões, mas o vulgo restringe e confunde o conceito de prédio com o de edificação" (cf. Meirelles, ob. cit., cap. III, item 2.1, p. 52).

De molde que parede divisória é aquela construída até a meia espessura no terreno contíguo (CC, art. 1.305). Nessa denominada parede-meia, os condôminos ou confinantes podem utilizá-la até ao meio da espessura (CC, art. 1.306). Para evitar divergência de interpretação sobre a possibilidade de encostar à parede divisória alguma propaganda eleitoral, ou não, ainda que não ultrapasse 0,5 m², proibiu-se expressamente tal procedimento no § 5º do art. 37 da Lei das Eleições.

8.2 – Dos Casos de Propaganda em Bens Particulares

Sem embargo da garantia ao "direito de propriedade" (CF, art. 5º, XXII), que é "a faculdade de usar, gozar e dispor da coisa" (CC, art. 1.228, **caput**), no bem particular somente se permite "a veiculação de propaganda eleitoral desde que seja feita em adesivo ou papel, não exceda a 0,5 m² e que não contrarie a legislação eleitoral, sujeitando-

-se o infrator às penalidades previstas no § 1º" (LE, art. 37, § 2º, com a nova redação dada pela Lei nº 13.165/2015, grifei).

Essas restrições ao direito de propriedade contidas na Lei das Eleições, como já foi salientado, não poderão ser acoimadas de inconstitucionais, porquanto "a propriedade atenderá a sua função social" (CF, art. 5º, inc. XXIII), ou seja, "O direito de propriedade deve ser exercido em consonância com as suas finalidades econômicas e sociais" (CC, art. 1.228, § 1º, 1ª parte). Assim sendo, a propriedade também poderá ter a sua utilização restrita, a fim de se assegurar o exercício pleno da "cidadania" (CF, art. 1º, inc. II).

Bem particular é o que pertence à pessoa natural ou à pessoa jurídica de direito privado. Para fins de propaganda, entretanto, à Lei das Eleições importa tão somente a *destinação do bem* ao uso particular (art. 37, **caput** e §§ 2º, 4º e 8º; tanto o **caput** como o § 2º citados têm nova redação dada pelo art. 2º da Lei nº 13.165, de 2015). Desta forma, levando em conta apenas o uso do bem particular, tanto móvel como imóvel, equiparam-se proprietário, possuidor e mero detentor.

Nos casos de propaganda eleitoral, o bem particular imóvel deve ser conceituado com abrangência ainda mais restrita, ou seja, consiste num bem material que não é de uso comum e nem o seu uso dependa de autorização, cessão ou permissão do Poder Público. Vale dizer, bem particular, para fins eleitorais (LE, art. 37, **caput** e §§ 2º, 4º, 5º e 6º), não é igual àquele para fins civis (CC, art. 98, 2ª parte).

Haja vista os argumentos expendidos acima, no mais das vezes, os bens particulares imóveis serão os edifícios residenciais e de escritórios, galpões com destino industrial ou de armazenagem, casas ou moradias coletivas e terrenos (desde que não usados para atividades comerciais).

Mais fácil é mencionar os bens particulares móveis, cuja grande maioria consistirá em veículos automotores, desde que não destinados ao transporte público.

Repetindo a norma citada, "Em bens particulares, independe de licença municipal e de autorização da Justiça Eleitoral, a veiculação de propaganda eleitoral, desde que seja feita em adesivo ou papel, não exceda a 0,5 m^2 e que não contrariem a legislação eleitoral, sujeitando-se o infrator às penalidades previstas no § 1º" (LE, art. 37, § 2º, com a nova redação dada pela Lei nº 13.165/2015, grifei).

Como se vê, "O § 2º desse art. 37 traz regra consagrada e que se finca no uso e gozo da propriedade: a liberação dos bens particulares para a campanha eleitoral" (cf. Olivar Coneglian, **in** Lei das

Eleições cit., nº 247.a, p. 209; mesmo autor, Propaganda Eleitoral cit., nº 255, págs. 348-9). Realmente, o uso e gozo da propriedade privada têm previsão no sistema jurídico pátrio (CF, art. 5º, inc. XXII; CC, art. 1.228, cabeça).

Oportuna a lembrança de José Jairo Gomes sobre automóvel, camionete, ônibus, van, veículo automotor que, sendo particulares, podem ser usados para a afixação de propaganda política, mediante adesivo, cartaz colante ou pintura (**in** Direito Eleitoral cit., cap. XVI, nº 4.6, p. 409).

Dispõe a Lei das Eleições, que "É proibido colar propaganda eleitoral em veículos, exceto adesivos microperfurados até a extensão total do para-brisa traseiro e, em outras posições, adesivos até a dimensão máxima fixada no § 3º [50 cm X 40 cm]" (§ 4º do art. 38 da Lei das Eleições acrescido pelo art. 3º da Lei nº 12.891/2013).

Conhecida por plotagem, a propaganda acima mencionada constitui uma forma de impressão de imagens por máquina periférica, conectada ao computador, capaz de desenhar movendo canetas que liberam tinta sobre papel ou meio similar.

Considerando o requinte na confecção de propaganda por meio da plotagem, a qual exige planejamento prévio e gastos expressivos, na sua prova, pode ser utilizada a presunção do conhecimento dos beneficiários dessa propaganda (cf. TSE, AgR - AI 385.277/GO, rel. Min. Marcelo Ribeiro, DJe, 27/05/2011, p. 37).

A plotagem em ônibus particular, se tiver dimensão superior a 4 m^2 [atualmente 0,5 m^2], tem sido considerada propaganda irregular ou infração da norma proibitiva (TSE, AgR - REspe 711.642/MG, relª Minª Maria Thereza de Assis Moura, DJe - 224, 27/11/2014, p. 149). Aqui, portanto, a compreensão do dispositivo legal sobredito seguiu a regra relativa ao outdoor.

Igualmente não é permitida a propaganda mediante o uso de outdoors, inclusive eletrônicos, (art. 39, § 8º, da Lei das Eleições, com redação do art. 3º Lei nº 12.891/2013), os quais são engenhos diferentes das simples inscrições a tinta (ou grafites), faixas, placas, cartazes e assemelhados de utilização na propaganda eleitoral.

Note-se que a metragem de meio metro quadrado (0,5 m^2), limitando o espaço de utilização das áreas ou tamanho dos engenhos admitidos nessa propaganda (adesivo ou papel), tem ocasionado o emprego de um artifício, para burlar a norma acima, como se vê da ementa seguinte: "É proibida a veiculação de propaganda eleitoral mediante afixação de placas justapostas, com <u>dimensão total su-</u>

perior a 4 m², contendo apelo visual de outdoor [atuais 0,5 m²], cuja utilização é vedada pela legislação e pela jurisprudência deste Tribunal (art. 39, § 8º, da Lei nº 9.504/97). Precedentes... (TSE, AgR - AI 8.824/RS, rel. Min. Gerardo Grossi, DJ, 18/02/2008, p. 11, grifei). Seguem a mesma linha de entendimento vários precedentes (cf., p. ex., TSE, AgR - AI 10.420/SP, rel. Min. Ricardo Lewandowski, DJe - 207, 03/11/2009, p. 39; TSE, AgR - AI 10.698/SP, rel. Min. Arnaldo Versiani, DJe, 16/10/2009, p. 20; TSE, AgR - AI 10.838/PR, rel. Min. Arnaldo Versiani, DJe, 11/02/2010, p. 15; TSE, AgR - REspe 589.956/CE, rel. Min. Marcelo Ribeiro, DJe, 25/10/2011, p. 52; TSE, AgR - REspe 67.126/CE, rel. Min. Marco Aurélio, DJe - 236, 11/12/2013, p. 59). Irrelevante, no caso em exame, que as propagandas pertençam a candidatos diferentes (cf., p. ex., TSE, AgR - REspe 178.415/CE, rel. Min. Castro Meira, DJe - 122, 01/07/2013, p. 43; TSE, AgR - REspe 589.956/CE, rel. Min. Marcelo Ribeiro, DJe, 25/10/2011, p. 52).

De mais a mais, "A veiculação de propaganda eleitoral em bens particulares deve ser espontânea e gratuita, sendo vedado qualquer tipo de pagamento em troca de espaço para esta finalidade" (LE, art. 37, § 8º; ResTSE 24.404, art. 12, § 2º). Aqui, portanto, o empréstimo do espaço no bem particular só pode ser gratuito, isto é, em comodato (CC, art. 579, 1ª parte).

"A teleologia desta norma - na compreensão de Carlos Mário Velloso e Walber de Moura Agra - é a de se evitar o comércio de propaganda em bens particulares, propiciando aos candidatos, com menor poder econômico, igual possibilidade de veiculação de publicidade, bem como o fortalecimento do exercício substancial da cidadania e, por conseguinte, da própria democracia" (**in** Elementos de Direito Eleitoral cits., item 9.4, p. 195).

Ao encontro desse entendimento vai o já citado Marcos Ramayana, afirmando que "A espontaneidade referida no texto da lei é medida essencial para preservar a livre manifestação do eleitor e a higidez das campanhas eleitorais. Não são raros os casos em que cabos eleitorais coagem eleitores de regiões carentes de recursos para subjugá-los a veicular propaganda, inclusive praticando os crimes dos arts. 299 e 301 do Código Eleitoral (corrupção e coação eleitoral)". Confronte-se com o Direito Eleitoral cit., cap. 12, item 12.2.6, p. 374.

Do mesmo sentir é Edson de Resende Castro, esclarecendo que os candidatos, partidos ou coligações devem "contar apenas e tão somente com o consentimento do proprietário - sempre espontâneo e gratuito –, vedado qualquer pagamento em troca do espaço cedido" (**in** Teoria e Prática do Direito Eleitoral cit., cap. III, seç. III, p. 236).

No entanto, pelo nosso sistema jurídico, não é somente o proprietário do imóvel que pode dar o consentimento para ser veiculada nele a propaganda, posto que qualquer possuidor do bem, inclusive o seu locatário, pode fazê-lo, por ter "de fato o exercício pleno ou de algum dos poderes inerentes à propriedade" (CC, art. 1.196).

Conforme os referidos Carlos Mário da Silva Velloso e Walber de Moura Agra, "No caso de propaganda eleitoral em imóvel particular locado, surgindo conflito entre opções políticas do locador e do locatário, deverá ser garantida a preferência deste último, por estar ele na posse do bem" (**in** Elementos de Direito Eleitoral cits., item 9.4, p. 195).

Deveras, na locação de imóvel urbano, o locador é obrigado a entregar ao locatário o imóvel alugado e garantir, durante o tempo da locação, o uso pacífico do imóvel (Lei do Inquilinato, art. 22, incs. I e II), como ocorre igualmente na locação de coisas (Código Civil, art. 566, incs. I e II).

Nessa linha de pensamento, em cessão temporária, mesmo por prazo exíguo, de coisa (automóvel) mediante certa retribuição (entrega de combustível), também ocorre locação, por possuir caráter oneroso (CC, art. 565). Judiciosa, pois, a decisão dispondo que, distribuir combustível para veículos particulares, "em troca da divulgação de propaganda eleitoral, configura propaganda ilícita" (**v.** TSE, AgR - RO 156.584/SP, relª Minª Nancy Andrighi, DJe - 77, 25/04/2013, p. 63).

Por outro lado, no que concerne à imposição da multa prevista no § 1º do art. 37 da Lei das Eleições, com a redação dada pelo art. 1º da Lei nº 11.300/2006, não cumprida a notificação no seu prazo, incide, de pronto, a sanção, não sendo importante, para fugir da pena pecuniária, a retirada da propaganda depois do prazo aludido. Nesse teor há julgado, proferido logo após a mudança do texto legal, explicando-a com clareza solar (**v.** TSE, AgR - REspe 27.865/SP, rel. Min. Caputo Bastos, DJ, 24/09/2007, p. 142).

Com certeza, "4. A retirada da propaganda irregular, quando realizada em bem particular, não é capaz de elidir a multa" (cf. TSE, AgR - REspe 673.881/CE, rel. Min. Dias Toffoli, DJe - 165, 29/08/2013, p. 45). Nesse teor há mais arestos (p. ex.: TSE, AgR - REspe 700.468/CE, relª Minª Laurita Vaz, DJe, 29/08/2013, p. 42; TSE, AgR - AI 12.941/SP, relª Minª Luciana Lóssio, **in** DJe, 14/08/2013; AgR - REspe 753.555/RJ, rel. Min. João Otávio de Noronha, DJe - 201, 22/10/2015, p. 19).

Ainda sobre aplicação de multa: "Constituem crimes, no dia da eleição, puníveis com detenção de 6 meses a 1 ano, com alternativa de prestação de serviços à comunidade, pelo mesmo período, e multa no valor de R$ 5.320,00 a R$ 15.961,50: III – a divulgação de qualquer espécie de propaganda de partidos políticos ou de seus candidatos" (LE, art. 39, § 5º, III; ResTSE 24.404, art. 54, inc. III).

Na Justiça Comum também poderá ser proposta ação de indenização por perdas e danos causados ao proprietário do imóvel (CC, art. 402).

Note-se, por derradeiro, que não é proibido afixar placa, cartaz e faixa contendo propagando eleitoral, em residência particular, até a véspera do dia das eleições. Atipicidade da conduta à luz do art. 39, § 5º, III, da Lei das Eleições (cf. TSE, REspe 155.903/SP, rel. Min. Teori Zavascki, DJe – 220, 16/11/2012, p. 11).

8.3 – Do Uso de Bem Tombado na Propaganda

Os bens materiais (ou cultura corpórea) e imateriais (ou cultura incorpórea) que integram o patrimônio cultural do País – tombados sem transferência para o patrimônio público ou desapropriados quando essa mudança se opera – estão protegidos por normas da própria Constituição Federal (arts. 216, inc. V e § 1º, e 129, inc. III).

Na primeira hipótese, referente ao tombamento, o registro do bem é efetuado por meio do assentamento nos livros do Instituto Brasileiro do Patrimônio Artístico Nacional – IPHAN.

Em caso de tombamento, há uma restrição individual ao prédio, "reduzindo os direitos do proprietário ou impondo-lhe encargos" (cf. Hely Lopes Meirelles, Direito Administrativo Brasileiro cit., cap. VIII, item 8.2, p.575).

Ainda sobre a consequência do tombamento, explica José Jairo Gomes que este ato "produz efeitos sobre a esfera jurídica dos proprietários privados, impondo limitações ao direito de propriedade de bens particulares, transformando-os em bens de interesse público" (TRE-MG, MS 78, rel. Juiz Gutemberg da Mota e Silva, acórdão nº 4.147 publicado em sessão 30/09/2008). Ver o Direito Eleitoral cit., cap. XVI, item 4.6, p. 409.

Nesses bens corpóreos, portanto, está proibida a veiculação de propaganda eleitoral (art. 37, § 2º, da LE com a redação dada pelo art. 2º da Lei nº 13.165/2015).

Ressalte-se, por oportuno, que a propaganda irregular em bem tombado refere-se à integralidade dele, não sendo admitida nem mesmo a sua afixação na parte externa do muro da casa objeto de tombamento (**v.** TSE, ED - REspe 28.518/MG, rel. Min. Felix Fischer, DJ, 30/04/2008, p. 5).

É de se atentar, outrossim, que a propaganda ilegal pode consistir em valer-se da existência do bem tombado para incitar a população a danificá-lo. Por certo, há precedente de "5. Candidato que, utilizando-se de carro de som, fez propaganda eleitoral incentivando invasões de sítio arqueológico tombado pelo IPHAN" (cf. TSE, HC 585/BA, rel. Min. José Augusto Delgado, DJ, 28/03/2008, p. 19).

8.4 – Da Distribuição de Folhetos e de Outros Impressos

"Independentemente da obtenção de licença municipal e de autorização da Justiça Eleitoral a veiculação de propaganda eleitoral pela distribuição de folhetos, volantes e outros impressos, os quais devem ser editados sob a responsabilidade do partido, coligação ou candidato" (LE, art. 38, **caput**; ResTSE 24.404, art. 13, **caput**).

Não se cuida, aqui, de propaganda política pela imprensa, a qual será tratada no item 10.1 adiante.

Embora livre a distribuição de folhetos, volantes e outros impressos (LE, art. 38, **caput**), ela deve ser interrompida às 22 horas da véspera da eleição (LE, art. 39, § 9º). Após esse prazo final e já iniciado o dia do pleito, a distribuição aludida configura crime eleitoral (LE, art. 39, § 5º, inc. III). Vale dizer, tal propaganda é livre até às 22 horas da véspera, irregular depois desse horário e até às 24 horas, e criminosa em todo o dia seguinte, ou seja, no dia do pleito. Essa interpretação, porém, não é uniforme. Consoante Joel José Candido, a propaganda nessas duas horas da véspera é lícita (**in** Direito Eleitoral Brasileiro cit., cap. XVI, item 16.9, p. 526 e nota 432). A questão jurídica, aqui, pode ser instigante, mas de pouco interesse prático.

Sobre tal distribuição no dia do prélio já se cuidou atrás, no item 1.7 do capítulo 1.

A qualquer época, porém, é descabido espalhar os jornais de campanha, "santinhos" e outros impressos em todo local, pois que não pode haver distribuição no interior de repartições públicas, escolas etc. (TSE, REspe 25.682/MG, rel. Min. Gerardo Grossi, DJ, 14/09/2007, p. 224).

Não se deve tolerar, igualmente, que sejam lançados nas vias públicas, sem limite, maços de volantes agregados, de molde a caírem nas pistas de rolamento e calçadas, provocando acúmulo de lixo e, com ele, inundação em dia de chuva (art. 243, VIII, do CE c.c. art. 38, **caput**, da LE). É claro que existe uma ordem geral, prendendo todas as leis a um sistema harmônico, de modo que umas não destruam as outras. A propósito, o *processo sistemático* "em comparar o dispositivo sujeito a exegese com outros do mesmo repositório ou de leis diversas, mas referentes ao mesmo objeto" é bem explicado pelo insuperável Carlos Maximiliano (**in** Hermenêutica e Aplicação do Direito, 12ª ed., Forense, 1992, nº 130, p. 128).

Nesse teor há precedentes emanados do colendo Tribunal Superior Eleitoral, inclusive entendendo que o inciso VIII do art. 243 aludido foi recepcionado pela Constituição de 1988 e, por consequência, há prevalência das posturas municipais sobre as leis eleitorais (cf., p. ex., AgR - REspe 35.134/SP, relª Minª Cármen Lúcia, DJe - 67, 07/04/2011, p. 45; AgR - REspe 35.182/SP, relª Minª Cármen Lúcia, DJe - 199, 15/10/2010, p. 40; AgR - REspe 24.801/GO, rel. Min. Humberto Gomes de Barros, DJ, 07/04/2006, p. 166).

Já no § 1º do art. 38 da Lei das Eleições, acrescido pelo art. 3º da Lei nº 12.034/2009, criou-se a obrigação de constar do material impresso o CNPJ ou o CPF do responsável pela confecção, bem como de quem o contratou, e a respectiva tiragem. E aqui não cabe invocar o princípio da liberdade de propaganda (CF, arts. 5º, inc. IV, e 220, § 1º).

De feito, segundo o magistério de Roberto Amaral e Sérgio Sérvulo da Cunha, "Aplica-se princípio constitucional que veda o anonimato (CF, art. 5º, IV), que exige a identidade do editor ou responsável pela publicação, candidato, partido ou coligação, possibilitando, na hipótese de ilícito, como eventuais crimes contra a honra, o procedimento penal. Nota-se aí, igualmente, um princípio pedagógico, associando sempre o nome do candidato" (**in** Manual das Eleições cit., art. 38, nota 7.1, p. 334).

Sucede, porém, que em caso de inserção de informação juridicamente relevante e sabidamente inverídica (CE, art. 350), ou seja, cadastro de empresa diversa da que prestou o serviço de impressão para a propaganda eleitoral, não é suficiente que conste da peça inicial "que o denunciado teria inserido 'por meio de correligionários' não identificados, em impresso de propaganda, o CNPJ errado" (cf. TSE, REspe 998.468.121/AM, rel. Min. João Otávio de Noronha, DJe - 95, 21/05/2015, p. 69).

8.5 – Da Propaganda Eleitoral Mediante Outdoors

É proibida a propaganda eleitoral exibida mediante outdoor ou forma assemelhada, inclusive o afixado em bem particular, nos termos da Lei das Eleições (art. 37, § 2º, com nova redação da Lei nº 13.165/2015, e art. 39, § 8º).

Para configurar-se o outdoor, na propaganda partidária, intrapartidária e eleitoral, basta que a inscrição, pintura, placa, tela, artefato ou engenho, dadas as suas características ou impacto visual, possa ser equiparada a outdoor. Até placas justapostas ou intercaladas por espaço mínimo, que revelem efeito visual único, recebem igual interpretação para o fim da vedação em comento.

Essas restrições atingem artefatos ou qualquer engenho assemelhado, feitos com mais de $4m^2$ [atual 0,5 m^2], na esteira da jurisprudência cristalizada no colendo Tribunal Superior Eleitoral (R - Rp 186.773/DF, rel. Min. Joelson Dias, ac. publ. em sessão de 24/08/2010; REspe 264.105/PI, rel. Min. Arnaldo Versiani, DJe, 27/05/2011, p. 27; AgR - AI 17.761/RS, rel. Min. Dias Toffoli, DJe - 205, 24/10/2013, p. 122; AgR - REspe 67.126/CE, rel. Min. Marco Aurélio, DJe - 236, 11/12/2013, p. 59; AgR - REspe 123.335/CE, rel. Min. Gilmar Mendes, DJe - 172, 15/09/2014, p. 105).

O Tribunal Regional de São Paulo, igualmente, considerou propaganda eleitoral irregular a pintura em coletivo municipal (ônibus) excedendo 4 m^2 [atual 0,5 m^2]. Confira-se o Rec. 181-88.2012.6.26.0279, rel. Des. A. C. Mathias Coltro, DJe, 17/01/2013.

Por fim, cabe anotar que configura propaganda irregular a repetição de <u>pinturas</u>, causando impacto visual único, típico de outdoor, acima do limite legal (TSE, AgR - REspe 217.045/CE, rel. Min. Gilmar Mendes, DJe - 171, 12/09/2014, p. 35). Além disso, a proibição atinge a colocação de <u>cartazes</u> inclusive na <u>parte externa de ônibus</u> (TSE, AgR - AI 45.420/MG, mesmo relator, DJe - 166, 05/09/2014, p. 79, sem grifos no original).

Capítulo 9

9.1 – Dos Comícios, Showmícios e Eventos Assemelhados

Forma de propaganda usada há muito tempo, o *comício* tem previsão em vários preceitos do sistema jurídico (CF, art. 5º, incs. IX e XIV; LE, art. 39, § 4º, § 5º, inc. I, 3ª fig., § 10, 2ª parte; CE, arts. 240, par. único, 256, **caput**, e 337).

Sem embargo da liberdade de expressão assegurada pela Carta da República (arts. 5º, incs. IV e IX, e 220, **caput**), consubstanciada no direito à livre de manifestação do pensamento, este pode ser restringido pela lei eleitoral (CE, art. 240, par. único; LE, art. 39-A, §§ 1º a 4º).

Nessa reunião de pessoas, em local público, poderá ser utilizados amplificadores de som e alto-falantes, <u>na forma fixa</u>, desde que tais equipamentos não estejam em distância inferior a 200 metros: "I – das sedes dos Poderes Executivo e Legislativo da União, dos Estados, do Distrito Federal e dos Municípios, das sedes dos Tribunais Judiciais, e dos quartéis e outros estabelecimentos militares; II – dos hospitais e casas de saúde; III – das escolas, bibliotecas públicas, igrejas e teatro, quando em funcionamento" (LE, art. 39, § 3º, I a III); <u>na forma móvel</u>, "para a sonorização de comícios", é permitida a utilização de carros de som, minitrio ou trio elétrico (LE, art. 39, § 10). Além do mais, a realização de comício somente é permitida "no horário compreendido entre as 8 e as 24 horas" (LE, art. 39, § 4º), "com exceção do comício de encerramento da campanha, que poderá ser prorrogado por mais 2 horas" (mesmo § 4º do art. 39, com o acréscimo do art. 3º da Lei nº 12.891/2013).

Daí resulta que "1. A permissão para a propaganda eleitoral por meio de alto-falantes ou amplificadores de som até a véspera do dia da votação não se limita aos equipamentos imóveis, abrangendo também os móveis, ou seja, os que estejam instalados em veículos" (TSE, MS 3.107/DF, rel. Min. Fernando Neves, DJ, 13/12/2002, p. 211).

Interessa destacar que "A transgressão ao § 3º do art. 39 da Lei nº 9.504/1997 gera providência administrativa para fazer cessá-la, não havendo campo para a incidência de multa, ante a ausência de previsão legal" (cf. TSE, REspe 35.725/PA, rel. Min. Marco Aurélio, DJe - 177, 14/09/2012, p. 15).

Para efeito de classificação de veículo a motor contendo equipamento de som (isto é, carro de som, minitrio ou trio elétrico), leva-se em conta a sua potência nominal de amplificação (LE, art. 39, § 12, acrescido pelo art. 3º da Lei nº 12.891/2013). Assim, na fiscalização desses veículos, impõe-se o uso de medidor de potência do fluxo energético de irradiação (wattímetro). Somente com o emprego de tal instrumento é possível distinguir-se tais veículos automotores dotados de aparelhos de som de potencias diversas.

José Jairo Gomes sustenta, judiciosamente, que "a exigência da distância só tem razão de ser se os órgãos arrolados estiverem em funcionamento; caso contrário, não haveria qualquer prejuízo às atividades neles desenvolvidas" (**in** Direito Eleitoral cit., cap. XVI, nº 4.9, p. 412). Parece, no entanto, que a demonstração desse fato jurídico (inexistência de atividade nos locais aludidos) não é fácil de ser efetuada. Ademais, o ônus da prova incumbe a quem alegar tal fato: **semper onus probandi ei incumbit qui dicit** (CPP, art. 156, incs. I e II; CPC, art. 373, §§ 1º e 4º).

Em princípio, o *comício* poderá ser realizado até a véspera do prélio, uma vez que no seu dia configurará crime eleitoral (LE, art. 39, § 5º, inc. I, última parte).

O *showmício*, por sua vez, é proibido, inclusive o evento a ele assemelhado (LE, art. 39, § 7º). **Show** é a designação inglesa de **theatrical performance**. Daí a ideia de que os dois vocábulos estão ligados a "divertimento, entretenimento ou mero deleite dos presentes" (José Jairo Gomes, ob. cit., cap. XVI, item 4.9, p. 412). Esse termo inventado recentemente, aliás de péssimo gosto, define o *comício com artista*, "remunerado ou não" (LE, art. 39, § 7º). Em tempos passados, era comum a realização de *comício* apresentado ou animado por artista apreciado pela população local.

Porém, "1. O candidato que exerce a profissão de cantor pode permanecer exercendo-a em período eleitoral, desde que não tenha como finalidade a animação de comício ou reunião eleitoral e que não haja nenhuma alusão à candidatura ou à campanha eleitoral, ainda que em caráter subliminar" (ResTSE 23.251, Cta 1.709/DF, rel. Min. Arnaldo Versiani, DJe, 20/05/2010, p. 15, sem grifo no texto original).

Ressalte-se, por oportuno, que, na lição do meticuloso Edson de Resende Castro, "os comícios devem se limitar ao discurso político, às propostas de governo ou de atuação parlamentar dos que vão ocupar o palanque. Qualquer instrumento de animação desses eventos, com a presença de artistas, a exibição de vídeos em telões ou a execução de áudios em geral, transforma o comício em **show**, em entretenimento para os frequentadores, fugindo à finalidade da propaganda eleitoral. A vedação alcança, inclusive, os artistas candidatos (cantores, atores etc.), que no respectivo comício não poderão animar o evento (art. 10, § 5º, da ResTSE 23.191/2009) ", reiterada nos mesmos artigo e parágrafo da ResTSE 23.404/2014. Ver a Teoria e Prática do Direito Eleitoral cit., cap. III, p. 240. Esse autor robustece a sua lição com julgado proferido em consulta jurisdicional (ResTSE 22.274, Cta 1.295/ DF, rel. Min. Carlos Ayres Britto, DJ, 04/08/2006, p. 188).

É possível o uso de telão para a retransmissão do próprio comício em andamento, o qual também pode ser dotado de palco fixo (ResTSE 22.267, Cta 1.261/DF, rel. Min. César Asfor Rocha, DJ, 16/08/2006, p. 114). Não cabe, todavia, usar o telão para exibir qualquer **show** para atrair pessoas ao evento político.

Atente-se, também, que "3. A realização de showmício, examinada sob o enfoque do abuso do poder econômico, deve demonstrar relação de potencialidade para macular o resultado do pleito segundo influência de elementos de natureza econômica" (**v.** TSE, AgR - RO 2.355/MG, rel. Min. Felix Fischer, DJe - 50, 15/03/2010, p. 79).

Por outro lado, já se proclamou a "2. Ausência de normas legais que possibilitem à Justiça Eleitoral punir a conduta de candidatos ou filiados que, em comícios ou eventos semelhantes, peçam votos para candidatos de outros partidos. O exame dessas condutas compete aos órgãos de disciplina e ética partidárias" (ResTSE nº 21.110, Cta 790/DF, rel. Min. Fernando Neves, DJ, 26/06/2002, p. 119, sem grifo no original).

Para arrematar, em questão controvertida, assentou-se que "1. O art. 337 do Código Eleitoral, que descreve como crime a participação em atividades político-partidárias, inclusive comícios e atos de propaganda, daquele que estiver com os direitos públicos suspensos, não guarda sintonia com os arts. 5º, IV, VI e VIII, e 220 da Carta da República, que garantem ao indivíduo a livre expressão do pensamento e a liberdade de consciência, ainda que o exercício de tais garantias sofra limitações em razão de outras, também resguardadas pela Constituição Federal. 2. O disposto na referida norma penal implica em restrição de um direito fundamental garantido pela Constituição, sem que haja, em contraposição, bem ou valor jurídico atingido pela conduta supostamente delituosa. 3. O comportamento descrito na aludida norma de natureza penal não consiste na prática de um direito político passível de suspensão, mas sim no exercício de um direito fundamental que se insere na órbita da liberdade individual albergada pela Lei Maior" (TSE, REspe 36.173/SP, rel. Min. Dias Toffoli, DJe, 30/09/2015, grifou-se).

9.2 – Dos Autofalantes, Carros de Som e Trios Elétricos

O funcionamento de alto-falantes ou amplificadores de som na forma fixa é permitido apenas entre 8 e 24 horas de qualquer dia, até a véspera da eleição, vedando-se, porém, o seu uso em distância inferior a 200 metros dos vários locais especificados no dispositivo próprio (LE, art. 39, § 3º, incs. I até III).

Já a permissão para carro de som e minitrio transitarem pelas vias públicas da cidade (na forma móvel), divulgando **jingles** ou mensagens de candidatos, é admitida até as 22h do dia que antecede a eleição, isto é, da sua véspera (§§ 9º e 9º-A art. 39 da LE, sendo que o segundo parágrafo foi acrescido pelo art. 3º da Lei 12.034/2009).

Para efeito de se diferenciar os veículos automotores que usam equipamento de som (carro de som, minitrio e trio elétrico), leva-se em conta a potência nominal de amplificação (LE, art. 39, § 12, incisos I a III), como já anotado no item 9.1 anterior.

De resto, a utilização de trios elétricos é proibida, exceto para a sonorização de comícios eleitorais (LE, art. 39, § 10).

9.3 – Das Observações Gerais Sobre esses Tipos de Propaganda

Ainda não é tudo. "Ressalvado o disposto no art. 26 e seus incisos, constitui captação de sufrágio, vedada por esta Lei, o candidato que doar, oferecer, prometer ou entregar ao eleitor, com o fim de obter-lhe o voto, bem ou vantagem pessoal de qualquer natureza, inclusive emprego ou função pública, desde o registro da candidatura até o dia da eleição, inclusive, sob pena de multa de mil a cinquenta mil UFIR e cassação do registro ou do diploma, observado o procedimento previsto no art. 22 [incs. I a XIII] da Lei Complementar nº 64, de 18 de maio de 1990" (LE, art. 41-A, **caput**; ResTSE 23.404, art. 77, **caput**; CE, art. 237, **caput**).

Trata-se, pois, de captação ilícita de sufrágio (LE, art. 41-A) no campo do ilícito administrativo, e correlata à corrupção eleitoral (CE, art. 299) no campo do ilícito penal.

Conforme preleciona Joel José Cândido, "da inovação trazida pelo art. 41-A à Lei das Eleições se extrai que, por ser lei especial, esse artigo retirou a corrupção praticada na modalidade 'compra de voto' da órbita de incidência da LC nº 64/1990; a infração, a partir da vigência daquele artigo, só por ele pode, agora, ser punida, de forma prevalente e exclusiva, no campo extrapenal, sem prejuízo, quando for o caso, do processo crime pelo art. 299 do CE. A não ser assim, inócuo e sem função seria o art. 41-A e intérprete algum pode supor lei ou expressão legal sem sentido no seio do ordenamento jurídico" (**in** Direito Eleitoral Brasileiro cit., cap. XVI, item 16.9, p. 538).

Por outro lado, já foi decidido que descabe a doação de telhas e pregos a eleitor. "Para a configuração do ilícito previsto no art. 41 da Lei das Eleições, não é necessária a aferição da potencialidade de o fato desequilibrar a disputa eleitoral, porquanto a proibição de captação de sufrágio visa a resguardar a livre vontade do eleitor e não a normalidade e equilíbrio do pleito, nos termos de pacífica jurisprudência desta Corte (AI 3.510/PB, rel. Min. Luiz Carlos Lopes Madeira, DJ, 23/05/2003, p. 126) ". Ver o acórdão TSE, REspe 21.248/SC, rel. Min. Fernando Neves, DJ, 08/08/2003, p. 155).

Sucede, porém, que nem todo ato promocional infringe o disposto no art. 39-A da Lei das Eleições. Aqui, merece relevo a situação fático-jurídica de cada caso que já foi julgado.

Leciona Emerson Garcia, no concernente à identificação da potencialidade do ato, que "é despicienda a apresentação de cálculos aritméticos que venham a refletir uma diferença quantitativa de votos em favor de quem o praticou ou mesmo a demonstração de causa e efeito entre o ato e o resultado do pleito" (Abuso de Poder nas Eleições cit., cap. I, item 5, p. 20, e nota de rodapé n. 46, trazendo à colação o aresto TSE, REspe 19.601/AL, rel. Sepúlveda Pertence, **in** DJ, 16/08/2002, p. 135, que cuida da "provável influência").

Capítulo 10

10.1 – Da Propaganda Eleitoral na Imprensa Escrita e Virtual

Dispõe o **caput** do art. 43 da Lei das Eleições (com a redação do art. 3º da Lei nº 12.034/2009) que "São permitidos, até a antevéspera [ou proibidos na véspera] das eleições, a *divulgação paga*, na *imprensa escrita*, e a *reprodução na Internet* do jornal impresso, de até 10 (dez) anúncios de propaganda eleitoral, por veículo, em datas diversas, para cada candidato, no espaço máximo, por edição, de 1/8 (um oitavo) de página de jornal padrão e de 1/4 (um quarto) de página de revista ou tabloide" (com inserção entre colchetes). Destarte, quer no jornal impresso (imprensa escrita), quer no jornal virtual (reprodução do jornal acessada pela Internet), as limitações legais devem ser as mesmas.

Esclarece Alberto Rollo que "O jornal padrão possui 29,5 cm de largura e 54,0 cm de altura, enquanto o tabloide possui 28,7 cm de largura e 31,7 com de altura. Tratando-se de veículo com outras dimensões, o critério a ser aplicado é o da aproximação, nos termos da Resolução TSE nº 21.610, de 5.2.2004" (**in** Eleições no Direito Brasileiro cit., item 13.2.2.10, p. 179).

Confira-se, ainda, a ResTSE 23.404/2014, art. 27, **caput**.

Frise-se, por oportuno, que a infringência ao dispositivo supracitado deve ser coibida mediante a imposição de multa (LE, art. 43, § 2º), aplicando-a conforme o procedimento estabelecido no art. 96 desse diploma legal. Porém, "A aplicação da multa prevista no art. 43 da Lei nº 9.504/97 só é possível quando se tratar de propaganda eleitoral paga ou produto de doação indireta" (cf. TSE, AgR – REspe 24.307/SP, rel. Min. Luiz Carlos Lopes Madeira, DJ, 08/04/2005, p. 151).

Consoante o entendimento majoritário, a nova redação do art. 43 atrás busca a igualdade entre os candidatos, evitando que os mais abastados obtenham maior visibilidade, perante o corpo social, em detrimento dos menos favorecidos. Dita norma cabe quer para jornal impresso (p. ex., jornais, gazetas, folhas, periódicos, revistas, tabloides), ainda que de pequena tiragem, quer para jornal virtual (hospedado em provedor de conexão à internet), isto é, jornal eletrônico que se dá a público **on line**, por intermédio da **web**.

Não é demais lembrar-se da concordância da jurisprudência sobre tal questão. Em exame aprofundado da matéria, proclamou-se num elucidativo acórdão: "II – A diversidade de regimes constitucionais aos quais submetidos, de um lado a imprensa escrita – cuja atividade independe de licença ou autorização (CF, art. 220, § 6º) – e, de outro, o rádio e a televisão – sujeitos à concessão do poder público [art. 223] – se reflete na diferença marcante entre a série de restrições a que estão submetidos os últimos, por força da legislação eleitoral, de modo a evitar-lhes a interferência nos pleitos, e a quase total liberdade dos veículos de comunicação escrita" (cf. TSE, MC 1.241/DF, rel. Min. Sepúlveda Pertence, DJ, 03/02/2006, p. 168, com inserção entre colchetes).

Esclarecendo o texto legal supra (LE, art. 43), a Alta Corte Eleitoral deixou anotado, depois, que "a circunstância de o anúncio ficar aquém do espaço máximo estabelecido não viabiliza a ultrapassagem do número previsto no art. 43 da Lei nº 9.504/97" (Cta 195.781/DF, rel. Min. Marco Aurélio, DJe – 218, 21/11/2011, p. 38).

Cumpre mencionar, ainda, que "Deverá constar do anúncio, de forma visível, o valor pago pela inserção" (LE, art. 43, § 1º; ResTSE 23.404/2014, art. 27, § 1º).

Na dicção da Alta Corte, a divulgação da propaganda eleitoral na imprensa escrita exige a informação, de forma visível, do valor pago pela inserção, sendo desnecessária a comprovação de dolo para configurar a infração da norma reguladora (TSE, REspe 76.458/GO, rel. Min. Castro Meira, DJe, 20/08/2013, p. 64).

De um lado, não configura propaganda ilícita, pela imprensa escrita, a divulgação de notícias dos atos governamentais – que não devem ter cunho de propaganda eleitoral ou campanha disfarçada –, por se cuidar de atividade própria da imprensa. De verdade, "diferentemente do tratamento dado às emissoras de rádio e televisão, cujo funcionamento depende de concessão, permissão ou autorização do poder público, admite-se que os jornais e demais veículos de imprensa escrita possam assumir determinada posição em relação aos pleitos eleitorais" (ResTSE 21.763, Cta 1.053/DF, rel. Min. Fernando Neves, DJ, 21/06/2004, p. 90).

Mas, de outro lado, "1. Jornal de tiragem expressiva, distribuído gratuitamente, que em suas edições enaltece apenas um candidato, dá-lhe oportunidade para divulgar suas ideias e, principalmente, para exibir o apoio político que detém de outras lideranças estaduais e nacionais, mostra potencial para desequilibrar a disputa eleitoral, caracterizando uso indevido dos meios de comunicação e abuso do poder econômico, nos termos do art. 22 da Lei Complementar nº 64/90" (cf. TSE, RO 688/SC, rel. Min. Fernando Neves, DJ, 21/06/2004, p. 86).

Apresentando a reedição de famoso artigo sobre liberdade de imprensa, um de seus maiores especialistas atuais, que ainda foi Juiz do Tribunal Regional Eleitoral de São Paulo - Manuel Alceu Affonso Ferreira - observa com muita propriedade: "Todavia, sem embargo dessa clareza constitucional, pretextando a preservação da lisura dos pleitos, a legislação eleitoral brasileira continua proibindo que às rádios e às televisões que, durante as campanhas, emitam opiniões a respeito dos candidatos e partidos" (cf. Líbero Badaró, Liberdade de Imprensa, Ed. Migalhas, 2011).

Está evidente que o insigne advogado se refere à liberdade de manifestação de pensamento e de comunicação, que não deve sofrer qualquer restrição e nem censura (CF, arts. 5º, incs. IV e IX, e 220, §§ 1º e 2º; LE, arts. 41, **caput**, e 53, **caput**; CE, arts. 249, 331 e 332), com exceção às hipóteses arroladas no art. 221, incs. I a IV, da Carta da República, confrontando-a com a liberdade de informação e de crítica pela imprensa falada ou televisionada, a qual sofre restrições severas pela Lei das Eleições (arts. 45, I a VI, e §§ 1º a 5º, 46, I a III, §§ 1º a 5º, e 57; observando-se que os arts. 45 e 46 têm nova redação dada pelo art. 2º da Lei nº 13.165, de 2015).

"Realçando os valores atinentes às liberdades de comunicação e informação, admite-se que a imprensa escrita... em qualquer época (inclusive durante o processo eleitoral), emita *opinião* favorável a candidato ou pré-candidato. Como se sabe, o jornal e a revista (como pessoa jurídica) se expressam no editorial. Mas não há empeço à manifestação de colunista no espaço que lhe é destinado. Note-se, porém, que a matéria não pode ser paga" (cf. José Jairo Gomes, Direito Eleitoral cit., cap. XVI, item 4.18, p. 418).

Portanto, a imprensa escrita (= jornal, gazeta, revista e tabloide) pode elogiar ou criticar todas as pessoas – tanto naturais como jurídicas – envolvidas com a política, inclusive candidato, partido e coligação, desde que não o faça por meio de *matéria paga*. Como diz o autor supracitado, "Elogio e crítica fazem parte da dialética democrática".

Assim entendem também Roberto Amaral e Sérgio Sérvulo da Cunha, para quem "A lei se refere expressamente a anúncio [art. 43,

§ 1º], isto é, matéria paga, o que nem de longe atinge matérias editoriais (de responsabilidade do veículo) ou entrevistas com candidato, proibido sempre o tratamento preferencial a partido ou candidato, jamais reprimido, e o pedido de voto. Estão no mesmo plano de proteção constitucional, o direito do dono do jornal de adotar partido nas eleições, e dos partidos e candidatos a um tratamento isonômico" (**in** Manual das Eleições cit., parte I, p. 377, com inserção entre colchetes). Do mesmo sentir é José Jairo Gomes (**in** Direito Eleitoral cit., cap. XVI, item 4.18, págs. 418-9).

Realmente, "II – O TSE admite que os jornais e os demais meios impressos de comunicação possam assumir posição em relação à determinada candidatura, sendo punível, nos termos do art. 22 da LC nº 64/90, os excessos praticados" (TSE, RO 758/AC, rel. Min. Peçanha Martins, DJ, 03/09/2004, p. 108).

No mesmo sentido, "2. O art. 20, § 3º, da Resolução TSE nº 22.718/2008 estabelece que 'Não caracterizará propaganda eleitoral a divulgação de opinião favorável a candidato, a partido político ou a coligação pela imprensa escrita, desde que não seja matéria paga, mas os abusos e os excessos, assim como as demais formas de uso indevido dos meios de comunicação, serão apurados e punidos nos termos do art. 22 da Lei Complementar nº 64/90'" (cf. TSE, AgR – REspe 35.977/SP, rel. Min. Felix Fischer, DJe, 07/12/2009, p. 15).

Ao examinar as questões sobre reportagens, tanto de candidaturas como de candidatos, conclui Olivar Coneglian que "Há articulistas que escrevem cotidianamente nos mais variados jornais, sobre candidatos, sobre candidaturas, sobre política. Não há nenhuma proibição, restrição ou regra sobre esses escritos, o que quer dizer que eles podem continuar a ser editados durante o processo eleitoral" (**in** Lei das Eleições cit., nº 279.a, p. 242; ou Propaganda Eleitoral cit., nº 198, p. 267).

Seguindo, impende frisar que, além da *imprensa escrita* ou *jornal impresso*, há outra denominada *imprensa virtual* ou *eletrônica*, mantida **on line** por veículos de comunicação social em **sites** ou *portais* na Internet, nos quais as empresas jornalísticas divulgam, inclusive, as próprias matérias do *jornal impresso* (com reprodução parcial ou integral). Esta modalidade de veiculação é assegurada na própria Lei das Eleições (art. 43 com a redação dada pelo art. 3º da Lei nº 12.034/2009).

Assim, "2. A teor da jurisprudência desta Corte, a livre manifestação do pensamento, veiculada nos meios de divulgação de informação disponíveis na internet, somente estará passível de limitação nos casos em que houver ofensa a honra de terceiros ou divulgação de fatos sabidamente inverídicos" (**v.** TSE, REspe 204.014/PR, relª Minª Luciana Lóssio, DJe - 232, 09/12/2015, p. 53).

Importa destacar, por outro lado, que "a circunstância de o anúncio ficar aquém do espaço máximo estabelecido não viabiliza a ultrapassagem do número previsto neste artigo" [43] (**v.** TSE, Cta 195.781/DF, rel. Min. Marco Aurélio, DJe - 218, 21/11/2011, p. 38), que vai até 10 anúncios.

Cuidando-se de "reprodução na internet do jornal impresso" (LE, art. 43, **caput**), a sua hospedagem em provedor na **Web** deve respeitar as normas do Marco Civil da Internet (Lei nº 12.965, de 23/04/2014).

Leva-se em conta, dessa forma, que o Marco Civil deve ser interpretado conforme as diretrizes da Constituição da República e da Lei das Eleições. E não há qualquer dificuldade para fazê-lo, porquanto a liberdade de expressão, quer na imprensa escrita, quer na virtual, não pode sofrer qualquer restrição e nem censura (CF, arts. 5º, incs. IV e IX, e 220, §§ 1º e 2º; LE, art. 53, **caput**), com exceção às hipóteses arroladas no art. 221, incs. I a IV, da Carta Magna.

Para tanto, basta ler-se o ensinamento de Willis Santiago Guerra Filho e Henrique Garbellini Carnio. Dizem esses comentaristas do Marco Civil: "No art. 2º é tratado o respeito à liberdade de expressão como fundamento da disciplina do uso da Internet no Brasil. O inc. I do art. 3º do Marco Civil determina ainda a 'garantia da liberdade de expressão, comunicação e manifestação de pensamento, nos termos da Constituição'. Nesse diapasão o art. 8º também reforça a noção ao estabelecer que 'A garantia do direito à privacidade e à liberdade de expressão nas comunicações é condição para o pleno exercício do direito de acesso à internet" (**in** Marco Civil da Internet, 1ª ed., RT, 2014, cap. I, item 4, p. 25).

Merece lida a preleção de José Jairo Gomes, que expõe o seguinte: "Sendo a Internet um dos mais importantes meios de informação e comunicação da atualidade, não se vislumbram motivos relevantes para se negar a jornais e revistas editados virtualmente as mesmas possibilidades e prerrogativas conferidas aos impressos. Impõe-se o tratamento isonômico, sob pena de grave afronta aos princípios constitucionais de liberdade e igualdade, bem como aos direitos de informação e crítica. Mesmo porque o art. 57-D da LE proclama ser livre a manifestação de do pensamento pela Internet, vedando o anonimato. Assim, jornais e revistas virtuais - independentemente de possuírem versões impressas - podem publicar em seus sítios matérias contendo opinião favorável e desfavorável a candidato e partido, realizar entrevistas e debates, desde que essas ações tenham caráter exclusivamente jornalístico, sem qualquer conotação propagandística, promoção de candidatura ou contraprestação pecuniária. Por outro lado, se é certo que o art. 57-C, § 1º, I, da LE veda a veiculação de propaganda eleitoral na Internet em sítio de pessoa jurídica, não menos certo é o fato de que a matéria jornalística que aluda a candidato não constitui propriamente 'propaganda eleitoral', mas lídima manifestação dos direitos fundamentais de expressão do pensamento, crítica e informação" (**in** Direito Eleitoral cit., cap. XVI, item 4.19, págs. 419-20).

Segue a mesma diretriz um precedente pretoriano que confirmou a seguinte decisão: "1. Segundo o acórdão regional, houve a configuração de abuso de poder por meio do uso frequente e ostensivo de jornal eletrônico, tendo sido ressaltadas a finalidade eleitoral e a gravidade das circunstâncias em que se deu a promoção em favor dos candidatos aos cargos de prefeito e vice-prefeito, em detrimento dos demais candidatos, e com influência no resultado das eleições (art. 22, **caput**, da Lei Complementar nº 64/90)" Confronte-se com a decisão TSE, REspe 24.416/MS, relª Minª Maria Thereza de Assis Moura, ac. publ. em sessão de 02/12/2014.

Cabe frisar que, em se tratando de *propaganda eleitoral na imprensa* (LE, art., 43, **caput**), o *jornal eletrônico* divulgado em sítio na Internet, contendo "propósito ofensivo e eleitoral", não acarreta multa à empresa de comunicação social ou ao jornalista (TSE, REspe 20.251/RO, rel. Min. Fernando Neves, DJ, 07/02/2002, p. 142; TSE, REspe 27.743/MA, rel. Min. Fernando Neves, DJ, 24/06/2008, p. 9). Por certo, tal sanção pecuniária (LE, art. 45, § 3º) refere-se exclusivamente à *propaganda eleitoral no rádio e na televisão.*

Equiparando a notícia dada em jornal impresso com os comentários relativos à sua divulgação **on line**, em representação sobre propaganda eleitoral antecipada, os seus significados foram comparados assim: "4. As reportagens de jornal e os comentários de sítios da Internet que noticiam o evento não traduzem apenas o conteúdo do discurso, mas a percepção da interpretação dos que o divulgam, a qual - por mais respeitável que seja - não pode servir como base para a aplicação de sanção. De outro modo, se estaria punindo não o fato, mas a interpretação a ele emprestada por terceiros" (**v.** TSE, R - Rp 98.696/DF, rel. Min. Henrique Neves, DJe, 24/08/2010, p. 105).

Capítulo 11

11.1 – Da Propaganda Eleitoral no Rádio e na Televisão

Já foi examinada, no item 2.6, a questão da gratuidade na propaganda efetuada por esses dois meios de comunicação – com o escopo de possibilitar a igualdade entre os concorrentes ao certame – e, no item 1.4, a possibilidade da propaganda de conteúdo ofensivo ou inverídico, mediante ausência de veracidade por trucagem ou montagem da mensagem transmitida.

O rádio e a televisão podem ser empregados para divulgar vários tipos de propaganda (ou seja, partidária, eleitoral e institucional) a qual é captada por meios eletrônicos e depois distribuída através de antena, a qual emite ondas eletromagnéticas. Pelo uso desse sistema, os critérios de transmissão se acham disciplinados pelo chamado *direito de antena*, que se efetiva em conformidade com os permissivos constitucionais e legais (CF, art. 17, § 3º, 2ª fig.; LPP, arts. 45 a 49; LE arts. 44 a 57; sendo que os art. 45 e 49 da LPP e os arts. 45, 46, 47, 51, 52 e 54 da LE, têm novas redações dadas pelos arts. 3º e 2º da Lei nº 13.165, de 2015). Vale dizer, o *direito de antena* aludido corresponde, por um lado, à transmissão e captação de informações por meio de *ondas eletromagnéticas*, isto é, rádio e televisão; a transmissão e captação por *ondas mecânicas*, de outro lado, efetuam-se por alto-falantes.

Depois das contínuas alterações levadas a efeito pelo legislador, sempre fundadas na importância dessa forma de divulgação para o convencimento do eleitorado, normatizou-se, pormenorizadamente, essa propaganda, por meio de regra atual, dispondo: "A propaganda eleitoral no rádio e na televisão <u>restringe-se ao horário gratuito</u> definido nesta Lei, vedada a veiculação de propaganda paga" (LE, art. 44, **caput**, grifei; ResTSE 23.404/2014, art. 33, **caput**; CE, art. 251).

Destarte, "1. A jurisprudência desta Corte é pacífica no sentido de que é vedado às emissoras de rádio e televisão, <u>em sua programa-</u>

ção normal e noticiário, darem tratamento privilegiado a candidatos ou difundirem opinião favorável ou contrária a candidatos, partido, coligação, seus órgãos ou representantes" (TSE: AgR – AI 18.683/PR, relª Minª Luciana Lóssio, DJe – 42, 28/10/2014, p. 56, sem grifo no texto original; ED – AgR – REspe 353.663/PI, rel. Min. Dias Toffoli, DJe – 215, 11/11/2013, p. 49).

Seguindo a compreensão acima exposta, "4. A difusão de opinião favorável a candidato extrapolando o limite da informação jornalística, configura violação ao art. 45, III, da Lei nº 9.504/97" (TSE, AgR – REspe 10.808/PI, rel. Min. Henrique Neves, DJe – 37, 21/02/2014, p. 74).

Quanto ao *direito de antena*, explicitado pela norma já vista (LE, art. 44, **caput**), observe-se que a locução "horário gratuito" é ardilosa, posto que a gratuidade das transmissões se destina tão somente aos políticos, porquanto o seu custo é transferido para toda a população, em vista da compensação fiscal conferida às emissoras e rádio e televisão, nos termos do art. 99 da mesma Lei das Eleições (nº 9.504/1997).

As agremiações políticas, as suas coligações e os candidatos estão restritos à forma acima para realizar transmissão da propaganda. Nessa difusão não se incluem, porém, os 70 minutos diários a serem usados em inserções de 30 e 60 segundos, "a critério do respectivo partido ou coligação" (art. 51, incs. I a IV da LE, sendo que o inc. III e **caput** do art. 51 têm nova redação dada pelo art. 2º da Lei nº 13.165, de 2015).

Convém enfatizar, neste passo, que o inc. III do art. 45 da Lei das Eleições dispunha: "A partir de 1º de julho do ano da eleição, é vedado às emissoras de rádio e televisão, em sua programação normal e noticiário veicular propaganda política ~~ou difundir opinião favorável ou contrária a candidato, partido, coligação a seus órgãos ou representantes~~". Mas essa parte riscada perdeu validade e eficácia por decisão do Pretório Excelso (cf. STF, Pleno, ADI MC – Ref 4.451/DF, rel. Min. Carlos Ayres Britto, DJe – 167, 24/08/2012, ou RTJ, 221/277). Dessa interpretação não destoava a Alta Corte Eleitoral (ver TSE, RO 191.942/AC, rel. Min. Gilmar Mendes, DJe – 189, 18/10/2014, p. 50).

De molde que, em vista da eficácia parcial, "apenas se está diante de uma conduta vedada quando a crítica ou matéria jornalística venham a descambar para a propaganda política, passando nitidamente a favorecer uma das partes na disputa eleitoral. Hipótese a ser avaliada em cada caso concreto" (ADI 4.451). "Não há vedação legal a que as emissoras de rádio e televisão, mesmo no período eleitoral, noticiem e comentem fatos e atos de governo que ocorram nas disputas eleitorais, mas coíbe-se o abuso, inexistente no caso concreto" (RO 191.942).

Merece destaque, agora, que, na divulgação de inserções ao longo da programação, entre 8 e 24 horas, proíbe-se a utilização de gravações externas, montagens ou trucagens, computação gráfica, desenhos animados e efeitos especiais, e a veiculação de imagens que possam degradar ou ridicularizar candidato, partido ou coligação (LE, art. 51, inc. IV; ResTSE 23.404, art. 38, inc. III). Por sinal, o **caput** e os incs. II e III do art. 51 da LE têm nova redação dada pelo art. 2º da Lei nº 13.165/2015.

Cumpre salientar, por oportuno, que não constitui gravação externa a cópia de vídeos produzidos pelo candidato **ex adverso** em eleição anterior (cf. TSE, Rp 1.100/DF, rel. Min. Ari Pargendler, DJ, 12/09/2006). Mas, ao ser examinada a gravação externa, "Se a aparência é de cena gravada externamente, e não houve prova em sentido contrário, julga-se procedente a representação" (**v.** TSE, AgR – Rp 1.026/DF, rel. Min. Ari Pargendler, ac. publ. em sessão de 29/08/2006).

Vale transcrever o preceito seguinte: "Não serão admitidos cortes instantâneos ou qualquer tipo de censura prévia nos programas eleitorais gratuitos" (cf. LE, art. 53, **caput**; ResTSE 23.404/2014, art. 42, **caput**).

E mais, no § 1º do art. 53 aludido, veda-se a emissão de propaganda que possa degradar ou ridicularizar candidatos, partido ou coligação, sujeitando-se o partido infrator à perda do direito de veiculação de propaganda no horário eleitoral gratuito no dia seguinte (LE, art. 53, § 1º). Nesse tema, "Não se podem considerar referências interpretativas como degradante e infamante. Não ultrapassando o limite da preservação da dignidade da pessoa, é de se ter essa margem de liberdade como atitude normal na campanha política" (**v.** TSE, Rp 240.991/DF, rel. Min. Joelson Dias, ac. publ. em sessão de 25/08/2010).

Também agem em desconformidade com o direito positivo as agremiações políticas e as suas coligações que incluem "no horário destinado aos candidatos às eleições proporcionais propaganda dos candidatos a eleições majoritárias ou vice-versa, ressalvada a utilização, durante a exibição do programa, de legendas com referência aos candidatos majoritários, ou, ao fundo, cartazes ou fotografias desses candidatos" (LE, art. 53-A, acrescentado pelo art. 3º da Lei nº 12.891/2013).

Urge salientar o entendimento da jurisprudência acerca do dispositivo supra (LE, art. 53-A), como segue: há possibilidade de participação dos candidatos nacionais na propaganda estadual das eleições majoritárias; e necessidade de abstenção de interferência nos espaços das candidaturas proporcionais, senão para prestar apoio (TSE, REspe 113.623/AL, relª Minª Cármen Lúcia, ac. publ. em sessão de 19/09/2010). A regra deste artigo, entretanto, não contempla a "invasão" de candidatos majoritários em espaço da propaganda proporcional (TSE, Rp 254.673/DF, rel. Min. Henrique Neves, ac. pub. em sessão de 31/08/2010). Novamente, sobre o mesmo preceito, decidiu-se que "Configura invasão de horário tipificado neste artigo [53-A da LE] a veiculação de propaganda eleitoral negativa a adversário político em eleições majoritárias, devidamente identificado, no espaço destinado a candidatos a eleições proporcionais" (TSE, Rp 243.589/DF, rel. Min. Joelson Dias, ac. publ. em sessão de 02/09/2010, com inserção entre colchetes no texto original).

Ainda por cima, "Nos programas e inserções de rádio e televisão destinados à propaganda eleitoral gratuita de cada partido ou coligação só poderão aparecer, em gravações internas e externas, observado o disposto no § 2º, candidatos, caracteres com propostas, fotos, **jingles**, clipes com música ou vinhetas, inclusive de passagem, com indicação do número do candidato ou do partido, bem como seus apoiadores, inclusive os candidatos de que trata o § 1º do art. 53-A, que poderão dispor de até 25% do tempo de cada programa ou inserção, sendo vedadas montagens, trucagens, computação gráfica, desenhos animados e efeitos especiais" (art. 54, **caput**, da LE com a redação dada pelo art. 2º da Lei nº 13.165/2015).

Interpretando o preceito supra, proclamou-se que "este artigo refere-se à participação ativa, ou seja, aquela em que o cidadão comparece espontaneamente e compartilha o programa eleitoral para sustentar determinada candidatura, prestando apoio" (cf. TSE, R – Rp 242.460/DF, rel. Min. Henrique Neves, ac. publ. em sessão de 31/08/2010).

Para a divulgação da propaganda eleitoral gratuita, as emissoras de rádio e de televisão e os canais por assinatura mencionados no art. 57, reservarão, nos 35 dias anteriores à antevéspera das eleições, horário destinado à divulgação, em rede, da propaganda eleitoral, na forma estabelecida no art. 47, §§ 1º a 9º, da Lei das Eleições, com as alterações dadas pelo art. 2º da Lei nº 13.165/2015.

Como tais veiculações atribuídas às emissoras de rádio e televisão devem ser realizadas "em rede", uma delas cumprirá o papel de geradora dos sinais eletromagnéticos, para a transmissão por ondas hertzianas, enquanto as demais operarão como meras repetidoras dos sinais produzidos pela geradora.

Nas eleições para Prefeito e Vereadores, nos municípios em que não haja emissora de rádio e televisão, existem regras próprias quando seja operacionalmente viável realizar a retransmissão (ver LE, art. 48, §§ 1º e 2º).

Cabe observar, em sequência, que as disposições da Lei se aplicam somente às emissoras de televisão que operam em VHF (frequência muito alta) e UHF (frequência ultra-alta), bem como aos canais de televisão por assinatura sob a responsabilidade dos órgãos do Poder Legislativo (LE, art. 57; ResTSE 23.404, art. 35, **caput**).

Procurando evitar a sonegação do horário reservado à propaganda eleitoral, não é permitida a utilização comercial ou a difusão com a finalidade de promover marca ou produto por rádio ou televisão, no período aludido (LE, art. 44, § 2º). Tal *direito de antena* também não pode ser frustrado pela vigência de *contratos* ou *ajustes* firmados pelas empresas devedoras da obrigação com terceiros (CE, art. 251).

E tem mais, a emissora não autorizada a funcionar pelo poder competente está impedida de divulgar qualquer propaganda eleitoral (LE, art. 44, § 3º).

Releva notar, nesta oportunidade, que "As normas que disciplinam a veiculação da propaganda eleitoral não afetam a liberdade de manifestação do pensamento constitucionalmente garantida, porque não estabelecem qualquer controle prévio sobre a matéria a ser veiculada, equivalendo-se, na ordem constitucional, o referido princípio com o da lisura e legitimidade dos pleitos, com o que a compatibilização de ambos torna possível a repressão dos abusos cometidos" (TSE, REspe 15.637/RN, rel. Min. José Eduardo Rangel de Alckmin, DJ, 12/02/1999, p. 37). Vale dizer, "A liberdade de informação prevista no art. 220, § 1º, da Constituição Federal, tem como limite a manutenção do equilíbrio e igualdade dos candidatos" (TSE, REspe 21.992/GO, rel. Min. Humberto Gomes de Barros, DJ, 01/04/2005, p. 158).

A limitação legal em pauta tem a sua extensão exibida num exemplo elucidativo: "É vedado às emissoras, nos termos dos §§ 1º e 2º do art. 45 da Lei nº 9.504/97, veicular propaganda comercial de produtos ou serviços, com a participação de candidato a cargo eletivo... é proibir o tratamento privilegiado de candidatos, em razão de participarem de modalidade de propaganda não acessível a todos competidores" (ResTSE 20.215, Cta 432/DF, rel. Min. Néri da Silveira, DJ, 19/06/1998, p. 65). A propósito, o § 1º e o **caput** do art. 45 da LE têm novas redações dadas pelo art. 2º da Lei nº 13.165, de 2015.

Com mais rigor, "a difusão de opinião favorável ou contrária a candidato, partido ou coligação, a seus órgãos ou representantes, sujeita a emissora ao pagamento de multa, sendo irrelevante se foi realizada pelo entrevistado, pela emissora ou por representante dela" (cf. TSE, REspe 21.369, rel. Min. Fernando Neves, DJ, 02/04/2004, p. 106, sem grifo no original).

Existem, no entanto, hipóteses com interpretação mais condescendente. Vejamos.

"Se a emissora abriu espaço para todos os candidatos apresentarem suas propostas e ideias, não há que se falar em favorecimento ou difusão de opinião contrária vedada por lei" (cf. TSE, REspe 19.996/PR, rel. Min. Fernando Neves, DJ, 07/02/2003, p. 144).

"Desde que a utilização dos recursos de montagem e trucagem não importe em degradação ou ridicularização de candidato, partido político ou coligação, a simples inexatidão do original não se presta a configurar a hipótese vedada no inciso I do art. 45 da Lei nº 9.504/97" (cf. TSE, AgR - ED - Rp 439/DF, rel. Min. Caputo Bastos, ac. publ. em sessão de 19/09/2002; ou AgR - Rp 446/DF, mesmo relator, ac. publ. em sessão de 19/02/2002).

No concernente à programação normal do rádio e da televisão, para coibir o seu uso indevido, há normas no sentido de as emissoras, exceto debates, não realizem algumas práticas como, p. ex., transmitir imagens de efetivação de consulta eleitoral em que seja possível identificar o entrevistado; veicular ou divulgar propaganda política ou difundir opinião favorável ou contrária a candidato, partido ou coligação; dar tratamento privilegiado a eles; veicular ou divulgar programa com alusão ou crítica aos mesmos (ver arts. 45 e 46 da Lei das Eleições, com as novas redações dadas pelo art. 2º da Lei nº 13.165/2015).

Sem dúvida, as *enquetes* (consultas aleatórias) são diferentes das *pesquisas eleitorais* (consultas com critérios técnicos). Daí por que, "2. Consoante o art. 15 da ResTSE nº 22.623/2007, na divulgação de resultado de enquete, deverá constar informação de que não se trata de pesquisa eleitoral, mas de mero levantamento de opinião, sem controle de amostra, o qual não utiliza método científico para sua realização e depende somente da participação espontânea do interessado" (ver AgR - REspe 36.524/MG, rel. Min.

Aldir Passarinho Júnior, DJe – 52, 17/03/2011, p. 41). Em Portugal, aliás, as denominadas *sondagens eleitorais* também seguem critérios científicos.

Os debates acima referidos têm como normas aquelas do art. 46, I, *a* e *b*, II e III, §§ 1º a 5º, da Lei das Eleições, a fim de preservar a princípio da isonomia entre os participantes do certame eleitoral.

Consoante Walter de Moura Agra, "O debate é o meio pelo qual os candidatos ao pleito eleitoral têm de confrontar suas ideias e posicionamentos partidários, expondo suas ideologias e pretensões para que o eleitorado possa analisar, além das propostas, qual candidato está apto a receber o seu voto e conduzir a coisa pública" (**in** Manual Prático das Eleições, item 8.3, p. 130).

Vale transcrever o § 5º do art. 46 da Lei das Eleições que tem nova redação dada pelo art. 2º da Lei nº 13.165/2015. Reza o dispositivo "§ 5º. Para os debates que se realizarem no primeiro turno das eleições, serão consideradas aprovadas as regras, inclusive as que definam o número de participantes, que obtiverem a concordância de pelo menos 2/3 (dois terços) dos candidatos aptos, no caso de eleição majoritária, e de pelo menos 2/3 (dois terços) dos partidos ou coligações com candidatos aptos, no caso de eleição proporcional".

Com amparo em consulta ao Tribunal Superior Eleitoral, vale anotar que o *objetivo* dos debates é o seguinte: Observada "a legislação de regência, é possível a realização de debates, visando a esclarecer o eleitor sobre o perfil dos candidatos" (Cta 79.636/DF, rel. Min. Marco Aurélio, DJe, 10/09/2010, p. 10).

Em caso de transgressão das disposições legais sobre os debates, a empresa infratora ficará sujeita às sanções previstas no art. 32 da ResTSE 23.404/2014.

Capítulo 12

12.1 – Da Propaganda Eleitoral na Internet

Demorou a surgir no *processo eleitoral* uma regulamentação legal específica para a rede mundial de computadores – Internet –, a qual somente veio a ocorrer com o art. 4º da Lei nº 12.034, de 29/09/2009, acrescentando os arts. 36-A, nº I, 57-A até 57-I, 58, § 3º, nº IV, e 58-A na Lei das Eleições (nº 9.504/1997). Aquele novo diploma legal também revogou o § 3º da Lei das Eleições, dando tratamento diferente aos sítios mantidos na Internet e às empresas de rádio e televisão (antes eram equiparados). Ressalte-se, por oportuno, que o dia 5 de julho do ano da eleição mencionado no art. 57-A da Lei das Eleições restou alterado para 15 de agosto, pela nova redação dada pelo art. 2º da Lei nº 13.165/2015.

Com esteio na Constituição da República, que assegura o direito a "livre manifestação de pensamento", ligando-o a outro direito, inerente à personalidade, e vedando, ao mesmo tempo, "o anonimato" (arts. 5º, incs. IV e IX, e 220, **caput**), estatui-se, ainda, que qualquer violação desses preceitos implica, além do "direito de resposta", no de "indenização pelo dano material ou moral" (art. 5º, incs. V e X). A propósito, o **caput** dos arts. 2º, 8º e 19, § 2º, do Marco Civil da Internet (Lei nº 12.965/2014) também assegura "o respeito à liberdade de expressão".

Antes da edição do Marco Civil da Internet aludido, o Pretório Excelso já proclamava: "Silenciando a Constituição quanto ao regime da internet (rede mundial de computadores), não há como se lhe recusar a qualificação de território virtual livremente veiculador de ideias e opiniões, debates, notícias e tudo o mais que signifique plenitude de comunicação". Discorrendo sobre o "4. Mecanismo Constitucional de Calibração de Princípios", explica que "O art. 220 é de instantânea observância quanto ao desfrute das liberdades de pensamento, criação, expressão e informação que, de alguma forma, se vinculem pelos órgãos de comunicação social. Isto sem prejuízo da aplicabilidade dos seguintes incisos do art. 5º da mesma Constituição Federal: vedação do anonimato (parte final do inciso IV); do direito de resposta (inciso V); direito a indenização por dano material e moral à intimidade, à vida privada, à honra e à imagem das pessoas (inciso X)". Confronte-se com o venerando acórdão STF, Pleno, ADPF 130/DF, rel. Min. Carlos Britto, RTJ, 213/20.

Não discrepa o Código Civil, que igualmente garante o direito de fazer cessar a "ameaça, ou a lesão, a direito da personalidade e reclamar perdas e danos, sem prejuízo de outras sanções previstas em lei" (arts. 12, **caput**, 20, **caput**, 21, 186, e 927, **caput**).

No mesmo sentido há preceitos no Marco Civil da Internet responsabilizando, solidariamente, os provedores "por danos decorrentes de conteúdo gerado por terceiros", lhes cominando sanções que, "sem prejuízo das demais sanções cíveis, criminais e administrativas", implicam em: I - advertência; II - multa; III - suspensão temporária; IV - proibição de exercício das atividades (art. 12, **caput** e incisos).

De forma análoga dispõe a Lei das Eleições, que também propicia "a livre manifestação de pensamento, vedado o anonimato durante a campanha eleitoral por meio da rede mundial de computadores - internet, assegurado o direito de resposta" (art. 57-D); quanto ao anonimato, "sem prejuízo das demais sanções cabíveis", prevê a imposição de multa a "quem realizar propaganda eleitoral na internet, atribuindo indevidamente sua autoria a terceiro, inclusive a candidato, partido ou coligação" (art. 57-H); ainda impõe "ao provedor de conteúdo e de serviços multimídia que hospeda a divulgação da propaganda eleitoral de candidato, partido ou coligação as penalidades previstas nessa Lei, se, no prazo determinado... não tomar providências para a cessação dessa divulgação", sempre "A requerimento de candidato, partido ou coligação, observado o rito previsto no art. 96, a Justiça Eleitoral", que "poderá determinar a suspensão, por 24 horas, do acesso a todo conteúdo informativo dos sítios da internet que deixarem de cumprir as disposições dessa Lei" (arts. 57-F, **caput**, 57-H e 57-I, **caput**).

A Lei das Eleições aludida proíbe às várias pessoas que relaciona (art. 24, I a XI) fazer "doação em dinheiro ou estimável em dinheiro, inclusive por meio de publicidade de qualquer espécie" a candidato, partido ou coligação, bem como doarem ou cederem o cadastro eletrônico de seus clientes em favor daqueles (art. 57-E). Igualmente é proibida a venda de cadastros de endereços eletrônicos (art. 57-E, § 1º), sob pena de multa ao responsável e, se for comprovado o seu prévio conhecimento, ao beneficiário (art. 57-E, § 2º).

A propósito, o prévio conhecimento pode ser deduzido pelas circunstâncias fáticas (TSE, AgR – REspe 35.387/CE, rel. Min. Gilmar Mendes, DJe, 05/03/2015). Mas, tratando-se de **site** que contém jornal eletrônico, impossível a aplicação da multa supracitada (TSE, REspe 20.251/RO, rel. Min. Fernando Neves, DJ, 07/02/2003, p. 142).

O referido Marco Civil da Internet estatui que, sem excluir outros princípios "previstos no ordenamento jurídico pátrio relacionados à matéria" (art. 3º, par. único), tal lei também disciplina, na **web**, o endereço de protocolo de Internet (IP), a administração do sistema, a conexão à rede virtual, o registro de conexão, as aplicações de Internet e os registros de acesso (art. 5º, incs. I a VIII).

No concernente à vedação ao anonimato eletrônico, que propicia a maior parte das ofensas à honra dos adversários políticos e inverdades acerca dos seus atos, o Marco Civil da Internet dispõe o seguinte: "A parte interessada poderá, com o propósito de formar conjunto probatório em processo judicial cível ou penal em caráter incidental ou autônomo, requerer ao juiz que ordene ao responsável pela guarda o fornecimento de registros de conexão ou de registros de acesso a aplicações de internet" (art. 22, **caput**).

É claro que o IP (**internet protocol**) acima referido não identifica o terminal, entretanto descobre o responsável desse IP e o endereço que foi cadastrado na instalação do meio de acesso à **Web** ou Internet.

O descumprimento das normas jurídicas na rede virtual, acobertando-se a autoria da violação mediante a facilidade de uso do anonimato, pode ocorrer de diversas formas, como bem o dizem Fernando Neisser e Marco Antônio Martin Vargas: "Ataques anônimos, criação de falsos perfis, emulação de páginas de candidatos, **e-mails** apócrifos com ofensas, são todos exemplos de patologias" (**in** Direito Eleitoral, 1ª ed., Gazeta Jurídica, 2014, cap. 10, p. 153).

Oportuno o esclarecimento do festejado Damásio de Jesus, que assevera: "Sempre que a parte requerer a um juiz de direito ordem para o fornecimento de registros deverá justificar, com fundados indícios, a ocorrência do delito [ou da ofensa aos direitos da personalidade], bem como justificar a utilidade dos registros para a investigação probatória, especificando ainda o período a que se referem. A justificativa motivada de utilidade dos registros é evidente e notória:

em crimes [ou ilícitos civis] cometidos na internet, onde comumente os autores não se identificam, somente com os registros fornecidos pelo provedor de aplicação e, posteriormente pelo provedor de acesso é que poder-se-á caminhar no sentido da apuração do delito informático [ou mensagem ofensiva à honra alheia]. Sempre que o usuário acessa um serviço ou aplicação na **web** se utiliza para boas ou más finalidades, o provedor de aplicação irá registrar o acesso, com informações que trazem data, hora do acesso, fuso horário e endereço IP (**internet protocol**) do terminal utilizado. Assim, ao enviar um **e-mail** criminoso anônimo ou postar uma mensagem ofensiva sem se identificar, cabe à vítima requerer os registros de acesso e aplicação (e-mail ou rede social) ao provedor responsável, nas exatas data e hora apuradas como de publicação do conteúdo ofensivo" (**in** Marco Civil da Internet, 1ª ed., Saraiva, 2014, p. 72, sem intercalações e grifos no texto original).

De feito, "1. O provedor de internet – administrador de redes sociais –, ainda em sede de liminar, deve retirar informações difamantes a terceiros, manifestadas por seus usuários, independentemente da indicação precisa, pelo ofendido, das páginas que foram veiculadas as ofensas (URL's). 2. Recurso Especial não provido" (**v.** STJ, 4ª T., REsp 1.175.675/RS, rel. Min. Luís Felipe Salomão, DJe, 20/09/2011).

Tem importância fundamental, portanto, que o prejudicado ou lesado obtenha o endereço de protocolo de internet (IP), para que percorra o trajeto até o sítio utilizado indevidamente. São as denominadas "pegadas electrónicas" do Direito português (cf. J.J. Gomes Canotilho e Vital Moreira, Constituição da República Portuguesa Anotada, 1ª ed. bras. RT, 2007, art. 35º, anotação I, p. 550).

Por conseguinte, tratando-se de anonimato na Internet, a questão fática é sempre mais complexa, exigindo o rastreamento do "computador ou qualquer dispositivo que conecte à internet", para saber o seu "endereço de protocolo de internet (IP) ", através da "pessoa física ou jurídica que administra blocos de endereço IP específicos e o respectivo sistema autônomo de roteamento" etc. (Marco Civil, art. 5º, incs. I a VIII). Vale dizer, na conexão ou acesso oculto à rede de computadores, o ofendido ou lesado precisará identificar o indivíduo que se vale do anonimato tecnológico da **web**. São muito conhecidos os **fakes** (de falso, em inglês), que são contas ou perfis usados na Internet para ocultar a identidade real de um usuário de redes sociais. Agravam esses casos, a veiculação enorme de mensagens que não condizem com a verdade e, portanto, prejudicam inúmeras pessoas, tanto naturais como jurídicas, inclusive os partidos políticos.

Vale lembrar, por outro lado, que "Aplica-se às pessoas jurídicas, no que couber, a proteção dos direitos à personalidade" (CC, art. 52). Como sustenta Maria Helena Diniz, "as pessoas jurídicas têm direitos da personalidade, como direito ao nome, à marca, à honra objetiva (RT, 776:195) ". Ver o Código Civil Anotado, 14ª ed., Saraiva, 2009, p. 104. O aresto antes mencionado provém do colendo Superior Tribunal de Justiça (4ª T., REsp 164.421/RJ, rel. Min. Ruy Rosado de Aguiar, RSTJ, 128/372). A norma em pauta (art. 52), portanto, tem aplicação aos partidos políticos, a quem se atribui personalidade jurídica de direito privado com funções constitucionais (CF, arts. 1º, inc. V, e 17, § 2º; CC, arts. 44, inc. V e § 3º, e 2.031, par. único; LPP, art. 1º).

Com razão, explica Francesco Ferrara que o "**reconocimiento de la personalidade opera una profunda transformación jurídica, si nos limitamos a las corporaciones, si bien es verdad que la unidad de los asociados en el tiempo y en el espacio es sintética, es decir, es la pluralidade considerada masa unitária**" (cf. Teoría de las Personas Jurídicas, 1ª ed., Editorial Reus, Madrid, 1929, cap. II, item 72, p. 357). Aqui, o vocábulo espanhol **masa** corresponde a um conjunto de partes que formam um todo.

A *propaganda eleitoral* compete tanto ao candidato, ao partido ou à coligação, em *corresponsabilidade* (LE, arts. 6º, § 5º, 17 e 38, **caput**; LPP, art. 15-A; CE, art. 241; CC, art. 264). Logo, *os três responsáveis* – uma pessoa natural, uma pessoa jurídica de direito privado com funções constitucionais e uma aliança de partidos que se sub-roga nos direitos dos então coligados, extinguindo-se com a diplomação dos eleitos –, podem efetuar *propaganda eleitoral* na Internet. Nesse teor, reconhecendo legitimidade processual dessa união de agremiações, concedeu-se mandado de segurança "para incluir no art. 18 da ResTSE 22.718 o partido político como legitimado para realizar a propaganda eleitoral de seus candidatos na internet" (TSE, MS 3.738/DF, rel. Min. Joaquim Barbosa, DJe, 31/03/2009, p. 34).

Partindo de pesquisa encomendada pelo Conselho Gestor da Internet no Brasil, os eleitoralistas Fernando Neisser e Marco Antônio Martin Vargas fazem oportuna observação sobre a utilização da Internet na propaganda eleitoral. Sustentam esses autores, um advogado e outro magistrado, que está havendo "mudança de vertente utilizada na propaganda eleitoral ao diminuir a incidência da propaganda nas ruas para ganhar o espaço virtual. Com isso, os concorrentes ao certame eleitoral procuram a simpatia e tentam cooptar os votos dos eleitores que vivem o espaço da rede virtual do dia a dia" (**in** Direito Eleitoral cit., cap. 10, p. 151 e nota 1).

Por outro lado, mesmo antes do período da propaganda eleitoral (= em qualquer época), o candidato pode participar de debates na Internet, com transmissão direta, sem a exigência do tratamento isonômico, referente ao rádio e à televisão, previsto no art. 36-A da Lei das Eleições (**v**. TSE, Cta 79.636/DF, rel. Min. Marco Aurélio, DJe, 10/09/2010, p. 10).

Como se verifica pelas normas supracitadas, a prática da propaganda eleitoral em ambiente eletrônico tem como pedra de tropeço o "anonimato" (CF, art. 5º, IV; LE, arts. 57-D e 57-H, §§ 1º e 2º; Lei nº 12.695, art. 22). Daí nasce a proibição de se realizar propaganda eleitoral em sítios de candidato, partido ou coligação em provedor de serviço de Internet que não seja estabelecido no Brasil (LE, art. 57-B, incs. I e II).

Sucede, porém, que a legislação não prevê sanção específica para a infração acima. Por isso, cabe trazer a lição do festejado Marcos Ramayana, que diz: "O art. 57-F faz menção 'às penalidades previstas nesta Lei' contra o provedor que hospeda o sítio, desde que seja comprovado seu prévio conhecimento, mas não especifica, no caso do art. 57-B, I e II, qual a sanção de multa aplicável. Diante desta omissão em relação à pena de multa, cumprirá à Justiça Eleitoral julgar a representação com base no art. 96 da Lei das Eleições considerando o disposto no art. 57-I da mesma lei. No pedido de representação consagra-se apenas a determinação da suspensão, por 24 horas, do acesso ao sítio, e a duplicação da punição, quando reiterada for a conduta" (**in** Direito Eleitoral cit., item 12.10, p. 582).

Ainda sobre o art. 57-B mencionado, "o inciso III permite a divulgação de propaganda por meio de 'mensagem eletrônica'. Ao aludir a 'internet' e 'mensagem eletrônica', o presente dispositivo abrange não só **e-mail** (correio eletrônico), como também mensagens enviadas por telefone celular ou **smartphone**. Essas últimas são denominadas **SMS (short message service)** ou torpedo; trata-se de mensagens de textos curtos, e o envio é feito de forma quase instantânea. Abrange, ainda, o **WhatsApp** (que é uma 'multiplataforma de mensagens instantâneas para **smartphones**'), que, além de mensagens curtas de textos, ainda permite o envio de imagens, vídeos e mensagens de áudio. Tanto o **SMS** quanto o **WhatsApp** são formas de inteiração pela Internet, podendo-se dizer que representam uma evolução do

e-mail e das ferramentas virtuais. São formas lícitas de comunicação porque o artigo 57-A da LE permite 'propaganda eleitoral na internet', sem especificar as ferramentas de uso permitido. Note-se, ainda, que as mensagens e imagens devem ser enviadas para endereços cadastrados gratuitamente pelo candidato ou partido. À agremiação política é dado compartilhar seus cadastros de endereços eletrônicos com seus candidatos. Ademais, por força do art. 57-E pode o candidato lançar mão de cadastros que lhe forem cedidos por terceiros, sejam eles pessoas naturais ou jurídicas, exceto as pessoas arroladas no artigo 24 da LE" (cf. José Jairo Gomes, Direito Eleitoral, cap. XVI, item 4.22, p. 443).

Sob outro enfoque, a violação ao direito da personalidade na *propaganda eleitoral* poderá, eventualmente, configurar crimes eleitorais contra a honra (CE, arts. 323 até 326), de ação pública (CE, art. 355), processada mediante rito próprio (CE, arts. 356 a 363), aplicando-se, como lei subsidiária ou supletiva, o Código de Processo Penal (CE, art. 364).

Anteriormente, a Lei das Eleições em questão somente fazia menção à Internet quando dispunha sobre gastos de campanha (art. 26, inc. XV) e sítios mantidos pelas empresas de comunicação (art. 45, § 3º, depois revogado pelo art. 9º da Lei nº 12.034/2009 aludida). Mas, levando-se em conta a rapidez e a quantidade das mensagens pela Internet, as irregularidades atingiram volume assustador, impondo-se algum controle.

No presente, a abertura de **site** na **Web** (sítio na Internet) será efetuada às expensas do futuro usuário, que inserirá o seu valor como gasto de campanha (LE, art. 26, XV), incluindo-o na prestação de contas (LE, art. 28, I e II). Caberão ao candidato e ao partido, igualmente, comunicar o endereço eletrônico à Justiça Eleitoral, bem como o provedor que lhe hospeda (LE, art. 57-B, I e II). Se for criada uma **home-page** (página de entrada num sítio da Internet) o seu custo também deverá contar da prestação de contas aludida.

Como se verifica, em boa hora surgiram novas regras de controle na Lei das Eleições, criando mecanismos de fiscalização acerca do uso da Internet. Este é restrito ao particular (art. 57-C, **caput** e § 1º, I e II, **a contrario sensu**).

Nos termos do art. 57-A da Lei das Eleições, permite-se tal propaganda depois do dia 15 de agosto (isto é, excluído o próprio dia) do ano da eleição. Mas não é obrigatório o seu término 48h antes da eleição (LE, art. 36, **caput**; CE, art. 240, par. único, 1ª parte; o primeiro com a nova redação dada pelo art. 2º da Lei nº 13.165/2015), porque tal proibição não se aplica em veiculação gratuita pela Internet, como prevê o art. 7º da Lei nº 12.034/2009. Resta, pois, o marco de 24h depois da eleição, permitido na segunda parte desse parágrafo único do art. 240 do Código Eleitoral. Portanto, permite-se a propaganda prevista no art. 57-B da Lei das Eleições até 24h depois do dia da votação.

Sucede, porém, que "a propaganda eleitoral antecipada, por meio de manifestações dos partidos políticos ou de possíveis futuros candidatos, na internet somente resta caracterizada quando há propaganda ostensiva, com pedido de voto e referência expressa à futura candidatura, ao contrário do que ocorre em relação aos outros meios de comunicação social nos quais o contexto é considerado" (cf. TSE, AgR - REspe 147.805/PR, relª Minª Luciana Lóssio, DJe - 113, 17/06/2015, p. 67; TSE, AgR - REspe 27.354/RJ, relª Minª Luciana Lóssio, DJe - 53, 18/03/2015, p. 22; TSE, REspe 2.949/RJ, rel. Min. Henrique Neves, DJe - 157, 25/08/2014, p. 164, sem grifo nos textos originais).

Demais, essa nova lei proibiu a divulgação na Internet de qualquer tipo de propaganda eleitoral paga (art. 57-C, **caput**). Ainda vedou no § 1º, mesmo que gratuitamente, a difusão dessa propaganda em sítios: I - de pessoas jurídicas, com ou sem fins lucrativos; II - oficiais ou hospedados por órgãos ou entidades da administração pública direta ou indireta da União, dos Estados, do Distrito Federal e dos Municípios. O descumprimento atrai multa ao beneficiário da veiculação, quando comprovado o seu prévio conhecimento (§ 2º).

Comentando a vedação de divulgar propaganda paga na **Web** (LE, art. 57-C, **caput**), afirmam Walber de Moura Agra e Francisco Queiroz Cavalcanti que "Esta regra visa a impedir a instalação de um verdadeiro 'ciber-comércio' de propaganda eleitoral, em que se criariam infinitos sítios eletrônicos, voltados apenas a interesses econômicos, desvirtuados, destarte, da finalidade da propaganda política, que, como já dito, é a aproximação do eleitorado ao candidato" (Comentários à Nova Lei Eleitoral cits., p. 100).

Regulando as formas de propaganda na Internet, dispõe a Lei das Eleições: "Art. 57-B. A propaganda eleitoral na internet poderá ser realizada nas seguintes formas: I - em sítio do candidato, com endereço eletrônico comunicado à Justiça Eleitoral e hospedado, direta ou indiretamente, em provedor de serviço de internet estabelecido no País; II - em sítio do partido ou da coligação, com endereço eletrônico comunicado à Justiça Eleitoral e hospedado, direta ou indiretamente, em provedor de serviço de internet estabelecido no País;

III – por meio de mensagem eletrônica para endereços cadastrados gratuitamente pelo candidato, partido ou coligação; IV – por meio de blogs, redes sociais, sítios de mensagens instantâneas e assemelhadas, cujo conteúdo seja gerado ou editado por candidatos, partidos ou coligações ou de iniciativa de qualquer pessoa natural" (art. 57-B acrescido pelo art. 4º da Lei nº 12.034/2009).

Joel José Cândido explica tais palavras empregadas na **Web** (Internet) desta forma: (1) **blog** é um site de relacionamento onde o proprietário libera-o, para quem ele quiser, à propaganda eleitoral que veicula, tanto para leitura como, inclusive, para aderir ao texto; (2) redes sociais são integradas por **Orkut**, **Twitter**, **Myspace**, **Flickr** e **Facebook**; (3) sítios de mensagens instantâneas são aquelas remetidas diretamente para os celulares e **e-mails** dos eleitores; (4) assemelhados de que são exemplos os **Wikis** e o **YouTube** (Direito Eleitoral cit., cap. XVI, item 16.9.3, p. 574).

Enfim, a Lei das Eleições (nº 9.504/1997) teve alterações em vários dos seus dispositivos pelo art. 3º da Lei nº 12.034/2009 e acréscimos consideráveis trazidos pelo art. 4º do mesmo diploma legal. Daí a importância da ResTSE 23.404 que, nos seus arts. 19 a 26, delineou várias regras necessárias para o uso da Internet na propaganda eleitoral das Eleições de 2014.

Merece destaque a questão referente à possibilidade de emprego do **telemarketing** ativo na propaganda eleitoral (entrar-se em contato por telefone com eleitores) ou enviar-lhes de mensagens não solicitadas (**spams**). Respondendo consulta sobre o tema, a Alta Corte Eleitoral assentou o seguinte: "1. O art. 25 da ResTSE 23.404/2014 proíbe a divulgação de propaganda eleitoral por telemarketing, em respeito à proteção à intimidade e à inviolabilidade de domicílio e objetivando evitar a perturbação do sossego público. Essa vedação aplica-se a todo tipo de propaganda via telemarketing ativo. 2. Não se coíbe o telemarketing receptivo, ou seja, aquele em que a iniciativa do contato é do próprio eleitor" (Cta 20.535/DF, rel. Min. Gilmar Mendes, DJe – 193, 09/10/2015, p. 106).

Sendo cada vez mais utilizada com o escopo de disseminar a comunicação entre os usuários, a propaganda eleitoral na Internet acabou sendo disciplinada por todo esse conjunto de dispositivos legais, como já mencionados.

Exsurge, no emprego de tal modernidade, hipótese objeto de discussão, resolvida dessa forma: "a dependência da vontade de acesso do internauta a eventual mensagem contida em sítio [local identificado por nome] da internet não afasta a possibilidade de caracterização da propaganda eleitoral extemporânea" (cf. TSE, R - Rp 203.745/DF, rel. Min. Marcelo Ribeiro, DJe, 12/04/2011, p. 29, com inserção).

Nada obstante o julgamento acima referido, "Não configura propaganda eleitoral antecipada a veiculação, em sítio da internet, de matéria voltada ao lançamento de candidatura própria ao cargo de presidente da República por certo partido" (ver TSE, R - Rp 132.118/DF, rel. Min. Joelson Dias, acórdão publicado em sessão de 10/08/2010).

Também "Não há falar em propaganda eleitoral realizada por meio do **twitter**, uma vez que essa rede social não leva ao conhecimento geral as manifestações nela divulgadas" (cf. TSE, REspe 7.464/RN, rel. Min. Dias Toffoli, DJe - 198, 15/10/2013, p. 30).

Sem embargo da ponderação feita no caso acima, decidiu-se pelo cabimento de resposta em razão de mensagem postada nessa rede social - **Twitter**, nos termos dos arts. 57-B e 58 da LE (ver TSE, Rp 361.895/DF, rel. Min. Henrique Neves, ac. publ. em sessão de 29/10/2010).

Por outro lado, em caso de divulgação de pesquisa eleitoral sem registro, ficou assentado que "1. A mera comunicação restrita a dois interlocutores, realizada por meio do **Facebook**, não caracteriza divulgação de pesquisa eleitoral sem o prévio registro" (TSE, AgR - REspe 34.694/MG, relª Minª Luciana Lóssio, DJe - 168, 09/09/2014, p. 132).

De resto, "2. A utilização de link [trecho sublinhado em documento que, acionado, exibe outro] em <u>site</u> [local com nome na internet] <u>oficial</u> para direcionamento a <u>sítio pessoal do candidato</u> caracteriza a conduta vedada", nos termos do art. 57-C, § 1º, inc. II, da Lei das Eleições (cf. TSE, R - Rp 78.213/DF, rel. Min. Admar Gonzaga, ac. publicado em sessão de 05/08/2014, com grifos e inserções). Outras decisões análogas já foram proferidas pela Alta Corte (p. ex., Rp 380.773/DF, rel. Min. Marco Aurélio, DJe - 87, 13/05/2014, p. 70; REspe 802.961/SP, relª Minª Luciana Lóssio, DJe - 19/02/2014, p. 80).

Não é demais lembrar que, comprovada a irregularidade eleitoral, a Justiça Especializada pode, por decisão fundamentada, determinar a suspensão do conteúdo veiculado na Internet (ver TSE, AgR - Ação Cautelar 138.443/DF. Rel. Min. Henrique Neves, DJe, 17/08/2010, p. 103).

A gratuidade na propaganda eleitoral, de natureza geral, não é diferente na rede mundial de computadores em comento: "Na internet é vedada a veiculação de qualquer tipo de propaganda eleitoral paga" (LE, art. 57-C, **caput**).

Evitando abuso de candidato, partido político ou coligação, no envio de suas mensagens eletrônicas, estas "deverão dispor de mecanismo que permita seu descadastramento pelo destinatário [isto é, o receptor do texto], obrigado o remetente a providenciá-lo no prazo de 48 horas" (art. 57-G da LE acrescido pelo art. 4º da Lei nº 12.034/2009, com inserção no texto original). Aqui, a reclamação ou representação da pessoa natural incomodada pela prática vedada (LE, art. 96) são indispensáveis para que a Justiça Eleitoral tenha conhecimento da irregularidade aludida.

Convém salientar, por último, que os artigos 57-A até 57-I da Lei das Eleições, acrescidos pelo artigo 4º da Lei nº 12.034, de 2009, mantêm a livre manifestação de pensamento e a proibição da censura, porém reprimem ataques à honra das pessoas e as mentiras que lhes forem assacadas, as quais também podem ser objeto do direito de resposta. Sem dúvida, em caso de "vídeos com conteúdo difamatório em relação ao candidato adversário, os quais ultrapassam da livre manifestação do pensamento e da crítica aceitável", caracteriza-se propaganda eleitoral em desconformidade com o sistema legal (TSE, AgR - AI 31.060/PB, relª Minª Maria Thereza Rocha de Assis Moura, DJe - 64, 07/04/2015, p. 54).

Capítulo 13

13.1 – Das Proibições na Propaganda Política Aplicáveis às Modalidades Partidária e Eleitoral

Sem embargo de se assegurar a liberdade de pensamento ou expressão, que não deve sofrer qualquer restrição e nem censura (CF, arts. 5º, IV, início, e 220, §§ 1º e 2º), o direito positivo ressalva algumas limitações a esses princípios, ou melhor, impõe proibições parciais (CF, arts. 5º, IV, **in fine**, V, X, XIII e XIV, e 220, § 3º, I e II, e § 4º; CE, arts. 57-D e 58; CE, art. 243, § 3º), como bem explica Paulo Gustavo Gonet Branco (**in** Curso de Direito Constitucional cit., cap. 6, tít. II, item 1.4, págs. 409 a 413).

O autor atrás observa que as limitações à liberdade de expressão sofrem temperamentos, como, p. ex., tolerou-se que, "no contexto político, em que a linguagem contundente se insere no próprio fervor da refrega eleitoral" (ob. cit., p. 413 e nota n. 39). Essa asserção está decalcada em venerando aresto do Pretório Excelso (ver 2ª T., HC 81.885/SP, rel. Min. Maurício Corrêa, DJ, 19/03/2004, p. 36).

Porém, como se verifica da jurisprudência já consolidada no colendo Tribunal Superior Eleitoral, a compreensão desses cânones constitucionais deve ser no sentido oposto (cf., p. ex., MS 1.362/SP, rel. Min. Octávio Gallotti, DJ, 14/02/1991, p. 1; AgR – AI 4.224/PR, rel. Min. Castro Meira, DJe – 197, 14/10/2013, p. 31; ED – AgR – REspe 353.663/PI, rel. Min. Dias Toffoli, DJe – 215, 11/11/2013, p. 49; AgR – AI 739.565/SP, rel. Min. Henrique Neves, DJe – 229, 02/12/2013, p. 36; AgR – AI 744/SP, relª Minª Luciana Lóssio, DJe – 235, 10/12/2013, p. 39; AgR – REspe 16.394/RN, relª Minª Laurita Vaz, DJe – 24, 04/02/2014, p. 70).

Também há jurisprudência formada na Alta Corte "no sentido de que a livre manifestação do pensamento, a liberdade de imprensa e o direito de crítica não encerram direitos ou garantias de caráter absoluto, atraindo a sanção da lei eleitoral, **a posteriori**, no caso de ofensa a outros direitos, tais como os de personalidade. Precedentes: Rp 197.505/DF, rel. Min. Henrique Neves, ac. publ. em sessão de

2/8/2010 e AgR-Al 800.533/SP, relª Minª Nancy Andrighi, DJe - 93, 20/5/2013, p. 50" (**v**. AgR - AI 4.224/PR, rel. Min. Castro Meira, DJe - 197, 14/10/2013, p. 31).

As proibições concernentes à propaganda política, nas suas várias modalidades (CE, art. 242, **caput**) devem, outrossim, ser aplicadas à eleitoral (cf., p. ex., LE, arts. 36, **caput**, 37, § 8º, 39, **caput**, 2ª fig., e § 8º) porque esta constitui espécie daquela, que representa o gênero. Aliás, os arts. 36, **caput**, e 37, **caput**, têm nova redação, dada pelo art. 2º da Lei nº 13.165, de 2015, o qual também introduziu o § 9º-A no art. 39. Essas alterações, contudo, não interferem no raciocínio que se está a lançar.

Diante do seu caráter delimitador geral (restritivo), qualquer propaganda política "se submete à observância de alguns princípios, a uma rígida disciplina legal e ao controle da Justiça Eleitoral, o qual é exercido quer no âmbito do poder de polícia, quer no jurisdicional" (cf. José Jairo Gomes, Direito Eleitoral cit., cap. XIV, nº 1.4, p. 296).

Sem dissensão, explica Olivar Coneglian que, no campo legal, pode-se constatar que há quatro espécies de propaganda: 1ª) propaganda permitida em lei; 2ª) propaganda vedada na lei; 3ª) propaganda não prevista em lei; 4ª) circunstâncias exigidas pela lei. Prosseguindo na sua ensinança, o autor indicado assevera que "A propaganda vedada em lei é aquela que não pode ser veiculada e, se for, essa divulgação é penalizada". Por fim, adverte que o art. 243 do Código Eleitoral está "em pleno" vigor (Propaganda Eleitoral cit., nº 251, p. 345).

No sentir de Flávio Luiz Yarshell, "É paradoxal: a liberdade é absolutamente indispensável para preservar a legitimidade do pleito, mas ela pode ser invocada como salvaguarda para a prática de condutas nocivas ao convívio democrático. Portanto, sem negar valores como a liberdade de expressão, é preciso ser realista e considerar que veículos de comunicação também se relacionam com o poder econômico e político. Pessoas que trabalham com informação podem estar constituídas sob forma de empresas; que buscam lucro, que almejam patrocínios, enfim, que disputam o mercado e, eventualmente, mais do que isso. Ignorar essas possíveis ligações seria ingênuo; presumi-las invariavelmente nocivas ao processo eleitoral seria indevido" (**in** Direito Eleitoral cit., cap. 13, p. 220 e nota n. 1).

Importa destacar, por oportuno, que a liberdade de crítica está incluída na liberdade de manifestação de pensamento e de expressão (CF, arts. 5º, incs. IV e IX, e 220, **caput**). Essa liberdade de opinião, todavia, não é absoluta. Até as críticas negativas sofrem limites.

Descabe afirmar que uma pessoa é desqualificada para ocupar determinado cargo eletivo, mediante a atribuição de defeitos que lhe causem a repulsa da população. Depreciar um concorrente pode chegar até ao ponto de pedir, implicitamente, que não se vote nessa pessoa. Na campanha eleitoral, a propaganda negativa (contra o adversário) busca desacreditar o concorrente perante o eleitorado.

Sem dúvida, lê-se num precedente: "2. O abuso dos meios de comunicação resta evidenciado na utilização de periódico de grande circulação no município, com expressiva tiragem, que, ao longo de vários meses, desgasta a imagem de adversário, inclusive falseando a verdade. 3. A liberdade de imprensa, embora reconhecida como um dos pilares da democracia, não pode contra esta se voltar, por não ser direito absoluto. 4. Compete à Justiça Eleitoral velar pela moralidade no processo eleitoral (REspe 25.745/SP, rel. Min. Carlos Ayres Britto, DJ, 08/08/2007)". Ver TSE, REspe 93.389/MG, relª Minª Luciana Lóssio, DJe - 39, 27/02/2015, p. 74.

Entre os princípios que devem ser observados, portanto, merecem destaque aqueles previstos nos incisos I a IX do artigo 243 do Código Eleitoral, que orientam toda e qualquer propaganda política.

Diz o referido art. 243 do Código Eleitoral: "Não será tolerada propaganda: IX - que caluniar, difamar ou injuriar quaisquer pessoas que exerçam autoridade pública".

A propósito, as três figuras do inciso IX, acima, além de infração eleitoral administrativa, ainda configuram crimes contra a honra no mesmo âmbito eleitoral, previstos nos artigos 324 a 326 do referido Código Eleitoral, apurados em ação penal pública incondicionada, nos termos do art. 355 desse códex. Vale dizer, é precedida de notícia crime e seguida por denúncia do Ministério Público com função eleitoral (arts. 356 a 364 do Código Eleitoral c.c. arts. 4º, par. único, 5º, § 3º, 27 e 41 do Código de Processo Penal).

Em obra abonada, Antônio Carlos da Ponte explica que, "A despeito do que estabelece o artigo 356 do Código Eleitoral, a **notitia criminis** pode ser apresentada por qualquer pessoa, não exclusivamente o eleitor, como pode sugerir uma leitura apressada da lei; requisição do órgão do Ministério Público Eleitoral ou do juiz eleitoral, ou até mesmo em função de comunicação formal por comissão parlamentar de inquérito" (**in** Crimes Eleitorais, 1ª ed., Saraiva, 2008, cap. VI, nº 2, p. 113).

Não fosse o bastante, o artigo 243 do Código Eleitoral, no § 3º, assegura direito de resposta a quem sofrer quaisquer desses três crimes contra a honra (isto é, sujeito passivo da ofensa, ofendido, lesado, ultrajado ou vítima) por meio de veículo de comunicação social, este referido no art. 58 de outro texto, qual seja, da Lei das Eleições. Este último dispositivo também cabe nos casos acima elencados (**vide** Paulo Henrique dos Santos Lucon e José Marcelo Menezes Vigliar, Código Eleitoral Interpretado cit., art. 243, nota 4, págs. 317-8).

Convém recordar que foi acrescido o inc. IV no § 1º do art. 58 da Lei das Eleições pelo art. 2º da Lei nº 13.165, de 2015, dispondo: "IV – a qualquer tempo, quando se tratar de conteúdo que esteja sendo divulgado na internet, ou em 72 horas, após a sua retirada".

Também vale observar que "a Justiça Eleitoral, por seus órgãos, e o Ministério Público Eleitoral, por seus representantes, no período de campanha deverão dar prioridade no trato da matéria eleitoral, notadamente nas questões que envolvem propaganda eleitoral, tidas como urgentes, conforme preceitua a Lei das Eleições, arts. 94 e 97, além da resolução do TSE que for editada no ano da eleição" (cf. Armando Antônio Sobreiro Neto, Direito Eleitoral cit., cap. XIII, item 4.1, p. 161). Reforça tal entendimento a imposição acerca da razoável duração do processo e dos meios que garantam a celeridade de sua tramitação (CF, art. 5º, inc. LXXVIII; CPC, art. 4º).

Novamente cabe recordar que houve várias alterações – sob forma de novas redações ou acréscimos – na Lei das Eleições, dadas pelo art. 2º da Lei nº 13.165/2015, que se vão seguir.

"Art. 94. § 5º – Nos Tribunais Eleitorais, os advogados dos candidatos ou dos partidos e coligações serão intimados para os feitos que não versarem sobre a cassação do registro ou do diploma de que trata esta Lei por meio da publicação de edital eletrônico publicado na página do respectivo Tribunal na internet, iniciando-se a contagem do prazo no dia seguinte ao da divulgação" (NR).

"Art. 96. § 11 – As sanções aplicadas a candidato em razão do descumprimento de disposições desta Lei não se estendem ao respectivo partido, mesmo na hipótese de esse ter sido beneficiado da conduta, salvo quando comprovada a sua participação" (NR).

Como se verifica, o preceito supracitado afronta o *princípio da solidariedade* entre os candidatos e partidos políticos (LE, arts. 6º, § 5º, 17 e 38; LPP, art. 15-A; CE, art. 241; CC, art. 264). Adota-se, no princípio aludido, a *corresponsabilidade*, que se configura quando a responsabilidade atinge mais de um beneficiário pelo descumprimento da norma, em vista da solidariedade passiva ou da possibilidade da divisão entre os *co-beneficiários* (isto é, cada beneficiário responde integralmente pelo descumprimento da norma eleitoral). Tal princípio foi atrás referido (item 1.5).

Segue-se com as alterações provenientes da Lei nº 13.165, de 29/09/2015.

"Art. 96-B. Serão reunidas para julgamento comum as ações eleitorais propostas por partes diversas sobre o mesmo fato, sendo competente para apreciá-las o juiz ou relato que tiver recebido a primeira. § 1º O ajuizamento de ação eleitoral por candidato ou por partido político não impede ação do Ministério Público no mesmo sentido. § 2º Se proposta a ação sobre o mesmo fato apreciado em outra cuja decisão ainda não transitou em julgado, será ela apensada ao processo anterior na instância que ele se encontrar, figurando a parte como litisconsorte no feito principal. § 3º Se proposta ação sobre o mesmo fato apreciado em outra cuja decisão já tenha transitado em julgado, não será ela conhecida pelo juiz, ressalvada a apresentação de outras ou novas provas".

Trata-se, pois, de hipóteses de conexão diversa daquela prevista no Código de Processo Civil (art. 55), mas que impõem a reunião de ações eleitorais propostas em separado, sobre o mesmo fato, em fases procedimentais diferentes, a fim de que sejam decididas simultaneamente, seguindo também a regra deste último diploma legal (art. 57). A última hipótese (§ 3º) traz a *ideia* que está, também, presente no instituto da *repercussão geral* (ver CF, art. 102, § 3º; CPC, art. 1.035, §§ 1º a 11).

Parece, todavia, que a **ratio legis** das alterações em comento é a de imprimir maior celeridade nas ações eleitorais aludidas, como imperativo do seu sistema processual (CF, art. 5º, LXXVIII e seu § 1º; LE, arts. 94 e 97; CE, arts. 219 e 365; CPC, arts. 4º, 139, II, e 370, par. único).

Convém notar, outrossim, que a ofensa à honra (dignidade moral da pessoa) pode ser irrogada mediante palavras (pronunciamento oral ou sons), escritos (documentos, redações ou textos), figuras (montagens de fotografias, escritos ou desenhos) ou símbolos (gestos, imagens ou objetos). Enfim, quando alguém atinge ou procura atingir à honra, ao bom nome ou à reputação de pessoa física ou jurídica.

Comentando o antigo Código Civil português, Luiz da Cunha Gonçalves ensina que "A honra pode ser ferida por vários meios e formas, como o art. 2.389 - art. 953 do nosso - prevê, referindo-se à *injúria ou qualquer outra ofensa*: por palavras, por escrto, por desenhos, por actos materiais, etc. <u>Não é forçoso</u> que o autor da ofensa tenha tido o **animus injuriandi**, o qual só é preciso na *injúria* e na *difamação*; basta que das palavras ou dos actos doutrem resulte uma *falta de consideração*, o intuito de *pôr a ridículo ou deprimir*, ainda que indirecta ou encapotadamente, por exemplo, dando o nome duma pessoa conhecida ao personagem odioso ou ridículo dum romance" (**in** Tratado de Dirito Civil cit., vol. III, t. I, nº 286, p. 22, sem grifo ou inserção no original).

Acentue-se, ainda, que "A honra pode ser ofendida civilmente, sem ser *crime* ato que se imputa ao caluniado. Há direito subjetivo à verdade e à honra mais *vasto* do que aquele que resulta dos arts. 138 a 145 do Código Penal. Aliás, a retratação do art. 143 não isenta da reparação do dano causado. A absolvição da acusação de calúnia, no direito penal, por falta de dolo, não exclui as ações civis fundadas na culpa (art. 159) – atual art. 186 –, ou na ofensa ao direito absoluto de personalidade" (cf. Pontes de Miranda, Tratado de Direito Privado cit., t. VII, § 737, item 5, p. 47, sem grifo ou inserção no texto original).

Em obra voltada ao Direito Penal Eleitoral, Suzana de Camargo Gomes explica: "Ora, a imagem hoje é também resguardada, inclusive, pela Constituição Federal, art. 5º, X, sendo que Celso Ribeiro Bastos, ao tratar da matéria, elucida... Pode-se ainda acrescentar em outra modalidade desse direito, consistente em não ser a sua imagem distorcida por um processo malévolo de montagem" (**in** Crimes Eleitorais, 4ª ed., RT, 2010, item 7.4, p. 148 e nota 15).

De resto, cabe mencionar um acórdão que põe as questões em comento assim diz: "2. A liberdade de manifestação do pensamento encontra restrição no próprio dispositivo constitucional que, ao trazer essa garantia, veda o anonimato (CF, art. 5º, IV). No âmbito eleitoral, o art. 57-D da Lei nº 9.504, de 1997, prescreve que 'é livre a manifestação do pensamento, vedado o anonimato durante a campanha eleitoral, por meio da rede mundial de computadores – internet'. 3. O eleitor que cria página anônima no Facebook para fomentar críticas à atual administração municipal e aos candidatos da situação responde por seu conteúdo, não sendo possível invocar a garantia constitucional relativa à livre manifestação do pensamento, em razão do anonimato empreendido. Além disso, o direito de crítica não é absoluto e, portanto, não impede a caracterização dos crimes contra a honra quando o agente parte para a ofensa pessoal. 4. A configuração do delito de difamação eleitoral, previsto no art. 325 do Código Eleitoral, exige que a ofensa ocorra na propaganda eleitoral ou para os fins desta. As referências feitas ao prefeito municipal, ao candidato que disputa a sua sucessão e à formação de coligações são suficientes para demonstrar o propósito do agente de influir na propaganda eleitoral de forma negativa. A filiação partidária do agente, aliada à assessoria por ele prestada aos candidatos da oposição, reforça o caráter eleitoral da ação. 5. Nos termos da parte final do inciso IV do art. 57-B da Lei nº 9.504, de 1997, as redes sociais, cujo conteúdo é de iniciativa de qualquer pessoa natural, constituem meio de propaganda eleitoral. 6. Nos termos do acórdão regional, afirmar que determinada obra do Alcaide seria um 'Símbolo Pagão' ou mesmo a 'Árvore do Capeta' tem o efeito de associar o fato e seu autor aos aspectos negativos das facetas religiosas, importando em indubitável ofensa à honra objetiva" (TSE, REspe 189.819/PR, rel. Min. Henrique Neves, DJe, 05/11/2015, sem destaque no original).

Capítulo 14

14.1 – Do Direito de Resposta

Entre os direitos imateriais inerentes à pessoa natural - ser humano como sujeito de direito e obrigações - está o *direito da personalidade.* A sua importância pode ser atestada pela proteção que lhe dão vários ramos do direito, quais sejam o constitucional (CF, art. 5º, X), o civil (CC, arts. 11, 12, 21, 186 e 953; LDR, arts. 1º a 5º), o penal (CP, arts. 138 a 145), o administrativo (CF, art. 37, § 6º; STF, 1ª T., AgR - ARE 857.889/RS) e o eleitoral (LE, arts. 58 e 58-A; CE, arts. 243 §§ 1º e 3º, e 324 a 326).

Segundo o magistério do insigne Ruy Cirne Lima, "Os direitos de personalidade - inerentes à individualidade humana - transcedem, em sua expressão mais ampla, à esfera do direito positivo. 'O primeiro dever da lei positiva - escreve Pimenta Bueno - é de reconhecê-los' [6]" (**in** Princípios de Direito Administrativo, 5ª ed., RT, 1982, § 13, item 2, p. 104 e nota n. 6).

Vem a pelo, na doutrina de Pontes de Miranda, a explicação de que "Os direitos de personalidade podem ser ofendidos sem culpa; e a ofensa entra no mundo jurídico" (**in** Tratado das Ações, 2ª ed., RT, 1972, tomo I, § 31, nº 2, letra *a*, p. 150). Em obras anteriores o autor já elucidava que, para existir a ofensa à honra, não é preciso que tenha havido culpa (**vide** Tratado de Direito Privado, 3ª ed., Borsoi, 1971, tomo VII, § 737, nº 7, p. 50; Comentários à Constituição de 1946, 3ª ed., Borsoi, 1960, tomo IV, art. 141, § 5º, nota 7, p. 435).

Por conseguinte, todas as formas de ofensas ao *direito da personalidade*, ou seja, ao direito inerente ao homem, configuram *atos ilícitos* (CC, art. 186), assegurando a inviolabilidade da honra e da imagem da pessoa natural, com reprimendas diversas, segundo a natureza da transgressão.

Vale a pena frisar, em sequência, que "A proteção à integridade moral abrange o nome, a imagem, a honra, a boa fama, a vida privada" (cf. Washington de Barros Monteiro, Curso de Direito Civil cit., vol. 1, p. 99).

Segundo a recentíssima Lei do Direito de Resposta (nº 13.188, de 11/11/2015), quando se tratar de "matéria divulgada, publicada ou transmitida por veículo de comunicação social", considera-se o conteúdo que atente, "ainda que por equívoco de informação, contra a honra, a intimidade, a reputação, o conceito, o nome, a marca ou a imagem de pessoa física ou jurídica identificada ou possível de identificação" (art. 2º, § 1º).

Para ressaltar a sua relevância, basta lembrar-se que, no apogeu do Império Britânico, a Rainha Vitória I recebia hábeis conselhos de seu Primeiro Ministro, Benjamin Disraeli, o qual lhe afiançava: "**With words we govern men**". Em tradução livre: Com palavras governamos homens.

Quando a palavra for usada indevidamente, causando o dano moral, o seu efeito não pode ser reparado em natura, restando ao lesado trilhar o caminho pelo qual obtenha o direito de resposta, a retratação pública ou a indenização patrimonial. Deveras, no Evangelho de São Mateus (16, 26) fala-se de "dano da alma" (**apud** Pontes de Miranda, Tratado de Direito Privado, 1ª ed., Borsoi, 1967, tomo LIV, § 5.526, nº 1, p. 61).

Com razão, antes da era cristã, Horácio já garantia que "a palavra, uma vez lançada, voa irrevogável" (Epístolas, I, 18).

Advertem Roberto Amaral e Sérgio Sérvulo da Cunha, em boa hora, que "A veiculação da resposta, nos termos da lei, não exime o ofensor da indenização ao ofendido, por dano material, moral ou à imagem (CF, art. 5º, V), nem o livra da ação penal competente (CE, art. 243, § 1º), podendo o ofendido, independentemente dessa, ingressar no Juízo Cível demandando a reparação do dano moral [CC, art. 953; LDR, art. 12] respondendo por este o ofensor e, solidariamente, o partido político deste, quando for responsável por ação ou omissão, e quem quer que, favorecido pelo crime, haja de qualquer modo contribuído para ele" (**in** Manual das Eleições cit., parte I, p. 460, com inserção entre colchetes).

Para arrematar, falta dizer que o direito de resposta é tão necessário quanto o direito à livre manifestação de pensamento, ambos merecendo proteção constitucional (incs. IV e V do art. 5º e §§ 1º a 3º do art. 220). A *responsabilidade* nasce da *liberdade*, pois que *são conexas*.

De fato, nos termos da Constituição, o pluralismo político garante a liberdade de convicção (art. 1º, inc. V), que tem reforço na livre manifestação de pensamento ou de expressão (art. 5º, inc. IV, 1ª parte). Porém, esse princípio sofre restrição, ao ser vedado o anonimato (CF, art. 5º, inc. IV, 2ª parte). Sua finalidade é de, em havendo abuso, possibilitar que se conheça quem fez a revelação incorreta ou violadora do sistema jurídico, viabilizando o direito de resposta (CF, art. 5º, inc. V; LE, arts. 58 a 58-A; CE, art. 243, § 3º) e, concomitantemente, o ressarcimento do dano decorrente da afirmativa indevida (CF, art. 5º, incs. X e XXXV e seu § 1º; CC, arts. 12, 186 e 953; LDR, art. 12 e seu § 1º). A divulgação de fatos inverídicos e ofensivos à honra, conforme o caso, poderão configurar crimes eleitorais (CE, arts. 323 a 330).

A proibição ao *anonimato* significa ter-se conhecimento da identidade da pessoa que divulga a expressão ofensiva ou inverídica, vale dizer, o detrator ou maledicente. Este, ocultando-se para assacar contra a honra alheia, pratica *abuso de liberdade do pensamento*.

É inadmissível deixar o atingido pela divulgação sem a possibilidade de defender a sua honra, a qual também pode ser objeto de perdas e danos na Justiça Comum, como atrás mencionado. Nem sempre o ofendido consegue a reparação integral pelos atos que lhe atingiram, porquanto essa vítima da aleivosia é, no mais das vezes, dada por culpada pela imputação até a prova em contrário.

Na lição do exímio Celso Ribeiro Bastos acerca do anonimato, ele diz ser esta "a forma mais torpe e vil de emitir-se o pensamento. A pessoa que o exprime não assume. Isto revela terrível vício moral consistente na falta de coragem. Mas este fenômeno é ainda mais grave. Estimula-se as opiniões fúteis, as meras sacadilhas, sem que o colhido por estas maldades tenha a possibilidade de insurgir-se contra o seu autor, inclusive demonstrando a baixeza moral e a falta de autenticidade de quem emitiu estes atos" (**apud** Wolgran Junqueira Ferreira, Direitos e Garantias Individuais, 1ª ed., Edipro, 1997, p. 143 e nota n. 5).

Não raras vezes, a pessoa que pretende atingir a honra do próximo, acobertada pela possibilidade de o jornalista não revelar a sua fonte de informação (CF, art. 5º, XIV), passa ao profissional da imprensa informações erradas ou inverídicas sobre o seu desafeto. Atua, pois, com mão de gato. Esconder o rosto para permanecer incógnito é mais usual do que se pensa, tanto que a Lei do Direito de Resposta (nº 13.188/2015) trata da publicação ou transmissão "cujo conteúdo atente, ainda que por equívoco de informação, contra a honra, a intimidade, a reputação, o conceito" etc. (art. 2º, § 1º, grifou-se). O resguardo da fonte propicia, dessa forma, o abuso daquele que presta a informação para atingir o inimigo.

A breve introdução que se fez do *direito da personalidade* tem o fito de revelar a sua importância no desenrolar da *campanha eleitoral*, ocasião em que a integridade moral dos candidatos (ou seja, os seus atributos pessoais), sofre fortes ataques dos adversários políticos, maculando descabidamente a reputação dos que recebem tais ofensas.

Vale frisar, novamente, que o *direito de resposta*, como socorro judicial, tem previsão expressa no sistema jurídico-eleitoral (CF, art. 5º, inc. V e seu § 1º; LE, arts. 58 e 58-A; CE, art. 243, § 3º).

Cabe lembrar, em sequência, que a chamada Lei do Direito de Resposta (nº 13.188/2015), tal qual a Lei das Eleições (nº 9.504/1997), "disciplina o exercício do direito de reposta ou retificação do ofendido em matéria divulgada, publicada ou transmitida por veículo de comunicação social" (art. 1º). Aplica-se aqui, entretanto, o *critério da especialidade* (**lex especialis derogat legi generali**), nos termos do art. 2º, § 2º, da Lei de Introdução às Normas do Direito Brasileiro.

Realmente, em caso de antinomia normativa, esclarece o ilustrado José Jairo Gomes que, havendo "Conflito entre critérios de especialidade e cronológico: é certo que lei especial e geral possuem campos próprios de incidência. Isso, porém, não impede que uma norma anterior-especial entre em choque com outra posterior-geral. A primeira prevalece se se observar a especialidade, e a segunda se se seguir o critério cronológico" (**in** Lei de Introdução às Normas do Direito Brasileiro, 1ª ed., Atlas, 2012, parte I, item 8, b, p. 72).

Além do mais, sendo a Lei das Eleições especial em relação à Lei do Direito de Reposta, que é geral, aquela contém um rito mais célere e simples (ver arts. 58 a 58-A), servindo melhor para coibir abusos durante a *campanha eleitoral*.

Daí a razão para se conceder, prontamente, o direito de resposta (= retificação, revide ou desagravo) às ofensas lançadas durante a propaganda eleitoral – afirmações caluniosas, difamatórias e injuriosas ou sabidamente inverídicas –, quando são atingidos candidatos, partidos políticos, coligações ou mesmo terceiros não envolvidos diretamente na disputa (art. 58, §§ 1º a 8º, da LE c.c. art. 243, § 3º, do CE). A celeridade judicial se impõe em razão dos danos praticamente irreparáveis que sofre o ofendido, lesado ou ultrajado. É conhecido um adágio popular que afirma: *o desmentido nunca tem a força do mentido*.

Configura-se um estado de legítima defesa em que o atingido pelas imputações inverídicas se defende prontamente, antes que o dano decorrente da ofensa lhe cause malefício maior, vale dizer, busca atenuar as consequências do ultraje que está sofrendo. O direito de resposta, portanto, é uma forma de legítima defesa da honra dos envolvidos na propaganda política.

Apoiando-se na obra clássica de Rafael Bielsa (Estudios de Derecho Público, vol. III, págs. 744 e 751), o Professor Darcy Arruda Miranda (Comentários à Lei de Imprensa, 3ª ed., RT, 1995, nº 526, p. 560), traduz desse insigne político e advogado argentino o trecho seguinte: "O direito de resposta é um direito fundado no interesse pessoal de defender a honra e a reputação, e indiretamente o patrimônio, não sendo estranho ao interesse social ou coletivo, pois *a verdade deve ser conhecida*. Não é uma instituição nova; tem mais de um século em França, onde suas raízes se alongam no tempo". E completa assim o excerto: "O direito de reposta é um direito de defesa, é o direito à verdade, e isto sobreleva qualquer outra consideração[644]".

Cai como uma luva para a citação acima, um aresto que contém a explicação que se vai seguir: "O direito de resposta, a ser atendido a tempo e a hora, é medida voltada ao equilíbrio da competição eleitoral, à manutenção do alto nível da campanha em que pesem interesses antagônicos, sendo observável uma vez que atingidos candidato, partido ou coligação, ainda que de forma indireta, por conceito, imagem, ou afirmação caluniosa, difamatória, injuriosa ou sabidamente inverídica, difundidos por qualquer veículo de comunicação. Compreensão da liberdade de expressão e de informação voltada ao coletivo" (cf. TSE, REspe 24.980/RJ, rel. Min. Marco Aurélio, DJ, 27/05/2005, p. 106).

Em vista da amplitude que possui o direito à personalidade (CF, art. 5º, inc. X), "2. O fato de a ofensa ter ocorrido em espaço comercial não impede que se requeira o exercício do direito de resposta" (cf. TSE, REspe 19.880/DF, rel. Min. Fernando Neves, ac. publ. em sessão de 15/08/2002). "Noutros termos, o que importa é garantir ao ofendido a possibilidade do desagravo, seja qual for o veículo que se valeu o ofensor para alcançar o chamado grande público" (cf. Alberto Rollo, Eleições no Direito Brasileiro cits., item 16.1, p. 208).

Sob outro aspecto, não caracteriza ofensa à honra, nem enseja direito de resposta, a opinião desfavorável de locutor de emissora, no caso radialista, que se refere ao desempenho do administrador, por suas desvirtudes e equívocos (cf. TSE, AgR – REspe 21.711/SP, rel. Min. Carlos Velloso, DJ, 15/10/2004, p. 94).

Com razão, a informação jornalística está jungida à liberdade de pensamento e de comunicação (CF, arts. 5º, incs. IV e IX, e 220, **caput**), a qual permite ao repórter dar notícias acompanhadas por exames valorativos acerca de fatos ou eventos em que participaram pessoas naturais ou jurídicas, as quais podem ser tanto públicas como privadas.

14.2 – Do Fato Gerador do Direito de Resposta

Como se vê do art. 58, **caput**, da Lei das Eleições, "A afirmação sabidamente inverídica, desde que prejudicial a um candidato, pode ensejar o direito de resposta. Não se faz mister que tenha conteúdo calunioso, difamatório ou injurioso" (TSE, REspe 15.602/MG, rel. Min. Eduardo Ribeiro, ac. publ. em sessão de 29/09/1998). Porém, "O fato sabidamente inverídico a que se refere o art. 58 da Lei nº 9.504/97, para fins de direito de resposta, é aquele que não demanda investigação, ou seja, deve ser perceptível de plano" (cf. TSE, Rp 139.448/DF, rel. Min. Admar Gonzaga Neto, ac. publ. em sessão de 02/10/2014).

Vem à baila, aqui, lembrar que a propaganda contendo afirmações mendazes ou omissões dolosas já foi tratada no item 1.4 destas anotações.

Convém observar, por exemplo, que as críticas decorrentes do uso dos termos "corrupção" e "roubalheira", relativos a crimes capitulados em nossa legislação penal, desde que sabidamente inverídicos, ultrapassam os limites do questionamento político e descambam para o insulto pessoal, configurando ofensa à honra e dando ensejo ao direito de resposta (TSE, Rp 127.927/DF, rel. Min. Tarcísio Vieira de Camargo Neto, ac. publ. sessão de 23/09/2014).

Cabe notar, outrossim, que "1) A imunidade parlamentar prevista no art. 53 da Constituição Federal, não se aplica às situações fáticas que possam configurar prática de crime contra a honra no processo eleitoral, tampouco propaganda eleitoral negativa em razão de afirmação sabidamente inverídica" (cf. TSE, R – Rp 38.029/DF, rel. Min. Gilmar Mendes, ac. publ. em sessão de 07/08/2014).

Sob outro aspecto, o exercício do direito de resposta, além do *dano à honra* por palavras, pode ainda se referir *à imagem*, ou o *mau uso* dela – quando for inverídica ou distorcida, por *trucagem* ou *montagem* –, divulgada durante a propaganda eleitoral, em qualquer veículo de comunicação social (LE, arts. 45, II, §§ 4º e 5º, 55, **caput**, e 58, **caput**), como vem admitindo a jurisprudência da Alta Corte Eleitoral (**v.** R – Rp 136/DF, rel. Min. Luiz Carlos Madeira, ac. publ. em sessão de 21/09/1998; Rp 274.413/DF, relª Minª Cármen Lúcia, ac. publ. em sessão de 08/09/2010).

Basta, pois, que haja a disseminação de qualquer episódio sabidamente inverídico, tanto por sons como por imagens, para incidir o direito de resposta do atingido por essa divulgação.

É induvidoso que o *princípio da liberdade* deve informar todas as maneiras de *propaganda eleitoral*, como anteriormente se explanou no item 1.3 do capítulo 1.

Por consequência, a *liberdade* na *propaganda eleitoral* não deve ser cerceada, especialmente porque, como se sabe, *quem sai detrás do palco e surge na ribalta está sujeito a aplausos e apupos.*

Decerto, em caso de direito de resposta fundado nos arts. 58 e 58-A ambos da Lei das Eleições, onde as afirmações visavam a estabelecer comparações entre a ação de um candidato e a de governos anteriores, a decisão foi de ausência de conteúdo ofensivo, nos seguintes termos: "No embate eleitoral somente será punível aquela afirmativa que ultrapasse o âmbito da crítica para, dolosamente, atingir a honra e reputação de candidato ou, ainda, que importe veiculação de notícia sabidamente inverídica com referência a certo candidato, ainda que de modo indireto" (cf. TRE-SP, Rec. 13.189, Ac 131.493, rel. Juiz José Reynaldo, ac. publ. em sessão de 24/09/1998).

De outra feita, decidiu-se que "2. Somente poderá ser outorgado direito de resposta quando for possível extrair, da afirmação sabidamente inverídica, ofensa de caráter pessoal a candidato, partido ou coligação" (TSE, Rp 119.004/DF, rel. Min. Admar Gonzaga Neto, ac. publ. em sessão de 23/09/2014).

Vem a propósito a doutrina de Carlos Mário da Silva Velloso e Walber de Moura Agra, que avisam: "Deve-se atentar mais ainda no que tange às críticas que apontem erros da Administração Pública. Não é toda prática que poderá ser considerada caluniosa e indevida, a ensejar direito de resposta. É um ônus imposto aos mandatários públicos a exposição ao eleitorado, constituindo-se em uma prerrogativa da população a possibilidade de apontar falhas no atual modelo político adotado pelo Poder Público, sem que isto configure conduta passível de punição. Assim, as propagandas veiculadas notadamente pelos candidatos da oposição ao governo merecem especial atenção, para se auferir se elas ultrajam a honra dos mandatários ou se eles estão simplesmente exercendo o direito constitucional de fazer oposição política" (**in** Elementos de Direito Eleitoral, 2ª ed., Saraiva, 2010, nº 9.13, p. 244). Com outras palavras, porém seguindo a mesma diretriz, é a lição de José Jairo Gomes (**in** Direito Eleitoral cit., cap. XVI, nº 7.1, p. 474).

Atualmente, podem ser encontrados não poucos indivíduos que, envolvendo-se na política por vontade própria, mas, nada obstante, são refratários a todos os tipos de crítica. Não conseguem suportar qualquer desaprovação dos seus atos pela mídia em geral, por seus adversários políticos e até por cidadãos comuns. Quando irritados com a situação fática exposta, eles investem contra quem lhes desagrada. Daí para frente mantém-se em ataques contínuos aos adversários, propiciando uma guerra sem tréguas pela mídia.

Sucede, porém, que nunca poderá haver liberdade de propaganda eleitoral ilimitada. O uso indevido do poder econômico, o emprego de quaisquer tipos de invenções, falsidades e mentiras, bem como a vontade de impor ideias a qualquer preço, tem capacidade para desvirtuar o embate político saudável.

Diz José Jairo Gomes, ainda, que "a propaganda negativa tem por fulcro o menoscabo ou a desqualificação dos candidatos oponentes, sugerindo que não detêm os adornos morais ou a aptidão necessária à investidura em cargo eletivo. Os fatos que a embasam podem ser totais ou parcialmente verdadeiros, e até mesmo falsos" (**in** Direito Eleitoral cit., cap. XVI, nº 4.1, p. 394).

Existem várias maneiras de realizar propaganda eleitoral proibida, como: a) pelo uso de trucagem, montagem ou qualquer outro recurso de áudio ou vídeo que, de qualquer forma, degradem ou ridicularizem candidato, partido ou coligação (LE, art. 45, inc. II, §§ 4º e 5º); b) pela prática de calúnia, injúria ou difamação de quaisquer pessoas (CE, art. 243, inc. IX).

Cuidando-se de instituto jurídico de conteúdo subjetivo, a mensuração do seu limite sempre apresenta grande dificuldade para o intérprete, em especial no que toca ao contexto onde está envolvida essa propaganda ilícita. Neste assunto, confundem-se os limites do direito e da moral, exigindo a aplicação de princípios que parecem mais justos.

Tem importância frisar, aqui, que o período da *propaganda eleitoral* se dá no auge da disputa pelos votos, provocando muitas discussões acirradas e condutas deploráveis dos envolvidos no embate que antecede a votação. As manifestações dos participantes de campanha eleitoral procuram, nas mais das vezes, denegrir os oponentes com o fito de lhes atribuir e pecha de inconfiáveis para o exercício dos cargos que estão disputando.

Vê-se, portanto, que sempre cabe fazer a diferença entre a *liberdade* e a *licenciosidade*. Quando as expressões empregadas pelo maledicente revelam mais incivilidade e grosseria do que ofensa à reputação da pessoa visada, descabe o direito de resposta.

Esse direito em pauta pode ser definido como a "Faculdade que tem toda pessoa, natural ou jurídica, acusada ou ofendida em publicação feita por veículo de informação ou divulgação, de oferecer resposta ou obter retificação" (ver Dicionário Jurídico, elaborado pela Academia Brasileira de Letras Jurídicas, 8ª ed., Forense Universitária, 2003, p. 292).

Consequentemente, se a ofensa não provier de veículo de informação ou divulgação (= comunicação social) descabe o direito de resposta, porque não tem como ser exercitado, conforme se verifica em reuniões públicas de pessoas, conversas de rua entre populares, protestos políticos a céu aberto, comícios de candidatos com exposição de ideias, etc.

O conceito de comunicação social (art. 58, **caput**, da LE), no entanto, é amplo, atingindo a internet, inclusive o **twitter** (inc. IV do art. 57-B da LE), como admitem os precedentes (TSE: R – Rp 182.524/DF, rel. Min. Marcelo Ribeiro, DJe – 94, 21/05/2012, p. 101; Rp 361.895/DF, rel. Min. Marcelo Ribeiro, ac. publ. em sessão de 29/10/2010; R – Rp 187.987/DF, rel. Min. Henrique Neves, ac. publ. em sessão de 02/08/2010).

Sendo preceito de Direito Fundamental, encontra amparo na própria Constituição, que acode o ofendido assegurando-lhe "o direito de resposta, proporcional ao agravo, além da indenização por dano material, moral ou à imagem" (art. 5º, inc. V). A propósito, esse preceito também reforça a eficácia do direito à privacidade ou "**right of privacy**" (art. 5º, inc. X). Não destoa Paulo Gustavo Gonet Branco, quando cuida das limitações ao direito de expressão (**v.** Curso de Direito Constitucional cit., cap. 6, item 1.4, p. 409).

É antigo o significado do direito de resposta. Pontes de Miranda interpretando a Constituição de 1946 – elaborada em período de absoluta liberdade democrática –, expressou-se, com a precisão de sempre: "A qualquer manifestação de pensamento, em que se insira enunciado de fato, corresponde àquele a quem o enunciado de fato ofende, ou pode ofender, direito aos enunciados de fato contrários, ou que importem exclusão ou diminuição dos efeitos da divulgação do pensamento ofensivo. Não é preciso, para que o direito de resposta exista, que tenha havido culpa do emitente do pensamento" (**in** Comentários à Constituição de 1946 cits., tomo IV, art. 141, § 5º, nº 7, p. 435). Em sua extensa e prestigiada produção científica, o autor aludido veio a reiterar tal entendimento (cf. Tratado das Ações, 1ª ed., RT, 1974, tomo V, § 60, nº 1, p. 264).

Sem discrepar, José Afonso da Silva afirma que, "Para o nascimento concreto do direito de resposta não se exige a culpa do emitente do pensamento. Basta a sua existência objetiva" (**v.** Comentário Contextual à Constituição, 2ª ed., Malheiros, 2006, art. 5º, inc. V, nota 3.2, p. 91).

Convém salientar, neste momento, que "Se as acusações que se procuram rebater foram formuladas no horário de propaganda eleitoral gratuita, o pleiteado direito de resposta deve ser processado e julgado pela Justiça Eleitoral e não pela Justiça Comum do Estado" (cf. STF, Pleno, CJ 6.696/RJ, rel. Min. Aldir Passarinho, DJ, 26/08/1988, p. 21.034).

Anteriormente à promulgação da atual Carta da República, o art. 243, § 3º, do Código Eleitoral já dispunha: "É assegurado o direito de resposta a quem for injuriado, difamado ou caluniado através da imprensa, rádio, televisão ou alto-falante".

Em sequência, criou-se na Lei das Eleições (art. 58, § 1º, I a III, §§ 2º e 3º, I a IV, §§ 4º a 8º, e art. 58-A) uma normatividade com alcance maior e regulamentação pormenorizada do direito de resposta. Seus objetivos são: 1º) tutelar o direito do ofendido; 2º) preservar com eficiência a igualdade entre os competidores em campanha; 3º) impedir que o eleitor forme impressão equivocada acerca dos partícipes do pleito, isto é, não seja induzido a erro no seu direito eleitoral.

Dispõe a Lei das Eleições, no **caput** do seu art. 58, que "A partir da escolha de candidatos em Convenção, é assegurado o direito de resposta a <u>candidato</u>, <u>partido</u> ou <u>coligação</u> atingidos, ainda que de forma indireta, por conceito, imagem ou afirmação caluniosa, difamatória, injuriosa ou sabidamente inverídica, difundidos por qualquer veículo de comunicação social" (sem grifo no original). O dispositivo aludido também confere o direito de refutar a ofensa ou afirmação falsa a outros atingidos, tais como terceiros prejudicados sem envolvimento na disputa eleitoral (art. 58, § 3º, inc. III, alínea *f*). Reforça-o, ainda, um preceito da ResTSE 23.398/2013 (art. 18) e a jurisprudência dominante no colendo Tribunal Superior Eleitoral (citada logo adiante).

Combinando os três dispositivos (CF, art. 5º, inc. V e seu § 1º; LE, art. 58, cabeça; CE, art. 243, § 3º), verifica-se que toda ofensa moral ou afirmação falsa, divulgadas em "veículo de comunicação social", "a partir da escolha do candidato em convenção", estão sujeitas à resposta do ofendido, proporcionalmente à intensidade do agravo assacado e ao dano experimentado pelo ofendido.

Para melhor compreensão das questões que envolvem as "representações, reclamações e pedidos de direito de resposta previstos na Lei nº 9.504/97", o colendo Tribunal Superior Eleitoral vem, habitualmente, expedindo *instruções* específicas para cada eleição, com força de *lei ordinária* (CE, arts. 1º, par. único, e 23, incs. IX e XVIII; LE, art. 105). Hoje está em vigor a já mencionada Resolução TSE nº 23.398, de 17/12/2013.

Não haveria lógica para a hipótese de alguém agredir moralmente a terceiro ou lhe atribuir fato inverídico, no curso da propaganda eleitoral, sem a possibilidade de resposta do sujeito passivo da ofensa, para responder, refutar, retrucar, replicar ou retificar a informação deturpada. O direito à verdade não deve ser negado ao que foi desonrado ou insultado com mentira. De modo que a regra jurídica constitucional não pode ser limitada, pelo legislador ordinário, mediante pressupostos que impossibilitem ou dificultem a defesa desse direito (cf. Pontes de Miranda, Tratado das Ações cit., tomo V, § 60, nº 1, p. 264, grifei).

A propósito da doutrina supracitada, atinente ao direito à verdade, quando violado mediante divulgação de fato sabidamente inverídico, pela imprensa escrita, que extrapola o seu direito de informar, confere ao candidato ofendido pessoalmente o direito de resposta (TSE, Rp 131.303/DF, rel. Min. Admar Gonzaga Neto, ac. publ. em sessão de 25/0/2014).

Sem embargo do direito de resposta dos candidatos, partidos políticos e coligações, também outras pessoas – naturais ou jurídicas – ofendidas durante a campanha partidária possuem legitimidade para pleitear tal direito. Com esse pensar manifesta-se a doutrina dominante (cf., p. ex., Walber de Moura Agra, Manual Prático das Eleições cit., item 8.5, p. 136 e notas ns. 63 e 64; José Jairo Gomes, Direito Eleitoral cit., cap. XVI, item 7.1, p. 474).

De feito, vários julgados admitem a legitimidade do terceiro ofendido – estranho à disputa eleitoral ou não candidato – para postular tal direito em face do maledicente (**verbi gratia**, todos do TSE: REspe 15.521/DF, rel. Min. Eduardo Ribeiro, ac. publ. em sessão de 25/09/1998; REspe 15.535/MS, rel. Min. Edson Vidigal, ac. publ. em sessão de 01/10/1998; REspe 15.530/DF, rel. Min. Eduardo Rangel de Alckmin, ac. publ. em sessão de 02/10/1998; AgR – Rp 429/DF, rel. Min. Caputo Bastos, ac. publ. em sessão de 10/09/2002; Rp 707/SC, rel. Min. Francisco Peçanha Martins, DJ, 11/02/2005, p. 84; AgR – REspe 204.014/PR, relª Minª Luciana Lóssio, DJe – 232, 09/12/2015, p. 53).

Às pessoas jurídicas de direito público prejudicadas por matérias inverídicas reconheceu-se, igualmente, a condição de legitimadas **ad causam** para pedir o direito de resposta (cf. TSE, AgR - Rp 461/DF, rel. Min. Sepúlveda Pertence, ac. publ. em sessão de 24/09/2002; Rp 592/RS, rel. Min. Caputo Bastos, ac. publ. em sessão de 21/10/2002). Em sentido contrário, restringindo os legitimados - apenas candidato, partido e coligação -, há recente julgamento dessa Corte Superior, tomado por maioria de votos (**v**. Rp 359.637/DF, rel. Min. Marco Aurélio, ac. publicado em sessão de 21/10/2010).

Entre os ultrajados pela propaganda figuram, logicamente, as *pessoas jurídicas*, posto que possuidoras de honra subjetiva.

Com esteio no enunciado do art. 52 do Código Civil, o ilustrado Manuel Alceu Affonso Ferreira não vê como se possa restringir à pessoa física a proteção da intimidade. Entende ele que não se pode "ignorar-lhe as garantias da intimidade quando toda tendência técnica, professoral e pretoriana, é justamente no sentido de a ela, pessoa coletiva, estender os demais direitos da personalidade, conferindo-lhe, por exemplo, o reconhecimento da honra e da imagem" (**in** Tratado Luso-Brasileiro da Dignidade Humana, 1ª ed., Quartier Latin, 2008, parte I, cap. XIV, p. 220).

Na síntese de Edson de Resende Castro: "confere-se direito de resposta não somente a candidatos, partidos ou coligações, mas também a terceiros que tenham sido ofendidos, inclusive pessoas jurídicas" (**in** Teoria e Prática do Direito Eleitoral cits., tít. II, cap. III, seç. IV, p. 252).

Além disso, o texto legal cuida dos "atingidos, ainda que de forma indireta, por conceito, imagem <u>ou</u> afirmação caluniosa, difamatória, injuriosa <u>ou</u> sabidamente inverídica, difundidos por qualquer veículo de comunicação social" (LE, art. 58, **caput**, grifei). Aqui, portanto, a conjunção "ou" não é copulativa, mas sim disjuntiva, que <u>expressa alternatividade</u>. Logo, para justificar o direito de resposta, não há necessidade da presença de <u>todos</u> os elementos - isto é, afirmação caluniosa, difamatória, injuriosa <u>ou</u> sabidamente inverídica -, bastando um só desses elementos (cf. TSE, REspe 15.602/MG, rel. Min. Eduardo Ribeiro, ac. publ. em sessão de 29/09/1998; Rp 1.279/DF, rel. Min. Menezes Direito, ac. publ. em sessão de 19/10/2006; Rp 347.691/DF, rel. Min. Joelson Dias, ac. publ. em sessão de 19/10/2010).

Olivar Coneglian, a seu turno, esclarece: "O direito de resposta só cabe <u>quando o texto dito ofensivo contenha injúria, calúnia, difamação, inverdade ou erro e quando constitui ofensa direta à pessoa,</u>

tanto física como jurídica. Não constitui ofensa a simples crítica eleitoral, a crítica a programa do partido, à realização de ato, à atitude administrativa do ofendido" (**in** Propaganda Eleitoral cit., nº 239, p. 319, sem grifo no texto original).

Consoante primoroso estudo à Lei de Imprensa, a qual não foi recepcionada pela atual Carta da República, mas nem por isso perdeu valor o seu exame sob o prisma doutrinário, explica Darcy de Arruda Miranda que "Qualquer que seja a *acusação* ou *ofensa*, desde que o fato atribuído seja *inverídico* ou *errôneo*, admite o direito de resposta. Sendo o fato verdadeiro, descabe o privilégio legal" (**in** Comentários à Lei de Imprensa cits., nº 529, p. 563).

Quem se aproveita de ofensas ou de notícias inverídicas, divulgadas por outrem, igualmente pode figurar no polo passivo do procedimento. Realmente, o lesado tem "direito de resposta contra quem repete assacadilha de terceiro, assumindo a sua autoria e respondendo pela falsidade" (TSE, AgR - Rp 491/DF, rel. Min. Gomes de Barros, ac. publ. em sessão de 01/10/2002).

Como se vê do preceito retro transcrito, para o exercício do direito de resposta é desnecessária a prova, pelo ofendido, de dolo ou culpa do ofensor. Basta demonstrar a existência da ofensa, a qual deve merecer resposta desse prejudicado. Sem dúvida, em se tratando de sanção que não está inserta na jurisdição penal, cabe invocar-se a *responsabilidade objetiva*, para tornar irrelevante a conduta culposa ou dolosa do causador do dano moral. A propósito, na lição de Pontes de Miranda citada anteriormente, em duas de suas obras (**in** Comentários à Constituição de 1946, tomo IV, cap. II, nº 15, item 7, p. 435; Tratado das Ações, tomo V, cap. XI, § 60, item 1, p. 263), tal doutrinador deixa bem claro que não é necessária nem mesmo a existência de culpa, com o que concorda José Afonso da Silva, acrescentando: "Basta sua existência objetiva" (**in** Comentário Contextual à Constituição cit., art. 5º, nº V, item 3.3, p. 91, sem grifo no texto original).

Cumpre observar, agora, que sendo caso de cenas externas, trucagem ou montagens, essas falsidades devem ser apuradas pelo procedimento regulado nos arts. 96, 96-A e 96-B todos da Lei das Eleições e não mediante o rito do art. 58 do mesmo diploma, que é destinado exclusivamente ao direito de resposta (cf. TSE, AgR - Rp 1.097/SP, rel. Min. Marcelo Ribeiro, ac. publicado em sessão de 13/09/2006; TSE, AgR - Rp 700/SP, rel. Min. Gomes de Barros, DJ, 29/10/2004, p. 2). A propósito, o art. 96-B e seus §§ 1º a 3º da Lei das Eleições foi acrescido pelo art. 2º da Lei nº 13.165/2015.

Os prazos para o exercício do direito, fixados em 24h, 48h e 72h, são para as quatro formas de divulgação: a) horário eleitoral gratuito; b) programação normal das emissoras de rádio e televisão; c) imprensa escrita e eletrônica; d) Internet (art. 58, § 1º, I a IV, da LE, sendo que o inc. IV foi acrescido pelo art. 2º da Lei nº 13.165/2015).

Os prazos supracitados, para ajuizar a representação são de decadência (TSE, Rp 279.791/DF, rel. Min. Joelson Dias, ac. publ. em sessão de 14/09/2010; R – Rp 297.892/DF, rel. Min. Joelson Dias, ac. publ. em sessão de 29/09/2010). Diante dessa natureza do prazo, este não se suspende (CC, art. 207), nem se prorroga, vale dizer, descabe emenda à petição inicial, quando ele estiver ultrapassado (TSE, R – Rp 259.602/DF, rel. Min. Henrique Neves, ac. publ. em sessão de 02/09/2010).

14.3 – Dos Requisitos para o Direito de Resposta

Vale frisar que, diante da ausência das *mídias* contendo as imagens impugnadas, que impossibilita o exercício da ampla defesa, fica impossível a concessão do direito de resposta pleiteado (cf. TSE, Rp 126.713/DF, rel. Min. Herman Benjamin, ac. publ. em sessão de 30/09/2014).

Já o prazo para o ajuizamento do direito de resposta, quando decorrente de inserção em programação, deve ser contado do final da transmissão do bloco por rádio ou televisão (cf. TSE, Rp 367.783/DF, rel. Min. Henrique Neves, ac. publ. em sessão de 26/102010). Daí começa a fluir tal prazo, ou seja, o **dies a quo**.

Se houver cumulação de pedidos, isto é, postulação fundada nas normas dos arts. 96 e 58, ambos da Lei das Eleições, somente será conhecida e julgada aquela relativa ao segundo objetivo (**vide** TSE, Rp 274.413/DF, relª Minª Cármen Lúcia, ac. publ. em sessão de 08/09/2010).

É sabido que a veracidade da propaganda tem importância fundamental para o exercício consciente do direito de sufrágio. No entender do nosso legislador, porém, o instituto jurídico em exame permite controle eficiente da lisura na propaganda eleitoral.

Para pleitear o direito de resposta, o atingido, ofendido ou lesado – no caso, candidato, partido, coligação ou terceiro – deve observar o procedimento estabelecido pela Lei das Eleições (art. 58, §§ 1º a 3º), a qual dita formas diferentes para alcançar os seus objetivos: 1ª) na imprensa escrita, tanto em papel como eletronicamente (art. 58, §

3º, inc. I, alíneas *a* até *e*); 2ª) na programação normal das emissoras de rádio, televisão e divulgação na rede mundial de computadores (art. 58, § 3º, inc. II, alíneas *a* até *c*); 3ª) no programa eleitoral gratuito (art. 58, § 3º, inc. III, alíneas *a* até *f*, inc. IV, alíneas *a* até *c*, e § 4º).

Da decisão que concede ou denega o pedido de resposta cabe recurso (LE, art. 58, §§ 5º e 6º). As penalidades decorrentes do procedimento podem ter duas formas: 1ª) por inobservância do prazo máximo de 24h, sujeita a autoridade judiciária às sanções do art. 345 do Código Eleitoral; 2ª) não cumprimento integral ou em parte da decisão que conceder a resposta sujeita o infrator ao pagamento de multa no valor de 5.000 a 15.000 UFIR, duplicada em caso de reiteração de conduta, sem prejuízo do disposto no art. 347 do Código Eleitoral. De resto, os pedidos em questão têm tramitação preferencial aos demais processos em curso na Justiça Eleitoral (LE, art. 58-A, incluído pela Lei nº 12.034/2009).

Vale destacar que, na hipótese de ser assegurado o direito de resposta, réplica, refutação ou retificação em rede social de computadores (**Web**), "a resposta ficará disponível para acesso pelos usuários do serviço de internet por tempo não inferior ao dobro em que esteve disponível a mensagem considerada ofensiva" (LE, art. 58, § 3º, inc. IV, alínea *b*).

O direito de resposta tem inegável importância durante a campanha eleitoral. Além de impor limites aos envolvidos na disputa, que sempre estão com nervos exaltados, ainda mantém a igualdade entre esses competidores. Preservar tal isonomia tem importância fundamental, visto que o resultado proveniente das urnas bem pode decorrer de afirmações enganosas, deturpadas e com forte apelo emocional. Não são poucos os eleitores que votam iludidos pela propaganda eleitoral. Daí a competência exclusiva dos órgãos da Justiça Eleitoral para apreciar e julgar os pedidos de resposta relativos à propaganda eleitoral. Os órgãos jurisdicionais devem, nesta atuação, aplicar o princípio da proporcionalidade, assegurando tempo igual ao da ofensa para a resposta da pessoa prejudicada.

Consoante o ensinamento de Marcos Ramayna, o direito de resposta previsto na primeira norma aludida "é uma espécie de legítima defesa da honra eleitoral e política. Surge para o ofendido, identificado pelas falsas afirmações, a possibilidade de ingressar no contencioso eleitoral a fim de pleitear uma resposta verdadeira, eliminando do universo das informações já prolatadas, as palavras, frases e conjunto de ideias que não correspondem à verdade daquela pessoa ou grupo de pessoas, sejam elas físicas ou jurídicas atingidas pelas inverdades" (**in** Direito Eleitoral cit., item 12.11, p. 591, sem grifo no original).

Merece lembrança, pela profundidade das suas explicações, um acórdão ementado com este texto: "1. É assente nesta Casa de Justiça que as balizas impostas à propaganda eleitoral objetivam preservar a verdade dos fatos e assegurar a igualdade entre os contendores, sem prejuízo do exercício da liberdade de expressão. 2. As críticas - mesmo que veementes - fazem parte do jogo eleitoral, não ensejando, por si só, o direito de resposta, desde que não ultrapassem os limites do questionamento político e não descambem nem para o insulto pessoal nem para a increpação de conduta penalmente coibida. Além, claro, da proibição de se veicular fatos sabidamente inverídicos. 3. Propaganda eleitoral que transborda os limites do questionamento político ou administrativo e descamba para o insulto pessoal" confere ao ofendido o direito de resposta (TSE, REspe 26.777/BA, rel. Min. Carlos Ayres Britto, ac. publ. em sessão de 02/10/2006).

14.4 – Da Divulgação da Resposta Acolhida pelo Pedido

Note-se, desde logo, que a petição inicial da ação de publicação de resposta deverá conter a palavra, a frase ou o trecho ofensivo ou inverídico, seu contexto e maneira de divulgação (isto é, a exposição do fato ofensivo), nos termos do art. 319 do Código de Processo Civil. Realmente, tal direito pode ser concedido não só pelo ataque ao ofendido, mas também quando este demonstra que o fato que lhe foi atribuído não é verdadeiro. Ademais, dependendo do meio em que a ofensa for veiculada (LE, art. 58, § 3º, incs. I a IV), o pedido deverá ser instruído e processado de formas diversas, como impõe a norma supra. As circunstâncias de cada caso, pois, deverão pautar a resposta do ofendido, inclusive quanto ao tempo a lhe ser concedido.

Elucidando como deve ser exercido o direito de resposta, Wolgran Junqueira Ferreira assevera que "esta inserção deve-se dar de maneira neutra, é dizer: impedindo-se comentários que tenham por fim reforçar as posições do órgão de comunicação ou do agravante. Ao assim proceder ele está como que a renovar o agravo praticado e, consequentemente, a ensejar novo exercício do direito de resposta. Pode-se dar o caso de que o exercício do direito de resposta seja abusivo, é dizer: contenha ele mesmo uma ofensa" (**in** Direitos e Garantias Individuais cits., cap. VI, item B, p. 144).

Concedido o direito de resposta ao ofendido, no caso de nova divulgação do fato inverídico – ou insurgência do representado reiterando a inverdade –, ainda que em forma diversa, cabe assegurar-se ao insultado, em continuação, uma nova resposta ou tréplica (ver TSE: AgR – ED – Rp 428/DF, rel. Min. Peçanha Martins, ac. publ. em sessão de 17/09/2002; em caso análogo AgR – Rp 447/DF, rel. Min. Gerardo Grossi, ac. publicado em sessão de 10/09/2002; em outro caso igual Rp 657/DF, rel. Min. Peçanha Martins, DJ, 13/08/2004, p. 400).

Entretanto, se na resposta forem versados os fatos nos exatos limites da decisão que antes concedera tal direito, não tem procedência o pedido de subtração de tempo idêntico em programa eleitoral (**v.** TSE, R – Rp 365.525/DF, rel. Min. Joelson Dias, ac. publ. em sessão de 28/10/2010).

Oportuno o esclarecimento de José Jairo Gomes, que diz: "O não cumprimento integral ou em parte da decisão que a resposta sujeitará o infrator ao pagamento de multa, duplicada em caso de reiteração de conduta, sem prejuízo de responder o agente pelo delito de desobediência, previsto no art. 347 do Código Eleitoral (LE, art. 58, § 8º). Além disso, pode-se cogitar a suspensão, por 24 horas, da programação normal de emissora de rádio e televisão (LE, art. 56), bem como do acesso aos serviços, no caso da internet (LE, art. 57-I)". Confronte-se com o Direito Eleitoral cit., cap. XVI, item 7.2, p. 482.

Do mesmo sentir é Marcus Vinicius Furtado Coêlho, que lembra "a violação deste dispositivo sujeita o responsável pela divulgação da propaganda e, quando comprovado seu prévio conhecimento, o beneficiário à multa" (**in** Direito Eleitoral e Processo Eleitoral cits., livro II, tomo II, cap. 13, item 13.5, p. 290).

A prova do cumprimento da decisão concessiva da reposta, aliás, é do ofensor condenado, que deve fazê-la nos autos do respectivo processo.

Não é demais lembrar que "1. O deferimento do direito de resposta e a interrupção da divulgação da ofensa não elidem a ocorrência de crimes de difamação e de divulgação de fatos inverídicos na propaganda eleitoral, tendo em vista a independência entre as instâncias eleitoral e penal" (cf. TSE, RHC 761.681/RS, relª Minª Nancy Andrighi, DJe, 01/07/2011, p. 92).

Na hipótese de colunista de jornal que, atribui ao ofendido fato inverídico, cabe a este o direito de resposta no mesmo periódico (cf. TSE, Rp 1.207/DF, rel. Min. Gerardo Grossi, ac. publ. em sessão de 26/09/2006).

Como se vê em decisões atuais, mesmo em site de rede de interação, cabe o exercício do direito de resposta, como numa mensagem de texto postada na Internet. Mas, em sentido oposto, um julgado entende que o **twitter** se destina a conversa entre pessoas e, geralmente, restrita aos seus vínculos de amizade e pessoas autorizadas pelo usuário. Impedir que uma pessoa converse com outra, implica violação às liberdades de pensamento e expressão, não configurando propaganda antecipada (TSE, REspe 7.464/RN, rel. Min. Dias Toffoli, DJe - 198, 15/10/2013, p. 30).

Se houver crítica acerca da promessa de campanha feita pelo adversário, na propaganda partidária, descaberá o direito de resposta (**v.** TSE, AgR - REspe 3.059/TO, rel. Min. João Otávio de Noronha, DJe - 57, 25/03/2014, p. 59).

Além do mais, "Descabe enquadrar, nos incisos III e IV do artigo 45 da Lei nº 9.504/1997, transmissão ao vivo de missa, na qual, em homilia, o sacerdote haja veiculado ideias contrárias a certo Partido, em vista que a norma pressupõe o elemento subjetivo, ou seja, a vontade livre e consciente de atuar de modo a favorecer ou prejudicar candidato, partido, coligação ou respectivos órgãos ou representantes" (cf. TSE, Rp 412.556/DF, rel. Min. Marco Aurélio, DJe - 078, 26/04/2013, p. 51).

Capítulo 15

15.1 – Das Condutas Vedadas aos Agentes Públicos em Campanhas Eleitorais

Para a melhor compreensão do assunto, disciplinado pelos arts. 73 e seguintes da Lei das Eleições, convém lembrar-se da necessidade de criação de vedações que impeçam o abuso de poder político ou de autoridade nas disputas em certames eleitorais.

Lauro Barretto lembra que, "Promulgada em 4 de junho de 1997, a Emenda Constitucional nº 16 possibilitou a reeleição, para um mandato consecutivo, dos ocupantes de cargos do Poder Executivo e não estipulou obrigatoriedade de desincompatibilização dos mandatários-candidatos. Desta feita, tornou-se imperiosa uma imediata adaptação do regramento eleitoral brasileiro à novidade que acabara de ser copiada do modelo político norte-americano" (**in** Condutas Vedadas ao Agentes Públicos pela Lei das Eleições & suas Implicações Processuais, 1ª ed., Edipro, 2006, 2ª parte, item 1, p. 39).

Nesse contexto histórico devem compreendidas as proibições com o objetivo de proteger a igualdade de oportunidades entre os candidatos aos cargos eletivos.

As condutas vedadas a *agentes públicos* (= gestores das atividades do Estado), durante as *campanhas eleitorais*, que tendem a afetar a igualdade de oportunidades entre candidatos nos pleitos eleitorais, igualmente afetam os princípios da administração pública (CF, art. 37, cabeça e § 4º). São atos que desatendem ao interesse público, princípio este aplicável a todos os que exercem de funções estatais. Com certeza, a Administração deve promover o *interesse público* e o *bem comum* (CF, arts. 37, cabeça e 3º, inc. IV). Daí a possibilidade de falar-se em "improbidade eleitoral" (LE, art. 73, § 7º; LI, art. 1º, inc. I, alíneas *g* e *j*).

Segundo Calil Simão, "A improbidade eleitoral é uma espécie de improbidade no setor público. No entanto, possui um regramento especial" (ver Improbidade Administrativa, 1ª ed., Mizuno, 2011, cap. II, item 5.1, p. 43).

As condutas vedadas, no mais das vezes, caracterizam abusos de poder político ou de autoridade (CF, art. 14, § 9º, **in fine**; LI, arts. 19 e 22).

Ou por outra, várias dessas condutas vedadas a agentes públicos em campanhas eleitorais configuram, igualmente, *improbidades administrativas* e *crimes eleitorais* e de *peculato*, atraindo as sanções previstas em todos os diplomas legislativos supracitados, sanções essas que incidirão *cumulativamente*. Tais infrações, todavia, devem ser objeto de ações conhecidas pelas Justiça Especializada (Eleitoral) e Justiça Comum (Federal ou Estadual, conforme a hipótese), que aplicarão as sanções cominadas, dentro da esfera de suas competências, descabendo falar em **bis in idem**. Assim ocorre, ainda, nas punições *administrativas* e *penais* decorrentes de atos praticados fora do período de *campanha eleitoral*.

Conforme a doutrina de Pedro Roberto Decomain, "As sanções relativas à improbidade administrativa incidem cumulativamente com aquelas previstas na lei eleitoral. Se a conduta configurar crime (a infração do art. 73, inc. I, da Lei nº 9.504/97), quando caracterizada pelo uso de dinheiro público em campanha eleitoral pode, por exemplo, caracterizar crime de peculato – CP, art. 312), incidirão também as correspondentes sanções penais" (**in** Improbidade Administrativa, 1ª ed., Dialética, 2007, item 6.10, p. 183).

Percorre a mesma trilha um aresto esclarecedor ementado assim: "2. Primeiramente, cumpre destacar que não compete à Justiça Eleitoral, ao analisar determinado fato, aplicar sanções por ato de improbidade administrativa, uma vez que o julgamento dessa infração política cabe à Justiça estadual ou federal, conforme a hipótese. Contudo, cabe à Justiça Eleitoral analisar as repercussões eleitorais desse ato, verificando se ele configura, também, conduta vedada ou abuso de poder político ou econômico. Preliminares de incompetência do juízo e inépcia da inicial afastadas" (TRE-RJ, Rec 20.482, relª Desª Letícia de Faria Sardas, DJe – 27, 07/02/2013, p. 28). Sem dissensão vem julgando a Alta Corte Eleitoral (cf., p. ex., RO 728/TO, rel. Min. Luiz Carlos Lopes Madeira, DJ, 05/02/2003; AgR – RO 2.365/MS, rel. Min. Arnaldo Versiani, DJe, 12/02/2010, p. 20; RO 1.717.231/SC, rel. Min. Marcelo Ribeiro, DJe – 106, 06/06/2012, p. 31; AgR – AIME 761/DF, rel. Min. Gilmar Mendes, DJe, 04/12/2015, p. 136, em. 6.2).

Vale lembrar, por outro lado, que "2. O desvirtuamento do poder político, embora pertencente ao gênero abuso, não se equipara ao abuso do poder econômico, que tem definição e regramento próprios. 3. A ação de impugnação de mandato eletivo, que objetiva apurar a prática de abuso do poder econômico, corrupção ou fraude, não se presta para o exame de abuso do poder político" (TSE, AgR - REspe 25.926/SP, rel. Min. Caputo Bastos, DJ, 20/11/2006, p. 199).

Visam as *condutas vedadas* a coibir o emprego da máquina pública com fins eleitoreiros. Não podem esses *gestores estatais*, então, servirem-se dessa aparelhagem do setor público para favorecer interesses de pessoas em *campanhas eleitorais*, infringindo o *princípio da igualdade* entre os candidatos ao pleito. Podem as *condutas vedadas* ser denominadas, como já dito, de *improbidades eleitorais*.

Por certo, a Administração Pública deve manter-se neutra, permanecendo alheia ao prélio eleitoral, ou melhor, cabe-lhe agir segundo a ordem jurídica com o propósito de assegurar o *princípio da impessoalidade* (CF, art. 37, **caput** e §§ 1º e 4º; Vera Maria Nunes Michels, Direito Eleitoral cit., item 6.5, págs. 102-6; TSE, REspe 21.120/ES, rel. Min. Luiz Carlos Lopes Madeira, DJ, 17/10/2003, p. 132).

À vista disso, as eleições devem seguir regras preestabelecidas com clareza, propiciando a isonomia entre os candidatos. Evita-se, dessa forma, a prática de atos escusos por *agentes públicos* no curso do *processo eleitoral*.

Segundo a doutrina da eminente Cármen Lúcia Antunes Rocha, que já presidiu a Alta Corte Eleitoral, "A impessoalidade administrativa impõe que o administrador não se valha de sua situação funcional ou como agente público para se promover ou para promover interesses benéficos ou maléficos a pessoas identificadas pela relação pessoal com ele mantida. Tudo que desborde da neutralidade, objetividade e interesse público é inválido constitucionalmente pela agressão a este princípio" (**in** Princípios Constitucionais da Administração Pública, 1ª ed., Del Rey, 1994, p. 149).

De igual forma pronunciou-se o Pretório Excelso em aresto assim ementado: "1. O **caput** e o § 1º do artigo 37 da Constituição Federal impedem que haja qualquer tipo de identificação entre a publicidade e os titulares de cargos alcançando os partidos políticos a que pertençam. O rigor do dispositivo constitucional que assegura a impessoalidade vincula a publicidade ao caráter educativo, informativo ou de orientação social é incompatível com a menção de nomes, símbolos ou imagens, aí incluídos slogans, que caracterizam promoção pessoal ou de servidores públicos" (cf. STF, 1ª T., RE 191.668/RS, rel. Min. Menezes Direito, RTJ, 206/400).

Essas regras preservam a igualdade de chances para a obtenção dos sufrágios pelos que disputam os cargos eletivos. Com efeito, o desvio de conduta na Administração Pública (= improbidade administrativa) beneficia os detentores do poder, a fim de que continuem a exercê-lo, em detrimento dos que não detêm a máquina administrativa. Configura-se, pois, *abuso de poder*. Durante o *processo eleitoral*, o *abuso de poder* deve ser reprimido com rigor, a fim de que não se possa fraudá-lo. Dessa forma, estimula-se os *homens de bem* à disputa dos certames eleitorais.

Reprimindo-se as *condutas vedadas*, também se assegura o *direito à igualdade perante a lei*, previsto na Constituição da República, que sempre tem aplicação imediata (art. 5º, **caput** e § 1º). Na esteira desse postulado constitucional, a comunicação social dos órgãos públicos não pode, ainda, caracterizar promoção pessoal da autoridade ou servidor público (art. 37, § 1º).

Portanto, "Atrai a sanção de multa lançar em sítio de órgão público, na internet, mensagem consubstanciadora de propaganda eleitoral direcionada a beneficiar certa candidatura" (**vide** TSE, Rp 380.773/DF, rel. Min. Marco Aurélio, **in** DJe - 87, 13/05/2014, p. 70).

Afastando a recorrente desigualdade entre os postulantes aos cargos eletivos, os casos mais graves de prática de conduta vedada aos gestores públicos implicam ainda na cassação do registro da candidatura ou do diploma de eleito, que atraem a inelegibilidade para qualquer cargo.

A improbidade administrativa, isoladamente, tem a sua natureza jurídica ainda não definida, mas os seus atos "importarão a suspensão dos direitos políticos, a perda da função pública, a indisponibilidade dos bens, e o ressarcimento do erário, na forma e gradação previstas em lei, sem prejuízo da ação penal cabível" (CF, art. 37, § 4º).

Certamente, nos termos do inc. I do art. 262 do Código Eleitoral, "a existência de uma inelegibilidade superveniente ao registro de candidatura ou uma inelegibilidade de índole constitucional" possibilitam a interposição do chamado recurso contra a expedição de diploma - RCED (**v.** TSE, AgR - REspe 35.845/SC, relª Minª Nancy Andrighi, DJe, 24/08/2011, p. 16). Note-se que o art. 262 aludido tem nova redação dada pelo art. 1º da Lei nº 12.891/2013, o qual não altera o sentido do aresto da Alta Corte Eleitoral.

Importa destacar, a respeito do inc. I do art. 11 da Lei de Improbidade Administrativa, que "O inciso se refere a um dos possíveis vícios dos atos administrativos. Reporta-se àquele que se designa por desvio de poder ou de finalidade. Mas não apenas o desvio de finalidade é punido por esse dispositivo. Também o desvio de motivação pode fazer com que a prática de determinado ato administrativo importe em improbidade" (cf. Pedro Roberto Decomain, Improbidade Administrativa cit., item 5.1, p. 151, grifou-se).

O mesmo autor, na mesma obra, explica que o art. 73 da Lei das Eleições "veda aos agentes públicos de modo geral a realização, em períodos variáveis de antecedência em relação à data prevista para o pleito, de diferentes atividades administrativas, que relaciona ao longo de seus diversos incisos" (cf. item 6.1, p. 171).

Pelo texto da Lei das Eleições (arts. 73 a 78), especialmente nos incisos I a VIII do artigo 73, verifica-se que são empregados os verbos ceder, usar, fazer, permitir, nomear, contratar, realizar, autorizar e participar a fim de se obter efeito abrangente sobre as más práticas dos agentes públicos (= gestores estatais).

Diante de tal conjuntura, vale ressaltar a oportuna lição de Ex-Procurador Regional Eleitoral de São Paulo, o erudito Pedro Henrique Távora Niess: "A norma proibitiva não persegue apenas ações, mas abrange condutas, sejam, pois, comissivas ou omissivas, estas últimas configurativas da disposição do agente de tolerar a violação das imposições feitas, faltando com a imposição devida. Equivalem-se, em gravidade, fazer, autorizar a feitura ou não a impedir, quando o dever exige ação diversa, assim como se põe o repúdio ao embaraço de um fazer permitido. Os comportamentos desautorizados não se esgotam na letra dos artigos reunidos sob a mesma rubrica. Tudo o que contraria o espírito da lei é ilícito" (**in** Condutas Vedadas aos Agentes Públicos em Campanhas Eleitorais e suas Implicações Processuais, 1ª ed., Edipro, 1998, parte I, cap. 2, p. 19).

Anteriormente, para configurar essas condutas, exigia-se que tais ações tivessem a potencialidade (= capacidade, aptidão ou força) para possibilitar o desequilíbrio do resultado do certame eleitoral, isto é, lesionar o bem jurídico tutelado pelo direito positivo, o qual consistia no tratamento isonômico aos postulantes de mandatos eletivos.

Com a Lei Complementar nº 135/2010, que acrescentou o inc. XVI ao art. 22 da Lei Complementar nº 64/1990, "para a configuração do ato abusivo, não será considerada a potencialidade de o fato alterar o resultado da eleição, mas apenas a gravidade das circunstâncias que o caracterizam", como vem proclamando a Alta Corte Eleitoral (p. ex., REspe 13.068/RS, rel. Min. Henrique Neves, DJe, 04/09/2013; REspe 34.915/TO, rel. Min. Dias Toffoli, DJe - 59, 27/03/2014, p.

56; REspe 68.254/MG, 7ª ementa, rel. Min. Gilmar Mendes, DJe - 35, 23/10/2015, p. 72).

O novo texto legal foi objeto de útil e acertada asserção da doutrina, que se vai seguir: "Buscou o legislador da Ficha Limpa assegurar efetividade à norma repressora do abuso comprometedor da normalidade do processo eleitoral, afastando a exigência da potencialidade que liberava da sanção o infrator, quando a sua conduta não se mostrava determinante para o êxito na disputa" (cf. Djalma Pinto e Elke Braid Petersen, Comentários à Lei da Ficha Limpa cits., cap. 3, item 3.4.2, p. 77).

E mais, "Assim, é descabido exigir, para a incidência de quaisquer das novas hipóteses trazidas pela Lei Complementar nº 135, a potencialidade de o fato gerador do impedimento influenciar o resultado da eleição, uma vez que não se está a proteger, nesse campo, a normalidade e a legitimidade do pleito" (cf. Marcelo Roseno de Oliveira, Ficha Limpa, 1ª ed., Edipro, 2010, item 5, p. 210).

Por certo, já se disse alhures, que a Administração Pública não tem partido nem candidato. Realça Giorgio Pastori: "Enquanto se admite que a Administração pública deva atuar imparcialmente, cumprindo, de preferência, o mandado na lei, verifica-se, por outro lado, estar ela organizada de tal maneira que se torna facilmente permeável à interferência de partes. Esta profunda contradição não tardará a vir ao de cima, colocando, em termos dramáticos, o problema da separação da esfera política da esfera administrativa. Entretanto, se se prescindir do aspecto da tutela jurisdicional, não serão alcançadas senão soluções parciais e impróprias, tendo em vista as causas de fundo que originam o problema" (cf. Dicionário de Política, Norberto Bobbio **et alii**, verbete *administração pública*, vol. I, item VII, págs. 13-4).

As proibições supracitadas encontram substrato na lúcida exposição de Edson de Resende Castro, quando ele diz: "O agente público, ou seja, aquele que detém o exercício de uma função pública, coloca-se em situação de vantagem perante o 'cidadão comum', porque tem como atividade cotidiana o atendimento dos interesses da coletividade e porque está naturalmente em evidência. Sem qualquer esforço, pode conquistar a simpatia dos que buscam o serviço público, bastando que cumpra com presteza o seu mister. Então, sem necessidade de se falar em abuso, o exercente de função pública já tem posição de destaque no contexto social, principalmente nos centros menores. A verdade é que esses agentes públicos, em período eleitoral, acabam se utilizando da sua posição de destaque para beneficiar candidaturas. Sempre foi prática corriqueira o uso da 'máquina administrativa' em prol de candidatos que têm a simpatia do Administrador. Quando o Prefeito, o Governador, ou o Presidente querem se reeleger ou fazer o seu sucessor, toda a Administração se empenha em mostrar-se eficiente aos olhos dos eleitores, para convencer da necessidade da continuidade daquele governo. Para isso, as obras se avolumam, não param as inaugurações e as campanhas publicitárias são intensificadas, sempre se associando aos benefícios levados ao povo com o Administrador de então. Esses atos de governo/administração, em outras ocasiões até entendidos lícitos, podem caracterizar abuso de poder político, porque assumem finalidade eleitoreira" (**in** Teoria e Prática do Direito Eleitoral, 5ª ed., Del Rey, 2010, cap. III, seção IX, p. 297).

A compreensão supracitada tem eco na doutrina de Walber de Moura Agra e Francisco Queiroz Cavalcanti, que assim explanam: "A intenção de coibir algumas condutas é, de forma nítida, impedir que a máquina pública possa desequilibrar o pleito em prol dos detentores do Poder Público, principalmente quando se considera a posição do próprio agente estatal. Este tem como atividade do dia a dia o atendimento dos interesses da coletividade, estando, inexoravelmente, em evidência. Destarte, sem muito esforço, pode conquistar a simpatia dos que buscam o serviço público, já que goza de posição de destaque perante a sociedade[170]" (Comentários à Nova Lei Eleitoral cits., cap. II, p. 110 e nota 170).

Marcos Ramayana (Direito Eleitoral cit., item 15.2, p. 641) bem observa que "A punição pode abranger, além do candidato, terceiros (servidores públicos ou não)". A participação de terceiro ocorre desde que ele induza ou concorra para a prática dos atos ou lhes tire proveito sob qualquer forma (LIA, art. 3º). Nesse sentido há precedente judicial (cf. TRE-SP, Rec 17.121, Ac 139.455, rel. Juiz Souza Pires, DOE, 24/04/2001). Não é incomum o ato de improbidade em parceria ou conluio com terceiro.

No primeiro grupo, composto por *condutas* que podem ocorrer *a qualquer tempo* – possuem *caráter permanente* – as ações se encontram configuradas no artigo 73, incs. I, II, III e IV, este último c.c. os §§ 10 e 11, todos da Lei das Eleições. Noutras palavras, o rol de proibições mencionadas incide tanto no período da *campanha eleitoral* como fora dessa ocasião, mas deve ser apurado sempre pela Justiça Especial.

Esses ilícitos têm supedâneo constitucional (arts. 15, inc. V, e 37, § 4º, da CF) exprimindo-se em ilícitos administrativos (arts. 9º, I, IV, e

XII, 10, II, e 11, I, da LIA), inclusive o de abuso de autoridade (arts. 1º, inc. I, alíneas *d* e *h*, e 22, **caput**, da LI c.c. art. 37, § 1º, da CF, nos termos do art. 74 da LE e art. 237 do CE); bem como outros ilícitos penais (arts. 4º, V; 7º, nº 5; 9º, nº 3, e 13, ns. 1 e 2, da Lei nº 1.079/1950; art. 346 do CE). Daí vem a ideia de que "As condutas vedadas (Lei das Eleições, art. 73) constituem-se em espécie do gênero abuso de autoridade. Afastado este, considerados os mesmos fatos, resultam afastadas aquelas. O fato considerado como conduta vedada (Lei das Eleições, art. 73) pode ser apreciado como abuso do poder de autoridade para gerar a inelegibilidade do art. 22 da Lei Complementar nº 64/90. O abuso de autoridade é condenável por afetar a legitimidade e normalidade dos pleitos e, também, por violar o princípio da isonomia entre os concorrentes, amplamente assegurado na Constituição da República" (cf. TSE, AgR – RO 718/DF, rel. Min. Luiz Carlos Lopes Madeira, DJ, 17/06/2005, p. 161).

A situação atrás mencionada não passou despercebida do meticuloso Lauro Barretto, quando o doutrinador afirma: "Dentre as condutas vedadas, que estão elencadas nos arts. 73 e seguintes da Lei nº 9.504/1997, encontramos um significativo número de hipóteses que já estavam enfocadas em outros dispositivos legais e até mesmo na Constituição Federal – ora como atos de improbidade administrativa, ora como crime de responsabilidade, ora como crime eleitoral" (**in** Condutas Vedadas aos Agentes Públicos pela Lei das Eleições cits., 2ª parte, item 2, p. 51).

Já no segundo grupo, formado por *condutas* que são *específicas* para o período fixado por lei à *campanha eleitoral*, quer dizer, possuem *caráter temporário*, esses comportamentos ilícitos estão tipificados nos arts. 73, incs. V, VI e VII, 75 e 77 da Lei das Eleições aludida, sendo mencionados ainda no inc. VII c.c. o inc. I do art. 11 da referida Lei de Improbidade Administrativa.

De molde que as condutas vedadas aos agentes públicos, nos três meses que antecedem as eleições (LE, arts. 73 a 78) – daí estarem incluídos os últimos 45 dias de campanha (art. 36 da LE c.c. art. 240, par. único, do CE, redações dadas pela Lei nº 13.165/2015) – têm fundamento nos princípios da moralidade e probidade, bem como da isonomia, e o principal objetivo de manter a alternância do poder (ou a democracia) e, por consequência, a igualdade de oportunidades (ou chances) entre todos os candidatos que disputam o certame (CF, arts. 1º, inc. V, 5º, **caput**, 17, **caput**, 2ª parte, e 37, **caput**; CE, arts. 241 e 242; todos combinados).

Vale frisar, com o escopo de resumir aquilo visto atrás, que "as condutas vedadas aos agentes públicos, previstas no art. 73 da Lei das Eleições, hipotisa atos praticados por gestores públicos que lançam mão de meios ilícitos e indignos para a obtenção do sufrágio, capazes de influir no resultado do pleito, além de indicarem objetivamente a inaptidão do agente público (ou do beneficiário do ato ilícito) para a prática de atos de gestão pública. A esses atos a norma jurídica impõe a sanção de cassação do registro de candidatura, não prevendo a consequência de inelegibilidade. Desse modo, os critérios de descrímen apontados entre inelegibilidades e cassação do registro (sanção) administrativa não resistem firmemente à primeira aproximação analítica. É insustentável, sendo verdadeira petição de princípio, a afirmação de que haveria uma *distinção ontológica* entre essas citadas sanções administrativas (cassação de registro e de candidatura) e as inelegibilidades" (cf. Adriano Soares da Costa, Instituições de Direito Eleitoral cits., vol. 1, cap. 6, § 4º, p. 264).

Sob outro enfoque, as proibições em pauta têm, igualmente, o propósito de se buscar a isonomia durante a disputa eleitoral, com o escopo de manter o exercício da democracia, que implica na alternância do poder. Evita-se, desse jeito, que o emprego da máquina administrativa estatal a serviço de candidato provoque desequilíbrio aos adversários, ou seja, entre os demais postulantes do certame próximo. Como o agente público foi quem usou ou desviou o seu poder com o intuito de favorecer candidato, partido ou coligação, punem-se a todos, sem prejuízo de eventual improbidade administrativa, de competência da Justiça Comum (Federal ou Estadual, conforme a esfera de poder). Desnecessário, pois, a prova concreta de que *efetivamente* ocorreu o desequilíbrio no pleito eleitoral, bastando que ocorra a transgressão do princípio da igualdade (isto é, a incidência no fato típico). Mas, por outro lado, a conduta ilegal deve ser de alguma significância para afetar o bem jurídico tutelado (ou seja, **de minimis non curat pretor**).

Este é o comportamento ético que se espera de um *agente público* (administrador ou gestor na organização política do País), especialmente quando atua durante o período da *campanha eleitoral.*

Não é demais ressaltar que o preceito do art. 73 da Lei das Eleições cuida de "condutas tendentes a afetar a igualdade de oportunidades entre candidatos em pleitos eleitorais". Ora, "tendentes a afetar" é o mesmo que <u>capazes de desequilibrar</u>, isto é, <u>ter a possibilidade de alterar o resultado da disputa eleitoral</u>. Surge, assim, com o caráter preventivo de se obstar as condutas ali capituladas, caráter esse que dispensa qualquer efeito concreto de quebra da igualdade. Basta a simples ocorrência de desigualdade na disputa para, então, ficar comprometida a lisura do certame eleitoral. A igualdade aqui referida é a jurídico-formal.

Sobre o tratamento isonômico dispensado aos candidatos, especialmente durante a *campanha eleitoral*, fizeram-se alguns comentários no item 1.12 destas anotações.

Verdade seja dita, anteriormente à atual Lei das Eleições, nesse teor já dispunha o Código Eleitoral: "Art. 377. O serviço de qualquer repartição federal, estadual, municipal, autarquia, fundação do Estado, sociedade de economia mista, entidade mantida ou subvencionada pelo Poder Público, ou que realiza contrato com este, inclusive o respectivo prédio e suas dependências, não poderá ser utilizado para beneficiar partido ou organização de caráter político" (sem grifo no texto original). E mais, o art. 346 considera crime violar o estatuído no dispositivo anterior.

Igualmente, antecedendo à Lei das Eleições, constava da Lei de Improbidade Administrativa a punição para tais hipóteses (ver, p. ex., arts. 9º, incs. IV e XII, 10, inc. II, e 11, inc. I).

De resto, novamente antecedendo à Lei das Eleições, também já estipulava a Lei dos Partidos Políticos sobre a vedação à agremiação partidária de "receber, sob qualquer forma ou pretexto, contribuição ou auxílio pecuniário estimável em dinheiro, inclusive através de publicidade de qualquer espécie" (art. 31, incs. I e II, sublinhou-se).

Assim sendo, a prática de qualquer das mencionadas condutas ofensivas à lei (infrações de normas) implica na sua imediata suspensão, quando for o caso e, ainda, na imposição das várias sanções previstas na Lei das Eleições (arts. 73, §§ 4º, 5º, 6º, 7º, 8º, 9º e 10º, 74, 75, par. único, 77, par. único, e 78), algumas de aplicação conjunta com outros diplomas legais (LIA, arts. 11, I, e 12, III; LPP, arts. 41 e 41-A), inclusive a inelegibilidade por oito anos, a contar da eleição (LI, arts. 1º, I, alínea *j*, e 22). Note-se que o inc. VII do art. 73 da Lei das Eleições tem nova redação dada pela Lei nº 13.165/2015.

Até os partidos políticos e as suas coligações eventuais podem sofrer multas eleitorais, quando beneficiados pelos ilícitos previstos no art. 73 da Lei das Eleições, além de ficarem sem a possibilidade de participar da distribuição dos recursos do Fundo Partidário, na forma dos §§ 4º e 9º do art. 73 aludido, sempre com a limitação do art. 28, § 3º, da Lei dos Partidos Políticos.

Consequentemente, o partido político beneficiado pelo ilícito eleitoral e, por isso, punido com a multa, não a receberá de volta, no rateio partidário, o valor que recolheu em virtude da sanção pecuniária que lhe foi imposta.

Dado o caráter punitivo das normas aludidas, suas hipóteses configuram **numerus clausus**, que, evidentemente, não comportam interpretação extensiva; é arbitrário "castigar sem lei" (**vide** Carlos Maximiliano, Hermenêutica e Aplicação do Direito, 12ª ed., Forense, 1992, nº 388, p. 323; TSE: AgR - RO 90.356/RS, rel. Min. Henrique Neves, ac. publicado em sessão de 22/10/2014; ED - REspe 30.240/PR, rel. Min. Henrique Neves, DJe - 42, 28/02/2014, p. 54; REspe 24.864/SP, rel. Min. Luiz Carlos Lopes Madeira, DJ, 28/10/2005, p. 136).

Como bem realça o ilustrado Djalma Pinto, por condutas vedadas devem-se entender as ações praticadas pelos agentes públicos "tipificadas na lei" (**in** Direito Eleitoral cit., cap. 11, item 9.1, p. 233).

Em sendo praticada a conduta proibida, "Caracteriza-se o *abuso de poder político* pela exploração da máquina administrativa ou de recursos estatais em proveito de candidatura, ainda que aparentemente haja benefício à população" (cf. José Jairo Gomes, Direito Eleitoral cit., cap. XX, nº 6.1, p. 599; grifou-se).

Decerto, "1. Consoante a jurisprudência do TSE, o abuso de poder político caracteriza-se quando determinado agente público, valendo-se de sua condição funcional, e em manifesto desvio de finalidade, compromete a igualdade da disputa eleitoral e a legitimidade do pleito em benefício de sua candidatura ou de terceiros" (cf. AgR - REspe 79.872/RJ, rel. Min. João Otávio de Noronha, DJe - 233, 11/10/2014, p. 25).

Vão se seguir mais anotações acerca das *condutas vedadas aos agentes públicos em campanhas eleitorais*, isto é, aquelas proibidas à pessoa natural (ou física) definida no § 1º do art. 73 da Lei das Eleições.

Consta do preceito acima: "Reputa-se agente público, para os efeitos deste artigo [73], quem exerce, ainda que transitoriamente ou sem remuneração, por eleição, nomeação, designação, contratação ou qualquer outra forma de investidura ou vínculo, mandato, cargo, emprego ou função nos órgãos ou entidades da Administração Pública direta, indireta ou fundacional" (LE, art. 73, § 1º). Cabe enfatizar, por oportuno, que os dirigentes de fundações estão corretamente inseridos entre os agentes públicos referidos no dispositivo em comento (cf. Lúcia Valle Figueiredo, Curso de Direito Administrativo, 9ª ed., Malheiros, 2008, cap. III, item 6, p. 149; Pedro Henrique Távora Niess,

Condutas Vedadas aos Agentes Públicos cits., cap. 3, p. 23, com inserção entre colchetes no texto original).

Como se verifica do dispositivo atrás, o legislador conceituou o *agente público* com significado bem mais abrangente que aquele atribuído pelo Direito Administrativo.

Basta ver-se o que diz Celso Antônio Bandeira de Mello: "Esta expressão – agentes públicos – é a mais ampla que se pode conceber para designar genérica e indistintamente os sujeitos que servem ao Poder Público com instrumentos expressivos de sua vontade ou ação, ainda quando o façam apenas ocasional ou episodicamente" (**in** Curso de Direito Administrativo cit., cap. V, item 1, p. 226).

No mesmo teor é o ensinamento de Maria Sylvia Zanella Di Pietro, definindo-os sinteticamente: "Agente público é toda pessoa física que presta serviços ao Estado e às pessoas jurídicas da Administração Indireta" (**in** Direito Administrativo, 19ª ed., Atlas, 2006, item 13.2, p. 499).

A expressão serve, portanto, para *gestores de negócios públicos, servidores públicos, particulares atuando* pelo Poder Público e quaisquer *administradores públicos*, enfim "quem quer desempenhe funções estatais, enquanto as exercita, é um agente público" (**v.** Bandeira de Mello, ob. cit., cap. V, item 4, p. 227).

Quem ocupa papel de relevo nessa proibição são os *agentes políticos*, que são integrantes da estrutura do Poder Público pela procedência política (= eleição ou livre nomeação) e não pela profissional (= concurso público), no entendimento da doutrina majoritária (p. ex., Bandeira de Mello, ob. cit., cap. V, item 5, p. 229; Di Pietro, ob. cit., item 13.2.1, págs. 500-1).

Reforça tal compreensão a circunstância da vedação em foco haver surgido com a EC nº 16/1997, que veio a permitir uma reeleição subsequente dos chefes do Poder Executivo, isto é, a reelegibidade ou recandidatura para tais cargos (CF, art. 14, § 5º).

O conceito de agente público, aliás, "é assemelhado ao estabelecido na Lei de Improbidade Administrativa, Lei nº 8.429/92, e a própria Lei das Eleições preceitua que as condutas enumeradas em seu art. 73 podem configurar, também, atos de improbidade administrativa e sujeitam-se às disposições daquele diploma legal, em especial as cominações previstas no art. 12, inciso III, aplicáveis aos agentes que atentam contra os princípios da moralidade, honestidade, imparcialidade e impessoalidade[1]" (cf. Marino Pazzaglini Filho,

Eleições Gerais de 2010, 1ª ed., Atlas, 2010, nº 14, p. 107 e nota n. 1). Esse mesmo autor, noutra obra, expõe que a sanção "de suspensão dos direitos políticos, decorrentes de condenação por ato de improbidade administrativa, é autônoma e imposta, no juízo cível estadual ou federal, na sentença que julgar procedente ação civil de probidade administrativa. Essa imposição dá-se, pois, na Justiça Comum, cabendo à Justiça Eleitoral somente o ato administrativo, quando ciente do trânsito em julgado da decisão e cancelamento da inscrição eleitoral do agente público que teve suspensos seus direitos políticos por improbidade. Cumpre ter presente que esta sanção só se efetiva com o trânsito em julgado da sentença e subsiste no prazo nela fixado. Decorrido o tempo estipulado de suspensão, readquire o administrador considerado ímprobo seus direitos políticos suspensos" (**in** Lei de Improbidade Administrativa Comentada, 5ª ed., Atlas, 2011, cap. IV, item 1.5, p. 141).

Como a pressa é inimiga da perfeição, os ilícitos definidos na Lei das Eleições (com as alterações e acréscimos de leis posteriores, especialmente as ns. 11.300/2006, 12.034/2009 e 13.165/2015) estão algo desordenados, uma vez que pertencem a duas categorias, as quais são as vedações de caráter *permanente* e *temporário*, isto é, estas que têm lugar tão somente no período de *campanha eleitoral*, como visto no início deste item 15.1.

Cabe ressaltar, igualmente, que o *agente político*, em sua própria *campanha eleitoral*, ou em seu benefício, é passível de algumas proibições. *Estando em campanha*, em princípio, o candidato não *pode comparecer a inaugurações de obras públicas* (comumente, cerimônias oficiais em que ocorrem pronunciamentos dos governantes e parlamentares ali presentes), bem como não *deve fazer uso* de veículos inerentes ao seu cargo eletivo (como transporte em carros de representação que, ainda, não podem estar acompanhados por outros destinados a acompanha-los).

No entanto, dependendo do cargo ocupado pelo *agente político*, quando em deslocamento, as referidas comitivas são, as mais das vezes, acompanhadas por *funcionários* encarregados da sua segurança pessoal (motoristas e policiais que seguem nos carros de escolta). Tais situações, no entanto, devem comportar alguns temperamentos, pela ausência de lesividade. A interpretação não deve se chocar com situações que, por sua insignificância, não violem a moralidade pública. Daí as soluções que vão se seguir no próximo capítulo.

15.2 – Do Objetivo do Sistema de Proibições

O propósito é de impedir tanto a *cessão* como o *uso* da *máquina administrativa*, bem como de *recursos públicos*, em proveito de candidaturas, ainda que haja benefício à população, com o fim de se manter a *igualdade de oportunidades* entre os *candidatos* nos *pleitos eleitorais* e coibir o emprego político da máquina administrativa estatal (CF, arts. 5º, **caput**, e 14, **caput**; LE, art. 73, **caput**). Assim, busca-se preservar a *neutralidade* dos *agentes públicos* em *campanhas eleitorais*.

Por outras palavras, "O cerne para a vedação de condutas a gestores públicos em campanhas eleitorais é impedir que a utilização da máquina pública possa desequilibrar o pleito em prol dos detentores de Poder Público. Infelizmente, ao longo de nossa história republicana, tem sido usada de forma contumaz, o que faz com que as condutas vedadas aos gestores adquiram maior importância" (cf. Carlos Mário da Silva Velloso e Walber de Moura Agra, Elementos de Direito Eleitoral cits., item 12, p. 281).

No mesmo teor, "A proibição objetiva preservar a igualdade na disputa, diante da predisposição histórica do emprego da função pública, pelo seu ocupante, em favor do candidato cuja vitória é almejada. A Administração Pública, porém, não tem partido nem candidato. À democracia interessa não apenas a alternância do poder, mas, igualmente, que a disputa para a conquista do mandato se dê com respeito à isonomia entre os candidatos, sendo asseguradas as mesmas oportunidades para todos os postulantes" (**vide** Djalma Pinto e Elke Braid Petersen, Comentários à Lei da Ficha Limpa cits., item 3.9.5, p. 136).

Veda-se, comumente, a difusão das obras que o postulante realizou, dos seus projetos futuros e das suas ideias acerca da forma que irá administrar, caso obtenha êxito no pleito, a fim de persuadir favoravelmente na formação da escolha a ser feita pelos eleitores, que irão votar em eleições próximas.

Decorre dos arts. 73 a 78 da Lei das Eleições, que as condutas descritas nos seus dispositivos têm a presunção de ofensa aos princípios da igualdade "para todos", os quais constam das cabeças dos citados arts. 5º e 14 da Carta da República, incluídos aí os candidatos que disputam a eleição e aqueles que, com o seu conhecimento, infringem tais normas relacionadas às campanhas eleitorais.

Tem-se por escopo, em síntese, a disputa eleitoral se dê com *paridade de armas* para todos os *postulantes* aos cargos públicos, bem como a *improbidade administrativa*.

Proíbe-se, igualmente, a violação dos "princípios de legalidade, impessoalidade moralidade, publicidade e eficiência" (ver CF, art. 37, **caput**; LE, art. 73, incs. I a VIII). Como já mencionado, o inc. VII do art. 73 da Lei das Eleições tem nova redação dada pelo art. 2º da Lei nº 13.165/2015.

Merecem lembrados Walber de Moura Agra e Francisco Queiroz Cavalcanti, no ponto seguinte: "A intenção de coibir algumas condutas é, de forma nítida, impedir que a máquina pública possa desequilibrar o pleito em prol dos detentores do Poder Público, principalmente quando se considera a posição do próprio agente estatal. Este tem como atividade do dia a dia o atendimento dos interesses da coletividade, estando, inexoravelmente, em evidência. Destarte, sem muito esforço, pode conquistar a simpatia dos que buscam o serviço público, já que goza de posição de destaque perante a sociedade.[170] Essa posição privilegiada pode ser superdimensionada caso a máquina governamental seja utilizada em prol de determinadas candidaturas. Infelizmente, ao longo da nossa história republicana, o poder público tem sido usado de forma contumaz, o que faz com que as condutas vedadas aos gestores adquiram maior importância[171]" (**in** Comentários à Nova Lei Eleitoral cits., art. 73, p. 110 e as notas já indicadas no texto).

Interpretando o art. 73 em questão, ainda afirma Olivar Coneglian: "O que o **caput** diz é que todas essas condutas tendem a afetar a igualdade de oportunidades entre os candidatos e por isso são proibidas" (**in** Lei das Eleições Comentada cit., nº 411, p. 334, **in fine**, sem grifo no texto original).

Segue no mesmo diapasão Joel José Cândido, esclarecendo que o capítulo (arts. 73 a 78 da LE) visa a tornar eficaz o princípio igualitário (arts. 5º, **caput**, e 14, **caput**, da CF; art. 73, **caput**, da LE), bem como a resguardar a probidade administrativa (art. 37, **caput**, da CF; arts. 9º a 11 da LIA) dos agentes públicos (art. 73, § 1º, da LE) durante o "exercício do mandato, a normalidade e a legitimidade das eleições" (**in** Direito Eleitoral Brasileiro cit., cap. XVI, item 16.14, p. 619).

Da lição supra não destoam Roberto Amaral e Sérgio Sérvulo da Cunha, que inclusive acrescentam: "Do ponto de vista do direito eleitoral, essa ilicitude ocorrerá sempre que a ação intervier no processo político-eleitoral, beneficiando partido, coligação ou candidato ou procurando influenciar a consciência eleitoral do cidadão, frustrando a legitimidade do voto como expressão livre da soberania popular" (**in** Manual das Eleições cit., parte I, págs. 502-3).

Em linhas gerais, para que haja conduta vedada é necessário o abuso de poder. "Conforme lição clássica, trata-se do mau uso do poder detido pelo agente público, que desborda do que é comum e da normalidade" (cf. José Jairo Gomes, Direito Eleitoral cit., cap. XX, nº 6.1, p. 599).

Justamente por isso, "Não há abuso de poder no fato de o candidato à reeleição apresentar, na sua propaganda eleitoral, as realizações de seu governo, já que esta ferramenta é inerente ao próprio debate desenvolvido na referida propaganda" (TSE: RCED 698/TO, rel. Min. Felix Fischer, DJe – 152, 12/08/2009, p. 28; Rp 1.098/DF, rel. Min. César Asfor Rocha, DJ, 20/04/2007, p. 223).

Para um exame percuciente acerca da configuração de conduta vedada, vale transcrever quase toda a ementa dum aresto que, embora longa, possui teor bem elucidativo, **ipsis litteris**: "1. A jurisprudência do TSE considera que a configuração da prática de conduta vedada independe de sua potencialidade lesiva para influenciar o resultado do pleito, bastando a mera ocorrência dos atos proibidos para atrair as sanções da lei. Precedentes: REspe 21.151/PR, rel. Min. Fernando Neves, DJ, 27/06/2003; REspe 24.739/SP, rel. Min. Peçanha Martins, DJ, 28/10/2004; REspe 21.151/PR, rel. Min. Fernando Neves, DJ, 27/06/2003; REspe 26.908, desta relatoria, DJ, 12/02/2007. 2. O juízo de proporcionalidade incide apenas no momento da fixação da pena. Precedentes: AgR – REspe 25.358/CE, desta relatoria, DJ, 08/08/2006; REspe 26.905/RO, rel. Min. Gerardo Grossi, DJ, 19/12/2006; REspe 26.908/RO, desta relatoria, DJ, 12/02/2007 (**vide** TSE, REspe 27.737/PI, rel. Min. José Augusto Delgado, DJ, 01/02/2008, p. 37).

Em acórdão análogo, a referida Alta Corte Eleitoral voltou a decidir da mesma forma, trazendo à colação, igualmente, outros julgados (ver REspe 27.896/SP, rel. Min. Felix Fischer, DJe, 18/11/2009, p. 43). De outra feita, o órgão julgador aludido novamente externou entendimento igual (AgR – AI 11.207/MG, rel. Min. Arnaldo Versiani, DJe – 030, 11/02/2010, p. 16).

Escólio que expôs a questão de maneira um pouco diversa, porém decidiu de forma igual, considerou desnecessária a demonstração de que haja comprometimento concreto da igualdade na disputa, quando "só a prática da conduta vedada estabelece presunção objetiva de desigualdade", isto é, aqui não cabe indagar sobre as suas potencialidades, nos termos do art. 73, **caput**, da Lei das Eleições (TSE, REspe 24.862/ RS, rel. Min. Luiz Carlos Lopes Madeira, DJ, 16/09/2005, p. 36).

No mesmo teor, com mais minudência: "necessidade de exame das condutas vedadas previstas neste artigo em dois momentos - ao verificar se o fato se enquadra nas hipóteses previstas, quando descabe indagar sobre a potencialidade dos fatos e, se afirmativo, ao determinar a sanção a ser aplicada de acordo com os princípios da razoabilidade e proporcionalidade" (cf. TSE, Rp 295.986/DF, rel. Min. Henrique Neves, DJe - 220, 17/11/2010, p. 15).

Acentue-se, com a obra de José Jairo Gomes, a interpretação do art. 73, inc. I, da Lei das Eleições que segue: "Já no julgamento do REspe 16.122/SP (DJ, 11/02/2000, p. 56) o mesmo Tribunal Superior Eleitoral assentou a ocorrência de conduta vedada por parte de Ministro de Estado que viajou para comparecer a solenidades oficiais, tendo aproveitado a viagem para também participar de reunião promovida por partido político a que se encontrava filiado. Assim, não pode haver aproveitamento da viagem. O princípio acolhido é altamente significativo no campo da moral administrativa. Fosse permitido o aproveitamento de viagem, com compromissos oficiais, poderiam passar a constituir mero subterfúgio, em evidente desvirtuamento da ação administrativa e dos princípios que a regem" (**in** Direito Eleitoral cit., cap. XX, item 6.1, p. 606).

Tal interpretação, contudo, pode ser diversa, exigindo-se que o evento tido como proibido apresente "capacidade concreta para comprometer a igualdade do pleito" (TSE: AgR - REspe 25.758/SP, rel. Min. Cezar Peluso, DJ, 11/04/2007, p. 199; no mesmo teor, RO 1.516/ SP, rel. Min. Marcelo Ribeiro, DJe, 01/06/2009, p. 25; AgR - REspe 25.969/MT, rel. Min. Joaquim Barbosa, DJe, 18/09/2007, p. 13; AgR - AI 12.229/SC, rel. Min. Aldir Passarinho Júnior, DJe, 07/10/2010, p. 18). Neste caso a potencialidade do ato é sempre avaliada pelo seu exame sob a ótica da conjuntura em que foi praticado, denotando capacidade de dano à legitimidade do pleito.

Sucede, porém, que a jurisprudência sobredita, provinda de precedentes anteriores à edição Lei da Ficha Limpa (LC nº 135, de 04/06/2010), tem valor muito reduzido atualmente, servindo apenas para mostrar a evolução desse instituto ou conjunto de normas jurídicas.

Mas, por outro lado, não é necessário que a conduta vedada tenha se iniciado no prazo dos três meses destinados à campanha eleitoral (**v.** TSE, REspe 93.887/TO, rel. Min. Arnaldo Versiani, DJe,

16/09/2011, p. 36). Certamente, basta que inicie antes e tenha continuidade no período vedado, ou seja, "a permanência da publicidade institucional nos três meses que antecedem o pleito" (TSE, AgR - REspe 35.095/SP, rel. Min. Fernando Gonçalves, DJe, 14/04/2010, p. 52; em caso análogo, TSE, REspe 21.536/ES, rel. Min. Fernando Neves, DJ, 13/08/2004, p. 403).

Releva notar, neste passo, que "o ressarcimento das despesas não descaracteriza as condutas vedadas pelo art. 73 da Lei nº 9.504/1997" (TSE, REspe 25.770/RS, rel. Min. Cezar Peluso, ac. publ. em sessão de 21/03/2007). Sem dúvida, tal ressarcimento corresponde tão somente à sanção civil pelo ilícito (CC, art. 927, **caput**).

Além do mais, a existência das condutas vedadas referidas no art. 73, incs. I a VIII, da LE "não implica, necessariamente, a cassação do registro ou diploma, devendo a pena ser proporcional à gravidade do ilícito", nos termos do § 4º do referido art. 73 (TSE: AgR - AI 11.352/MA, rel. Min. Marcelo Ribeiro, DJe, 02/12/2009, p. 45, grifou-se; igualmente, AgR - REspe 53.175/PR, rel. Min. João Otávio de Noronha, DJe - 104, 05/06/2014, p. 54).

De feito, atualmente, na Corte Superior adota-se a opção de não cassar o registro ou o diploma do candidato (§ 5º) quando, na aplicação da multa (§ 4º), seguiu-se a proporcionalidade à infração da norma proibitiva (cf., p. ex., REspe 25.126/SP, rel. Min. Humberto Gomes de Barros, DJ, 17/03/2006, p. 144; REspe 26.905/RO, rel. Min. Gerardo Grossi, DJ, 19/12/2006, p. 225; AgR - REspe 26.060/DF, rel. Min. Cezar Peluso, DJ, 12/02/2008, p. 9; REspe 25.358/CE, rel. Min. José Augusto Delgado, DJ, 08/08/2006, p. 118; REspe 35.739/RN, rel. Min. Marcelo Ribeiro, DJe - 35, 18/02/2011, p. 18; AgR - REspe 95.304/RJ, rel. Min. João Otávio de Noronha, DJe - 37, 25/02/2015, p. 52; REspe 33.645/SC, rel. Min. Gilmar Mendes, DJe - 73, 17/04/2015, p. 92).

Ressalte-se, por oportuno, a questão de se lançar mão do princípio fundamental da proporcionalidade que, em certos casos, permite ao aplicador do direito ir até um certo ponto na sua tarefa de interpretar o ordenamento jurídico, propiciando-lhe buscar a solução justa para conciliar os interesses envolvidos na demanda (CF, art. 3º, inc. I, como meta fundamental).

Discorrendo sobre *a colisão de direitos fundamentais*, o conspícuo Gilmar Ferreira Mendes esclarece que "Fala-se em colisão entre direitos fundamentais quando se identifica conflito decorrente do exercício de direitos individuais por diferentes titulares. A colisão pode decorrer, igualmente, de conflito entre direitos individuais do titular e bens jurídicos da comunidade[156]. Assinale-se que a ideia de conflito ou de colisão de direitos individuais comporta temperamentos. É que nem tudo que se pratica no suposto exercício de determinado direito encontra abrigo no seu âmbito de proteção" (**in** Curso de Direito Constitucional, cap. 5, II, item 3.5.1, p. 375, nota n. 156, sem grifo no texto original). Esse eminente doutrinador, na condição de magistrado, chegou a aplicar o princípio da proporcionalidade na sanção a ser imposta em conduta vedada ao agente público (cf. TSE, REspe 33.645/SC, DJe - 53, 17/04/2015, p. 45).

Na esteira dos precedentes pretorianos trazidos à colação, esse *princípio fundamental* de inteiração do Estado democrático de direito tem aplicação na escolha da *sanção proporcional* ao ilícito, quer na forma *qualitativa*, quer na *quantitativa*.

Importa lembrar, outrossim, que o simples uso de veículo da administração, em benefício do candidato (art. 73, inc. I), sujeita o agente apenas à pena de multa (art. 73, § 4º), não configurando crime eleitoral (cf. TSE, REspe 16.239/AM, rel. Min. Jacy Garcia Vieira, DJ, 15/09/2000, p. 213).

Por fim, no que toca ao procedimento judicial, "o agente público responsável pela prática da conduta vedada é litisconsorte passivo necessário em representação proposta contra os eventuais beneficiários e deve ser citado, até a data da diplomação, sob pena de extinção do processo" (cf. TSE, RO 169.677/RR, rel. Min. Arnaldo Versiani, DJe - 26, 06/02/2012, p. 29, sem grifos no original).

15.3 – Da Aplicabilidade das Sanções às Condutas Vedadas e da Inexistência de Inconstitucionalidade da Cassação ou Cancelamento do Registro ou do Diploma

Descumpridas as normas jurídicas atinentes às condutas vedadas aos agentes públicos em campanhas eleitorais (LE, arts. 73 a 77), além dos meios de coerção previstos para *obstar a sua continuidade* (LE, art. 73, § 4º, 1ª parte), os gestores mencionados e os candidatos favorecidos (ambos podem ser a mesma pessoa natural) estarão incursos nas penas de multa, com valor em UFIR, cassação de registro da candidatura ou do diploma conferido ao eleito (LE, arts. 73, §§ 4º e 5º, 75, par. único, e 77, par. único) e à incidência de inelegibilidade (art. 14, § 9º, da CF c.c. art. 1º, inc. I, alínea *j*, da LI e ainda art. 74 da LE).

Cabe enfatizar, por necessário, que as *condutas vedadas* não ocorrem tão somente *na propaganda eleitoral*, mas também *na cap-*

tação de sufrágio vedada pela Lei das Eleições, quando, para a sua caracterização, basta a evidência do dolo, consistente no especial fim de agir (LE, art. 41-A, **caput** e seu § 1º).

Ainda há mais. São *condutas vedadas* também aquelas praticadas em desacordo com as *normas para a arrecadação e gastos de recursos* (LE, art. 30-A, § 1º).

Essas duas condutas configuram, igualmente, atos ilícitos administrativos eleitorais ou extrapenais.

Merece destaque a questão da *corrupção eleitoral*, que é *fato incriminado* pelo Código Eleitoral (art. 299), a ser apurado em ação penal pública (art. 355), com aplicação subsidiária ou supletiva do Código de Processo Penal (CE, art. 364). A consequência da inelegibilidade decorre de haver declaração de que o agente foi dado como incurso na sanção penal (art. 14, § 9º, da CF c.c. art. 1º, inc. I, alínea *j*, da LI). Aliás, a Lei de Inelegibilidade prevê tal consequência em outro dispositivo (art. 1º, inc. I, alínea *e*, item 4). Esta alínea *e* prevê a inelegibilidade "desde a condenação até o transcurso de 8 anos após o cumprimento da pena", enquanto a alínea *j* estabelece igualmente o prazo de 8 anos, porém "a contar da eleição". Como o prazo desta segunda sanção foi estabelecido pelo art. 2º da Lei Complementar nº 135/2010, mais recente, impõe-se a revogação da primeira (LINDB, art. 2º, § 1º).

Ressalte-se, em acréscimo ao sobredito, que "A alínea *j* trata especificamente dos ilícitos tipicamente eleitorais: corrupção eleitoral, captação ilícita de sufrágio, captação ou gastos ilícitos de recursos de campanha e condutas vedadas aos agentes públicos, desde que tenham implicado na cassação de registro ou do diploma. É dizer, a inelegibilidade de oito anos é efeito anexo da decisão colegiada, ou trânsita em julgado, que tenha declarado a ocorrência de um desses ilícitos eleitorais e, como sanção, tenha determinado a cassação do registro ou diploma. Se esses fatos ilícitos forem reconhecidos por decisão judicial, porém tendo como sanção a aplicação de multa, não há a anexação da inelegibilidade cominada e potenciada por oito anos" (cf. Adriano Soares da Costa, Instituições de Direito Eleitoral cits., vol. 1, cap. 4, § 3º, item 3.3.3, p. 213, sem grifo no original). Prosseguindo em sua obra erudita, o autor também explica a diferença "entre a sanção de inelegibilidade e a sanção de cassação de registro de candidatura" (ver cap. 6, § 4º, págs. 261-6).

Daí se conclui que a prática de conduta vedada ao agente público em campanha eleitoral acarretará punições que, além da multa, podem consistir na "cassação" do registro da candidatura ou do diploma outorgado ao eleito; emprega-se no texto legal, ademais, o vocábulo "cancelamento", como sinônimo dessa sanção (LE, arts. 73, § 5º, 74, 75, par. único, e 77, par. único).

Essas penalidades, que são denominadas "cassação" ou "cancelamento", significam declarar-se judicialmente a "extinção" do direito que deu origem ao registro ou diploma do infrator - agente público ou não -, isto é, o "desfazimento" dos referidos atos editados pela Justiça Eleitoral. O termo "extinção" pode, aqui, ser empregado no sentido amplo, indicando "fim" do direito, por alguma causa que lhe provoque tal efeito.

Convém lembrar, no entanto, que, antes da vigência da chamada Lei da Ficha Limpa (LC nº 135/2010), os arts. 73, § 5º, 74, 75, par. único, e 77, par. único, da Lei das Eleições, foram *acoimados de inconstitucionais* - por vulnerarem o disposto no art. 14, § 9º, da CF -, mas tiveram a sua *validade e eficácia* declaradas em decisão judicial do maior grau (cf. STF, Pleno, ADI 3.305/DF, rel. Min. Eros Grau, DJ, 24/11/2006, p. 60). De outra feita, assentou-se que "O § 5º do art. 73 da Lei nº 9.504/1997, não contém hipótese de inelegibilidade", afastando, assim, a possibilidade de ocorrer a inconstitucionalidade do dispositivo legal (TSE: REspe 25.117/SC, rel. Min. Luiz Carlos Lopes Madeira, DJ, 16/09/2005, p. 173; REspe 25.745/SP, rel. Min. Carlos Ayres Britto, DJ, 08/08/2007, p. 230).

Atualmente, segundo a palavra sempre abalizada de José Jairo Gomes, "a consequência natural da realização dos ilícitos assinalados é a responsabilização do agente ou beneficiário com a imposição de penalidade. As sanções foram prescritas nos §§ 4º e 10 do art. 73, bem como nos artigos 74, 75, parágrafo único, e 77, parágrafo único, todos da Lei nº 9.504/1997. Há também a inelegibilidade prevista no artigo 1º, I, *j*, da LC nº 64/90, que incide de maneira reflexa e secundária. Além disso, sendo necessário, pode-se determinar a imediata suspensão da conduta vedada" (**in** Direito Eleitoral cit., cap. XX, item 6.1, p. 623).

Por igual afirmam Djalma Pinto e Elke Braid Petersen: "A revisão de *inelegibilidade* por oito anos, a contar da eleição, para o ocupante de função pública que pratica ação descrita como conduta vedada, bem como para o candidato favorecido, foi uma inovação trazida pele Lei Complementar nº 145/2010 (art. 1º, inc. I, alínea *j*). Até então, a sanção se restringia ao pagamento de multa... paralisação imediata da conduta e cassação do registro ou diploma do beneficiário.

Mantinha-se, porém, elegível o agente público condenado por essa ilicitude antes da referida lei complementar" (**in** Comentários à Lei da Ficha Limpa cits., item 3.9.5, p. 137).

Na linha do mesmo entendimento vem decidindo, de forma reiterada, a Alta Corte Eleitoral (cf., p. ex., RO 459.910/PB, rel. Min. Aldir Passarinho Júnior, ac. publ. em sessão de 21/10/2010; REspe 245/PI, relª Minª Nancy Andrighi, DJe - 111, 14/06/2013, p. 57; RO 688.632/RJ, relª Minª Maria Thereza de Assis Moura, DJe - 188, 07/10/2014, p. 45; REspe 69.541/GO, rel. Min. Gilmar Mendes, DJe - 120, 26/06/2015, p. 246).

Cabe enfatizar, por derradeiro, que na aplicação da multa se deve considerar o princípio da proporcionalidade (a gravidade do próprio fato), como proclama a jurisprudência dominante (TSE: AgR - RO 505.393/AM, rel. Min. Dias Toffoli, DJe - 9, 12/06/2013, p. 62; REspe 783.205/RJ, rel. Min. João Otávio de Noronha, DJe - 144, 06/08/2014, p. 85).

15.4 – Da Normatividade Pertinente às Hipóteses em Foco

A Lei das Eleições, no **caput** do art. 73, dispõe que "São proibidas aos agentes públicos, servidores ou não, as seguintes condutas, tendentes a afetar a igualdade de oportunidades entre candidatos nos pleitos eleitorais".

A valer, na esteira da jurisprudência, "1. Segundo o art. 73, §§ 5º e 8º, da Lei nº 9.504/97, os candidatos podem ser punidos por conduta vedada, praticada por terceiros, em seu benefício e, portanto, são partes legítimas para figurar no polo passivo da correspondente representação (RO 643.257/SP, relª Minª Nancy Andrighi, DJe, 02/05/2012)". Confronte-se com o aresto do TSE, AgR - AI 49.659/PR, relª Minª Luciana Lóssio, **in** DJe - 173, 16/09/2014, p. 127.

Daí a conclusão de que pode ser sujeito ativo do ilícito o servidor público (= administrador, gestor ou agente), quer como autor, quer como partícipe, ainda que não seja ele um candidato, bastando que tenha favorecido um dos aspirantes ao cargo em disputa, o qual também irá figurar no polo passivo da relação jurídica processual.

Com efeito, esclarece Armando Antônio Sobreiro Neto que "O dispositivo visa a evitar o uso da máquina administrativa como meio de desequilíbrio da igualdade na disputa eleitoral, fazendo-o mediante previsão de condutas que, uma vez materializadas, poderão ser investigadas e punidas, tanto em relação aos agentes públicos quanto em relação a partidos, coligações e candidatos, sem prejuízo da caracterização de improbidade administrativa e correspondentes sanções" (**in** Direito Eleitoral - Teoria e Prática cit., cap. XIV, item 9, págs. 224-5).

Em caso de conduta vedada e de abuso do poder político, ante a coautoria, a identidade de desígnios e a unidade de benefícios recíprocos, admitiu-se a "titularidade coletiva" diante do liame de conduta vedada (TSE, AgR - REspe 872.331.566/RO, relª Minª Luciana Lóssio, DJe - 116, 25/06/2014, p. 62).

Em caso análogo, decidiu-se que "7. O não enquadramento do procedimento de Tratamento Fora do Domicílio como conduta vedada não impede que os fatos registrados no acórdão regional sejam examinados sob o ângulo do abuso de poder, especialmente porque esse tipo de irregularidade pode ocorrer em relação a qualquer serviço prestado pelo estado quando a sua finalidade maior é desviada. 8. No caso dos autos, o Tribunal Regional assentou que houve desvirtuamento quanto à entrega dos cheques alusivos ao Tratamento Fora de Domicílio (TFD) a elevado número de eleitores, com descumprimento de exigências relativas à ajuda de custo, o que ocorreu em pleno ano eleitoral (desde março de 2012). A prática, segundo o acórdão regional, teria ocasionado indevida influência no pleito, haja vista sua natureza pecuniária e a quantidade de cheques emitidos... Ação cautelar julgada improcedente, com a revogação da liminar, ficando prejudicado o agravo regimental nela interposto" (TSE, AC 8.385/MG, rel. Min. Henrique Neves, DJe - 230, 04/12/2015, p. 144).

15.5 – Da Cessão e do Uso de Bens da Administração Pública

A primeira conduta proibida é a seguinte: "Art. 73. I - ceder ou usar, em benefício de candidato, partido político ou coligação, bens móveis ou imóveis pertencentes à administração direta ou indireta da União, dos Estados, do Distrito Federal, dos Territórios e dos Municípios, ressalvada a realização de convenção partidária".

Com efeito, como os "bens móveis ou imóveis pertencentes à administração direta ou indireta da União, dos Estados, do Distrito Federal e dos Municípios" (inc. I do art. 73 da LE) devem atender às necessidades do povo em geral, descabe a sua utilização em benefício de qualquer partido político, coligação ou candidato. A este último aplica-se a probição, mesmo antes do registro da sua candidatura, desde que ela venha a ser concretizada posteriormente, ou seja, quando os partidos e coligações solicitarem tal registro (art. 11 da LE com a nova redação dada pelo art. 2º da Lei nº 13.165/2015).

Os bens incluídos neste dispositivo são aqueles de domínio nacional, isto é, aqueles pertencentes às pessoas jurídicas de direito público interno (CF, arts. 20, I a XI, 26, I a IV, e 176, **caput**; CC, arts. 98 e 99, inc. II).

Ao final do preceito, consta ressalva atinente à convenção partidária também prevista no art. 8º, § 2º, da Lei das Eleições.

E mais, há outras ressalvas no arts. 73, inc. II e § 2º e 76, § 1º, do mesmo diploma legal.

Vale frisar, desde logo, que a proibição acima tem *caráter permanente*, ou seja, até *fora do período* de campanha eleitoral. De fato, "3. Para a incidência do inc. I do art. 73 da Lei nº 9.504/97, não se faz necessária que a conduta tenha ocorrido durante os três meses que antecedem ao pleito" (cf. TSE, REspe 93.887/TO, rel. Min. Arnaldo Versiani, DJe, 16/09/2011, p. 36).

Aliás, a sua prática está também prevista por outros dispositivos legais (LE, art. 24, incs. II e III; LPP, art. 31, incs. II e III; CE, art. 377), abrangendo todas as circunscrições eleitorais (CE, arts. 86 e 88).

Cuida-se, aqui, da cessão temporária e gratuita da coisa que o administrador tem a disponibilidade, em benefício do usuário (candidato, partido ou coligação), o qual desfrutará do bem público (móvel ou imóvel) com finalidade eleitoral. A utilização específica é proibida porquanto, à evidência, os bens públicos são destinados a atender às necessidades da coletividade. O descumprimento do preceito acarretará a suspensão imediata da prática irregular, quando for caso, e multa a ser graduada judicialmente (LE, art. 73, § 4º), podendo levar ainda à cassação do registro ou do diploma (**idem**, § 5º).

Note-se, de início, que a norma do inc. I do art. 73 da Lei das Eleições está relacionada com aquela do § 1º do art. 37 da Constituição Federal, bem como as do **caput** e do inc. XVI do art. 22 da Lei de Inelegibilidade. Agindo em desconformidade com esses preceitos, o agente público e o pretendente ao cargo eletivo – ambos poderão constituir-se na mesma pessoa – bem como os seus correligionários estarão cometendo abuso de poder político, pela cessão ou uso da máquina administrativa estatal, ou ainda bens públicos, em proveito de candidatura, partido político ou coligação. Com tal abuso do poder político, também se obterão maiores recursos para a campanha eleitoral, infringindo as normas sobre a sua arrecadação (LE, arts. 17 a

32; CE, art. 241) e, ainda, pelo uso de bem público em sentido amplo, pratica-se ato de improbidade administrativa (LIA, art. 9º, inc. XII).

Já o abuso de poder econômico não tem relação com o agente público, mas tão somente com o próprio candidato ou seus apoiadores, quaisquer que sejam estes terceiros, por usarem de recursos financeiros, ou receberem doações diversas, de forma exorbitante, desequilibrando a igualdade dos participantes na campanha eleitoral.

Todavia, os bens não precisam pertencer às pessoas de direito público interno (CF, arts. 20, I a XI, e 26, I a IV; CC, arts. 98, 99, II e III, e 41, I a V; LE, art. 37, **caput**, 2ª fig.), bastando que tenham a posse deles ou que eles estejam a seu uso, tanto a título oneroso como gratuito. Enfim, não é prejudicado apenas o erário público, mas também os contendores do certame eleitoral.

Como se verifica do texto legal, o inc. I do art. 73 da LE cuida do *uso*, em prol do candidato, partido político ou coligação, *de bens móveis e imóveis* (p. ex., carros oficiais, ferros para armação de palanques, grades móveis de contenção da plateia em comícios ou reuniões populares, copiadoras de textos em papel contendo propaganda eleitoral, inclusive com uso de papel timbrado do órgão público, linhas telefônicas instaladas nas repartições, sítios oficiais na internet, ginásios de esportes, salas de aula, auditórios, prédios para a prestação de serviços à população etc.) *pertencentes à administração*, bem como *aqueles indicados* no **caput** do art. 37 da referida Lei das Eleições.

Definindo quais são os bens *pertencentes* à Administração Pública, aduz Pedro Henrique Távora Niess que "Ceder ou utilizar bens sob a responsabilidade da administração direta ou indireta (ainda que não lhe pertençam, como aqueles dos quais é depositária ou locatária) não é permitido, seja a título gratuito ou oneroso, se destinado a favorecer candidato, partido ou coligação.[2] Em outras palavras, se o ato decorre da autorização e observância das formalidades legais ou regulamentares aplicáveis à espécie, a vedação não persiste, porque à disposição de qualquer interessado, preenchidos os requisitos devidos. De outro lado, se a cessão, ainda que irregular sob o ponto de vista administrativo, provoca a repartição do benefício igualmente entre todos os candidatos ao mesmo cargo, o prejuízo eleitoral não existe, porque nenhum deles terá sido favorecido em detrimento dos demais, subsista embora a infração para outros fins. E se possível a cedência tanto sem pagamento como mediante paga, o critério há de ser um só para todos que a desejarem, ou o pleito restará maculado. As mesmas restrições comportam o uso do bem pelo próprio agente" (**in** Condutas Vedadas aos Agentes Públicos em Campanhas Eleitorais cits., parte I, cap. 6, item 1, págs. 31-2).

"Essa utilização pode ser em maior ou menor grau, seja para guardar material de propaganda, seja para servir como comitê eleitoral. Proíbe-se qualquer um desses atos, mesmo que seja de forma transitória.[278] Os bens móveis e imóveis alugados pela administração pública igualmente se encontram impedidos de ser, de alguma forma, utilizados em pleitos políticos. O núcleo basilar dessa proibição consiste no uso; se houver dano pode-se configurar outra conduta" (cf. Carlos Mário da Silva Velloso e Walber de Moura Agra, Elementos de Direito Eleitoral cits., item 12.1, p. 282 e nota n. 278).

Esclarecedor julgado anota que "A vedação a que se refere o inciso I do art. 73 da Lei nº 9.504/97 não diz, apenas, com as coisas móveis ou imóveis, como veículos, casas e repartições públicas. A interdição está relacionada ao uso e à cessão de todos os bens patrimoniais indisponíveis ou disponíveis – bens do patrimônio administrativo – os quais, 'pelo estabelecimento da dominialidade pública', estão submetidos à relação de administração – direta e indireta da União, estados, Distrito Federal, territórios e municípios. Para evitar a desigualdade, veda-se a cessão e o uso dos bens do patrimônio público, cuja finalidade de utilização, por sua natureza, é dada pela impessoalidade" (cf. TSE, REspe 21.120/ES, rel. Min. Luiz Carlos Lopes Madeira, DJ, 17/10/2003, p. 132).

E há mais, "2 A. cessão ou uso de bens móveis ou imóveis, ainda que dissociada de sua finalidade específica, pode configurar a conduta vedada no inc. I do art. 73 da Lei nº 9.504/97, se comprovada a utilização em benefício de candidato, partido ou coligação". No caso em questão, um automotor pertencente à administração pública foi empregado no transporte de pessoas (cf. TSE, REspe 93.887/TO, rel. Min. Arnaldo Versiani, DJe, 16/09/2011, p. 36).

Note-se, outrossim, que relativamente ao inc. I do art. 73 da Lei das Eleições, o benefício obtido deverá ser concreto, na esteira dos precedentes retro apontados. Vale dizer, a mera possibilidade de se beneficiar ou se obter benefício indireto não caracteriza na proibição em foco. O benefício, realmente, deverá ser claro, em prejuízo dos demais postulantes no certame, afetando a igualdade entre esses envolvidos na disputa, como já foi decidido mais de uma vez (TSE: AgR – REspe 25.758/SP, rel. Min. Cezar Peluso, DJ, 11/04/2007, p. 199; AgR – REspe 25.851/SP, rel. Min. Cezar Peluso, DJ, 07/12/2007, p. 214; RO 1.516/SP, rel. Min. Marcelo Ribeiro, DJ, 01/06/2009, p.

25). Dessa lição não destoam obras abonadas (**verbi gratia**, José Jairo Gomes, Direito Eleitoral cit., cap. XX, nº 6.1, pp. 602-3; Marcos Ramayana, Direito Eleitoral cit., nº 15.6, p. 465; Joel José Cândido, Direito Eleitoral Brasileiro cit., nº 16.14, p. 619).

Vê-se, portanto, que não configura conduta vedada quando o agente público, em campanha eleitoral, usa de imagens de veículos e servidores na campanha eleitoral. "Não há confundir a cessão ou o uso real de bens, serviços ou servidores públicos, que é o que a lei eleitoral veda, com a gravação de imagens de bens públicos e servidores no exercício de suas funções. As filmagens, feitas por particulares, com equipamentos e recursos privados, e o posterior uso das cenas gravadas por quaisquer candidatos partidos ou coligações, não caracterizam abuso ou desvio de finalidade de modo a atrair a punição do art. 73 da Lei das Eleições" (TRE-SP, Ag – Rp 13.243, Ac 144.187, rel. Juiz Décio Notarangeli, ac. publ. em sessão de 15/10/2002).

Segue tal entendimento um acórdão que, ao interpretar a norma do inc. I do art. 73 da LE, proclama: o uso de veículo da polícia, em caráter eventual, é conduta atípica. Precisa ser caso evidente e intencional (cf. TSE, REspe 18.900/SP, rel. Min. Fernando Neves, DJ, 29/06/2001, p. 211, grifou-se).

Igualmente, não fere o dispositivo do inc. I do art. 73 da LE o senador "que se utiliza do carro oficial para ir ao estúdio de gravação de propaganda eleitoral de candidato". Aqui, o emprego desse transporte não trouxe benefício ao candidato (**v.** TSE, R – Rp 94/DF, rel. Min. Fernando Neves, ac. publ. em sessão de 02/09/1998).

Demais disso, a vedação do uso de bem público, em benefício de candidato, não abrange aquele de uso comum, como o Memorial JK, estádio de futebol etc., segundo a inteligência do inciso I do art. 73 da Lei das Eleições (ver TSE: Rp 160.839/DF, rel. Min. Admar Gonzaga Neto, DJe – 25, 05/02/2015, p. 165; REspe 25.377/GO, rel. Min. Cezar Peluso, DJ, 23/08/2006, p. 109; AI 4.46/MS, rel. Min. Luiz Carlos Madeira, DJ, 16/09/2005, p. 171; AgR – AI 12.229/SC, rel. Min. Aldir Passarinho Júnior, DJe, 10/07/2010, p. 18; REspe 24.865/SP, rel. Min. Caputo Bastos, ac. publ. em sessão de 09/11/2004).

Por outro lado, o discurso de agente público que manifeste preferência por certa candidatura, durante inauguração de obra pública, não caracteriza uso ou cessão do imóvel público em benefício do candidato em questão (**in** TSE, AgR – REspe 401.727/SP, relª Minª Nancy Andrighi, DJe, 18/08/2011, p. 31).

Ainda nos casos do inc. I do art. 73 da Lei das Eleições, não é necessária a demonstração do concreto comprometimento na igualdade do pleito, quando a "só prática da conduta vedada estabelece presunção objetiva de desigualdade" (TSE, REspe 24.862/RS, rel. Min. Humberto Gomes de Barros, DJ, 16/09/2005, p. 172; no mesmo sentido TSE, REspe 93.887/TO, rel. Min. Arnaldo Versiani, DJe - 16/09/2011, p. 36). De forma análoga, decidiu-se: quando os fatos ocorridos são "tendentes a afetar a igualdade de oportunidades entre candidatos nos pleitos eleitorais, não cabe indagar sobre as suas potencialidades" (TSE, Rp 295.986/DF, rel. Min. Henrique Neves, DJe - 17/11/2010, p. 15).

De outra feita, proclamou-se que "o ressarcimento das despesas não descaracteriza as condições vedadas pelo art. 73 da Lei nº 9.504/1997" (cf. TSE, AgR - REspe 25.770/RS, rel. Min. Cezar Peluso, acórdão publicado em sessão de 21/03/2007).

Caracteriza conduta vedada, igualmente, a utilização de veículos que se encontram a serviço de Prefeitura Municipal para ostentar propaganda de candidato, nos termos do inc. I do art. 73 da Lei das Eleições (cf. TSE, REspe 35.702/SP, rel. Min. Marcelo Ribeiro, DJe, 10/05/2010, p. 30). Até no caso de Ministro de Estado que use o transporte público para solenidade oficial, mas aproveita a viagem para participar de reunião de partido político, incide a proibição aludida (TSE, REspe 16.122/SP, rel. Min. Maurício Corrêa, DJ, 11/02/2000, p. 56).

Conduta vedada é configurada, **verbi gratia**: a) com o envio de mensagens eletrônicas, de conteúdo eleitoral, pela intranet de Prefeitura Municipal (cf. TSE, REspe 21.151/PR, rel. Min. Fernando Neves, DJ, 27/06/2003, p. 124); b) com a utilização de máquina reprográfica da municipalidade para copiar material de propaganda eleitoral (TSE, AgR - AI 5.694/SP, rel. Min. Caputo Bastos, DJe, 30/09/2005, p. 124); c) com o emprego de estrutura de metal para erguer palanques (TSE, AgR - REspe 25.145/SC, rel. Min. Luiz Carlos Madeira, DJe, 04/11/2005, p. 106); d) com o uso de escola pública para fim político (TSE, AgR - REspe 25.070/CE, rel. Min. Luiz Carlos Madeira, DJe, 26/08/2005, p. 176).

Efetivamente, a potencialidade do ato é sempre avaliada pelo seu exame sob a ótica da conjuntura em que foi praticado, denotando capacidade de dano à legitimidade do certame eleitoral (**v.** TSE, Rp 295.986/DF, rel. Min. Henrique Neves, DJe - 220, 17/11/2010, p. 15).

Importa destacar, por outro lado, que "o agente público responsável pela prática da conduta vedada é litisconsorte passivo necessário em representação proposta contra os eventuais beneficiários e deve ser citado até a data da diplomação sob pena de extinção do processo" (cf. TSE, RO 169.677/RR, rel. Min. Arnaldo Versiani, DJe - 26, 06/02/2012, p. 29).

15.6 – Do Uso de Materiais e de Serviços Custeados pelo Governo e Casas Legislativas

A conduta proibida em sequência se refere a "Art. 73. II – usar materiais ou serviços custeados pelos Governos ou Casas Legislativas, que excedam as prerrogativas consignadas nos regimentos e normas que integram". Assim sendo, configura norma proibitiva em branco, porque depende das normas administrativas próprias ou regimentos internos.

Sendo assim, a proibição contida no inc. II do art. 73 da Lei das Eleições se refere ao uso excessivo de prerrogativas por governantes ou parlamentares, com o escopo de beneficiar partido, coligação ou candidato, desvirtuando-se as finalidades dessas prerrogativas.

Aqui, também, a proibição tem natureza permanente, isto é, incide até mesmo fora do período de *campanha eleitoral*.

O preceito do inc. II do art. 73 da Lei das Eleições cuida do uso de *materiais* ou *serviços*, custeados pelos Governos ou Casas Legislativas, que excedam as prerrogativas (isto é, extrapolem a finalidade referente à atividade) consignadas nas *normas gerais*, referentes ao Poder Executivo, e *regimentos internos*, alusivos aos componentes do Poder Legislativo.

Vale lembrar, neste ponto, que as *normas gerais* editadas pelo Executivo são instrumentalizadas por *decreto* e *regulamento* (CF, art. 84, inc. IV, 2ª parte), aquele se presta, ainda, para dispor sobre "organização e funcionamento da administração" (CF, art. 84, inc. VI, alínea *a*). Nesse teor é a doutrina de Maria Sylvia Zanella Di Pietro (**in** Direito Administrativo cit., item 7.10.2.1, p. 241).

O descumprimento do preceito pode ter como consequência a suspensão imediata da conduta vedada, quando for o caso, e a imposição de multa (art. 73, § 4º), bem como a cassação do registro ou do diploma, sem prejuízo das primeiras sanções (art. 73, § 5º), como na hipótese do inciso I anterior.

"Diante de tantas interpretações que, de certa forma, são até antagônicas, creio que coube ao brilhante eleitoralista José Antônio

Almeida a exegese mais escorreita deste inciso: 'O item II, por outro lado, proscreve a utilização de materiais ou serviços custeados pelo Poder Público, o que é igualmente vedado pela norma do art. 24, II, na medida em que materiais e serviços são doações estimáveis em dinheiro. O problema é que a lei refere, no final de inciso ora comentado, a que não podem ser usados os materiais e serviços que excedam as prerrogativas consignadas nos regimentos e normas dos órgãos que integram. Com isso, pelo menos aparentemente, seria possível, **a contrario sensu**, utilizar materiais e serviços custeados pelo poder público, desde que dentro dos limites das prerrogativas regimentais. Parece-me que não, **data venia**. A interpretação isolada do preceito deve ser repelida, e seria, se aplicada em sua literalidade, contrária até ao seu espírito. Na verdade, se assim fosse, estaria a norma, não proscrevendo a conduta de utilizar recursos públicos na campanha eleitoral, mas sim permitindo essa utilização, desde que limitada a determinadas cotas regimentais. Contudo, a Constituição traz parâmetros outros, que incompatibilizam verticalmente uma interpretação nesse sentido, fazendo prevalecer a visão já consagrada em diversos casos da mesma lei. Em meu entendimento, se o intérprete der à norma o sentido permissivo antes apontado, restaria ele flagrantemente inconstitucional. Com efeito, como asseverou o Ministro Marco Aurélio, no acórdão 12.244 [RO **in** DJ, 23/09/1994, p. 25.373], relativo ao caso do Senador Humberto Lucena, é vedado a partido e candidato receber direta ou indiretamente doação em dinheiro ou estimável em dinheiro... procedente de órgão da administração pública, referindo-se à ResTSE 14.404 [Cta 14.404/DF, rel. Min. Carlos Velloso, DJ, 04/07/1994, p. 17.845], na qual o TSE decidiu ser vedado aos parlamentares, no período eleitoral, até mesmo a remessa de boletins informativos de sua atuação congressual, elaborados e expedidos por conta do erário, apontando que tal consulta foi respondida com esteio na ordem jurídica em vigor, não introduzindo, em si, uma data consubstanciadora de termo inicial para que se pudesse ter configurado o abuso que, em última análise, implica o afastamento do equilíbrio que deve haver em toda e qualquer disputa eleitoral'. Importante observar que a jurisprudência do Tribunal Superior Eleitoral vem confirmando [REspe 16.067/ES, rel. Maurício Corrêa, DJ, 04/10/2000, p. 56] por inteiro a tese desfraldada" (**apud** Lauro Barretto, Condutas Vedadas aos Agentes Públicos cits., 3ª parte, item 2, págs. 63-4, com inserções entre colchetes).

Vera Maria Nunes Michels, por seu turno, entende que a conduta permitida, desde que excedida (ultrapassando-se o limite), deve ser considera "uma burla à norma geral" (**in** Direito Eleitoral, cit., item 6.5, p. 103).

Dessa lição se aparta, mas não integralmente, o ilustrado José Jairo Gomes, que tem a compreensão seguinte: "Resulta do dispositivo em foco não ser, em princípio, proibida a utilização de materiais ou serviços 'custeados pelos Governos ou Casas Legislativas'. A proibição refere-se apenas à utilização que exceder 'as prerrogativas consignadas nos regimentos e normas dos órgãos que integram'. Institui-se, assim, um espaço em que é lícita a utilização em campanha de materiais, ou serviços, custeados pelos cofres públicos. O dispositivo em apreço não resiste a uma análise de constitucionalidade, sobretudo à luz dos princípios republicano, da moralidade pública e da isonomia; é que os candidatos que não detêm mandato não têm acesso a essa cota de materiais e serviços. Para que a hipótese veiculada nesse inciso II se configure, há mister que os materiais ou serviços sejam custeados pelo erário. É, pois, de se indagar a que título deve o erário contribuir financeiramente para as campanhas eleitorais de mandatários políticos"? (**in** Direito Eleitoral, cap. XX, item 6.1, págs. 606-7).

Com efeito, o inc. II do art. 73 da Lei Eleitoral, maltrata o princípio democrático da alternância do poder (CF, arts. 1º, **caput** e seu inc. V, e 17, **caput**), o princípio da igualdade (CF, art. 5º, **caput** e seu § 1º) e, igualmente, os princípios da impessoalidade, moralidade, publicidade e eficiência (CF, art. 37, **caput**).

Quando não bastasse, ainda macula o preceito do **caput** do art. 22 da Lei Complementar nº 64/1990 (sobre inelegibilidade), que, pela sua própria natureza (CF, art. 69), prevalece sobre a lei ordinária, tornando inválida a norma que a desrespeitar (cf. Manuel Gonçalves Ferreira Filho, Curso de Direito Constitucional cit., nº 31, p. 213; também Do Processo Legislativo, 6ª ed., Saraiva, 2007, nº 156, p. 249 e nota nº 98, onde o autor cita Miguel Reale e Pontes de Miranda).

Entendimento contrário, entretanto, vem sendo adotado pela jurisprudência do colendo Tribunal Superior Eleitoral.

Em circunstância bastante comum, qual seja a de uso dos trabalhos gráficos (materiais e serviços) da Câmara dos Deputados, entendeu-se que há possibilidade, "desde que relativos à atividade parlamentar e com obediência às normas estabelecidas em ato da Mesa, vedada sempre qualquer mensagem que tenha conotação de propaganda eleitoral" (**v.** ResTSE 20.217, Cta 444/DF, rel. Min. Eduardo Ribeiro de Oliveira, DJ, 26/06/1998, p. 60;).

No mesmo teor, tem-se exigido, conforme anota José Jairo Gomes (Direito Eleitoral cit., cap. XX, item 6.1, págs. 606-7), que haja o excesso no uso das prerrogativas do agente político: "4. Para a configuração de afronta ao art. 73, inciso II, da Lei nº 9.504/97, imperiosa a presença de 'exceder' previsto no inciso em questão referente à possível desvio de finalidade" (cf. TSE, Rp 59.080/DF, relª Minª Maria Thereza de Assis Moura, DJe - 157, 25/08/2014, p. 163).

Neste ponto, vale ressaltar a advertência de Walber de Moura Agra e Francisco Queiroz Cavalcanti, que tem o conteúdo seguinte: "Há certos serviços e bens disponibilizados aos mandatários políticos para que possam exercer mais adequadamente suas funções. Obviamente, esses bens e serviços não são destinados ao proselitismo político à custa do erário público, sua função é dar publicidade à atuação dos representantes, possibilitando que a coletividade possa julgar o trabalho desenvolvido. Desse modo, a conduta que ultrapassar dos limites impostos para a utilização dessas prerrogativas caracteriza-se como conduta vedada. Exemplo é a feitura de folhetos impressos com foto do parlamentar, custeados com o dinheiro público, contendo promessas políticas com o intuito de beneficiá-lo em eventual candidatura" (**in** Comentários à Nova Lei Eleitoral cits., cap. II, p. 113).

Seguindo a exegese sobredita, entendeu-se caracterizada a proibição da conduta em exame aquela relativa à carta enviada por Ministro de Estado, em período pré-eleitoral, para dezessete milhões de destinatários, defendendo a postura política do governo, contestada pela oposição da época (TSE, R - Rp 68/DF, rel. Min. J. Eduardo Rangel de Alckmin, ac. publ. em sessão de 25/08/1998).

Em caso de envio de cartas pedindo votos aos pais dos alunos de escola pública, já se considerou que a "possibilidade de a utilização de informações de banco de dados de acesso restrito da administração pública configura, em tese, a conduta vedada no inciso" II do art. 73 da LE (**v.** TSE, RO 481.883/SE, relª Minª Nancy Andrighi, DJe - 195, 11/10/2011, p. 42).

No entendimento da Alta Corte Eleitoral, igualmente, "A utilização de sítio eletrônico oficial do governo, para atacar candidato adversário, sob pretexto de prestar esclarecimentos à população, caracteriza a conduta vedada no inciso II do art. 73 da Lei nº 9.504/97, que proíbe o uso de serviços públicos 'que excedam as prerrogativas consignadas nos regimentos e normas dos órgãos que a integram'. O Tribunal entendeu que tal conduta desvirtua o conteúdo do sítio oficial do governo ao transmitir mensagem de cunho eleitoreiro e, por tal razão, julgou procedente a representação com relação à servidora pública" (cf. Rp 295.986/DF, rel. Min. Henrique Neves, DJe - 220, 17/11/2010, p. 15).

Muito menos pode haver distribuição, pela municipalidade, de cestas básicas e vales para combustível com objetivo de agradar a população (cf. TSE, REspe 21.316/SP, rel. Min. Fernando Neves, DJ, 06/02/2004, p. 144).

Descabida, igualmente, à municipalidade, por ordem de seu agente político, asfaltar área destinada à realização de comício eleitoral (TSE, REspe 19.417/MA, rel. Min. Fernando Neves, DJ, 28/09/2001, p. 166).

Em caso de "pronunciamento em cadeia de rádio e televisão, fora do horário eleitoral gratuito, e sem que reconhecida pela Justiça Eleitoral a excepcionalidade da situação", não se reconheceu a conduta vedada, porquanto "os discursos foram transmitidos por uma única emissora, não havendo falar em cadeia de rádio e televisão, além de inexistir prova de que a TV Cidade prestava serviços ou era remunerada pela Câmara Municipal de Tupã à época dos fatos para veicular sessões legislativas, circunstância que não pode ser presumida" (ver TSE, REspe 1.527.171/SP, rel. Min. João Otávio de Noronha, DJe - 185, 02/10/2014, p. 42).

Em outro precedente, em que o agente público ocupando o cargo de chefe do Poder Executivo, pôde "acompanhar-se de servidores do cerimonial e da segurança do governo do estado, ou mesmo de outros que se fizerem necessários", sem descumprir o preceito do inc. II da art. 73 da LE (cf. TSE, REspe 21.289/PA, rel. Min. Barros Monteiro Filho, DJ, 06/02/2004, p. 124).

Anote-se, também, que "a reunião de associação de bairro, para cuidar de asfaltamento de rua, não configura as condutas vedadas dos incisos I e II do art. 73 da Lei nº 9.504/97" (TSE, AgR - AI 7.243/MG, rel. Min. Gerardo Grossi, DJ, 01/02/2007, p. 228).

Ainda no que tange do Poder Legislativo, não configura a conduta do inc. II do art. 73 da LE a realização de audiência pública na Câmara Municipal, com distribuição de brindes, mas não ocorrendo promoção de candidatura (**v.** TSE, RO 643.257/SP, relª Minª Nancy Andrighi, DJe - 81, 02/05/2012, p. 129).

Importa notar que "a incidência deste dispositivo [inciso II] e do inciso III independe de as condutas terem ocorrido nos três meses antecedentes ao pleito" (TSE, AgR - REspe 35.546/SP, rel. Min. Arnaldo Versiani, DJe - 188, 30/09/2011, p. 61, com inserção entre colchetes); vale dizer, o seu caráter é permanente.

"Questão interessante, nesses incisos I e II - no sentir de Joel José Cândido - consiste em saber se **sites** na **internet**, pagos pelo erário, contendo informações curriculares, atribuições e fotografias de candidatos que concorrem à reeleição e que integram a equipe de governo, caracterizam, ou não, violação a esses incisos. Haveria, nesse caso, o uso indevido da máquina pública ou violação ao art. 37, § 1º, da Constituição Federal? Esse tipo de **site** não constitui propaganda eleitoral, já que não há um chamamento direto ao voto. Por outro lado, o acesso a ele depende do interesse do usuário da rede, sendo as informações acessíveis apenas aos interessados diretos, diferentemente de outros meios de comunicação social. Nenhuma lesão aos dispositivos citados, portanto" (**in** Direito Eleitoral Brasileiro cit., nº 16.14, p. 619).

15.7 – Da Cessão ou do Uso de Servidores em Campanha Eleitoral

Veda-se também "Art. 73. III - ceder servidor público ou empregado da administração direta ou indireta federal, estadual ou municipal do Poder Executivo, ou usar de seus serviços, para comitês de campanha eleitoral de candidato, partido político ou coligação, durante o horário de expediente normal, salvo se o servidor ou empregado estiver licenciado".

Como se verifica, desautoriza-se "ceder servidor ou empregado da administração direta ou indireta" em todos os níveis do Poder Executivo para atividades de campanha eleitoral, "durante o horário de expediente normal", prevista no inc. III do art. 73 da Lei das Eleições. A proibição não atinge o Poder Legislativo, possibilitando que o assessor peça votos para o parlamentar a quem presta serviço.

A ressalva acima deve, no entanto, ser "estendida ao servidor público que esteja em gozo de férias remuneradas" (ResTSE 21.854, Cta 1.096/DF, rel. Min. Luiz Carlos Lopes Madeira, DJ, 06/08/2004, p. 162).

Cabe enfatizar, inicialmente, que a referida norma proibitiva também está implícita naquela do art. 377 do Código Eleitoral, a qual ainda a prevê como infração penal, no art. 346 desse mesmo códex.

Ressalte-se, a seguir, que o impedimento em questão está restrito ao *horário normal de expediente* (aquele cumprido conforme lei ou regulamento), não sendo igual ao *horário de atendimento ao público* (aquele fixado pelo Poder Público para se atender o povo). Fora desse período de trabalho, o servidor público está livre para qualquer atividade de campanha. A faculdade de servir no comitê de campanha não sofre restrição nos casos de *servidor licenciado* ou *em gozo de férias remuneradas*. Essas duas ressalvas, quer da *licença* (aquela do afastamento do serviço com ou sem vencimento), quer das férias remuneradas (aquelas do afastamento anual, pelo período de trinta dias, sem perda dos vencimentos), devem estar em conformidade com a lei ou regulamento, a fim de que não ocorram fraudes nas suas concessões.

Em resumo, a utilização do serviço de funcionário ou servidor, em campanha eleitoral, restringe-se ao seu *horário de trabalho*, isto é, durante o seu *expediente normal* na repartição pública em exerce o seu cargo.

O dispositivo do inc. III do art. 73 da Lei das Eleições, visa a coibir o desvio da atividade fim do servidor público, que se destina a todos os indivíduos, para colaborar em campanha eleitoral de candidato, partido político e coligação.

Além disso, as exceções supracitadas também encontram amparo no princípio da liberdade de manifestação do pensamento do servidor público ou empregado da administração direta ou indireta (CF, arts. 5º, inc. IV, e 220, **caput** e § 2º).

Vem à baila, pois, o ensinamento de Joel José Cândido, que se expressa dessa forma: "Não importa a natureza da investidura do servidor. O que importa para se definir a inclusão, ou não, é se ele é, ou não, remunerado pelos cofres públicos. Assim, é irrelevante a condição de integrar ele os cargos de confiança. Por exemplo, o uso dessa mão de obra ou desses recursos humanos deve, também, estar dentro do binômio 'prejuízo-benefício concreto': o primeiro (prejuízo), para o serviço público e os demais partidos e, o segundo (benefício concreto), para o partido, coligação e candidato que se quis ajudar com ilegalidade. A não ser assim, a regra se prestará não para os elevados escopos a que se propõe, mas sim a injustas perseguições" (**in** Direito Eleitoral Brasileiro cit., cap. XVI, item 16.14, p. 620).

Merece destaque um precedente que contém a ementa seguinte: "4. O comprovado uso de programa habitacional do poder público, por agente público, em período eleitoral, com distribuição gratuita de lotes, com o claro intuito de beneficiar candidato que está apoiando, com pedido expresso de voto, configura abusivo desvio de finalidade do mencionado projeto social, caracterizando conduta vedada pelo inc. III do art. 73 da Lei nº 9.504/97" (cf. TSE, REspe 25.890/GO, rel. Min. José Augusto Delgado, DJ, 31/08/2006, p. 126).

Agentes públicos, na expressão da Lei das Eleições, incluem todas as pessoas que atuam no serviço público. Daí, "1. Para a caracterização da conduta tipificada no art. 73, II, da Lei nº 9.504/97, é necessário que os serviços prestados em favor do candidato tenham sido custeados pelos cofres públicos. 2. **In caso**, ficou comprovado que a limpeza realizada em imóvel destinado à futura sede de comitê eleitoral do candidato foi paga pela imobiliária que o administra, o que descaracteriza o ilícito" (cf. TSE, REspe 610.553/RS, rel. Min. Dias Toffoli, DJe - 193, 05/10/2012, p. 12).

O dispositivo do inc. III do art. 73 da Lei das Eleições regula o *uso*, em favor do candidato, *de serviços de funcionários na campanha*, não se aplicando a motoristas, agentes de segurança, auxiliares para atendimento pessoal, assessores do cerimonial etc.

Por outro lado, as condutas ilícitas são praticadas por *quem cede* ou *usa* os bens móveis e imóveis não atingindo o próprio servidor público, que executa as tarefas proibidas no dispositivo em questão.

Anota José Jairo Gomes "que a regra em apreço não impede que o servidor público **sponte propria** engaje em campanha eletiva. Sua qualidade funcional não lhe subtrai a cidadania, nem o direito de participar do processo político-eleitoral, inclusive colaborando com os candidatos e partidos que lhe pareçam simpáticos. Todavia, deve o servidor guardar discrição. Não poderá atuar em prol de candidatura 'durante o horário de expediente normal', muito menos na repartição em que desempenha as funções de seu cargo, tampouco poderá ser cedido pelo ente a que se encontra vinculado. A vedação alcança os servidores de todas as categorias, inclusive os ocupantes de cargos comissionados, conforme entendeu o TSE no julgamento do AgR – MC 1.636/PR, DJ, 23/09/2005, p. 128" (**in** Direito Eleitoral cit., cap. XX, item 6.1, p. 608).

Na compreensão do ilustrado Marcus Vinicius Furtado Coêlho, o transporte oficial dos Chefes do Executivo e seus vices "Poderá ser usado exclusivamente pelos servidores indisponíveis a sua segurança e atendimento pessoal, sendo vedado a estes desempenhar atividades relacionadas com a campanha" (**in** Direito Eleitoral e Processo Eleitoral cit., liv. II, cap. 15, item 5, p. 300).

Consoante o mesmo entendimento, decidiu-se que o uso de servidores públicos na campanha eleitoral não se confunde com a prestação de segurança à autoridade que se candidata à reeleição. Não violado o disposto no art. 73, III, da Lei das Eleições (TSE, AI 4.246/MS, rel. Min. Luiz Carlos Lopes Madeira, **in** DJ, 16/09/2005, p. 171).

Interessa observar que, "Para a caracterização da conduta vedada prevista no inciso III do art. 73 da Lei das Eleições, não se pode presumir a responsabilidade do agente político" (TSE, REspe 25.220/AM, rel. Min. César Asfor Rocha, DJ, 12/08/2006, p. 148). De outra feita, esse órgão julgador voltou a externar entendimento análogo, asseverando que, em caso de uso de servidor público ou empregado da administração na forma proibida, cabe ao Ministério Público Eleitoral o ônus de fazer tal prova (RO 191.942/AC, rel. Min. Gilmar Mendes, DJe - 189, 18/10/2014, p. 50).

A interpretação judicial tem feito distinções interessantes, como esta: "A mera circunstância de servidores portarem adesivos com propaganda eleitoral, dentro da repartição e no horário de expediente, não configura a proibição do art. 73, III, da Lei nº 9.504/97" (TSE, AgR - REspe 151.188/DF, relª Minª Luciana Lóssio, DJe - 152, 18/08/2014, p. 151).

E mais, admitindo a violação do dispositivo constante do inc. III do art. 73 da Lei das Eleições, deixou de impor a cassação do registro pelo "uso de dois servidores, em uma oportunidade cada um, por menos de duas horas, em cada situação" (TSE, AgR - REspe 53.175/PR, rel. Min. João Otávio de Noronha, DJe - 104, 05/06/2014, p. 54).

Decisão atual, porém, deixou assentado: "8. A comparação entre o atual Governo Federal e o anterior é inadmissível, quando extrapola os limites da discussão de temas de interesse político-comunitário sob pena de se configurar propaganda subliminar". Conduta vedada nos incisos I, II e III do art. 73 da Lei das Eleições (TSE, Rp 59.080/DF, relª Minª Maria Thereza de Assis Moura, DJe - 157, 25/08/2014, p. 163).

15.8 – Do Uso Promocional e da Criação de Programas Sociais por Conta do Poder Público

Em continuação, proíbe-se "Art. 73. IV - fazer ou permitir uso promocional em favor de candidato, partido político ou coligação, de distribuição gratuita de bens e serviços de caráter social, custeados ou subvencionados pelo Poder Público". Tal distribuição, se houver, não poderá ter vínculo com qualquer partido, coligação ou candidato.

Esse preceito deve ser harmonizado com aquele do § 10 do mesmo art. 73, que reza: "No ano em que se realizar eleição, fica proibida a distribuição gratuita de bens, valores ou benefícios por parte da administração pública, exceto nos casos de calamidade pública, de estado de emergência ou de programas sociais autorizados em lei e já em execução orçamentária no exercício anterior, casos em que o Ministério Público poderá promover o acompanhamento de sua execução financeira e administrativa".

O inc. IV do art. 73 da Lei das Eleições também deve ser interpretado em conjunto com o seu § 11, que dispõe: "Nos anos eleitorais, os programas sociais de que trata o § 10 não poderão ser executados por entidade nominalmente vinculada a candidato ou por este mantida".

Observam Djalma Pinto e Elke Braid Petersen que, conquanto receba pouca atenção, um dos pontos geradores de desequilíbrio nas eleições reside na distribuição de bens e serviços de caráter social, custeados ou subvencionados pelo Poder Público. O inciso IV do art. 73 considera conduta vedada 'fazer ou permitir uso promocional' de distribuição gratuita de bens e serviços de caráter social, pagos pelos cofres públicos. O problema, porém, não está apenas na propaganda de exaltação da doação dos bens e dos serviços distribuídos, está na própria entrega às pessoas carentes, permitida em pleno período eleitoral, desde que já esteja o programa em execução no ano anterior e autorizado em lei. Posto que 'já esteja em execução orçamentária no exercício anterior', a distribuição gratuita de dinheiro e bens é permitida. Caberia ao legislador, pelo menos, coibir a majoração dos valores doados no ano da eleição. Isso evitaria a 'institucionalização da compra de voto'. Em abono à sua argumentação, os autores citam dois votos de vogal do Ministro Carlos Ayres Britto, nos RO 1.465/RJ e RCED 665/RS (**v.** Comentários à Lei da Ficha Limpa cits., item 3.9.5, p. 137 e notas de rodapé ns. 82 e 83).

Nesse segundo voto-vista, o Ministro Carlos Britto fez constar: "A linha divisória entre a assistência social – que é legítima – e o assistencialismo – que é ilegítimo – fica muito tênue. A solidariedade é um dos objetivos fundamentais da República Federativa do Brasil. Está no inc. I do art. 3º da Constituição Federal. Então, em princípio, atuar no campo da assistência social – que, por definição, significa socorrer os necessitados, os mais carentes economicamente, é comportamento digno de elogio. Mas, quando o mantenedor de instituição de assistência social é militante político, é candidato contumaz, causa-me espécie" (TSE, RCED 665/RS, DJe – 63, 01/04/2009, p. 45).

Daí a dificuldade para o desfecho do litígio que verse sobre o uso promocional de serviços. Em caso de prefeito que participa de campanha de vacinação, visando a estimular o comparecimento daqueles que devem ser imunizados, não configura a conduta vedada que consta do inc. IV do art. 73 da Lei das Eleições, por inexistir o "uso promocional" nesse fato (**v.** TSE, AgR – REspe 24.989/RN, rel. Min. Caputo Bastos, DJ, 26/08/2005, p. 171). Este julgado traz à colação outro, do mesmo relator, proferido antes, mas publicado depois (REspe 24.963/SP, DJ, 09/09/2005, p. 171).

Por conseguinte, em vista do enunciado do inciso IV, "é preciso que o agente use 'a distribuição gratuita de bens e serviços' em prol de candidato. Não se exige que, durante o período eleitoral o programa social, antes implantado, seja abolido ou tenha interrompida ou suspensa a sua execução. Relevante para a caracterização da figura em exame é o desvirtuamento da distribuição, em si mesma, a sua colocação a serviço de candidatura, enfim, o seu uso político-promocional" (cf. José Jairo Gomes, Direito Eleitoral cit., cap. XX, nº 6.1, p. 608).

Aquilo que se espera do agente público é um comportamento irreprochável, que demonstre neutralidade, não se aproveitando da condição de gestor do serviço que presta à população.

Decidiu-se, dando clareza ao texto, que "A Lei Eleitoral não proíbe a prestação de serviço social custeado ou subvencionado pelo poder público nos três meses que antecedem a eleição, mas sim o seu uso para fins promocionais de candidato, partido ou coligação" (cf. TSE, AgR – AI 5.283/SP, rel. Min. Carlos Velloso, DJ, 17/12/2004, p. 317). Aqui os fins promocionais são os políticos.

Vale frisar, neste ponto, que "A conduta vedada pelo art. 73, IV, da Lei nº 9.504/97 possui dois núcleos distintos de incidência: distribuição gratuita de <u>bens públicos</u> e distribuição gratuita de <u>serviços de caráter social</u>" (**v.** TSE, ED – REspe 28.158/BA, rel. Min. José Augusto Delgado, DJ, 04/10/2007, p. 103, grifou-se).

Com efeito, o inc. IV do art. 73 da Lei das Eleições cuida do uso promocional em favor de candidato, partido ou coligação, de distribuição gratuita de <u>bens públicos</u> e <u>serviços de caráter social</u> que são custeados ou subvencionados pelo erário (Poder Público).

Acentue-se, ainda, que "bem de natureza cultural, posto à disposição de toda a coletividade, não se enquadra neste dispositivo" do inc. IV do art. 73 (TSE, REspe 24.795/SP, rel. Min. Luiz Carlos Lopes Madeira, ac. publ. em sessão de 27/10/2004).

Porém, o serviço social prestado à população com finalidade promocional, em benefício da campanha eleitoral, não se enquadra na situação do § 10 do art. 73 da LE, e sim na prevista no art. 73 aludido (TSE, AgR - REspe 955.973.845/CE, relª Minª Nancy Andrighi, DJe, 25/03/2011, p. 50).

Do rol de bens e serviços de caráter social que o poder público distribui gratuitamente figuram: "merenda escolar, livros didáticos para as escolas, cestas básicas, campanha do leite, vacinações, distribuição de material de construção etc." (cf. Olivar Coneglian, Lei das Eleições cit., nº 417, p. 338).

15.9 – Da Nomeação e da Contratação de Servidores nos Três Meses Que Antecedem o Pleito

Impede-se ao gestor público, também, "Art. 73. V - nomear, contratar ou de qualquer forma admitir, demitir sem justa causa, suprimir ou readaptar vantagens ou por outros meios dificultar ou impedir o exercício funcional e, ainda, **ex officio**, remover, transferir ou exonerar servidor público, na circunscrição do pleito, nos três meses que o antecedem e até a posse dos eleitos, sob pena de nulidade de pleno direito, ressalvados os casos previstos em quatro alíneas". Em essência, o dispositivo aludido também configura o direito à segurança jurídica (CF, art. 5º, inc. LIV).

Segundo a doutrina do insigne Luís Roberto Barroso, "No seu desenvolvimento doutrinário e jurisprudencial, a expressão segurança jurídica passou a designar um conjunto abrangente de ideias e conteúdos, que incluem: 1. a existência de instituições estatais dotadas de poder e garantias, assim como sujeitas ao princípio da legalidade" (**in** Constituição e Segurança Jurídica, 2ª ed., Fórum, 2009, 6º tema, item 3, p. 139).

As proibições desse inc. V do art. 73 da Lei das Eleições somente valem *na circunscrição do pleito* (território da disputa dos cargos) e, ainda, têm *caráter temporário*, ou melhor, incidem apenas nos *três meses que antecedem o prélio e até a posse dos eleitos*.

A respeito da *circunscrição do pleito*, que decorre do sistema eleitoral em vigor (CE, arts. 86 e 88), as suas várias nuances já foram examinadas, de forma mais abrangente, no item 1.3 destas anotações.

Pelo período de vigência do preceito, o qual tem início com a *campanha eleitoral* (LE, art. 36, **caput**; CE, art. 240, **caput**; ambos com a redação dada pela Lei nº 13.165/2015) e término com a *posse dos eleitos*, em 1º de janeiro do ano seguinte ao da eleição, para os chefes do Executivo (CF, arts. 28, **caput**, 29, inc. III, e 82) e 2 de fevereiro do ano subsequente, para os parlamentares (CF, art. 57), infere-se o *caráter temporário* da proibição. É conveniente, portanto, acompanhar-se o que prescreve o calendário eleitoral editado pelo Tribunal Superior Eleitoral para cada certame, na forma da lei (LE, art. 105; CE, art. 23, inc. IX).

Além de garantir a igualdade entre os candidatos, o ditame legal ainda os protege do administrador público, que deve atuar conforme os princípios da legalidade e da impessoalidade (CF, arts. 5º, **caput**, e 37, **caput**). Evitam-se, assim, as contratações com finalidade política (para a obtenção do sufrágio dos favorecidos e seus familiares) e, também, as dispensas dos adversários políticos, como forma de lhes atemorizar, a fim de impedi-los de engajamento político. Sintetizando, a razão da lei é evitar apadrinhamentos às vésperas da eleição e também, no contrário, impedir perseguições aos adversários políticos.

O prejuízo e a ilegalidade são presumidos na hipótese em comento. Sem dúvida, "6. A configuração das condutas vedadas prescritas no art. 73 da Lei nº 9.504/97 se dá com a mera prática de atos, desde que esses se subsumam às hipóteses ali elencadas, porque tais condutas, por presunção legal, são tendentes a afetar a igualdade de oportunidades entre os candidatos no pleito eleitoral, sendo desnecessário comprovar-lhes a potencialidade lesiva. 7. Nos termos da jurisprudência do Tribunal Superior Eleitoral, caracterizada a infringência ao art. 73 da Lei das Eleições, é preciso fixar, com base na observação dos princípios da razoabilidade e proporcionalidade, a reprimenda adequada a ser aplicada ao caso concreto" (cf. TSE, REspe 45.060/MG, relª Minª Laurita Vaz, DJe – 203, 22/10/2013, p. 55).

Ressalte-se, por oportuna, a advertência do experiente Marcos Ramayana, no teor seguinte: "A proibição da nomeação, contratação ou admissão de servidor público e outras formas elencadas na lei, deve se sujeitar a uma análise dos agentes públicos cujos cargos estejam em disputa, pois omitiu o legislador à inclusão da ampla proibição a respeito de uma realidade fremente que se manifesta pela influência e apoio político dos chefes do executivo municipal para as campanhas nas esferas estaduais e federais" (**in** Direito Eleitoral cit., item 15.5.5, p. 648).

De outro lado, é bastante comum que os agentes políticos, no final do exercício dos seus mandados, quando não conseguem se reeleger ou obter a vitória de seu correligionário, passem a nomear, contratar ou de qualquer forma admitir servidores públicos para, consequentemente, criar enormes dificuldades administrativas aos adversários políticos que, sendo eleitos, vão sucedê-los nos cargos disputados no certame findo. Via de consequência, a proibição contida no preceito do inc. V do art. 73 da Lei das Eleições serve para moralizar tal prática política desrespeitosa com os cidadãos que, anteriormente, elegeram esses mandatários de conduta abusiva. Daí por que a conduta vedada se estende "até a posse dos eleitos, sob pena de nulidade de pleno direito".

E tem mais. A finalidade da vedação das condutas, como bem observa Pedro Henrique Távora Niess (Condutas Vedadas aos Agentes Públicos cits., cap. 6, item 5, p. 43) também pode ser vista pelo prisma seguinte: "Claro, porém, que a proibição haveria de encontrar limite temporal, sob pena de atravancar a dinâmica dos servidores públicos. Esses atos não podem ser praticados desde três meses que antecedem o pleito até a posse dos eleitos: havendo a eleição de realizar-se no dia 4 de outubro, a partir de 4 de julho, inclusive, ao mais tem lugar, reabrindo-se-lhes a oportunidade quando os vitoriosos assumirem seus cargos, porque então, passado o calor do embate, desaparecendo, ao menos quanto aos vencidos, se os forem os que até então detinham o poder, a possibilidade de 'vingança' e recompensas indevidas, favorecendo a conquista um posicionamento severo dos vencedores". Esse ensinamento foi adotado e, pela sua pertinência, citado por Lauro Barretto (**in** Condutas Vedadas aos Agentes Públicos cits., 4ª parte, item 1, págs. 85-6).

Cumpre notar, em sequência, que a expressão *servidor público* abrange todos os ocupantes de cargos públicos (CF, art. 37, **caput**), sem se importar com o seu tipo de vínculo com a administração pública. Essa proibição, portanto, quer evitar os "apadrinhamentos eleitoreiros", ganhando, em cima da hora, a simpatia de eleitores prestes a votar.

A proibição alcança, portanto, todas as hipóteses em que se exige concurso público (CF, art. 37, inc. II) e, ainda, não exclui as contratações por tempo determinado para atender à necessidade temporária de excepcional interesse público (CF, art. 37, inc. IX), as quais não se confundem com aquelas da alínea *d* do inc. V do art. 73 da Lei das Eleições (cf. TSE, ED – REspe 21.167/ES, rel. Min. Fernando Neves, DJ, 12/09/2003, p. 122).

No sentir de Olivar Coneglian, "O inc. V trata da vida funcional do servidor público. É um dispositivo complexo, tanto em sua formulação quanto ao rol de exceções". Na sequência, o minucioso autor divide as hipóteses da regulação na forma que se vai seguir. 1. Atos que não podem ser realizados de forma nenhuma (proibição absoluta): nomear, contratar, admitir, demitir sem justa causa, suprimir vantagens, readaptar vantagens, dificultar o exercício funcional e impedir o exercício funcional. 2. Atos que podem ser realizados a pedido do interessado, mas não de ofício (proibição relativa): remover funcionário, transferir e exonerar. 3. Ato autorizado em qualquer época (permissão): demitir por justa causa (**in** Lei das Eleições Comentada cit., nº 418.a, págs. 338-9).

De feito, os atos de nomear, contratar e admitir – ressalvadas as nomeações para cargo em comissão e para prestar serviços temporários ou por tempo determinado (CF, art. 37, II, 2ª parte, e IX) –, sempre dependem de aprovação prévia em concurso público (CF, art. 37, II, 1ª parte; Lei nº 8.112/90, art. 11). O enunciado em questão, pela sua natureza, alcança a demissão sem justa causa (Lei 8.112/90, art. 22) e a transferência (STF, ADI 231/RS, RTJ, 144/24).

Portanto, configura um paradoxo permitir certas condutas, <u>antes</u> do período da propaganda (LE, art. 36, **caput**), vedando-as <u>somente</u> durante tal época (LE, art. 73, inc. V), quando a proibição é <u>permanente</u> conforme os princípios constitucionais (art. 37, inc. II, 1ª parte, e § 2º; STF, ADI 1.350/RO, LexSTF, 340/28).

Explicando a natureza do comando em foco, o sempre preciso Lauro Barretto assevera: "Tradicionalmente, a Administração Pública brasileira vem sendo indevida e abusivamente utilizada para promover favorecimentos eleitorais, ora transformando-se em verdadeiro cabide de empregos para afilhados e protegidos dos políticos da situação, ora perseguindo os eleitores e até mesmo seus próprios funcionários não enquadrados com as tendências políticas, partidárias e eleitorais dos donos do poder. Visando a refrear esta prática secular, as 'leis do ano' mais recentes têm imposto severas restrições às nomeações, contratações, admissões, demissões, exonerações, remoções, transferências e até mesmo à readaptação ou supressão de vantagens dos servidores públicos no período eleitoral. Em linhas legais, o dispositivo acima apenas repete as mesmas proibições já consagradas pelas mais recentes leis do ano e até mesmo pela Lei nº 6.091/74,[57] que regulamenta o fornecimento de transporte gratuito em dia de eleição" (**in** Condutas Vedadas aos Agentes Públicos cits., 4ª parte, item 1, págs. 81-2 e nota 57).

Enfatizando tal preceito legal, decidiu-se que "A remoção ou transferência de servidor público, levada a cabo na circunscrição do pleito, nos três meses que o antecedem e até a diplomação dos eleitos, afronta o art. 73, V, da Lei nº 9.504/1997" (cf. TSE, RMS 410/SP, rel. Min. José Augusto Delgado, DJ, 02/05/2006, p. 99).

Em caso atinente ao inc. V do art. 73 da Lei das Eleições, há decisão em que diz: "o exame do requisito da potencialidade apenas quando se cogita da cassação do registro ou diploma" (cf. TSE, AgR - AI 31.488/SE, rel. Min. Arnaldo Versiani, DJe, 04/02/2011, p. 124). Seguindo essa diretriz, configura a conduta do inc. V do art. 73 do mesmo diploma legal, "1. A dificuldade imposta ao exercício funcional de uma servidora, consubstanciado em suspensão de ordem de férias, sem interesse para a administração, configura a conduta vedada do art. 73, V, da Lei nº 9.504/97, ensejando a imposição de multa... recomendável o princípio da proporcionalidade" (**v.** TSE, AgR - AI 11.207/MG, rel. Min. Arnaldo Versiani, DJe - 30, 11/02/2010, p. 16). Levando em conta a gravidade da conduta acima, demonstra-se mais adequada a multa para a graduação e fixação das penalidades previstas aos casos em comento.

Tem importância assentar, igualmente, que há esclarecedor precedente expondo o seguinte: "1. As disposições contidas no art. 73, V, da Lei nº 9.504/97 somente são aplicáveis à circunscrição do pleito. 2. Essa norma não proíbe a realização de concurso público, mas, sim, a ocorrência de nomeações, contratações e outras movimentações funcionais desde os três meses que antecedem as eleições até a posse dos eleitos, sob pena de nulidade de pleno direito. 3. A restrição imposta pela Lei nº 9.504/1997 refere-se à nomeação de servidor, ato administrativo de investidura do cidadão no cargo público, não se levando em conta a posse, ato subsequente à nomeação e que diz respeito à aceitação expressa pelo nomeado das atribuições, deveres e responsabilidades inerentes ao cargo" (ResTSE 21.806, Cta 1.065/DF, rel. Min. Fernando Neves, DJ, 12/07/2004, p. 2).

"Entretanto, é necessário que se apure o desvio de finalidade. No caso, por um lado, estes cargos comissionados foram criados por decreto, com atribuições que não se relacionavam a direção, chefia e assessoramento, em afronta ao disposto no art. 37, V, da Constituição da República; por outro, os decretos que criaram estes cargos fundamentaram-se na Lei Estadual nº 1.124/2000, sancionada pelo governador anterior, cuja inconstitucionalidade foi declarada pelo Supremo Tribunal Federal apenas em 03/10/2008 (ADIs 3.232, 3.390 e 3.393). Abuso de poder caracterizado com fundamento: a) no volume de nomeações e exonerações realizadas nos três meses que antecederam o pleito; b) na natureza das funções atribuídas aos cargos que não demandavam tamanha movimentação; c) na publicação, com nítido caráter eleitoral de promoção da imagem dos recorridos, que foi veiculada a estas práticas por meio do programa: Governo mais perto de você" (cf. TSE, RCED 698/TO, rel. Min. Felix Fischer, DJe - 152, 12/08/2009, p. 28). À vista disso, ocorrendo o desvio de finalidade, impõe-se a cassação do diploma de eleito do candidato beneficiado com o desvio de finalidade.

O inc. V do art. 73 da Lei das Eleições contém ressalvas expressas às proibições desse preceito. São hipóteses específicas (**numerus clausus**) para atos que podem ser realizados, os quais constam das alíneas seguintes:

a) nomeação ou exoneração de cargos em comissão e designação ou dispensa de funções de confiança.

Neste caso de *ressalva*, referente às funções de confiança e cargos em comissão, a proibição não teria cabimento na regra do inc. V do art. 73 da Lei das Eleições. Deveras, seria inadequada a vedação porque se deve preservar a liberdade do administrador, decorrente do seu poder discricionário (CF, art. 37, inc. II, 2ª parte, e inc. V).

Exegese mais difícil está no tópico referente à contratação e demissão dos servidores públicos temporários. Havendo lei específica autorizando a entidade contratante, permite-se ao agente público que pratique esses atos (CF, art. 37, inc. IX). Essas práticas, porém, estão proibidas, no período que compreende os três meses que antecedem a eleição e até a posse dos eleitos, nos termos do inc. V do art. 73 da Lei das Eleições.

Sem dúvida, na dicção da nossa Alta Corte Eleitoral, "1. A contratação e demissão de servidores temporários constitui, em regra, ato lícito e permitido ao administrador público, mas que a lei eleitoral o torna proibido, nos três meses que antecedem a eleição até a posse dos eleitos, a fim de evitar qualquer manipulação de eleitores. 2. A contratação temporária, prevista no art. 37, IX, da Constituição Federal, possui regime próprio que difere do provimento de cargos efetivos e de empregos públicos mediante concurso e não se confunde, ainda, com a nomeação ou exoneração de cargos em comissão ressalvadas no art. 73, V, da Lei nº 9.504/97, não estando inserida, portanto na alínea 'a' desse dispositivo" (**v.** ED - REspe 21.167/ES, rel. Min. Fernando Neves, DJ, 12/09/2003, p. 122).

b) nomeação para cargos do Poder Judiciário, do Ministério Público, dos Tribunais ou Conselhos de Contas e dos órgãos da Presidência da República.

Aqui a *ressalva* encontra justificativa na distância dessas entidades - constituídas por um dos poderes do Estado, duas instituições permanentes e independentes, bem como um órgão formado pelo próprio Presidente da República e os seus assessores e consultores diretos –, do processo eleitoral, ou melhor, da falta de interferência da política partidária na direção das entidades. Sob outro aspecto, a ressalva ainda preserva a continuidade dessas atividades imprescindíveis ao funcionamento do Estado democrático de direito (ver CF, art. 1º, **caput**). Como é sabido, tais entidades, além de manter distância do processo eleitoral, "não se deixam interferir por ele" (cf. Edson de Resende Castro, Teoria e Prática do Direito Eleitoral cit., seç. IX, p. 310; Walber de Moura Agra e Francisco Queiroz Cavalcanti, Comentários à Nova Lei Eleitoral cits., parte II, p. 117 e nota n. 192).

Cumpre assinalar, ademais, que o preceito da alínea *b* do inc. V do art. 73 da Lei das Eleições não alcança a Defensoria Pública, ou seja, ela não está compreendida na ressalva (cf. TSE, Cta 69.851/DF, rel. Min. Marco Aurélio, DJ, 02/09/2010, p. 60).

c) nomeação dos aprovados em concurso públicos homologados até o início daquele prazo, relativo ao período suspeito.

Como bem explicam Walber de Moura Agra e Francisco Queiroz Cavalcanti: "Não subsiste razão para que se negue nomeação a cidadãos que foram aprovados em concurso público, homologado até três meses antes da realização do pleito, porque este tipo de certame é a regra geral prevista para a admissão do servidor público [CF, art. 37, inc. II, 1ª parte, e § 2º], além de ser vetor moralizante de uma administração democrática, desprovida de "apadrinhamentos políticos". Como o concurso permite a realização da plenitude da meritocracia no acesso ao serviço público, desde que ele tenha sido homologado na data referida, inexiste possibilidade que seja utilizado como mecanismo de barganha eleitoral" (**in** Comentários à Nova Lei Eleitoral cits., p. 117, com inserção no texto original).

Em outras palavras, "A nomeação que está proibida, em resumo, é daqueles que não se submeteram a concurso (contratação direta) ou daqueles cujo concurso foi homologado também dentro dos três meses anteriores à eleição e até a posse dos eleitos" (cf. Edson de Resende Castro, ob. cit., seç. IX, p. 311).

d) nomeação ou contratação necessária à instalação ou funcionamento inadiável de serviços públicos essenciais, com prévia e expressa autorização do chefe do Poder Executivo.

As hipóteses acima decorrem de fatos inesperados, ou seja, do chamado caso fortuito ou força maior (CC, art. 393, par. único), devendo ser apreciadas uma a uma, em consonância com a necessidade inadiável do serviço essencial. As diretrizes são: que o serviço seja essencial e inadiável (= premência inquestionável), bem como haja prévia e expressa autorização do chefe do Poder Executivo correspondente.

Vale transcrever, neste passo, o ensinamento seguinte: "No que respeita aos serviços considerados essenciais, a legislação eleitoral é silente, motivo pelo qual costumeiramente se adota, por analogia, a Lei nº 7.783/89, que define os serviços essenciais para regulamentar o exercício do direito de greve. Quanto aos serviços inadiáveis, podemos considerar que são aqueles que envolvem perigo iminente à sobrevivência, à saúde ou à segurança da população" (cf. Rui Stoco, Legislação Eleitoral Interpretada, 3ª ed., RT, 2010, p. 113).

Porém, na hipótese referida (letra *d* do inc. V do art. 73), a educação não significa serviço público essencial. Daí por que, caracterizada a sua violação, é preciso fixar, com base na observação dos princípios da razoabilidade e proporcionalidade, a reprimenda [§§ 5º e 4º] ao caso concreto (TSE, REspe 45.060/MG, relª Minª Laurita Vaz, DJe - 203, 22/10/2013, p. 55, com inserção e grifo no texto original).

De outra feita, assentou-se que "A ressalva da alínea *d* do inciso V do artigo 73 da Lei nº 9.504/1997 só pode ser coerentemente entendida a partir de uma visão estrita da essencialidade do serviço público. Do contrário, restaria inócua a finalidade da Lei Eleitoral ao vedar certas condutas aos agentes públicos, tendentes a afetar a igualdade de competição no pleito. Daqui resulta não ser a educação um serviço público essencial. Sua eventual descontinuidade, em dado momento, embora acarrete evidentes prejuízos à sociedade, é de ser oportunamente recomposta. Isso por inexistência de dano irreparável à 'sobrevivência, saúde ou segurança da população'. Considera-se serviço público essencial para fins deste dispositivo, aquele vinculado 'sobrevivência, saúde ou segurança da população'" (cf. TSE, REspe 27.563/MT, rel. Min. Carlos Ayres Britto, DJ, 12/02/2007, p. 135, sem destaque no texto original).

Releva notar, ademais, que cabe aplicar a multa (LE, art. 73, V, § 5º), ao invés de cassar o registro de candidatura ou diploma por ter havido nomeação de servidores públicos no período de campanha eleitoral. "Há, também, de ser prestigiado o aresto atacado que, com base em prova incontroversa depositada nos autos, reconhece que a prática indevida de publicidade institucional no trimestre anterior ao pleito pode configurar abuso de poder, quando autopromocional de pré-candidato à reeleição" (cf. TSE, REspe 25.997/SC, rel. Min. José Augusto Delgado, DJ, 08/11/2006, p. 113).

e) transferência ou remoção **ex officio** de militares, policiais civis e de agentes penitenciários.

Note-se, desde logo, que preceito legal supra não impede a remoção voluntária, isto é, a pedido do servidor público constante das exceções em comento.

Diante das atribuições aos ocupantes desses cargos públicos (CF, art. 144, I a V; LE, art. 94, § 3º, 1ª fig.), que exigem ações e providências rápidas, fica evidente a necessidade de transferências e remoções, de ofício, em qualquer tempo, dos servidores aludidos. Eles também devem escapar da vedação porque podem ser *requisitados*, no âmbito estadual, pelos TREs (CE, art. 31, XII, 1ª parte) e, no federal, pelo TSE (CE, arts. 23, XIV, e 31, XII, 2ª parte).

Os servidores federais têm especial relevância dado que, não poucas vezes, policiais dos órgãos referidos nos incisos I a III de art. 144 da Constituição da República, são enviados para outras unidades da Federação, onde as forças de segurança locais são insuficientes para garantir a normalidade do *processo eleitoral*. Durante os trabalhos de recebimento de votos e sua apuração a necessidade da requisição em foco fica mais aguda.

Veja-se, por exemplo, o acórdão que segue: "Mostrando-se fundado o receio de perturbação da ordem durante o transcurso das eleições, é de se deferir na espécie a requisição de força federal" (cf. TSE, PA 19.362/AM, rel. Min. Peçanha Martins, ac. publ. em sessão de 11/11/2004).

A requisição das Forças Armadas também pode ser efetuada de forma legal (CF, art. 142, § 1º; LC nº 97, de 09/06/1999, art. 15, § 2º).

Por estes motivos, permitem-se a transferência ou remoção de ofício dos ocupantes desses cargos, referentes à segurança pública, pela própria natureza das suas funções.

15.10 – Das Condutas Vedadas nos Três Meses Antes do Pleito

Nos três meses que antecedem o pleito, as três condutas descritas nas alíneas *a*, *b* e *c* do inc. VI do art. 73 da Lei das Eleições, estão desautorizadas, na forma que se verá a seguir. Impedir o desequilíbrio da disputa eleitoral é a **ratio legis**.

Convém anotar que, nos termos do inc. VI do art. 73 aludido, há uma fixação de tempo (três meses antes do pleito) para limitar as proibições aos agentes públicos, servidores ou não, referentes às transferências de recursos financeiros para todas as entidades da administração pública, autorizações de propaganda institucional e efetuar pronunciamentos em cadeia de rádio e televisão. Em caso de haver segundo turno, a proibição se prolonga até a sua realização.

Essas proibições, portanto, têm *natureza temporária*, isto é, atingem expressamente o *período de campanha eleitoral*.

Oportuna a explicação de Lauro Barretto, segundo a qual "O inciso VI da art. 73 da Lei das Eleições, que engloba três alíneas, cuida de condutas vedadas com vigência nos três meses que antecedem o pleito. Vê-se, então, que o lapso de tempo da incidência das vedações deste inciso [VI] é bem menor do que aquele que o legislador fixou no inciso anterior [V], cuja vigência se estende até 'a posse dos eleitos'. E assim o fez por considerar, de forma bem acertada, que a prática das mesmas, ao contrário do que ocorre com as condutas vedadas pelo inciso V, não tem, após conhecido o resultado das urnas, aquilo que Pedro Henrique Távora Niess chamou de 'possibilidade de vingança e recompensas indevidas'. Digno de nota que a violação das condutas vedadas neste inciso está incluída no § 5º do art. 73, o que equivale a dizer que acarreta cassação do registro/diploma do candidato beneficiado" (**in** Condutas Vedadas aos Agentes Públicos cit., 4ª parte, item 2, p. 87, com inserções no texto).

15.11 – Da Transferência Voluntária de Recursos

Obsta-se ao agente público, ainda, "Art. 73. – VI, a) realizar transferência voluntária de recursos da União aos Estados e Municípios, e dos Estados aos Municípios, sob pena de nulidade de pleno direito, ressalvados os recursos destinados a cumprir obrigação formal preexistente para execução de obra ou serviço em andamento e com cronograma prefixado, e os destinados a atender situações de emergência e de calamidade pública".

Note-se, desde logo, que *transferência voluntária* é aquela dependente da vontade exclusiva da entidade concedente, isto é, quando inexiste obrigação constitucional ou legal. São convênios que possibilitam às entidades indicadas, de forma discricionária, efetuar o repasse de verbas públicas. Cuida-se, pois, de dispositivo para acautelamento do mau uso dos recursos públicos, que são desviados das suas finalidades verdadeiras e necessárias, nas vésperas dos certames, para prestigiar os aliados políticos.

Ensina Pedro Henrique Távora Niess que "Não são voluntárias, mas necessárias, as transferências de recurso constitucional ou legalmente impostas, ou as determinadas pelo Judiciário e aquelas que visam a atender situações de emergência e de calamidade pública" (cf. Condutas Vedadas aos Agentes Públicos cit., cap. 6, item 6.1, p. 51).

Já na lição do festejado José Jairo Gomes, "Por óbvio, não se obstaculizam repasses constitucionais regulares, como aqueles atinentes ao Fundo de Participação do Estado (FPE) e ao Fundo de Participação do Município (FPM), que visam a realizar a política de repartição das receitas tributárias implantada nos artigos 157 e seguintes da Lei Maior. Ainda porque os entes federados têm direito de recebê-los. O mesmo se pode dizer quanto às verbas transferidas por determinação legal, como são as do Sistema Único de Saúde (SUS) ou ao Fundo de Desenvolvimento da Educação Básica (Fundeb). Tampouco se proíbe a transferência de recursos 'destinados a cumprir obrigação formal preexistente para execução de obra ou serviço em andamento e com cronograma prefixado'. Nesse caso, certamente foi firmado convênio, que exigiu a apresentação de projeto e cronograma de execução física da obra ou do serviço; foi concluída a licitação e assinado o contrato administrativo com o vencedor do certame. Não seria razoável então que a obra fosse suspensa ou paralisada durante o período eleitoral, o que, aliás, poderia acarretar danos quando de seu reinício" (**in** Direito Eleitoral cit., cap. XX, item 6.1, p. 611-2).

Vale lembrar, por oportuno, que a Lei de Responsabilidade Fiscal (LC nº 101/2000), no **caput** do art. 25, dispõe: "Para efeito desta lei complementar, entende-se por transferência voluntária a entrega de recursos correntes ou de capital a outro ente da Federação, a título de cooperação, auxílio ou assistência financeira, que não decorra de determinação constitucional, legal ou os destinados ao Sistema Único de Saúde".

Entretanto, não basta a formalização do convênio pelo ente concedente e o particular, é necessária a transferência efetiva dos recursos financeiros. Para contabilizar a transferência, lança-se a despesa no orçamento do ente depositante e como receita no ente depositário. É assim que se procede contabilmente no âmbito das finanças públicas.

Como preceito legal que limita a transferência de recursos econômicos *num determinado período*, admitindo-a somente em casos excepcionais, deve ele ser interpretado restritivamente (cf. Carlos Maximiliano, Hermenêutica e Aplicação do Direito cit., nº 287, p. 235).

Nessa linha de interpretação, "1. A transferência de recursos do governo estadual a comunidades carentes de diversos municípios não caracteriza violação ao art. 73, VI, *a*, da Lei nº 9.504/97, porquanto os destinatários são associações, pessoas jurídicas de direito privado. 2. A regra restritiva do art. 73, VI, *a*, da Lei nº 9.504/97 não pode sofrer alargamento por meio de interpretação extensiva de seu texto (Ac. nº 16.040, rel. Min. Costa Porto). Agravo regimental não provido. Reclamação julgada improcedente" (TSE, AgR - Rcl 266/CE, rel. Min. Carlos Mário da Silva Velloso, DJ, 04/03/2005, p. 115).

Na compreensão aguda de Joel José Cândido (Direito Eleitoral Brasileiro cit., cap. XVI, item 16.14, p. 622), "VI, *a* - A regra, na essência, é a mesma que constava do art. 82, **caput**, da Lei nº 9.100/1995. O dispositivo é parcialmente inócuo. Inócuo porque os Estados ou a União poderão fazer essas transferências tranquilamente, sem problema de sanção alguma, antes dos três meses. Nessa data, e até antes dela, já poderão saber com que nominata os partidos e coligações concorrerão, ou seja, já saberão, com os nomes indicados, se interessa, ou não, patrocinar ou beneficiar alguma administração ou candidatura. Vale notar que até 30 de junho as convenções terão que estar realizadas (LE, art. 8º)". Lauro Barretto avalizou essa lição (**in** Condutas Vedadas aos Agentes Públicos cit., 4ª parte, item 2, p. 87).

Por certo, "A concessão de benefícios a servidores públicos estaduais nas proximidades das eleições municipais pode caracterizar abuso de poder político, desde que evidenciada, como na hipótese, a possibilidade de haver reflexos na circunscrição do pleito municipal, diante da coincidência de eleitores" (TSE, REspe 26.054/AL, rel. Min. César Asfor Rocha, DJ, 25/08/2006, p. 169).

A ressalva da alínea *a* do inc. VI do art. 73 da Lei das Eleições tem aplicação somente na obra ou serviço já iniciados fisicamente (TSE, REspe 25.324/RJ, rel. Min. Gilmar Mendes, DJ, 17/02/2006, p. 126; ResTSE 22.284, Cta 1.320/DF, rel. Min. Caputo Bastos, DJ, 08/08/2006, p. 117).

Acentue-se, ainda, que "a norma desta alínea [*a* do inc. VI do art. 73] trata do efetivo repasse de recursos, sendo irrelevante que o convênio tenha sido assinado em data anterior ao período crítico previsto" (TSE, REspe 104.015/AP, rel. Min. Marco Aurélio, DJe - 101, 31/05/2013, p. 46, com inserção no texto original).

Por fim, a prática da conduta vedada de transferência voluntária de recursos em período eleitoral (LE, art. 73, inc. VI, alínea *a*) não configura hipótese de inelegibilidade (**vide** TSE, AgR - AI 6.537/SP, rel. Min. Joaquim Barbosa, DJe - 166, 01/09/2009, p. 45).

15.12 – Da Publicidade Institucional

Impede-se ao gestor público "Art. 73. - VI, *b*) com exceção da propaganda de produtos e serviços que tenham concorrência no mercado, autorizar publicidade institucional dos atos, programas, obras, serviços e campanhas dos órgãos públicos federais, estaduais ou municipais, ou das respectivas entidades da administração indireta, salvo em caso de grave e urgente necessidade pública, assim reconhecida pela Justiça Eleitoral".

É mais outro caso de vedação com *natureza temporária*, isto é, atinge expressamente o *período de campanha eleitoral* (LE, art. 36, **caput**; CE, art. 240, par. único, com redações da Lei nº 13.165, de 2015). Convém destacar, aqui, a advertência de Alberto Rollo: "publicidade institucional feita sem atenção ao princípio da impessoalidade está proibida sempre, independentemente do período eleitoral, por se tratar de ato de improbidade administrativa" (**in** Eleições no Direito Brasileiro cits., item 20.7.2, p. 245).

Assentou-se em brilhante aresto que "1. A **ratio essendi** da conduta prevista no art. 73, VI, *b*, da Lei das Eleições consiste em evitar a utilização oblíqua de propagandas ou publicidades subvencionadas pelo Poder Público, que, verdadeiramente, objetivam divulgar subliminarmente informações favoráveis a players determinados, de sorte a vulnerar a igualdade de chances e a mácula a higidez da competição eleitoral" (cf. TSE, AgR - AI 95.281/SP, rel. Min. Luiz Fux, DJe, 04/09/2015, p. 310).

Conhecida por *propaganda governamental* ou *institucional* e até mesmo por *publicidade oficial*, ela se presta a impedir que ocorram *campanhas publicitárias* com o objetivo de realizar propaganda política de partidos, coligações, candidatos ou seus correligionários, sempre de cunho eleitoreiro. Tal proibição tem fulcro num enunciado constitucional (CF, art. 37, § 1º).

A primeira exceção em apreço (alínea *b*, início) se refere aos *produtos* e *serviços* que tenham concorrência no mercado, provenientes de empresas públicas ou sociedades de economia mista, as quais exploram atividade econômica (CF, art. 173, § 1º), mas devem observar os princípios atinentes à administração pública (CF, art. 173, § 1º, incs. III e V).

Já a segunda (alínea *b*, **in fine**) se refere a grave e urgente necessidade pública, desde que haja aprovação prévia pela Justiça Eleitoral. Esta deverá apreciar o caso com prudência, porquanto numa calamidade pública pode haver necessidade de se orientar a população, porém a propaganda institucional também poderá refletir propaganda política subliminar. Joel José Cândido não crê "que símbolos, frases, logotipos, **slogans**, imagens etc., usados pelo Governo e órgão públicos há tempo, com publicidade normal e até veiculadas em seus veículos, prédios, se incluam no que aqui quer a lei proibir" (cf. Direito Eleitoral Brasileiro cit., cap. XVI, item 16.14, p. 623, sem grifo no texto original).

Trata-se de proibição que atinge tão somente os agentes públicos e seus auxiliares diretos nas esferas administrativas. Os primeiros são os titulares dos mandatos em disputa na eleição e os demais, na forma de subordinados, colaboram na administração daqueles.

Cabe observar, desde logo, que é "vedada a veiculação independentemente da data da autorização" (veja-se TSE: REspe 35.240/SP, rel. Min. Arnaldo Versiani, DJe, 15/10/2009, p. 67; REspe 25.096/MG, rel. Min. Luiz Carlos Madeira, DJe, 16/09/2005, p. 173). Igualmente, "A permanência de propaganda institucional no período vedado é suficiente para que se aplique a pena de multa prevista no art. 73, § 4º, da Lei nº 9.504/97, sendo irrelevante ter sido autorizada anteriormente" (cf. TSE, AgR - REspe 43.616/MG, rel. Min. João Otávio de Noronha, DJe - 178, 23/09/2014, p. 54).

Quanto mais não seja, "A conduta vedada prevista no art. 74, inciso VI, alínea *b*, da Lei nº 9.504/1997 independe da potencialidade lesiva apta a influenciar o resultado do pleito, bastando a sua mera prática para atrair as sanções legais" (ver TSE, AgR - REspe 44.786/SP, rel. Min. João Otávio de Noronha, **in** DJe - 178, 23/09/2014, p. 45).

Para configurar a conduta vedada em pauta, é dispensável a divulgação do nome e da imagem do beneficiário na propaganda institucional (**v.** TSE, AgR - Respe 999.897.881/MG, rel. Min. Aldir Passarinho Júnior, DJe, 29/04/2011, p. 49).

Em caso análogo ao superior, decidiu-se que "A divulgação no sítio eletrônico da prefeitura, nos três meses antes do pleito, de notícia relacionada a programa habitacional a cargo do Poder Executivo local, e ainda com fotografia do preito, configura a conduta vedada do art. 74, inc. VI, letra *b*, da Lei nº 9.504/97" (cf. TSE, AgR - Respe 50.033/SP, rel. Min. João Otávio de Noronha, DJe - 178, 23/09/2014, p. 42).

De outra feita, assentou-se que "Caracteriza a infração ao disposto no art. 74, VI, *b*, da Lei nº 9.504/97 a realização, em período crítico, de publicidade de produto não determinado, sem que se permita a clara compreensão sobre a sua concorrência no mercado" (cf. TSE, Rp 82.802/DF, rel. Min. Tarcísio Vieira de Carvalho Neto, DJe - 184, 01/10/2014, p. 24).

Elucidativo aresto evidencia a necessidade da prova do ato de autorização da publicidade. Diz ele que "2. Esta Casa já assentou que, para restar caracterizada a infração do art. 73, inciso VI, letra *b*, da Lei nº 9.504/97, é necessária a comprovação do ato de autorização de veiculação de publicidade institucional. 3. A conduta vedada prevista no art. 73, inciso VI, letra *b*, da Lei nº 9.504/97, somente se caracteriza nas hipóteses de publicidade institucional, o que implica necessariamente dispêndio de recursos públicos autorizado por agentes públicos. 4. Cabe ao autor da representação o ônus da prova tanto do ato de autorização quanto do fato de a publicidade ser custeada pelo Erário, na medida em que se cuida de fatos constitutivos do ilícito eleitoral" (cf. TSE, AI 5.565/SP, rel. Min. Caputo Bastos, DJ, 26/08/2005, p. 175).

Importa destacar, agora, que "1. A divulgação de concursos públicos com a finalidade de selecionar profissionais para as Forças Armadas, por meio da veiculação de cartazes e filmetes de 30 segundos, sem qualquer referência ao Governo Federal, enquadra-se na ressalva contida na parte final do art. 73, VI, *b*, da Lei nº 9.504/97" (veja-se TSE, Pet 225.743/DF, rel. Min. Aldir Passarinho Júnior, DJe, 10/09/2010, p. 12).

Cabe assinalar, em continuação, que "a entrevista inserida dentro dos limites da informação jornalística não configura propaganda institucional irregular" (TSE, Rp 234.314/DF, rel. Min. Joelson Dias, DJe, 12/11/2010, p. 68).

Tem importância, ainda, decisão admitindo a permanência de placas de obras públicas, desde que não contenham expressões que possam identificar autoridades, servidores ou administrações cujos dirigentes estejam em campanha eleitoral (ver TSE, REspe 24.722/RN, rel. Min. Caputo Bastos, ac. publicado em sessão de 09/11/2004).

Demais disso, "A publicação de atos oficiais, tais como leis e decretos, não caracteriza propaganda institucional" (cf. TSE, AgR - REspe 25.748/SP, rel. Min. Caputo Bastos, DJ, 30/11/2006, p. 96).

Anote-se, ademais, que a divulgação de feitos de deputado estadual em sítio da **internet**, de Assembleia Legislativa, não caracteriza a conduta vedada nesta alínea (ver TSE, AgR - REspe 149.260/RO, rel. Min. Marcelo Ribeiro, DJe - 29, 09/02/2012, p. 42).

É inexato falar-se de propaganda institucional em caso de descerramento de placa de inauguração com nome do Chefe do Executivo local. Ausência de violação ao art. 73, inc. VI, al. *b*, da Lei nº 9.504/97. As proibições contidas na lei eleitoral devem ser entendidas no contexto de uma reserva legal, sob pena de violação de outros princípios constitucionais (ver TSE, AgR - AI 4.592/SP, rel. Min. Gilmar Mendes, DJ, 09/12/2005, p. 142).

Não destoa outro precedente assim vazado: "1. A distribuição de material visando à conscientização da sociedade sobre a importância da adoção de medidas preventivas contra o vírus da Gripe A (H^1N^1) enquadra-se na ressalva da conduta contida na parte final do art. 73, VI, *b*, da Lei nº 9.504/97" (cf. TSE, Pet 202.191/DF, rel. Min. Aldir Passarinho Júnior, DJe, 25/08/2010, p. 118).

Na esteira da resposta anterior: "2. A realização de ações de divulgação e mobilização, a serem realizadas no trimestre anterior às eleições, visando a sensibilizar e conscientizar a sociedade acerca da importância de receber o recenseador e de responder corretamente ao questionário do XII Censo Demográfico de 2010, enquadra-se na ressalva na parte final do art. 73, VI, *b*, da Lei nº 9.504/97" (ver TSE, Pet 28.283/RJ, rel. Min. Felix Fischer, DJe - 57, 24/03/2010, p. 43).

15.13 – Dos Pronunciamentos em Cadeia de Rádio e Televisão

Desautoriza-se ao administrador público "Art. 73. - VI, *c*) fazer pronunciamentos em cadeia de rádio e televisão, fora do horário eleitoral gratuito, salvo quando, a critério da Justiça Eleitoral, tratar-se de matéria urgente, relevante e característica das funções de governo".

Na parte final da alínea, a conjunção "e" tem função aditiva, não alternativa. Quer dizer, os três adjetivos exigem concomitância, não indicando isolamento.

Ademais, "urgente" é o que deve ser feito com rapidez ou prontamente, não deve ser retardado por três meses, que estão apontados no inc. VI do art. 73 aludido; "relevante" é o que tem interesse para quase todos ou muitos indivíduos sob a esfera administrativa do cargo mencionado no § 3º do mesmo art. 73; "característica das funções de governo" é o que se atribui ao cargo do agente ou lhe cabe executar (poder-dever), vale dizer, "Poder específico de tomar conhecimento ou não de determinado assunto na órbita administrativa" (cf. José Cretella Júnior, Dicionário de Direito Administrativo, 3ª ed., Forense, 1978, p. 67).

Cuida-se de impedimento temporário – incide somente nos três meses anteriores ao pleito, quando ocorre a campanha eleitoral – dos agentes públicos e seus auxiliares diretos atuando nas esferas administrativas onde os cargos eletivos estejam em disputa, isto é, na própria circunscrição do pleito (LE, art. 73, § 3º; CE, art. 86).

Bem observa Pedro Henrique Távora Niess que "A propaganda eleitoral, quer no rádio, quer na televisão, fica restrita ao horário gratuito, sendo obstado às emissoras, fora dele, difundir opinião favorável ou contrária aos postulantes de mandatos eletivos, partidos e coligações ou seus órgãos e representantes, ou lhes dar tratamento privilegiado, aberta ou dissimuladamente (Lei nº 9.504, arts. 44 e 45, II e IV). Fiel à coerência, o legislador não poderia deixar embaraço a pronunciamentos feitos nos três meses considerados vizinhos das eleições, por agentes públicos, em cadeia de rádio e televisão – particularidade esta, a sublinhada, que enfraquece a incidência da norma, diminuindo seu alcance, mas não abate as prescrições da seção atinente à propaganda eleitoral no rádio e na TV" (**in** Condutas Vedadas aos Agentes Públicos cits., cap. 6, item 6.3, p. 55).

Esta regulação de conduta pressupõe a convocação das emissoras pelo agente público, formando a cadeia para veicular o pronunciamento, mensagem ou alocução. Entretanto, se as ditas emissoras se reunirem, espontaneamente, para a transmissão conjunta de fato com natureza política importante, que tem valor jornalístico, essa conduta não viola o dispositivo da alínea *c* do inc. VI do art. 73 da Lei das Eleições.

A determinação legal visa a impedir o emprego de rádio e televisão em benefício de candidato à reeleição ou daquele apoiado pelo agente público, com o fito de realizar propaganda eleitoral, por si mesmo ou interposta pessoa, burlando o princípio que confere igualdade de oportunidades entre os postulantes no pleito (ver item 1.12 sobre tal igualdade). Portanto, na ocasião, a necessidade do pronunciamento deve ser imprescindível à população.

Daí, no exame necessário da Justiça Eleitoral – que não é censura prévia –, para verificar se se trata de "matéria urgente, relevante e característica das funções de governo", o critério terá enorme relevância, na tentativa de evitar o abuso do poder econômico (tanto na modalidade política como na de autoridade).

Segundo o magistério do douto Olivar Coneglian, "Comumente agentes públicos detentores de mandatos executivos (presidente, governadores, prefeitos) ou mesmo sem mandato, mas ocupando cargos de relevância (ministros, secretários) comparecem ao rádio e à televisão para falar de programas de governo, ou inaugurações, ou realização de obras. Pois isso fica terminantemente proibido durante os três meses anteriores à eleição, quer para a convocação de rádio ou televisão em cadeia, quer em rádio ou emissora de televisão isolados" (**in** Lei das Eleições cit., nº 419.d, p. 346).

Em sentido diverso ao da doutrina aludida, decidiu-se que não transgride o sobredito dispositivo a transmissão de discurso realizado por uma única emissora (isolada), ao fundamento de que assim não há falar em cadeia de rádio e televisão (cf. TSE, REspe 1.527.171/SP, rel. Min. João Otávio de Noronha, **in** DJe - 185, 02/10/2014, p. 42).

Também não descumpre o estatuído no art. 73, VI, *c*, da Lei das Eleições, o pronunciamento de prefeito em rádio, antes do período de propaganda, "com destaque para as suas obras e para a atuação funcional, fazendo menção à responsabilidade do eleitor no dia da eleição, bem como exaltando a sua preparação para continuar a administrar o município" (TSE, REspe 19.283/RS, rel. Min. Costa Porto, DJ, 10/08/2001, p. 68).

Sobre a propaganda eleitoral no rádio e na televisão há o estudo do item 11.1 retro.

15.14 – Dos Gastos com Publicidade pela Administração Pública

Veda-se ao agente público, também, "Art. 73. VII - realizar, no primeiro semestre do ano de eleição, despesas com publicidade dos órgãos públicos federais, estaduais ou municipais, ou das respectivas entidades da administração indireta, que excedam a média dos gastos do primeiro semestre dos três anos que antecedem o pleito" (com a redação dada pelo art. 2º da Lei nº 13.165, de 2015). Descabido, pois, denominar-se de institucional a publicidade velada com finalidade de propaganda eleitoral.

A propósito, o ditame legal supra encontra ressonância em preceito constitucional proibindo, na publicidade oficial, o uso de nomes ou imagens que caracterizem promoção pessoal de autoridades ou servidores públicos (CF, art. 37, § 1º). Despesas com publicidade também são limitadas por dispositivos legais que proíbem o *recebimento* de *doações* dos órgãos da administração pública, ou das autoridades, aos partidos políticos e candidatos. Essas contribuições descabidas não podem ser aceitas em dinheiro ou estimáveis em dinheiro, inclusive *por meio de publicidade* (CE, arts. 377, par. único, e 346; LPP, art. 31, II e III; LE, art. 24, II, III e IV).

A norma do inc. VII do art. 73 da Lei das Eleições, no entanto, não pode ser utilizada com a expressão que tem no Direito Financeiro (ver TSE, AgR - REspe 176.114/MG, rel. Min. Marcelo Ribeiro, DJe, 25/08/2011, p. 19).

Segundo o magistério de Lauro Barretto, "Proibida nos três meses que antecedem as eleições, conforme já foi visto na análise da alínea *b* do inciso anterior, a publicidade oficial dos órgãos públicos é perfeitamente lícita de janeiro a junho dos anos eleitorais. Entrementes, para impedir que nesses seis meses a Administração Pública autorize/libere verbas de publicidade de valor exagerado, com o fito de 'compensar' o longo período em que não poderá 'subvencionar' a mídia, o inciso VII do art. 73 da Lei nº 9.504/97 tratou de limitar estes gastos, fixando-lhe um limite. A vedação, que se estende do início do ano de eleição até três meses antes do pleito, refere-se textualmente às 'despesas com publicidade dos órgãos públicos federais, estaduais ou municipais, ou respectivas entidades da administração indireta, que excedam a média de gastos nos três últimos anos que antecedem o pleito ou do último ano imediatamente anterior à eleição'" (ver Condutas Vedadas aos Agentes Público cits., 4ª parte, item 5, p. 111).

Acentue-se, ainda, que "2. A pretensão de fazer prevalecer o entendimento de que o parâmetro utilizado quanto aos gastos de publicidade institucional, no ano eleitoral, deve ser proporcional à média de gastos no semestre anterior ao ano do pleito [não nos 3 últimos anos ou do último ano imediatamente anterior, como consta de lei] implica em interpretação ampliativa da norma [art. 73, VII], o que não é permitido ao intérprete, em especial quando acarreta restrição de direitos" (TSE, AgR - REspe 47.686/SC, rel. Min. Dias Toffoli, DJe - 79, 30/04/2014, p. 37, com inserções).

Complexa é a verificação da ocorrência de gastos excessivos com publicidade institucional. Na ementa nº 4 de um esclarecedor acórdão que versa sobre o intrincado tema constou-se: "os gastos com publicidade institucional não podem ultrapassar a média dos três anos anteriores ou a do ano imediatamente anterior à eleição - art. 73, inc. VII, da Lei nº 9.504/1997. A compreensão sistemática das condutas vedadas, que busca justamente tutelar a igualdade de chances na perspectiva da disputa entre os candidatos, leva à conclusão de que, no primeiro semestre do ano da eleição, é autorizada a veiculação de publicidade institucional, respeitados os limites de gastos dos últimos três anos ou do último ano, enquanto, nos três meses antes da eleição, é proibida a publicidade institucional, salvo exceções (art. 73, inciso VI, alínea *b*, da Lei nº 9.504/1997). Consequentemente, tais gastos com publicidade institucional, no ano de eleição, serão concentrados no primeiro semestre, pois no segundo semestre, além das limitações, algumas publicidades dependem de autorização da Justiça Eleitoral. O critério a ser utilizado não pode ser apenas as médias anuais, semestrais ou mensais, nem mesmo a legislação assim fixou, mas o critério da proporcionalidade" (cf. TSE, REspe 33.645/SC, rel. Min. Gilmar Mendes, DJe - 73, 17/04/2015, p. 45).

Não param por aí as dificuldades de compreensão do verdadeiro sentido do inc. VII do art. 73 da Lei das Eleições, com a redação dada pelo art. 2º da Lei nº 13.165, de 2015.

Noutro aresto elucidativo anotou-se o seguinte: "3. A melhor interpretação da regra do art. 73, VII, da Lei das Eleições, no que tange à definição - para fins eleitorais do que sejam despesas com publicidade -, é no sentido de considerar o momento da liquidação, ou seja, do reconhecimento oficial de que o serviço foi prestado - independentemente de se verificar a data do respectivo empenho ou do pagamento, para fins de aferição dos limites indicados na referida disposição legal. 4. A adoção de tese contrária à esposada pelo acórdão regional geraria a possibilidade inversa, essa, sim, perniciosa ao processo eleitoral, de se admitir que a publicidade realizada no ano de eleição não fosse considerada, caso a sua efetiva quitação fosse postergada para o ano seguinte ao da eleição, sob o título restos a pagar, observados os limites impostos pela Lei de Responsabilidade Fiscal" (cf. TSE, REspe 67.994/SP, rel. Min. Henrique Neves, DJe - 242, 19/12/2013).

Com efeito, a Lei de Responsabilidade Fiscal, no seu art. 16, § 1º, inc. I, estatue: "adequada com a lei orçamentária anual, a despesa objeto de dotação específica e suficiente, ou que esteja abrangida por crédito genérico, de forma que somadas todas as despesas da mesma espécie realizadas ou a realizar, previstas no programa de trabalho, não sejam ultrapassados os limites estabelecidos para o exercício". Logo, as despesas com publicidade não podem ultrapassar o exercício financeiro anual.

Sob outro aspecto, cabe notar que "O descumprimento do preceito consubstanciado no art. 73, VII, da Lei nº 9.095/1997 pressupõe existência de publicidade institucional, o que não se confunde com ato de campanha realizado por meio de bate-papo virtual, via Facebook (TSE, Rp 84.890/DF, rel. Min. Tarcísio Vieira de Carvalho Neto, DJe - 184, 01/10/2014, p. 30).

No entanto, em caso de publicidade institucional não dirigida ao consumidor, porquanto não há sequer nominação do produto, trata-se de autopromoção da empresa pública em questão (TSE, Rp 77.873/DF, rel. Min. Admar Gonzaga Neto, DJe - 187, 06/10/2014, p. 34).

15.15 – Da Revisão Geral da Remuneração de Servidores

Descabe ao gestor público "Art. 73. VIII - fazer, na circunscrição do pleito, revisão geral da remuneração dos servidores públicos que exceda a recomposição da perda de seu poder aquisitivo ao longo do ano da eleição, a partir do prazo estabelecido no art. 7º [§ 1º] desta Lei e até a posse dos eleitos".

A "circunscrição do pleito" (território da disputa eleitoral) está definida no art. 86 de Código Eleitoral. De sorte que a concessão de benefícios a servidores públicos estaduais nas proximidades das eleições municipais pode caracterizar abuso do poder político, desde que evidenciada a possibilidade de haver reflexos na circunscrição do pleito municipal, diante da coincidência de eleitores (TSE, REspe 26.054/AL, rel. Min. César Asfor Rocha, DJ, 25/08/2006, p. 169).

Cabe frisar que o preceito do inc. VIII do art. 73 da Lei das Eleições tem arrimo naquele do § 1º do art. 169 da Constituição da República.

Deve o disposto no inc. VIII do art. 73 da Lei das Eleições ser compreendido como "lei posterior", nos termos do § 1º do art. 2º da Lei de Introdução às Normas do Direito Brasileiro, porque ele foi atingido pelos parágrafos do art. 18 da Lei de Responsabilidade Fiscal (LC nº 101/2000), os quais impõem limites para as despesas com pessoal, ativo e inativo, na forma em que constar da lei complementar. Aliás, essa de hierarquia superior àquela, que é lei ordinária.

Comentando a norma do art. 18 da LRF, a Professora Maria Sylvia Zanella Di Pietro diz que, "Pela redação do dispositivo, verifica-se que no conceito de *despesa total com pessoal* foram abrangidos gastos com: a) servidores públicos em atividade, sejam ocupantes de cargo, função ou emprego, sem qualquer distinção quanto à natureza do vínculo, permanente ou transitório, estatutário ou celetista, seja ele civil ou militar; b) inativos, abrangendo o aposentado, servidor em disponibilidade e o militar reformado; c) pensionistas (dependentes dos servidores falecidos); d) mandatos eletivos, cargos, funções ou empregos, civis, militares e membros de Poder" (ver Comentários à Lei de Responsabilidade Fiscal, 3ª ed. Saraiva, 2008, art. 18, item 3, p. 142).

A natureza das despesas especificadas, portanto, é aquela aludida no inc. VIII do art. 73 da Lei das Eleições.

Quanto ao prazo da proibição, vai desde 20 de julho do ano das eleições – data das convenções partidárias (art. 8º da LE com a redação dada pelo art. 2º da Lei nº 13.165, de 2015) – até 1º de janeiro do ano subsequente (CF, arts. 28, **caput**, 29, III, e 82), ou seja, data da posse dos eleitos para os cargos do Poder Executivo, como já foi decidido (**vide** ResTSE 22.242, Cta. 1.229/DF, rel. Min. Gerardo Grossi, DJ, 01/09/2006, p. 113,).

No ano de eleição, portanto, é possível tão somente a revisão geral anual para a "recomposição" da perda de seu poder aquisitivo ao longo do ano (CF, art. 37, inc. X, parte final; Lei nº 10.331, de 18/12/2001). Nesse teor há precedente (ResTSE 22.317, PA 15.590/DF, rel. Min. Marco Aurélio, DJ, 28/08/2006, p. 103).

Não cabe alegar que o projeto de revisão tenha "por objetivo corrigir situações de injustiça ou de necessidade de revalorização profissional de carreiras específicas" (ResTSE 21.296, Cta 782/DF, rel. Min. Fernando Neves, DJ, 07/02/2003, p. 133; TSE, AgR – REspe 46.179/SC, rel. Min. Henrique Neves, DJe – 145, 07/08/2014, p. 164).

Sob outro enfoque, "A aprovação, pela via legislativa, de proposta de reestruturação de carreira não se confunde com revisão de remuneração e, portanto, não encontra obstáculo na proibição contida no art. 73, inc. VIII, da Lei nº 9.504, de 1997" (ResTSE 21.054, Cta. 772/DF, rel. Min. Fernando Neves, DJ, 12/08/2002, p. 120,).

Importa observar, ademais, que "O inciso tem – deliberada ou acidentalmente – péssima redação. O que se veda, em síntese, é a concessão de aumento real de vencimento ou salário (assim entendido aquele cujo índice ultrapassa a perda decorrente da inflação) ao funcionalismo público. Como o aumento lícito depende de aprovação de projeto de lei, a infração se consuma, a nosso sentir, com o simples envio e divulgação desse projeto e não com a sua eventual aprovação pelo Parlamento. A não ser assim, a demagogia e cabala de votos seria possível de parte do Poder Executivo, pondo a culpa pela não aprovação do projeto no Poder Legislativo. O período da proibição não é só nos três meses que antecedem pleito, mas vai de abril a outubro (180 dias antes das eleições), único prazo previsto no art. 7º mencionado pelo inciso, até a posse dos eleitos" (cf. Joel José Cândido, Direito Eleitoral Brasileiro cit., cap. XVI, item 16.14, págs. 624-5; Lauro Barretto, Condutas Vedadas aos Agentes Públicos cits., 4ª parte, item 6, págs. 115-6).

Dessa lição não destoa o ilustrado José Jairo Gomes, quando explica: "O que se proíbe é a revisão geral da remuneração dos servidores públicos, na circunscrição do pleito, que exceda a recomposição da perda do poder aquisitivo apurada ao longo do ano da eleição. Veda-se, portanto, a concessão de aumento real da remuneração dos servidores. É irrelevante o motivo alegado para a concessão do aumento, tampouco é importante a intenção de corrigir injustiças, distorções remuneratórias verificadas em anos anteriores ao da eleição, ou mesmo a valoração profissional de determinadas carreiras. A regra legal é imperativa" (**in** Direito Eleitoral cit., cap. XX, item 6.1, p. 621).

De sorte que a concessão de benefícios a servidores públicos estaduais nas proximidades das eleições municipais pode caracterizar abuso do poder político, desde que evidenciada a possibilidade de haver reflexos na circunscrição do pleito municipal, diante da coincidência de eleitores (cf. TSE, REspe 26.054/AL, rel. Min. César Asfor Rocha, DJ, 25/08/2006, p. 169).

15.16 – Das Normas de Interpretação

Consoante o "Art. 73, § 1º - Reputa agente público, para os efeitos deste artigo, quem exerce, ainda que transitoriamente ou sem remuneração, por eleição, remuneração, designação, contratação ou qualquer outra forma de investidura ou vínculo, mandato, cargo, emprego ou função nos órgãos ou entidades da Administração Pública direta, indireta ou fundacional".

O sobredito dispositivo define "agente público" para efeito da aplicação da Lei das Eleições, como já tratado no item 15.1 deste trabalho.

Segundo o "Art. 73, § 2º - A vedação do inciso I do **caput** não se aplica ao uso, em campanha, de transporte oficial pelo Presidente da República, obedecido o disposto no art. 76, nem ao uso, em campanha, pelos candidatos à reeleição de Presidente e Vice-Presidente da República, Governador e Vice-Governador do Estado e do Distrito

Federal, Prefeito e Vice-Prefeito, de suas residências oficiais para a realização de contatos, encontros ou reuniões pertinentes à própria campanha, desde que não tenham caráter de ato político".

Vale dizer, as condutas desautorizadas no inc. I do art. 73 da Lei das Eleições são permitidas, parcialmente, nas hipóteses do art. 76 do mesmo diploma legal.

Residência oficial é aquela considerada como bem público (CF, art. 20, I; CC, arts. 98 e 99, I a III), ainda que se tenha dado estrutura de direito privado (idem, art. 99, par. único).

Se os candidatos à reeleição mencionados residirem em edifícios particulares, podem usá-los sem qualquer restrição.

Daí a razão pela qual "A audiência pelo titular do mandato, candidato à reeleição, em sua residência oficial, não configura ato público para os efeitos dos arts. 73, § 2º, e 74 da Lei nº 9.504/97" (cf. TSE, AgR - Rp 1.252/DF, rel. Min. Menezes Direito, **in** DJ, 23/10/2007, p. 134; idem, em caso de reunião política na residência oficial, TRE/ES, AIJE 304.124, rel. Desª Marilza Maynard, DJe, 23/11/2011).

Em conformidade com o "Art. 73, § 3º - As vedações insertas no inciso VI do **caput** do art. 73, alíneas *b* e *c*, aplicam-se apenas aos agentes públicos das esferas administrativas cujos cargos estejam em disputa na eleição".

Neste ponto, vale ressaltar a lição de Djalma Pinto e Elke Braid Petersen sobre a permissão supracitada. Dizem os autores que "a liberação da propaganda institucional das esferas administrativas, cujos cargos não estejam em disputa... provoca flagrante desequilíbrio no processo eleitoral a configurar abuso de poder político. Fácil é a constatação. Na eleição municipal, por exemplo, a propaganda eleitoral do candidato a prefeito, apoiado pelo chefe do executivo estadual, exibe sua proposta na área da saúde, da educação etc. Coincidentemente, a 'propaganda institucional' do Estado, veiculada em todos os horários, aborda os mesmos temas e projetos do candidato que tem o apoio do governador" (Comentários à Lei da Ficha Limpa cit., item 3.9.5, p. 140).

15.17 – Das Sanções pela Prática das Condutas Vedadas

Nos termos do "Art. 73, § 4º - O descumprimento do disposto neste artigo acarretará a *suspensão* imediata da conduta vedada, quando for o caso, e sujeitará os responsáveis a *multa* no valor de cinco a cem mil UFIRs".

Sobre a importância da suspensão imediata da conduta, cabe lembrar a advertência de Hugo de Brito Machado: "prevenir é melhor que reparar, proteger é melhor que recompor" (**apud** Cássio Scarpinella Bueno, Liminar em Mandado de Segurança, 2ª ed., RT, 1999, cap. VIII, p. 358).

Em caso de acolhimento da representação (ação), a dosagem da multa será de acordo com a capacidade econômica do infrator, a gravidade da conduta e a repercussão que o fato tenha atingido (**vide** TSE, Rp 295.986/DF, rel. Min. Henrique Neves, DJe - 220, 17/11/2010, p. 15).

Seguindo a diretriz observada no aresto acima: "lesividade de ínfima extensão não afeta a igualdade de oportunidades dos concorrentes, sendo suficiente a multa para reprimir a conduta vedada e desproporcional a cassação do registro ou do diploma" (TSE, REspe 35.739/RN, rel. Min. Marcelo Ribeiro, DJe - 35, 18/02/2011, p. 18).

E mais, "O art. 73 refere-se a condutas tendentes a afetar a igualdade de oportunidade entre candidatos, por isso submete-se ao princípio da proporcionalidade" (**v.** TSE, REspe 25.358/CE, rel. Min. José Augusto Delgado, DJ, 08/08/2006, p. 118).

Neste ponto da explanação, vale ressaltar a decisão que anota a "desnecessidade de demonstrar caráter eleitoreiro ou promoção pessoal do agente público, bastando a prática do ilícito" (TSE, AgR - REspe 36.026/BA, rel. Min. Aldir Passarinho Júnior, DJe - 84, 05/05/2011, p. 47).

De conformidade com o "Art. 73, § 5º - Nos casos de descumprimento do disposto nos incisos do **caput** e no § 10, sem prejuízo do disposto no § 4º, o candidato beneficiado, agente público ou não, ficará sujeito à cassação do registro ou do diploma".

A regulação supra que, anteriormente, atingia apenas o candidato, foi ampliada ao agente público que não concorre no certame eleitoral.

O preceito do § 5º do art. 73 da Lei das Eleições possibilita a "aplicação da pena de cassação do diploma durante todo o curso do mandato" (TSE, AgR - AI 11.359/SC, rel. Min. Marcelo Ribeiro, DJe - 113, 15/06/2011, p. 66).

De acordo com o "Art. 73, § 6º - As multas de que trata este artigo serão duplicadas a cada reincidência".

Apesar do emprego do vocábulo "reincidência", que possui o significado técnico em Direito Penal (CP, art. 63), aqui não se exige trânsito em julgado da decisão administrativa impondo multa anterior, basta a reiteração da conduta vedada. Vale dizer, dobra-se o valor da multa antecedente.

Em conformidade com o "Art. 73, § 7º – As condutas enumeradas no **caput** caracterizam, ainda, atos de improbidade administrativa, a que se refere o art. 11, inciso I, da Lei nº 8.429, de 2 de junho de 1992, e sujeitam-se às disposições daquele diploma legal, em especial às cominações do art. 12, inciso III".

Configuram atos de improbidade administrativa, pois, todos aqueles previstos nos incs. I a VIII do art. 73, que integram tal artigo da Lei das Eleições. Além de condutas vedadas, são ainda tipificadas no inc. I do art. 11 da mencionada Lei de Improbidade Administrativa.

Assim sendo, o agente público que praticou qualquer das condutas vedadas na lista aludida responde por elas perante a Justiça Especializada (Eleitoral), bem como pela improbidade administrativa em face da Justiça Comum (Federal ou Estadual), sempre como instâncias independentes. Nos casos de improbidade, a competência se verifica pela *natureza da administração*; sendo de "qualquer dos Poderes da União" cabe à Justiça Federal, e dos Estados e Municípios compete à Justiça Estadual (LIA, art. 1º).

Por conseguinte, o candidato beneficiado pela conduta, mas sem ser um agente público, estará descumprindo tão somente as hipóteses constantes da Lei das Eleições. Quer dizer, não cometerá ato de improbidade administrativa, o qual somente pode ser atribuído ao gestor aludido.

Em conformidade com o "Art. 73, § 8º – Aplicam-se as sanções do § 4º aos agentes públicos responsáveis pelas condutas vedadas e aos partidos, coligações e candidatos que delas se beneficiarem".

Tratam-se, aqui, da responsabilidade por conduta direta ou indireta, através de mera participação dos gestores públicos, partidos políticos e candidatos, bastando que sejam beneficiados.

Segundo o "Art. 73, § 9º – Na distribuição dos recursos do Fundo Partidário (Lei nº 9.096, de 19 de setembro de 1995), oriundos da aplicação do disposto no § 4º, deverão ser excluídos dos partidos beneficiados pelos atos que originaram as multas".

O partido beneficiado pela conduta vedada, sendo punido com multa, não a recebe de volta no rateio do Fundo Partidário, segundo consta do item 15.1 retro.

Nos termos do "Art. 73, § 10 – No ano em que se realizar eleição, fica proibida a distribuição gratuita de bens, valores ou benefícios por parte da administração pública, exceto nos casos de calamidade pública, de estado de emergência ou de programas sociais autorizados em lei e já em execução orçamentária no exercício, casos em que o Ministério Público poderá promover o acompanhamento de sua execução financeira e administrativa".

O ditame tem como **ratio legis** impedir o uso da assistência social para promover candidaturas, com apenas três exceções, sob a supervisão (financeira e administrativa) do órgão do Ministério Público Eleitoral. Sem punição prevista, o agente público pode praticar abuso de autoridade ou improbidade administrativa.

Decorre do preceito inserto no § 10 do art. 73 da Lei das Eleições em comento que a "proibição de implemento de benefício fiscal referente à dívida ativa do município, bem como de encaminhamento de projeto de lei à Câmara de Vereadores, objetivando a previsão normativa voltada a favorecer inadimplentes" (cf. TSE, Cta 153.169/DF, rel. Min. Marco Aurélio, DJe - 207, 28/10/2011, p. 81).

Além do julgado acima, há mais outro, no seguinte teor: "assinatura de convênios e repasse de recursos financeiros a entidades privadas para a realização de projetos na área da cultura, do esporte, do turismo não se amoldam ao conceito de distribuição gratuita" (TSE, RO 1.717.231/SC, rel. Min. Marcelo Ribeiro, DJe - 106, 06/06/2012, p. 31).

Percorre a mesma trilha acórdão asseverando: "programa de empréstimo de animais, para fins de utilização e reprodução, em ano eleitoral, caracteriza a conduta vedada deste parágrafo" 10 do art. 73 da Lei das Eleições (TSE, RO 149.655/AL, rel. Min. Arnaldo Versiani, DJe - 37, 24/02/2012, p. 42).

Vem a pelo, em sequência, a decisão que diz: "programas sociais não autorizados por lei, ainda que previstos em lei orçamentária, não atendem à ressalva deste parágrafo" 10 do artigo 73 (cf. TSE, AgR - AI 116.967/RJ, relª Minª Nancy Andrighi, DJe, 17/08/2011, p. 75).

Não é demais registrar o seguinte caso: "1. Reconhecimento da conduta vedada no art. 73, § 10, da Lei nº 9.504/97, em face da edição de dois decretos municipais que concediam benefícios a duas empresas, no que tange à locação de bens públicos. 2. Analisando as circunstâncias do caso, a Corte de origem entendeu que a conduta vedada deveria ser sancionada apenas com a multa prevista no art. 73, § 4º, da Lei das Eleições, acima do mínimo legal, entendimento que está em consonância com a jurisprudência do Tribunal no sentido da aplicação, na espécie, dos princípios da razoabilidade e da proporcionalidade. Precedentes: AgR - RO 505.393, rel. Min. Dias Toffoli, DJe, 12/06/2013; AgR - RO 890.235, rel. Min. Arnaldo Versiani, DJe, 21/08/2013; Rp 295.986, de minha relatoria, DJe, 17/11/2010" (**vide** TSE, AgR – REspe 58.085/PR, rel. Min. Henrique Neves, DJe – 24, 04/02/2014, p. 63).

Consoante o "Art. 73, § 11 – Nos anos eleitorais, os programas sociais de que trata o § 10 não poderão ser executados por entidade nominalmente vinculada a candidato ou por este mantida".

Com efeito, os benefícios aludidos não podem ser operados por entidades vinculadas a candidatos ou por estes mantidas (LE, art. 73, § 11). Irrelevante, portanto, se houve ou não licitação, bem como se a assistência social é realizada de forma eventual ou permanente.

Importa destacar, por oportuno, que "1. A assinatura de convênio e o repasse de recursos públicos a entidade assistencial presidida por parente de candidato não caracteriza, por si só, infração às normas previstas no art. 73, §§ 10 e 11, da Lei nº 9.504/97" (TSE, AgR – RO 505.393/AM, rel. Min. Dias Toffoli, DJe – 109, 12/06/2013, p. 62).

Em conformidade com o "Art. 73, § 12 – A representação contra a não observância do disposto neste artigo observará o rito do art. 22 da Lei Complementar nº 64, de 18 de maio de 1990, e poderá ser ajuizada até a data da diplomação".

Segundo o "Art. 73, § 13 – O prazo de recurso contra decisões proferidas com base neste artigo será de 3 (três) dias, a contar da data da publicação do julgamento no Diário Oficial".

Nesses §§ 12 e 13 do art. 73 da Lei das Eleições em questão ficou estabelecido que o procedimento para apurar as condutas vedadas no **caput** do artigo é aquele do art. 22 da Lei das Inelegibilidades, propondo-se a AIJE até a diplomação dos eleitos. E o prazo para recurso será de três dias, como já previsto nos art. 30, § 5º, da Lei das Eleições aludida.

15.18 – Da Publicidade Institucional Desvirtuada

Consoante o "Art. 74. Configura abuso de autoridade, para os fins do disposto no art. 22 da Lei Complementar nº 64, de 18 de maio de 1990, a infringência do disposto no § 1º do art. 37 da Constituição da República, ficando o responsável, se candidato, sujeito ao cancelamento do registro ou do diploma" (redação dada pela Lei nº 12.034/2009).

Outro caso de vedação com *natureza temporária*, isto é, atinge o *período de campanha eleitoral* (LE, art. 36, **caput**; CE, art. 240, par. único). O prazo de três meses que antecedem o pleito é bem ressaltado por Adriano Soares da Costa (Instituições de Direito Eleitoral cit., vol. 1, cap. 10, nº 3.2, pp. 360-1) com apoio de Walber de Moura Agra e Francisco Queiroz Cavalcanti (Comentários à Nova Lei Eleitoral cit., art. 74, p. 127 e nota 207).

Como foi salientada atrás, quando a questão foi estudada sob o prisma de modalidade (ou tipo) de propaganda (item 2.6), esta não pode prejudicar a igualdade entre os que disputam o certame e, inclusive, maltratar o princípio da impessoalidade, que deve nortear a Administração Pública, especialmente nos três meses que antecedem o pleito (CF, arts. 5º, **caput** e inc. XXXIII, e 37, § 1º; LE, art. 73, inc. VI, letra *b*).

Desvirtuada a publicidade institucional do que se estatui no enunciado supra, empregando-a para a sua promoção pessoal, o agente público pratica a conduta vedada em foco, possibilitando, inclusive, a propositura da AIJE, prevista no art. 22 da Lei Complementar nº 64/1990. Em caso de conduta proibida fora do mencionado *período de campanha eleitoral*, ocorrerá *improbidade administrativa*, por descumprir-se o *princípio da impessoalidade* (CF, art. 37, **caput**, 2ª figura; LIA, art. 11), de competência da Justiça Comum (Federal ou Estadual, conforme o âmbito de atuação do gestor público envolvido).

Sob a forma simplificada, esta questão já foi tratada no item 2.6 do capítulo 2.

Diz a Constituição da República que "A publicidade dos atos, programas, obras, serviços e campanhas dos órgãos públicos deverá ter caráter educativo, informativo ou de orientação social, dela não podendo constar nomes, símbolos ou imagens que caracterizam promoção pessoal de autoridades ou servidores públicos" (art. 37, § 1º).

Segundo o magistério de Roberto Amaral e Sérgio Sérvulo da Cunha, "Alimenta-se o art. 74 nas regras constitucionais e ordinárias de combate ao abuso do poder econômico e ao abuso de autoridade, visando a estabelecer aquela perseguida igualdade de condições de disputa entre os candidatos. De certa forma é o corolário das intenções expressas pelo art. 73. O abuso de poder político e o abuso de poder econômico se fundem como irmãos siameses. Nos termos do art. 74, **in fine**, essa ilicitude sujeita o candidato, através de investigação judicial eleitoral, se interposta antes da eleição; se interposta posteriormente ao pleito, pode instruir recurso contra a diplomação. Consumada esta, servirá de fundamento para a ação de impugnação do mandato eletivo" (**in** Manual das Eleições, parte I, p. 533).

"Contudo, não é qualquer publicidade que ensejará a sanção política prevista no art. 22 da LI. Deverá ser fato ocorrido no microprocesso eleitoral, tão somente doloso, expressivo na quantidade e no conteúdo material, de sorte a poder - efetiva e concretamente - afetar a igualdade entre partidos e candidatos nos pleitos (art. 73, **caput**) ou, em outras palavras, atingir prejudicialmente a probidade administrativa, a moralidade para o exercício do mandato, a normalidade ou a legitimidade para as eleições (CF, art. 14, § 9º). O que se está a dizer é que pelo menos um dos elementos integrantes da trilogia 'enriquecimento ilícito, prejuízo ao erário ou atentado aos princípios da administração pública' deverá estar presente para ensejar a sanção prevista, após o devido processo legal e a ampla defesa" (cf. Joel José Cândido, Direito Eleitoral Brasileiro cit., cap. XVI, item 16.14, págs. 630-1).

Interpretando o preceito acima, proclamou-se: "Para a configuração do abuso de poder, é necessário que se demonstre que os fatos praticados pelo agente público comprometem a igualdade da disputa eleitoral e a legitimidade do pleito" (cf. TSE, AgR - REspe 970.372/PR, rel. Min. Arnaldo Versiani, DJe, 30/11/2012, p. 7; igualmente, RO 1.517/TO, rel. Min. Felix Fischer, DJe - 166, 01/09/2009, p. 42).

Esclarecendo, também, o dispositivo em foco, decidiu-se "8. O exame da potencialidade não se prende ao resultado das eleições. Importam os elementos que podem influir no transcurso normal e legítimo do processo eleitoral, sem necessária vinculação com resultado quantitativo (RO 781/RO, rel. Min. Peçanha Martins, DJ, 24/09/2004, p. 163). Negado provimento" (TSE, RO 2.346/SC, rel. Min. Felix Fischer, DJe, 18/09/2009, p. 21).

E mais, o comparecimento para comemorar <u>início</u> de obra pública não tem potencialidade para caracterizar abuso de poder político, previsto nas arts. 73, inc. I, e 74 da Lei das Eleições (TSE, Rp 935/DF, rel. Min. César Asfor Rocha, DJ, 10/11/2006, p. 178).

Na esteira do ponto de vista supra, "A audiência pelo titular do mandato, candidato à reeleição, em sua residência oficial, não configura ato público para os efeitos dos arts. 73, § 2º, e 74 da Lei nº 9.504/97" (TSE, AgR - Rp 1.252/DF, rel. Min. Menezes Direito, DJ, 23/10/2007, p. 134; idem, em caso de reunião política na residência oficial, TRE/ES, AIJE 304.124, rel. Desª Marilza Maynard, DJe, 23/11/2011).

Importa salientar ainda que "A caracterização do abuso de autoridade previsto no art. 74 da Lei nº 9.504/97 requer seja demonstrada, de forma objetiva, afronta ao disposto no art. 37, § 1º, da Constituição Federal, ou seja, que haja ruptura do princípio da impessoalidade com a menção a nomes, símbolos ou imagens, que caracterizam promoção pessoal ou de servidores públicos" (ver TSE, REspe 44.530/RS, relª Minª Luciana Lóssio, **in** DJe - 32, 14/02/2014, p. 97).

Fora do período eleitoral, a competência para julgar questão relativa à ofensa ao disposto no § 1º do art. 37 da Constituição Federal é da Justiça Comum (TSE, Rp 752, de 10/08/2006). **A contrario sensu**, compete à Justiça Eleitoral, no período de campanha, apreciar a conduta de promoção pessoal do governante em publicidade institucional da administração (TSE, AI 4.246/MS, rel. Min. Luiz Carlos Lopes Madeira, DJ, 16/09/2005, p. 171).

Por fim, interessa destacar que a publicidade institucional abusiva pelo candidato, ou sob a sua responsabilidade, implica no cancelamento do registro ou do diploma (CF, art. 37, § 1º; LI, art. 22, inc. XIV; LE, art. 74 com a redação dada pelo art. 3º da Lei nº 12.034/2009).

15.19 – Dos Shows Artísticos em Inaugurações

Na forma do "Art. 75. Nos três meses que antecederem as eleições, na realização de inaugurações é vedada a contratação de shows artísticos pagos com recursos públicos". Essa proibição também atinge os comícios, nos termos do § 7º art. 39 da mesma Lei das Eleições.

Como consta do ditame legal, trata-se de mais outro caso de vedação com *natureza temporária*, ou seja, restringe-se ao *período de campanha eleitoral* (LE, art. 36, **caput**; CE, art. 240, par. único, com redações da Lei nº 13.165, de 2015). Fora do período, também descabe a contratação de shows para as inaugurações de obras, porque implica em gasto de recurso público de forma ímproba (a ser perquirida na Justiça Comum, Federal ou Estadual).

São casos que configuram abuso de poder econômico (CF, art. 14, § 9º; LI, art. 1º, inc. I, alínea *d*; CE, arts. 237, **caput**, e 222).

Poderá tipificar também abuso de poder político (CF, arts. 14, § 9º, e 37, **caput**; LI, art. 1º, inc. I, alínea *h*) se a contratação do show artístico (ou showmício) foi efetuada e paga pelo agente público.

Não se há confundir abuso de poder econômico com abuso de poder político. De feito, "2. O desvirtuamento do poder político, embora pertencente ao gênero abuso, não se equipara ao abuso do poder econômico, que tem definição e regramento próprio" (TSE, AgR - REspe 25.926/SP, rel. Min. Caputo Bastos, DJ, 20/11/2006, p. 199).

Tem razão Carlos Mário da Silva Velloso e Walber de Moura Agra ao afirmarem: "Louvável esse cerceamento porque extirpou uma prática nociva em que artistas eram contratados apenas com o intuito de realizar propaganda política de gestores públicos, muitas vezes com um custo desproporcional ao valor da obra realizada. Os denominados showmícios desequilibram a paridade entre os candidatos, utilizam o erário público de forma despicienda e ainda contribuem para a alienação do debate político, em que as grandes aglomerações se formam apenas em virtude das atrações contratadas e não para ouvir as propostas dos candidatos" (**in** Elementos de Direito Eleitoral cit., nº 12.3, p. 292).

Nessa linha de entendimento, Lauro Barretto realça: "Para impedir que o custo desta eficaz modalidade de campanha eleitoral indireta seja arcado pelo erário, este art. 75 proíbe 'na realização de inauguração', durante os três meses anteriores ao pleito, 'a contratação de shows artísticos pagos com recursos públicos'" (ver Condutas Vedadas aos Agentes Públicos cit., 4ª parte, nº 9, p. 121).

Na segunda hipótese – comícios –, pode ser utilizada aparelhagem de sonorização fixa (§ 4º do art. 39), para a ampliação das vozes (alto-falantes), mas não para possibilitar a presença de artistas, cantores, músicos, cômicos, apresentadores, sonorizações eletrônicas ou telões etc. Enfim, o showmício está legalmente proibido. Os presentes ouvirão, querendo, as manifestações dos candidatos e seus adeptos, mas não devem ter a atenção voltada para os shows concomitantes, que são destinados exclusivamente à atração de espectadores. Os candidatos devem contar apenas com os seus atributos pessoais. A extensão das normas aludidas, formando outra lei, não pode desvirtuar as condutas vedadas nos comícios e nas inaugurações. Destarte, impõe-se a interpretação restritiva, posto que a "lei contém em si uma contradição íntima (é o chamado argumento **ad absurdum**)". Conferir Francesco Ferrara, tradução cit., nº 9, letra *i*, p. 149.

Consoante o "Art. 75. Parágrafo único – Nos casos de descumprimento do disposto neste artigo, sem prejuízo da suspensão imediata da conduta, o candidato beneficiado, agente público ou não, ficará sujeito à cassação do registro ou do diploma" (parágrafo incluído pela Lei nº 12.034/2009).

Lembra Marcos Ramayana que "As sanções impostas pelo parágrafo único do art. 75 da Lei das Eleições são: a) suspensão imediata da conduta (liminar ou cautelar); b) cassação do registro; c) cassação do diploma. Tenha-se presente que o legislador poderia ter inserido o **caput** do art. 75 como inciso do art. 73, mas preferiu destacar a regra atribuindo-se um caráter autônomo, quando na essência ela é um ato similar aos demais. Trata-se de uma modalidade de conduta vedada". Prosseguindo, observa: "Se o ato ilícito foi praticado sem os revestimentos fáticos necessários à caracterização da conduta potencialmente lesiva (não é caso de AIJE), mas restar suficiente a média lesão que acarreta o exame da proporcionalidade ou razoabilidade, adota-se o rito do art. 96 da LE, já que é o parâmetro para a conduta do art. 77 da mesma lei eleitoral (TSE, ED – REspe 24.877/SP, rel. Min. Marco Aurélio, DJ, 16/09/2005, p. 172), inclusive em relação ao prazo recursal de 24h previsto no art. 96, § 8º, da norma legal. Desconsidera-se, portanto, o procedimento da Lei das Inelegibilidades, até porque não se busca, nesse momento, a declaração da mesma, mas reservam-se os pedidos na cassação do registro ou diploma. Não há previsão de multa" (**in** Direito Eleitoral cit., nº 15.5.10, p. 661).

15.20 – Do Ressarcimento pelo Transporte Oficial

Nos termos da Lei das Eleições, "Art. 76. O ressarcimento das despesas com o uso de transporte oficial pelo Presidente da República, e sua comitiva, em campanha eleitoral será de responsabilidade do partido político ou da coligação a que esteja vinculado".

O preceito supracitado configura exceção à proibição de usar bens e serviços públicos (LE, art. 73, inc. I), que constitui a regra geral. Sua interpretação, portanto, deve ser estrita, isto é, conforme a sua expressão literal (cf. STF, Pleno: ADI 41/DF, rel. Min. Moreira Alves, RTJ, 134/1016 e RE 564.413/SC, rel. Min. Marco Aurélio, RTJ, 218/137).

Compensa-se tal benefício que é atribuído, unicamente, ao Presidente da República e à sua comitiva, por meio do ressarcimento das despesas pela utilização concreta dos bens e serviços (LE, art. 76, §§ 1º a 4º).

Diante da impossibilidade de os demais partidos políticos e candidatos lançar mão de tal regalia, parece que o preceito viola o princípio da igualdade (CF, art. 5º, **caput** e § 1º; LE, art. 73), que é tão caro ao sistema eleitoral. O desequilíbrio de forças entre os participantes do certame eleitoral traz o desmerecimento da edição dessa norma estapafúrdia.

A benesse serve ao próprio Presidente da República, se pretende ser reeleito, e ao candidato que, com seu apoio, busca sucedê-lo no cargo eletivo.

Seu objetivo, ao que parece, é de dar alguma satisfação ao povo que, na quase totalidade, não aprova o benefício custeado com os tributos elevados que paga.

Ademais, segundo o "Art. 76, § 1º - O ressarcimento de que trata este artigo terá por base o tipo de transporte usado e a respectiva tarifa de mercado cobrada no trecho correspondente, ressalvado o uso do avião presidencial, cujo ressarcimento corresponderá ao aluguel de uma aeronave de propulsão a jato do tipo táxi aéreo".

Os paradigmas adotados com o escopo de mensurar o valor dos ressarcimentos são vagos e subjetivos, bastante favoráveis ao partido político a que pertence o usuário. É, consequentemente, uma vantagem inequívoca.

Sem fixar-se o número de pessoas que integrarão a comitiva e nem exigir o ressarcimento pelas suas despesas, parece que o dispositivo pertinente tem pouca aplicação, dificultando o sistema de controle interno do Poder Executivo (ver CF, art. 74, **caput**; Decreto-lei nº 200/1967, art. 25) e, pior, porque ao Presidente da República cabe exercer "a direção superior da administração federal" (CF, art. 84, inc. II).

Como as "despesas com transporte ou deslocamento de candidato e de pessoal a serviço das candidaturas" são considerados gastos eleitorais, elas devem necessariamente constar da prestação de contas (LE, art. 26, inc. IV).

Em concordância com a Lei das Eleições, "Art. 76, § 2º - No prazo de dez dias úteis da realização do pleito, em primeiro turno, ou segundo, se houver, o órgão competente de controle interno procederá **ex officio** à cobrança dos valores devidos nos termos dos parágrafos anteriores".

Consoante o "Art. 76, § 3º - A falta do ressarcimento, no prazo estipulado, implicará na comunicação do fato ao Ministério Público Eleitoral, pelo órgão de controle interno".

De acordo com o "Art. 76, § 4º - Recebida a denúncia do Ministério Público, a Justiça Eleitoral apreciará o feito do prazo de trinta dias, aplicando aos infratores pena de multa correspondente ao dobro das despesas, duplicada a cada reiteração de conduta".

A penalidade pela violação do preceito também não contém o rigor proporcional ao clamor popular em face da benesse aludida.

15.21 – Da Participação de Candidatos em Inaugurações ou Entrega de Obras Públicas

Segundo a Lei das Eleições, "Artigo 77. É proibido a qualquer candidato comparecer, nos três meses que precedem o pleito, a inaugurações de obras públicas".

"Parágrafo único. A inobservância do disposto neste artigo sujeita o infrator à cassação do registro ou do diploma".

Cumpre enfatizar, desde já, que a sanção supracitada não configura nova condição de elegibilidade (CF, art. 11, § 9º), nem maltrata o princípio da igualdade (CF, art. 5º, **caput**). Sem dúvida, o Pretório Excelso assentou que "1. A proibição veiculada pelo preceito atacado não consubstancia nova condição de elegibilidade. Precedente [TSE, REspe 24.739/SP]. 2. O preceito inscrito no art. 77 da Lei nº 9.504 visa a coibir abusos, conferindo igualdade de tratamento aos candidatos, sem afronta ao disposto no art. 14, § 9º, da Constituição do Brasil. 3. A alegação de que o artigo impugnado violaria o princípio da isonomia improcede. A concreção do princípio da igualdade reclama a prévia determinação de quais sejam os iguais e os desiguais. O direito deve distinguir pessoas e situações distintas entre si, a fim de conferir tratamentos normativos diversos a pessoas e a situações que não sejam iguais" (STF, Pleno, ADI 3.305/DF, rel. Min. Eros Grau, LexSTF, 338/98, com inserção no texto original).

Além do mais, "1. Nos termos do disposto nos §§ 4º, 5º e 8º do art. 73 da Lei nº 9.504/97, tanto os responsáveis pela conduta vedada quanto aqueles que delas se beneficiaram sujeitam-se às sanções legais" (TSE, REspe 28.534/MA, rel. Min. Eros Grau, DJe, 01/10/2008, p. 12).

Na redação anterior do preceito (LE, art. 77), a proibição de comparecer às inaugurações de obras públicas restringia-se aos candidatos a cargos do Poder Executivo. Agora, a repressão também atinge os candidatos a cargos do Legislativo. Com a extensão aludida, equilibra-se a disputa entre os concorrentes do certame.

Com razão, "2. O comparecimento de candidato, que ocupa o cargo de deputado federal, à inauguração de obra pública constitui conduta vedada aos agentes públicos, prevista no art. 77 da Lei nº 9.504/97, a atrair a inelegibilidade do art. 1º, inc. I, alínea *j*, da Lei Complementar nº 64/90" (**vide** TSE, REspe 11.661/RS, relª Minª Nancy Andrighi, ac. publ. em sessão de 21/11/2012). Com efeito, "O art. 74 da Lei nº 9.504/97 dispõe que 'configura abuso de autoridade, para fins do disposto no art. 22 da Lei Complementar nº 64, de 18 de maio de 1990, a infringência do disposto no § 1º do art. 37 da Constituição Federal, ficando o responsável, se candidato, sujeito ao cancelamento do registro de sua candidatura'" (cf. Vera Maria Nunes Michels, Direito Eleitoral cit., item 6.5, p. 106).

O candidato que participa de inauguração de obra pública, nos três meses que antecedem o pleito, leva grande vantagem sobre os demais. Explica Emerson Garcia: "A proximidade da eleição e o inevitável prestígio que será auferido pelo candidato, ao divulgar a sua imagem e associá-la a uma realização de inequívoco benefício para a população, geram uma presunção de benefício pessoal e de rompimento da situação de igualdade que deveria estar presente entre os concorrentes" (**in** Abuso de Poder nas Eleições cit., item 7, p. 31).

Comentando tal enunciado, Lauro Barretto esclarece que "O texto deste artigo utiliza o verbo 'participar'... que, em todos os sentidos, tem abrangência muito mais alargada do que o verbo 'comparecer' ou a expressão 'estar presente'. Por essa razão e escorado em mandamentos constitucionais esbocei as seguintes considerações no meu livro sobre a Lei das Eleições, editado na época da disputa municipal de 2000: Importante observar que a participação aqui proibida não impede a presença física dos candidatos nessas solenidades como simples assistentes, igualados a qualquer do povo. E nem poderia ser assim, uma vez que a Constituição Federal assegura o direito de reunião e o direito de ir e vir. A participação vedada aos concorrentes aos cargos de prefeito e vice-prefeito diz respeito tão somente à presença em caráter oficial, com destaque não conferido aos demais assistentes. Ou seja, estão impedidos de subir ao palanque, discursar, ser homenageados de forma ostensiva ou praticar qualquer outro ato que exceda a condição de meros assistentes do evento[103]" (**v.** Condutas Vedadas aos Agentes Públicos cit., 4ª parte, item 10, págs. 122-3, nota n. 103).

Via de consequência, "Não configura situação jurídica enquadrável no art. 77 da Lei nº 9.504/1997 o comparecimento de candidatos ao local após a inauguração da obra pública, quando já não mais estão presentes no lugar os cidadãos em geral" (TSE, REspe 24.852/SC, rel. Min. Marco Aurélio, DJ, 28/10/2005, p. 137).

Cabe salientar, em sequência, que o prefeito em campanha eleitoral exerce as atividades referentes a seu cargo paralelamente à campanha eleitoral e, pois, realizando aquelas não viola a norma do art. 77 da Lei das Eleições (TSE, AgR – REspe 25.093/ES, rel. Min. Gilmar Mendes, DJ, 05/05/2006, p. 151).

Na circunstância prevista no **caput** do art. 77 da LE, o comparecimento de candidato a uma só inauguração, sem quantidade significativa de eleitores, não configura o ilícito. A cassação do registro [par. único] somente deve ser imposta em casos mais graves, à luz do *princípio da proporcionalidade* (**v.** TSE, AgR – RO 890.235/GO, rel. Min. Arnaldo Versiani, DJe – 160, 21/08/2012, p. 38). Em caso mais grave (algumas inaugurações), no entanto, ocorreu a cassação do registro da candidatura (TSE, REspe 11.661/RS, relª Minª Nancy Andrighi, ac. publ. em sessão de 21/11/2012).

Ainda não incide na proibição contida no art. 77 da Lei nº 9.504, de 1977, o candidato a cargo eletivo do Poder Executivo que visita obra já inaugurada (TSE, R - Rp 56/DF, rel. Min. Fernando Neves, ac. publ. em sessão de 12/08/1998).

Não discrepa a decisão seguinte: "O descerramento de placa de novo nome de praça já existente não configura inauguração de obra pública a que se refere o art. 77 da Lei nº 9.504/97, sendo tal conduta inerente às atribuições do cargo de administrador público" (TSE, AgR - AI 5.291/RS, rel. Min. Caputo Bastos, DJ, 08/04/2005, p. 151).

Da mesma forma, a solenidade de sorteio de casas populares não se enquadra no conceito de inauguração de obra pública do art. 77 da Lei das Eleições. Em tempos de campanha eleitoral, a presença dos mais altos dignatários, nas várias espécies de eventos ligados às eleições, não caracteriza um escândalo, desde que não descambe para o pleno uso (TSE, REspe 24.790/SP, rel. Min. Gilmar Mendes, DJ, 29/04/2005, p. 113).

Por igual, o prefeito candidato à reeleição que comparece a solenidade para assinatura de convênio de obra pública não infringe a norma do art. 77 da LE. Potencialidade lesiva não demonstrada [de se valer do ato público para fazer campanha]. Equilíbrio do pleito eleitoral preservado. Aplicado o *princípio da proporcionalidade*, com o intuito de considerar não caracterizada a conduta vedada (TSE, AgR - REspe 34.853/RN, relª Minª Cármen Lúcia, DJe, 10/05/2010, p. 18).

Seguindo a mesma diretriz, a mera presença de candidato na inauguração de obra pública, sem destaque e sem fazer uso da palavra, não configura o ilícito previsto no art. 77 da Lei das Eleições (TSE, AgR - AI 178.190/RO, rel. Min. Henrique Naves, DJe - 233, 06/12/2013, p. 68). Assim também pensa Marino Pazzaglini Filho (Eleições Gerais cit., item 14.11, p. 113).

Voga nas mesmas águas outro precedente, asseverando que o comparecimento em inauguração de obra promovida por adversário político não caracteriza conduta vedada (TSE, AgR - AI 11.173/SP, rel. Min. Marcelo Ribeiro, DJe, 16/10/2009, p. 22; em caso análogo TSE, REspe 646.984/SP, relª Minª Nancy Andrighi, DJe, 24/08/2011, p. 12).

Art. 77. "Parágrafo único. A inobservância do disposto neste artigo sujeita o infrator à cassação do registro ou do diploma".

Não incide o disposto no parágrafo único do art. 77 "se ainda não existia pedido de registro de candidatura na época de inauguração de obra pública" (TSE, AgR – REspe 22.059/GO, rel. Min. Carlos Mário da Silva Velloso, acórdão publicado em sessão de 09/09/2004).

Já a Resolução TSE 24.404/2014, no seu art. 53, estabelece que "É proibido a qualquer candidato comparecer, a partir de 5 de julho de 2014, a inaugurações de obras públicas (Lei nº 9.504/1997, art. 77, **caput**) ".

O parágrafo único do mesmo art. 53 repete que "A inobservância do disposto neste artigo sujeita o infrator à cassação do registro ou do diploma (Lei nº 9.504/97, art. 77, par. único) ".

Note-se, por oportuno, que a redação do mencionado **caput** do art. 77 da Lei das Eleições foi dada pelo art. 3º da Lei nº 12.034/2009, substituindo o verbo "participar" pelo verbo "comparecer" (daí *o menor valor*, para a eficácia do convencimento, das citações de *julgados anteriores* à dita alteração legislativa).

Lembre-se, também, que o *conceito* de *obra pública* está no texto do art. 6º, inc. I, da Lei de Licitações (nº 8.666/1993), que reza: "considera-se obra toda construção, reforma, fabricação, recuperação ou ampliação, realizada por execução direta ou indireta". Para insigne Hely Lopes Meirelles, "Obra, em sentido administrativo amplo, é toda realização material a cargo de Administração, executada diretamente por seus órgãos, ou indiretamente, por seus contratados ou delegados" (ver Licitação e Contrato Administrativo, 14ª ed., Malheiros, 2006, cap. II, item 2, p. 55).

Interpretando de forma literal o preceito, considerou-se que a participação do candidato em <u>diversas</u> inaugurações de obras públicas, no período eleitoral, tem potencialidade para interferir no resultado da eleição (TSE, ED – REspe 28.534/MA, rel. Min. Ricardo Lewandowski, DJe, 06/08/2009, p. 86).

Conforme a Lei das Eleições, "Artigo 78. A aplicação das sanções cominadas no art. 73, §§ 4º e 5º, dar-se-á sem prejuízo de outras de caráter constitucional, administrativo ou disciplinar fixadas pelas demais leis vigentes".

A referida Lei nº 9.504/97, no seu art. 73, **caput**, I a VIII, também dá fundamento à ResTSE 23.404/2014, art. 50, I a VIII.

15.22 – Dos Pleiteantes à Reeleição

No que tange ao Presidente da República, em campanha eleitoral, o uso de transporte oficial para si e sua comitiva está disciplinado, detalhadamente, no art. 76, §§ 1º a 4º, da Lei das Eleições. Aclarando esses dispositivos, os arts. 90 e 50, §§ 1º a 4º, da ResTSE nº 23.404/2014 são mais minuciosos ao nortearem ditas imposições legais.

De feito, estabelece o § 2º do art. 73 da Lei das Eleições que "A vedação do inciso I do **caput** não se aplica ao uso, em campanha, de transporte oficial pelo Presidente da República, obedecido o disposto no art. 76, nem o uso, em campanha, pelos candidatos à reeleição de Presidente e Vice-Presidente da República, de Governador e Vice-Governador de Estado e do Distrito Federal, de suas residências oficiais, com os serviços inerentes à sua utilização normal, para realização de contatos, encontros e reuniões pertinentes à própria campanha, desde que não tenham caráter de ato público" (ResTSE 24.304/2014, art. 50, § 2º).

Guardando a simetria, no concernente aos agentes públicos retro mencionados, o uso de transporte oficial para si e sua comitiva está abarcado na permissão de uso das "residências oficiais, com os serviços inerentes à sua utilização normal, para realização de contatos, encontros e reuniões pertinente à própria campanha".

Vale fazer algumas observações neste ponto da exposição.

É obvio que os governadores necessitam do aparato de segurança, porquanto, *em caso de algum atentado*, há repercussão na sua própria atividade administrativa. *Enquanto faz a sua campanha, o candidato não deixa de ser o governador*. Aqui, além da interpretação estrita, acima citada, ainda deve ser adotada aquela que evite o absurdo (**interpretatio illa sumenda quoe absurdum evitetur**). Com efeito, é incabível deixar a administração pública paralisada, enquanto o governante procura se reeleger. Tal gestão, pelo seu *caráter social*, precisa ser contínua. De resto, sem prova fática *específica* e *conclusiva* (em geral, difícil de ser produzida pelos reclamantes elencados no art. 96 da LE), não há falar em favorecimento da candidatura em face de tais condutas. Veda-se o uso efetivo de bens e servidores, mas não as suas imagens, como cenas de prédios e seus ocupantes etc., para enaltecer uma administração ou criticar outra (ver: TRE–SP, Proc. 15.856, Ac. 137.000, rel. Juiz José Reinaldo; TRE–SP, AgR – Rp 13.243, Ac. 144.187, rel. Juiz Décio Notarangeli).

Por similitude de seus cargos e funções, os prefeitos municipais estão sujeitos à harmonização acima, no que lhes for aplicável, mas não podem usar de maior aparato do que o fazem na praxe local.

Impende ressaltar que "3. Não há abuso de poder no fato de o candidato à reeleição apresentar, em sua propaganda eleitoral, as realizações de seu governo, já que esta ferramenta é inerente ao próprio debate desenvolvido em referida propaganda" (cf. TSE, Rp 1.098/DF, rel. Min. César Asfor Rocha, DJ, 20/04/2007; RCED 698/TO, rel. Min. Felix Fischer, DJe - 12/08/2009, p. 28).

15.23 – Das Questões Processuais em Representações, Ações e Recursos

Sem embargo do emprego dos vocábulos "reclamações" e "representações" pelo art. 96 da Lei das Eleições, adota-se este segundo, uma vez que tais ações devem ser autuadas "na classe processual Representação (Rp) ", nos termos no art. 15 do Regimento Interno do Tribunal Superior Eleitoral (classe 42ª), repetido no parágrafo único do art. 1º da ResTSE 23.398, de 17/03/2013, com natureza específica e temporária. Note-se que para cada eleição é editada uma resolução pelo colendo Tribunal Superior Eleitoral (art. 23, inc. IX, do CE c.c. art. 105, **caput**, da LE).

A Lei das Eleições em questão estabelece o que se vai seguir.

Art. 96. "Salvo disposições específicas em contrário desta Lei, as reclamações e representações relativas ao seu descumprimento podem ser feitas por qualquer partido político, coligação ou candidato, e devem dirigir-se: I – aos Juízes Eleitorais, nas eleições municipais; II – aos Tribunais Regionais Eleitorais, nas eleições federais, estaduais e distritais; III – ao Tribunal Superior Eleitoral, na eleição presidencial" (grifou-se).

Para simplificar e abreviar o desate dessas ações previstas no art. 96 da Lei das Eleições – que são propostas em período de muita litigiosidade, como decorrência natural da campanha –, o art. 2º da Lei nº 13.165, de 29/09/2015, acrescentou àquele diploma legal os vários dispositivos seguintes:

"Art. 96-B. Serão reunidas para julgamento comum as ações eleitorais propostas por partes diversas sobre o mesmo fato, sendo competente para apreciá-las o juiz ou relator que tiver recebido a primeira.

§ 1º O ajuizamento de ação eleitoral por candidato ou partido político não impede ação do Ministério Público no mesmo sentido.

§ 2º Se proposta ação sobre o mesmo fato apreciado em outra decisão cuja decisão ainda não transitou em julgado, será apensada ao processo anterior na instância em que ele se encontrar, figurando a parte como litisconsorte no feito principal.

§ 3º Se proposta ação sobre o mesmo fato apreciado em outra cuja decisão já tenha transitado em julgado, não será ela conhecida pelo juiz, ressalvada a apresentação de outras ou novas provas. "

Estas demandas constituem uma espécie das várias outras ações do gênero destinado à impugnação das condutas ilícitas praticadas no curso da campanha eleitoral (sobre as outras ações ver: LE, arts. 16, § 1º, 30-A, **caput** e § 1º, 40-B, **caput** e par. único, 41-A, § 3º, 73, § 12, e 96, **caput** e § 1º; LI, art. 22). Note-se que tais meios para a obtenção da tutela jurisdicional têm a denominação genérica de *ação de reclamação por propaganda irregular* – ARPI. Destina-se ela a impedir a propaganda eleitoral irregular ou ilegal e, por conseguinte, não deve ser confundida com as reclamações previstas nos Regimentos Internos dos TREs e TSE.

Não se misture, também, a conduta vedada que decorre de outros atos não relacionados com a propaganda eleitoral, apurados mediante procedimento específico (LE, art. 41-A, **caput** e § 1º). Saliente-se que estes são, igualmente, atos ilícitos eleitorais. Sobre o exame destes atos ilícitos ou ilegais, que seguem outros ritos processuais, consulte-se o item 4.1 supra.

Igualmente descabe confundir o procedimento das reclamações (LE, arts. 96, 96-A e 96-B) com aqueles referentes às impugnações e seus recursos sobre o registro de candidatos (arts. 16, §§ 1º e 2º, 16-A e 16-B da LE c.c. art. 97, §§ 2º a 4º, do CE).

Como se vê no texto do art. 96 da Lei das Eleições, há previsão apenas indireta à legitimidade da intervenção do Ministério Público Eleitoral nas reclamações ou representações aludidas (§ 1º do art. 96-B acrescentado pelo art. 2º da Lei nº 13.165/2015). A Constituição da República, todavia, atribui-lhe essa incumbência (arts. 127, **caput**, e 129, inc. II), espancando qualquer dúvida sobre a questão. Via de consequência, o órgão do Ministério Público sempre pode ser sujeito dessa *relação processual eleitoral*.

Importa destacar, sobre o tema, que "Descabe cogitar de atuação de ofício do Juízo quando a representação veio a ser formalizada pelo Ministério Público Eleitoral, não a contaminando o fato de órgão haver atuado a partir de Auto de Constatação manifestado por Oficial de Justiça, em cumprimento a mandado" (TSE, AI 5.856/SP, rel. Min. Marco Aurélio, DJ, 28/10/2005, p. 137).

Sem dúvida, "Principalmente após a promulgação da Constituição Federal de 1988, é indiscutível a ampla legitimidade do Ministério Público para atuar, ora como parte, ora como fiscal da lei, em todo processo eleitoral. Não existe a figura do Ministério Público como substituto processual em matéria eleitoral. Desde o alistamento e seus eventuais incidentes à diplomação dos eleitos, e às ações e recursos que daí podem ocorrer, é imprescindível a atuação do Ministério Público nesses feitos" (cf. Joel José Cândido, Direito Eleitoral cit., cap. III, item 3.3, p. 69). Do mesmo sentir é Marcos Vinicius Furtado Coêlho, que afirma: "São legitimados a propor reclamações o candidato, o partido político, a coligação e o Ministério Público" (Direito Eleitoral e Processo Eleitoral cit., cap. 7, item 7.3.1, p. 365). Vai nas mesmas águas um aresto do colendo Tribunal Superior Eleitoral (REspe 16.073/SP, rel. Min. José Eduardo Rangel de Alckmin, DJ, 29/10/1999, p. 66).

Descabido, portanto, que o juiz eleitoral haja **ex officio**, como já pacificado na Alta Corte (TSE, Súmula nº 18).

De outro lado, conforme o previsto no § 1º do art. 96 da Lei das Eleições, "As reclamações e representações devem relatar fatos, indicando provas, indícios e circunstâncias". Este artigo, porém, não faz qualquer menção ao rito processual, nem como se produzirá a prova indicada na inicial da reclamação aludida.

No entanto, aqui, "o verbo 'indicar' refere-se àquelas provas que, dada sua natureza, não se compatibilizam com sua imediata apresentação; autor e réu devem produzir as provas com a petição inicial e a contestação" (TSE, Rp 490/DF, rel. Min. Caputo Bastos, ac. publ. em sessão de 23/09/2002).

Ou por outra, a inicial da reclamação contra uma boa parte das condutas vedadas (LE, arts. 96, 96-A e 96-B) deve conter requisitos próprios, diferenciando-se de outras ações, p. ex.: 1ª) por outras condutas (LE, art. 73, § 12); 2ª) por propaganda política irregular (LE, art. 40-B, **caput** e par. único); 3ª) por uso indevido, desvio ou abuso de poder econômico ou de autoridade, ou utilização indevida de veículos e meios de comunicação social, em benefício de candidato ou partido político (LI, art. 22).

A reclamação tem cabimento, pois, para o exercício de qualquer direito que seja compatível com o seu rito simples e célere, o qual supera em agilidade o procedimento comum sumário (arts. 272, **caput** e par. único, 276, incs. I e II, do CPC). Vale dizer, a norma do art. 96 da Lei das Eleições possui um grande campo de incidência, especialmente pela rapidez prevista às suas hipóteses (arts. 97, §§ 1º e 2º, 97-A e 97-B, este acrescido pelo art. 2º da Lei nº 13.165/2015).

Por estes motivos, a prova dos fatos e circunstâncias deverá, em princípio, ser pré-constituída, admitindo-se dilação probatória no feito somente quando a demonstração dos fatos não puder ser obtida de outra forma. Não vinga, pois, a ideia de se esgotar a prova com aquela que deve instruir a inicial da representação, impedindo-se a produção de qualquer outra posterior, motivando-a tão somente pela celeridade necessária ao Direito Eleitoral. Deveras, a lesão do direito não pode ser excluída da apreciação do Poder Judiciário (art. 5º, inc. XXXV e seu § 1º, da CF) e, inclusive, a duração do processo deve ser "razoável" (art. 5º, inc. LXXVIII, da CF c.c. art. 97-A e § 1º, da LE e arts. 4º e 125, inc. II, do CPC), mas não de maneira a afrouxar o devido processo legal (art. 5º, inc. LIV e § 1º, da CF), nem impedir a prestação jurisdicional com igualdade de tratamento às partes (art. 125, inc. I, do CPC). Enfim, descabe afastar-se da adequada prestação jurisdicional (composição do conflito de interesses sem desamparar-se o direito dos envolvidos na demanda).

E ainda há mais, desde que constasse do despacho inicial, "o rito previsto no art. 22 da LC nº 64/90 poderia ser adotado", como decorrência "do fato de as condutas vedadas constituírem-se em espécie do gênero abuso de autoridade" (cf. Marcus Vinicius Furtado Coêlho, Direito Eleitoral e Processo Eleitoral cit., item 7.3.3, p. 375).

Nos dias que correm, essa possibilidade de adotar-se outro rito é induvidosa, porquanto as hipóteses previstas nos incs. I a VII do art. 73 da Lei das Eleições devem observar o procedimento do art. 22 da Lei de Inelegibilidade, por força do § 12 do art. 73 aludido, parágrafo este que foi acrescido pelo art. 3º da Lei nº 12.034/2009.

Reforça a compreensão acima, um julgado que anota: "A narração da ocorrência dos fatos reputados como ilegais, incluindo a respectiva prova material do alegado, são suficientes para afastar qualquer declaração de nulidade quanto ao aspecto formal da respectiva peça vestibular" (cf. TSE, AgR – REspe 27.141/SC, rel. Min. Caputo Bastos, DJ, 09/06/2008, p. 6).

Por isso, basta que a *prova material* que instrui a inicial derive-se de elementos concretos, o restante dela poderá ser complementada no curso do processo, ou melhor, os elementos da *prova casual* serão colhidos durante o desenvolvimento da demanda. Interpretando-se o aresto supracitado, **a contrario sensu**, tem-se que cabe a dilação probatória nas ações de representação contra as condutas descritas nos arts. 75, 76 e 77 da Lei das Eleições.

Como corolário destas observações, há um precedente no qual decidiu-se: "2. O momento próprio para a especificação de provas, inclusive indicação do rol de testemunhas, é o ajuizamento da representação, para o autor, e a apresentação da defesa, para o representado. Precedentes. 3. A oitiva de terceiros indicados pelas partes constitui faculdade do Juízo Eleitoral, conforme expressamente dispõe o art. 22, VII, da LC nº 64/90" (**v.** TSE, RO 1.478/SP, rel. Min. Marcelo Ribeiro, DJe, 28/05/2009, p. 24).

Outra omissão que existia na Lei das Eleições provinha da inexistência de prazo legal para a propositura da representação assegurada pelo seu art. 96. Hoje ela está sanada pelo disposto no § 12 do art. 73 do mesmo diploma (acrescentado pelo art. 3º da Lei nº 12.034/2009), como se verá no fim deste item.

Aliás, o referido § 12 do art. 73 da Lei das Eleições contém "disposições específicas em contrário" ao enunciado do art. 96 desse instrumento legal. Daí a aplicação do procedimento previsto no art. 96 aludido destinar-se tão somente às infrações previstas nos arts. 75, 76 e 77 da Lei das Eleições, como atrás mencionado.

Em monografia muito frequentada, Lauro Barretto faz exame percuciente dessa importante questão jurídica antes do advento da Lei nº 12.034/2009. Começou por lembrar que, "Geralmente, os feitos eleitorais estão sujeitos a prazo inicial (**dies a quo**) e prazo final (**dies ad quem**). É assim, por exemplo, que ocorre com a Ação de Impugnação de Mandato Eletivo, cujo ajuizamento se estende da diplomação dos eleitos até 15 dias depois [CF, art. 14, § 10]. O mesmo se dá em relação à Ação de Impugnação de Registro de Candidatura [LI, art. 3º]; com as Representações/Pedidos de Direito de Resposta [LE, art. 58, § 1º, I a III] etc. Porém no caso das representações/reclamações que seguem o rito do art. 96 da Lei das Eleições, estes prazos não foram fixados pelo legislados" (**v.** Das Representações no Direito Processual Eleitoral, 1ª ed., Edipro, 2006, 3ª parte, item 1, p. 60, com inserção das notas de rodapé 52, 53 e 54). Mas, desde o julgamento do RO 748/PA, rel. Min. Luiz Carlos Lopes Madeira, DJ, 26/08/2005, p. 177, o prazo passou a ser "de cinco dias, a contar do conhecimento provado ou presumido do ato repudiado pelo representente" (ob. cit., 3ª parte, item 2, p. 64, com inserções, no texto, entre colchetes).

Depois desse **leading case**, a jurisprudência da nossa Alta Corte Eleitoral veio a se manter estável (cf., p. ex., RO 873/PA, rel. Min. Gerardo Grossi, DJ, 20/11/2006, p. 201; AgR – REspe 25.925/MG, rel.

Min. José Augusto Delgado, DJ, 28/08/2006, p. 103; REspe 25.614/SP, rel. Min. César Asfor Rocha, DJ, 12/09/2006, p. 149).

Cabe enfatizar ainda, por necessário, que o enunciado no art. 96 da Lei das Eleições não especifica as hipóteses que seguem o seu procedimento. A jurisprudência do colendo Tribunal Superior Eleitoral, no entanto, já vinha proclamando que esse procedimento se aplicava às condutas vedadas previstas nos arts. 73 e seguintes desse mesmo diploma legal (TSE: REspe 28.158/BA, rel. Min. José Augusto Delgado, DJ, 08/08/2007, p. 231; AgR - REspe 21.521/RN, rel. Min. Gilmar Mendes, DJ, 03/02/2006, p. 170).

Acrescentando outros precedentes aos mencionados acima, concluiu o meticuloso Lauro Barretto: a "jurisprudência demonstra o pacífico entendimento do TSE quanto ao cabimento das representações que seguem o rito do art. 96 em relação à prática das condutas vedadas pelo art. 73 da Lei das Eleições. Também deixa claro duas consideráveis vantagens que a opção por este rito traduz: sua celeridade processual e o efeito imediato da cassação do registro/diploma dos candidatos beneficiados, com a incidência no art. 257 do Código Eleitoral[77]" (**in** Das Representações no Direito Processual Eleitoral cits., 4ª parte, item 1, p. 97). Em nota 77 de rodapé consta o REspe 21.316/SP, rel. Min. Fernando Neves, DJ, 06/02/2004, p. 144). Seguia no mesmo diapasão Marcus Vinícius Furtado Coêlho (**in** Direito Eleitoral e Processo Eleitoral cit., cap. 7, item 7.3.3, p. 375 e nota n. 77).

Na atualidade, "Acolhendo esse entendimento, reza o § 12 do art. 73: 'A representação contra a não observância do disposto neste artigo observará o rito do art. 22 da Lei Complementar nº 64, de 18 de maio de 1990, e <u>poderá ser ajuizada até a data da diplomação</u>'" (cf. José Jairo Gomes, Direito Eleitoral cit., cap. XX, item 6.2, p. 626, grifou-se).

Quer dizer que o prazo "de cinco dias, a contar do conhecimento provado ou presumido do ato repudiado pelo representante", de criação jurisprudencial, foi alargado até "a data da diplomação", por dispositivo legal expresso.

Por oportuno, o último autor mencionado cuidou de narrar toda a evolução desse instituto jurídico, com riqueza de detalhes, inclusive tratando das principais particularidades do procedimento da reclamação por condutas vedadas (**in** Direito Eleitoral cit., cap. XX, item 6.2, págs. 626-32). Demais disso, mesmo antes de iniciar o período de campanha eleitoral, o serviço de qualquer repartição pública "não poderá ser utilizado para beneficiar partido ou organização de caráter político". Tal ato de improbidade administrativa também pode ser coibido por *representação fundamentada* de autoridade pública, representante partidário ou de qualquer eleitor (CE, art. 377, par. único).

Resumindo, restaram para o rito simplificado do art. 96 da Lei das Eleições apenas as condutas irregulares descritas nos seus arts. 75, 76 e 77, ou seja, descumprimento das regras gerais da propaganda (para a sanção de multa apenas). Quer dizer que, além do procedimento célere do art. 96, adotam-se outros análogos (para impor, além da multa, também a cassação do registro ou diploma), os quais estão disciplinados especificamente nos arts. 30-A, § 1º, 40-B, **caput** e par. único, 41-A, §§ 1º a 4º, e 73, § 12 desta Lei das Eleições.

Sobre o prazo para a propositura de representação, até a data da eleição, ver o aresto com a ementa seguinte: "1. Este Superior Eleitoral – no julgamento do REspe nº 25.935/SC, rel. para acórdão Min. Cezar Peluso – assentou que a representação fundada no art. 73 da Lei nº 9.504/97 é de ser ajuizada até a data das eleições, sob pena de não ser conhecida por falta de interesse de agir. Se se afasta o conhecimento das representações manejadas após as eleições e que tratam de condutas vedadas – que podem desaguar em cassação do registro ou do diploma –, com maior razão não se deve conhecer das representações fundadas no § 8º do art. 39 da Lei Eleitoral, quando intentadas após as eleições, porque, aqui, a procedência do pedido acarreta – no máximo – a aplicação de multa" (TSE: AgR – Rp 1.356/MG, rel. Min. Carlos Britto, DJ, 22/03/2007, p. 140; AgR – REspe 27.993/SP, José Augusto Delgado, DJ, 19/06/2007, p. 341).

Já os prazos para a propositura de outras representações, sob o rito do art. 22 da Lei de Inelegibilidade, são os que se vão seguir: a) até 15 dias da diplomação, nos casos do **caput** do art. 30-A; b) até a data da diplomação, nos casos de captação ilícita de sufrágio (art. 41-A, § 3º, da LE) e de conduta vedada aos agentes públicos em campanha eleitoral (art. 73, § 12, da LE).

Importa salientar, de resto, que cabe *mandado de segurança* contra atos, tanto *administrativos* como *jurisdicionais*, provenientes da Justiça Eleitoral, segundo previsão legal expressa (arts. 5º, inc. LXIX, e 121, **caput**, da CF c.c. arts. 22, inc. I, alínea *e*, art. 29, inc. I, alínea *e*, e 35, inc. III, do CE).

Vem a pelo, neste ponto, a advertência seguinte: "desde a criação do instituto do mandado de segurança, houve uma grande mudança contra atos não típicos do Poder Judiciário, **i. e.**, contra atos administrativos pelo Poder Judiciário, até uma concepção mais recente, que veio a admitir a impetração diretamente contra o ato, independentemente da interposição do recurso cabível" (cf. Eduardo Arruda Alvim, Mandado de Segurança, 2ª ed., GZ, 2010, cap. IV, item 4.1, p. 56).

Seguindo tal diretriz, decidiu a Alta Corte Eleitoral que "1. Contra ato administrativo de TRE cabe mandado de segurança dirigido ao próprio Tribunal cujo ato administrativo se impugna. Interpretação sistemática da Constituição Federal (arts. 102, I, *d* e 105, I, *a*). A esse respeito, o STJ e o STF editaram o enunciado das Súmulas nos 41 e 624" (MS 3.601/ PA, rel. Min. José Augusto Delgado, DJ, 06/05/2008, p. 14).

Ainda em hipótese de impugnação de ato administrativo, "1. A competência para julgar, originariamente, o mandado de segurança é do tribunal autor do ato impugnado. 2. A jurisprudência desta Corte é firme no sentido de que os TREs são competentes para julgar mandado de segurança contra seus atos de natureza administrativa. Pela mesma razão não há como afastar-se a competência do TRF 1ª Região para julgar **mandamus** contra ato de cunho eminentemente administrativo - escolha de juiz federal para compor o TRE" (cf. TSE, AgR - MS 3.370/BA, rel. Min. Eros Grau, DJ, 24/06/2008, p. 8).

Por outro lado, no que concerne ao ato jurisdicional, outros são os requisitos a serem observados, como segue: "1. O mandado de segurança contra atos decisórios de índole jurisdicional, sejam eles proferidos monocraticamente ou por órgãos colegiados, é medida excepcional, somente sendo admitida em bases excepcionais, atendidos os seguintes pressupostos: a) não cabimento de recurso, com vistas a integrar ao patrimônio do impetrante o direito líquido e certo a que supostamente aduz ter direito; b) inexistência de trânsito em julgado; e c) tratar-se de decisão teratológica" (cf. TSE, AgR - MS 183.274/ RN, rel. Min. Luiz Fux, DJe - 31, 13/02/2015, p. 27).

Merece lembrança, ademais, que o mandado de segurança coletivo pode ser impetrado por partido político (art. 5º, inc. LXX, da CF c.c. art. 21, **caput** e par. único da LMS). Essa *legitimidade ativa* "É da essência dos partidos políticos, desde o art. 17 da Constituição Federal e, mais especificamente, à luz do art. 1º da Lei nº 9.069/1995), sua lei orgânica, que eles, os partidos políticos, 'destinam-se a assegurar, no interesse do regime democrático, a autenticidade do sistema representativo e a defender os direitos fundamentais, definidos na Constituição'. Como a alínea *a* do inciso LXX do art. 5º da Constituição Federal não faz qualquer restrição ao direito (ou interesse) a ser tutelado pelo mandado de segurança coletivo quando impetrado por partido político, é equivocado, por restritivo, o entendimento de que a lei poderia limitá-los à tutela jurisdicional do direito (interesse) dos *membros* dos partidos políticos" (cf. Cássio Scarpinella Bueno, A Nova Lei do Mandado de Segurança, 2ª ed., Saraiva, 2010, nº 54, págs. 161-2). Evidente, pois, esse **writ** cabe também em *matéria eleitoral.*

Devem ser considerados, portanto, os vários procedimentos legais (LE, arts. 30-A, **caput** e § 1º, 40-B, **caput** e par. único, 73, § 12, e 96, **caput** e § 1º), cujas decisões desafiam, como regra geral, os recursos previstos no Código Eleitoral e na Lei das Eleições.

Nunca é demais lembrar que o princípio do duplo grau de jurisdição é garantido, expressamente, pela Constituição Federal (art. 102, inc. II), com previsão e disciplina pelo Código Eleitoral (arts. 257 a 282), da mesma forma com aplicação subsidiária ou supletiva do Código de Processo Penal, nos processos dos crimes eleitorais (CE, art. 364), e ainda do Código de Processo Civil, nos processos não-criminais, segundo a jurisprudência iterativa (cf. TSE: AgR - AI 54.533/MG; AgR - REspe 70.667/GO; AgR - RO 74.709/PR; REspe 26.171/GO).

Na interposição dos recursos, eles devem ser dirigidos aos órgãos jurisdicionais que se vão seguir.

Perante Juízos ou Juntas Eleitorais aos Tribunais Regionais, cabem "dos atos, resoluções ou despachos" (CE, art. 265), dos "pedidos de registro de candidatos" (LE, art. 16, § 1º), das decisões sobre prestações de contas (LE, art. 30, § 5º) e das decisões em representações do art. 81 da LE (§ 4º); perante as Cortes Regionais, admitem-se os já mencionados (CE, arts. 265 c.c. 29, inc. II, alínea *a*) e "das decisões dos juízes eleitorais que concederem ou denegarem **habeas corpus** ou mandado de segurança" (CE, art. 29, inc. II, alínea *b*); perante os Tribunais Regionais ao Tribunal Superior Eleitoral, são adequados os *recursos especiais* (art. 121, § 4º, incs. I e II, da CF c.c. art. 276, inc. I, alíneas *a* e *b*, do CE e art. 30, § 6º, da LE), inclusive os *recursos ordinários* (art. 121, § 4º, incs. III a V da CF c.c. art. 276, inc. II, alíneas *a* e *b*, do CE).

Importa frisar, outrossim, que não cabe *recurso especial eleitoral* em *matéria administrativa*, porquanto "A interposição de recurso de natureza jurisdicional em processo administrativo configura mescla a contrariar a organicidade e a dinâmica do Direito" (TSE: AgR - REspe 36.149/ES, rel. Min. Marco Aurélio, DJe - 51, 15/03/2013, p. 45; AgR - AI 7.186/RJ, rel. Min. Dias Toffoli, DJe - 79, 30/04/2014, p. 38).

Note-se que, à luz do princípio da fungibilidade dos recursos, o *especial eleitoral* pode ser convertido em *ordinário* (**v.** TSE, REspe 1.527.171/SP, rel. Min. João Otávio de Noronha, DJe - 185, 02/10/2014, p. 42).

Com exceção da apelação em ação penal eleitoral, que tem efeito suspensivo (arts. 362 e 364 do CE c.c. art. 597 do CPP), os outros "recursos eleitorais não terão efeito suspensivo" (CE, art. 257, **caput**).

Percorre essa trilha um esclarecedor acórdão, que explica: "1. No Direito Eleitoral, os recursos, em regra, não possuem efeito suspensivo, conforme previsão do art. 257 do Código Eleitoral, de modo que a jurisprudência desta Corte entende que recurso de natureza especial não é via processual adequada para a obtenção de referido efeito (decisões monocráticas no REspe 29.068/BA, Rel. Min. Joaquim Barbosa, DJ de 1º.9.2008; REspe 29.285/GO, de minha relatoria, DJ de 28.8.2008; REspe 21.690/SP, Rel. Min. Gilmar Mendes, publicado na sessão de 26.8.2004; e, **mutatis mutandis**, STJ, Resp 1.059.228/PR, 2ª T., Rel. Min. Mauro Campbell Marques, DJe de 22.8.2008; e Resp 1.030.612/RO, 2ª T., Rel. Min. Humberto Martins, DJe de 8.5.2008). 2. Admite-se o recebimento do recurso no duplo efeito apenas excepcionalmente, desde que pleiteado mediante ação cautelar na qual fique evidenciada a presença de **fumus boni juris** e **periculum in mora**; entendimento que também é aplicável ao agravo de instrumento contra decisão que negou seguimento a recurso especial (decisões monocráticas nos AI 9.498/BA, Rel. Min. Joaquim Barbosa, DJ de 15.9.2008; e AI 9.196/AL, de minha relatoria, DJ de 26.6.2008)". Ver o AgR – AI 10.157/SC, rel. Min. Felix Fischer, DJe, 20/02/2009, p. 43; citado no AgR - MS 159.625/BA, rel. Min. Henrique Neves, DJe - 99, 27/05/2015, p. 38.

Assim sendo, admite-se a propositura da ação cautelar contra a decisão que nega efeito suspensivo a recurso (TSE, AgR - AC 86.881/CE, rel. Min. Henrique Neves, DJe, 24/09/2015).

Capítulo 16

16.1 – Das Conclusões Acerca do Estudo

Convém enfatizar, como exemplo das dificuldades de interpretação das normas eleitorais, que a inauguração de obras públicas na época de campanha *não é proibida*, ela *só atinge* a presença de *candidatos*. Aqui, parece que só no caso de agente público ocupar o palanque, porém não para figurar como simples espectador na plateia (p. ex., TSE, AgR – AI 178.190/RO). As *condutas vedadas*, entre elas as *inaugurações de obras públicas* (cerimônias oficiais), em parte do período de campanha (90 dias antes do pleito), estão reguladas por dispositivos de exegese difícil, pela falta de clareza dos seus textos. Neste ponto, convém observar a hermenêutica aplicável às normas em exame. Considerando o seu *caráter sancionatório*, a lei *interpreta-se estritamente*. Por isso, a conduta vedada incide na cerimônia de inauguração, mas não incide na de início do funcionamento de bens imóveis e serviços. Demais, a propaganda não poderá ser cerceada sob o argumento de exercício do poder de polícia dos juízes eleitorais (CF, art. 5º, XVI; CE, art. 248; LE, arts. 39, **caput** e § 1º, e 41, **caput** e §§ 1º e 2º; ResTSE 23.404/2014, art. 9º, § 1º).

Nada obstante, cabe invocar o *princípio da certeza e da segurança jurídica*, para a proteção da confiança, destinada a tutelar as expectativas legítimas e preservar efeitos de atos praticados, sem abuso de poder político, por aqueles que participam do certame eleitoral. Não pode ser desconsiderada a boa-fé dos que militam na política, nem lhes negar proteção à confiança que depositam no sistema jurídico eleitoral.

Pondera o eminente Luís Roberto Barroso que "o respeito à jurisprudência é uma forma de promover a segurança jurídica e de resguardar a isonomia[106]. O juiz não pode ignorar a história, as sinalizações pretéritas e as expectativas legítimas dos jurisdicionados. Na boa imagem de Ronald Dworkin, a prática judicial é como um 'romance em cadeia', escrito em vários capítulos, em épocas diferentes[107]. É possível exercer a própria criatividade, mas sem romper com a integridade do Direito. Guinadas no enredo são sempre possíveis – para fazer frente a novas realidades ou mesmo para corrigir um juízo anterior que se reputa equivocado –, mas deverão ser cuidadosamente justificadas e poderão ter seus efeitos limitados ou adiados para evitar injustiças flagrantes" (Curso de Direito Constitucional Contemporâneo, 1ª ed., Saraiva, 2009, parte II, cap. VI, item, 2, p. 343 e notas 106 e 107). A exatidão da ensinança pode ser auferida tanto pela doutrina como pela jurisprudência que se vai seguir.

O Pretório Excelso, em Plenário, proclamou que os embargos de divergência (CPC, art. 1.043) "destinam-se, em sua específica função jurídico-processual, a promover a uniformização da jurisprudência no âmbito do Supremo Tribunal Federal, suprimindo, desse modo, em obséquio ao princípio da certeza e da segurança jurídica, os dissídios interpretativos que se registram entre as Turmas ou que antagonizem uma das Turmas ao próprio Plenário" (**v.** AgR - EDiv - EDecl - AgR - RE 743.451/PR, rel. Min. Celso de Mello, DJe - 187, 21/09/2015).

Mas não é tudo. Buscando a segurança e a estabilidade das decisões sobre "A declaração de constitucionalidade ou de inconstitucionalidade, inclusive a interpretação conforme a Constituição e a declaração parcial de inconstitucionalidade sem redução do texto", tais decisões "têm eficácia contra todos e efeito vinculante em relação aos órgãos do Poder Judiciário e à Administração Pública federal, estadual e municipal" (Lei nº 9.868, de 10/11/1999, art. 28, par. único). Para Gilmar Ferreira Mendes, "Do prisma estritamente processual, a eficácia geral ou eficácia **erga omnes** obsta, em primeiro plano, que a questão seja submetida uma vez mais ao Supremo Tribunal Federal" (**in** Controle Concentrado de Constitucionalidade, 2ª ed., Saraiva, 2005, item 7.5.1, p. 532).

Trilha o mesmo caminho a decisão que segue: "1. A sentença do Supremo Tribunal Federal que afirma a constitucionalidade ou a inconstitucionalidade de preceito normativo gera, no plano do ordenamento jurídico, a consequência (= eficácia normativa) de manter ou excluir a referida norma do sistema de direito. 2. Dessa sentença decorre também o efeito vinculante, consistente em atribuir ao julgado uma qualificada força impositiva e obrigatória em relação a supervenientes atos administrativos ou judiciais (= eficácia executiva ou instrumental)". Confronte-se o venerando acórdão STF, Pleno, RE 730.462/SP, rel. Min. Teori Zavascki, DJe - 177, 09/09/2015.

Destaque-se, em sequência, a doutrina do exímio Professor Manuel Augusto Domingues de Andrade, que pontifica na Faculdade de Direito da Universidade de Coimbra, explicando: "Não será de mais sublinhar, ainda uma vez, que a certeza do direito sobreleva à retidão. Porque a vida contenta-se melhor com um direito certo, embora com menos possibilidades de ser reto, do que com um direito que lhe ofereça largas virtualidades de retidão, mas só à custa de menos certeza". Em nota 1 de rodapé, o erudito mestre cita outro, não menos culto, o Professor Alberto dos Reis, que escreve: "Antes jurisprudência errada, mas uniforme, do que jurisprudência incerta. Perante a jurisprudência uniforme, cada um sabe com o que contar; perante a jurisprudência incerta ninguém está seguro do seu direito" (**in** Ensaio sobre a Teoria da Interpretação das Leis, 3ª ed., Arménio Amado, Ceira, Portugal, 1978, págs. 54-5).

Por fim, as questões relativas ao *processo eleitoral* ainda envolvem a ordem constitucional (art. 5º, inc. IV, c/c art. 220, § 1º), a qual proíbe qualquer restrição *à liberdade de manifestação do pensamento*. Importa anotar, como reforço, está a *supremacia* das normas constitucionais sobre as demais. Assim sendo, resta *buscar auxílio* na jurisprudência iterativa, a fim de se formar um *entendimento possível* (?) por intermédio desses *casos concretos* já decididos (em sua maioria, *exigindo forma evidente e intencional* para revelar o *desvio de finalidade*, isto é, *desvirtuamentos* que *causem desequilíbrios* entre candidatos, como se vê no REspe 18.900/SP do TSE).

O significado exato das normas de regência, para as diversas hipóteses, deve ser buscado nos casos análogos que têm sido decididos em nossas Cortes Regionais, Superior e Suprema.

16.2 – Da Busca de Alguma Segurança Jurídica Por Meio dos Precedentes Judiciários

Como se verifica dos acórdãos indicados acima, grassa enorme divergência acerca das matérias em comento, tanto pelas constantes mudanças legislativas como pela interpretação provinda dos inúmeros debates nas cortes eleitorais, com formação híbrida. Seus juízes, provenientes de várias instituições – juristas e togados, estes de ambos os graus de jurisdição, das Justiças Comum e Federal –, têm mandatos com prazo diminuto (apenas 2 anos). Não há, por todas essas características apontadas, um *norte absolutamente seguro* para os *candidatos à reeleição* (recandidatos) que, concomitantemente, são governantes, isto é, *ocupam cargos* eletivos no Poder Executivo (exceção de prefeitos em municípios com menos de 200.000 eleitores).

Tenho para mim que a questão se complica pelas atribuições (i) normativa, (ii) jurisdicional e (iii) administrativa, realizadas em concomitância, num prazo muito curto, sempre sob acusações de parcialidade. Na disputa de eleições, a desconfiança é incoercível. E a própria legislação eleitoral não afasta as dúvidas da população, mostrando-se suspeitosa em várias das suas disposições. Além do mais, as surpresas do voto secreto não ajudam, porquanto muita vez o eleitor promete o sufrágio para um candidato e, ao exercer seu direito, atribui-o a outro partícipe da disputa.

A propósito da imprevisibilidade das decisões judiciais, envolvendo a própria Carta da República, considerada densamente axiológica, o Pretório Excelso disse-o sem nenhum rebuço (v. STF, Pleno, ADI 1.351/DF, rel. Min. Marco Aurélio, DJ, 30/03/2007, p. 68; RTJ, 207/116).

Sobre a instabilidade jurídica geradora da hermenêutica eleitoral, vale recordar a magnífica lição de Erick Wilson Pereira, para quem "Os anseios sociais e políticos de uma época vêm refletindo na ausência de uma garantia de que seguir uma orientação do Tribunal Superior represente a efetividade não só social, mas do direito. O magistrado pode proferir uma decisão que confronte com o entendimento proferido por outro tribunal, pois não há garantia que a aquela composição de juízes respeitará o entendimento firmado pela anterior. No Direito Eleitoral brasileiro, o ato de julgar, através da hermenêutica constitucional, em desfavor de orientação de tribunal superior ou contra a lei, em desafio ao chamado princípio da legalidade, não causará nenhum dano à prestação jurisdicional se efetuado sempre sob a ótica das normas constitucionais. A celeridade e a eficiência do processo eleitoral garantem a preservação da entrega jurisdicional em curto espaço de tempo, sendo possível que a nova tese formulada pelo operador do direito possa prevalecer ou modificar entendimento que se pensa pacificado" (**in** Direito Eleitoral - Interpretação e Aplicação das Normas Constitucionais-Eleitorais cit., nº 4.4, p. 167).

Dificultando - ou propiciando - as interpretações dos muitos dispositivos do processo eleitoral, a legislação de regência prestigia o princípio da livre convicção do intérprete, prescrevendo: "O Tribunal formará sua convicção pela livre apreciação dos fatos públicos e notórios, dos indícios e presunções e prova produzida, atentando para as circunstâncias ou fatos, ainda que não indicados ou alegados pelas partes, mas que preservem o interesse público de lisura eleitoral" (art. 23 da Lei de Inelegibilidade).

No que toca à legislação processual comum, basta um exame **ictus oculi** para se concluir que os seus preceitos são mais estreitos (CPC, art. 131; CPP, art. 155).

Vem a pelo, portanto, a doutrina de Mario Guimarães sobre a função Eleitoral: "A competência da Justiça, nesta matéria, conquanto estranha à primeira vista, justifica-se: a proclamação dos eleitos decorre de um acerto sobre fatos, com aplicação de normas jurídicas. É um julgamento. Mais adequadamente caberá ao Judiciário que ao legislativo.[5]" (**v.** O Juiz e a Função Jurisdicional cit., nº 253, p. 422).

Assim sendo, urge encontrar alguns parâmetros, uma vez que os atos de propaganda eleitoral são extremamente importantes e necessários, para fixar a imagem do candidato e induzir o eleitor a lhe conferir o sufrágio, sob fundamento de que "é o mais apto ao exercício da função pública", no entender de precedente (**vide** TSE, REspe 15.732/MA, rel. Min. José Eduardo Rangel de Alckmin, **in** DJ, 07/05/1999, p. 84).

Por conseguinte, *algum caminho* (**?**) deve ser trilhado pelos pretendentes aos cargos em disputa, ainda que ele venha a sofrer *seguidas correções de rumo*. Em matéria de propaganda, para o candidato, a *dúvida com imobilidade* pode lhe *ser prejudicial*: a *atuação deve ser constante e planejada* (**!**), porém *temperada* pela prudência, que só poderá ser ditada pela *comparação* meticulosa *com os casos precedentes*.

E mais – pensando isoladamente –, a *inauguração de obra pública* exibe o *modo de administrar do candidato*, denotando a sua eficiência, o que *influi na opinião alheia*. Vedar a sua realização – a pretexto de se evitar que candidatos deixem para fazer inauguração em véspera do pleito, ou armem simulacro de inauguração quando as obras estão distantes do seu término –, é fazer censura prévia (pois que nem todos têm esse procedimento), proibida textualmente pela Constituição (art. 5º, IX; TSE, AgR – AI 4.592/SP). É mandar às urtigas o *princípio da liberdade de propaganda*, favorecendo o mau gestor, com baixo desempenho no exercício do seu mandato eletivo. A realização de obra pelo administrador cria, logicamente, a sua imagem perante o povo, não cabendo ao sistema legal proibir, com rigidez, a sua exploração na forma de propaganda (ou esforço na persuasão do eleitor). É colocar todos os políticos na vala comum, dando-lhes paridade no tratamento, *independentemente daquilo que fizeram, no passado, em prol da sociedade*, possibilitando as suas *avaliações*, inclusive para o efeito importantíssimo do *sufrágio* (CF, art. 5º, **caput** e seu inc. IX).

Na opinião de Carlos Eduardo de Oliveira Lula, "De qualquer sorte, deve-se notar que a propaganda é fundamental para a orientação da escolha dos candidatos pela população. Sem informação, é impossível ao eleitor brasileiro, que já encontra grande dificuldade para ter acesso a bens culturais, escolher o seu representante. Assim, contrariamente ao que se tem visto nas últimas eleições, não faz sentido querer restringir a qualquer custo a possibilidade de propaganda eleitoral sob o fundamento de que se deve ter um processo eleitoral 'igualitário'. Com certeza, não é diminuindo os espaços de informação à população que teremos eleições mais limpas e com menor influência do poder econômico" (**in** Direito Eleitoral, 2ª ed., Imperium, 2010, cap. X, n. 1, p. 442).

Em síntese apertada, trazendo à colação ensinamento de insigne magistrado que sabe fazê-la: "O período de três meses que antecedem às eleições é realmente crítico, reclamando atenção maior do Judiciário Eleitoral, do Ministério Público, das coligações, dos partidos políticos, dos candidatos" (**vide** TSE, AgR - Pet 1.884/DF, rel. Min. Marco Aurélio, DJ, 28/08/2006, p. 104, trecho colhido no corpo do acórdão, grifou-se).

Fim

Bibliografia

Agra, Walber de Moura, Bonavides, Paulo e Miranda, Jorge. Comentários à Constituição Federal de 1988, 1ª ed., Forense, 2009.

Agra, Walber de Moura e Cavalcanti, Francisco Queiroz. Comentários à Nova Lei Eleitoral, 1ª ed., Forense, 2010.

Agra, Walber de Moura e Velloso, Carlos Mário da Silva. Elementos de Direito Eleitoral, 2ª ed., Forense, 2010.

Agra, Walber de Moura, Manual Prático das Eleições, 2ª ed., Forense, 2014.

Almeida, Fernando Henrique Mendes de. Ordenações Filipinas, 1ª ed., Saraiva, 1957, vol. 1.

Alvim, Thereza e Arruda Alvim, José Manoel de. Código do Consumidor Comentado, 1ª ed., RT, 1991.

Amaral, Roberto e Cunha, Sérgio Sérvulo da. Manual das Eleições, 4ª ed., Saraiva, 2010.

Andrade, Manuel Augusto Domingues de. Ensaio sobre a Teoria da Interpretação das Leis, 3ª ed., A. Amado, 1978.

____ Noções Elementares de Processo Civil, 1ª ed., Coimbra, 1979.

____ Teoria Geral da Relação Jurídica, 1ª ed., Coimbra, 1983, vol. I.

Andrade, Marcelo Santiago de Pádua. Ação de Impugnação de Mandato Eletivo, 1ª ed., Manole, 2013.

Arruda Alvim, Eduardo. Mandado de Segurança, 2ª ed., GZ, 2010.

____ Direito Processual Civil, 3ª ed., RT, 2010.

____ Comentários ao Código de Processo Civil, 1ª ed., GZ, 2012.

Arruda Alvim, José Manoel de e Alvim, Thereza. Código do Consumidor Comentado, 1ª ed., RT, 1991.

Arruda Alvim, José Manoel de. Tratado de Direito Processual Civil, 2ª ed., RT, 1990, vol. 1.

____ Manual de Direito Processual Civil, 6ª ed., RT, 1997, vols. 1 e 2.

____ Comentários ao Código de Processo Civil, 1ª ed., GZ, 2012.

Ascensão, José de Oliveira. O Direito - Introdução e Teoria Geral, 2ª ed., Calouste Gulbenkian, Lisboa, 1980.

____ Direito Autoral, 1ª ed., Forense, 1980.

Badaró, Gustavo Henrique e Bottini, Pierpaolo Cruz. Lavagem de Dinheiro, 2ª ed. RT, 2014.

Bandeira de Mello, Celso Antônio. Curso de Direito Administrativo, 15ª ed., Malheiros, 2003.

Barbosa, Ruy. Commentarios à Constituição Federal Brasileira, 1ª ed., Saraiva, 1934, vol. 5.

Barretto, Lauro. Propaganda Política & Direito Processual Eleitoral, 1ª ed., Edipro, 2004.

____ Condutas Vedadas aos Agentes Públicos pela Lei das Eleições, 1ª ed., Edipro, 2006.

____ Das Representações no Direito Processual Eleitoral, 1ª ed., Edipro, 2006.

Barros, Francisco Dirceu. Direito Processual Eleitoral, 1ª ed., Elsevier, 2010.

Barroso, Luís Roberto. Constituição da República Federativa do Brasil Anotada, 5ª ed., Saraiva, 2006.

____ Curso de Direito Constitucional Contemporâneo, 1ª ed., Saraiva, 2009.

____ O Direito Constitucional e a Efetividade de suas Normas, 9ª ed., Renovar, 2009.

Beleza dos Santos, José. A Simulação em Direito Civil, 1ª ed., Coimbra Editora, 1921.

Bem, Leonardo Schmitt de e Cunha, Mariana Garcia. Direito Penal Eleitoral, 2ª ed., Conceito, 2011.

Bobbio, Norberto. Elogio da Serenidade, 2ª ed., Unesp, 2011.

____ Dicionário de Política, 5ª ed., UnB, 2000.

Bonavides, Paulo, Agra, Walber de Moura e Miranda, Jorge. Comentários à Constituição Federal de 1988, 1ª ed., Forense, 2009.

Bottallo, Eduardo Domingos, Dal Pozzo, Antônio Araldo Ferraz e Porto, Pedro Paulo de Rezende. Lei Eleitoral, 3ª ed., Saraiva, 2006.

Branco, Paulo Gustavo Gonet, Mendes, Gilmar Ferreira e Coelho, Inocêncio Mártires. Curso de Direito Constitucional, 4ª ed., Saraiva, 2009.

Bueno, Cassio Scarpinella. A Nova Lei do Mandado de Segurança, 2ª ed., Saraiva, 2010.

____ Liminar em Mandado de Segurança, 2ª ed., RT, 1999.

____ Novo Código de Processo Civil Anotado, 1ª ed., Saraiva, 2015.

Bueno, Francisco da Silveira, Vocabulário Tupi-Guarani, 3ª ed., Brasilivros, 1984.

____ Grande Dicionário da Língua Portuguesa, 1ª ed., Lisa, 1987.

Cândido, Joel José. Direito Eleitoral Brasileiro, 15ª ed., Edipro, 2012.

____ Direito Penal Eleitoral & Processo Penal Eleitoral, 1ª ed., Edipro, 2006.

____ Inelegibilidades no Direito Brasileiro, 2ª ed., Edipro, 2003.

Canotilho, J. J. Gomes e Moreira, Vital. Constituição da República Portuguesa, 1ª ed. brasileira, RT, 2007.

Castro, Edson de Resende. Teoria e Prática do Direito Eleitoral, 5ª ed., Del Rey, 2010.

Cavalcanti, Francisco Queiroz e Agra, Walber de Moura. Comentários à Nova Lei Eleitoral, 1ª ed., Forense, 2010.

Cerqueira, Manfredi Mendes de. Matéria Eleitoral, 2ª ed., Cejup, 1986.

Cirne Lima, Ruy. Princípios de Direito Administrativo, 5ª ed., RT, 1982.

Coelho, Inocêncio Mártires, Mendes, Gilmar Ferreira e Branco, Paulo Gustavo Gonet. Curso de Direito Constitucional, 4ª ed., Saraiva, 2009.

Coêlho, Marcus Vinícius Furtado. Direito Eleitoral e Processo Eleitoral, 2ª ed., Renovar, 2010.

Coneglian, Olivar. Lei das Eleições Comentada, 5ª ed., Juruá, 2008.

____ Propaganda Eleitoral, 10ª ed., Juruá, 2010.

Costa, Adriano Soares da. Instituições de Direito Eleitoral, vol. 1, 9ª ed., Fórum, 2013.

Costa, Antônio Tito. Recursos em Matéria Eleitoral, 9ª ed., RT, 2010.

Costa, Elcias Ferreira da. Direito Eleitoral, 2ª ed., Forense, 1994.

Couture, Eduardo J. Introdução ao Estudo do Processo Civil, 3ª ed., Konfino, 1951, trad. bras. Mozart V. Russomano.

Cretella Júnior, José. Dicionário de Direito Administrativo, 3ª ed., Forense, 1978.

Cretella Neto, José. Dicionário de Processo Civil, 2ª ed., Forense, 2002.

Cunha Gonçalves, Luiz da. Tratado de Direito Civil, 1ª ed. brasileira, Limonad, 1955, vols. I, tomo I, e III, tomo I.

Cunha, Mariana Garcia e Bem, Leonardo Schmitt de. Direito Penal Eleitoral, 2ª ed., Conceito, 2011.

Cunha, Sérgio Sérvulo da e Amaral, Roberto. Manual das Eleições, 4ª ed., Saraiva, 2010.

Dantas, Sivanildo de Araújo. Direito Eleitoral, 2ª ed., Juruá, 2006.

De Plácido, e Silva. Vocabulário Jurídico, 25ª ed., Forense, 2004.

Decomain, Pedro Roberto. Comentários ao Código Eleitoral, 1ª ed., Dialética, 2004.

____ Improbidade Administrativa, 1ª ed., Dialética, 2007.

Del Masso, Fabiano. Marco Civil da Internet, 1ª ed., 2ª tiragem, RT, 2014.

Di Pietro, Maria Sylvia Zanella. Direito Administrativo, 19ª ed., Atlas, 2006.

____ Comentários à Lei de Responsabilidade Fiscal, 3ª ed., Saraiva, 2008.

Diniz, Maria Helena. Código Civil Anotado, 14ª ed., Saraiva, 2009.

Figueiredo, Lúcia Valle. Curso de Direito Administrativo, 9ª ed., Malheiros, 2008.

Ferrara, Francesco. Teoría de las Personas Jurídicas, 1ª ed., Editorial Reus, Madrid, 1929.

____Tratatto di Diritto Civile, Roma, 1921. Tradução por Manuel Augusto Domingues de Andrade, sob o título de Interpretação e Aplicação das Leis, 3ª ed., Arménio Amado, Coimbra, 1978.

Ferreira, Aurélio Buarque de Holanda. Novo Dicionário Aurélio, 4ª ed., Positivo, 2009.

Ferreira, Manuel Alceu Affonso. Liberdade de Imprensa, Líbero Badaró, Migalhas, 2011.

____ Tratado Luso-Brasileiro da Dignidade Humana, 1ª ed., Quartier Latin, 2008, p. 220.

Ferreira, Waldemar Martins. História do Direito Brasileiro, 1ª ed., Freitas Bastos, 1951, tomo I.

____ Tratado de Direito Comercial, 1ª ed., Saraiva, 1960, vol. 2.

Ferreira, Wolgran Junqueira. Direitos e Garantias Individuais, 1ª ed., Edipro, 1997.

Ferreira Filho, Manoel Gonçalves. Curso de Direito Constitucional, 35ª ed., Saraiva, 2009.

____ Do Processo Legislativo, 5ª ed., Saraiva, 2007.

____ O Poder Constituinte, 5ª ed., Saraiva, 2007.

Figueiredo, Lúcia Valle. Curso de Direito Administrativo, 9ª ed., Malheiros, 2008.

Freitas, Gilberto Passos de e Freitas, Vladimir Passos de. Abuso de Autoridade, 9ª ed., RT, 2001.

Garcia, Emerson. Abuso de Poder nas Eleições, 3ª ed., Lumen Juris, 2006.

Gasparini, Diógenes. Direito Administrativo, 11ª ed., Saraiva, 2006.

Gomes, José Jairo. Direito Eleitoral, 11ª ed., Atlas, 2015.

____ Lei de Introdução às Normas do Direito Brasileiro, 1ª ed., Atlas, 2012.

Gomes, Suzana de Camargo. Crimes Eleitorais, 4ª ed., RT, 2010.

Grinover, Ada Pellegrini. Código Brasileiro de Defesa do Consumidor, 1ª ed., Forense Universitária, 1991.

Guimarães, Mário. O Juiz e a Função Jurisdicional, 1ª ed., Forense, 1958.

Ihering, Rudolf von. A Luta pelo Direito, trad. bras. de José Tavares Bastos, 1ª ed., Antunes, 1936.

Jaques, Paulino. Curso de Direito Constitucional, 5ª ed., Forense, 1967.

Jesus, Damásio de. Marco Civil da Internet, 1ª ed., Saraiva, 2014.

Kelsen, Hans. Teoria Pura do Direito, 4ª ed., Arménio Amado, Coimbra, 1979.

Larenz, Karl. Metodologia da Ciência do Direito, 1ª ed., Fundação Calouste Gulbenkian, Lisboa, 1978.

____ Derecho Civil, Parte General, 1ª ed., Editorial Revista de Derecho Privado, Madrid, 1978.

Leal, Victor Nunes. Problemas de Direito Público, 1ª ed., Forense, 1960.

Lima, Alvino. A Fraude no Direito Civil, 1ª ed., Saraiva, 1965.

Lucon, Paulo Henrique dos Santos e Vigliar, José Marcelo Menezes. Código Eleitoral Interpretado, 2ª ed., Atlas, 2011.

Lula, Carlos Eduardo de Oliveira. Direito Eleitoral, 2ª ed., Imperium, 2010.

Marques, José Dias. Introdução ao Estudo do Direito, 4ª ed., Universidade de Lisboa, 1972.

Marques, José Frederico. Tratado de Direito Penal, 1ª ed., Millennium, 2002, vol. 4.

____ Tratado de Direito Processual Penal, 1ª ed., Saraiva, 1980, vol. I.

____ Manual de Direito Processual Civil, 2ª ed., Saraiva, 1974, vol. I.

____ Instituições de Direito Processual Civil, 2ª ed., Forense, 1962, vol. I.

Maximiliano, Carlos. Hermenêutica e Aplicação do Direito, 12ª ed., Forense, 1992.

____ Comentários à Constituição Brasileira, 1ª ed., F. Bastos, 1948, vol. III.

Medauar, Odete. Direito Administrativo Moderno, 10 ed., RT, 2006.

____ A Processualidade no Direito Administrativo, 2ª ed., RT, 2008.

Meirelles, Hely Lopes. Direito Administrativo Brasileiro, 32ª ed., Malheiros, 2006.

____ Direito de Construir, 11ª, ed., Malheiros, 2013.

____ Direito Municipal Brasileiro, 14ª ed., Malheiros, 2006.

____ Licitação e Contrato Administrativo, 14ª ed., Malheiros, 2006.

Mello Filho, José Celso de. Constituição Federal Anotada, 2ª ed., Saraiva, 1986.

Mendes, Antônio Carlos. Cadernos de Direito Constitucional e Eleitoral, ed. IMESP, 1988, vol. 4.

Mendes, Gilmar Ferreira, Coelho, Inocêncio Mártires e Branco, Paulo Gustavo Gonet. Curso de Direito Constitucional, 4ª ed., Saraiva, 2009.

Mendes, Gilmar Ferreira e Martins, Ives Gandra da Silva. Controle Concentrado de Constitucionalidade, 2ª ed., Saraiva, 2005.

Menezes Cordeiro, António Manuel da Rocha e. Da Boa Fé no Direito Civil, 1ª ed., Almedina, Coimbra, 1984, vol. II.

Michels, Vera Maria Nunes. Direito Eleitoral, 7ª ed., Do Advogado, 2010.

Miranda, Darcy Arruda. Comentários à Lei de Imprensa, 3ª ed., RT, 1995.

Miranda, Jorge, Agra, Walber de Moura e Bonavides, Paulo. Comentários à Constituição Federal de 1988, 1ª ed., Forense, 2009.

Miranda, Jorge, e Marques da Silva, Marco Antônio. Tratado Luso-Brasileiro da Dignidade Humana, 1ª ed., Quartier Latin, 2008.

Monteiro, Washington de Barros. Curso de Direito Civil, 42ª ed., Saraiva, 2009, vol. 1.

Moraes, Alexandre de e Kin, Richard Pae. Cidadania, 1ª ed., Atlas, 2013.

Moraes, Alexandre de. Direito Constitucional Administrativo, 1ª ed., Atlas, 2002.

____ Direito Constitucional, 27ª ed., Atlas, 2011.

____ Constituição do Brasil Interpretada, 8ª ed., Atlas, 2011.

Moreira Alves, José Carlos. Direito Romano, 5ª ed., Forense, 1983, vol. I.

____ A Parte Geral do Projeto de Código Civil Brasileiro, 1ª ed., Saraiva, 1986.

Moreira, Vital e Canotilho, J. J. Gomes. Constituição da República Portuguesa, 1ª ed. Brasileira, RT, 2007.

Mota Pinto, Carlos Alberto da. Teoria Geral do Direito Civil, 1ª ed., Editora Coimbra, 1976.

Neisser, Fernando e Vargas, Marco Antônio Martin. Direito Eleitoral, Estudos em Homenagem ao Desembargador Mathias Coltro, Gazeta Jurídica, 2014.

Niess, Pedro Henrique Távora. Condutas Vedadas aos Agentes Públicos em Campanhas Eleitorais, 1ª ed., Edipro, 1998.

Nogueira, José da Cunha. Manual Prático de Direito Eleitoral, 1ª ed., Forense, 1987.

Oliveira, Marcelo Roseno. Ficha Limpa, 1ª ed., Edipro, 2010.

Pavan, Dorival Renato. Propaganda Eleitoral, 1ª ed., Pillares, 2008.

Pazzaglini Filho, Marino. Eleições Gerais 2010, 1ª ed., Atlas, 2010.

____ Lei de Improbidade Administrativa Comentada, 5ª ed., Atlas, 2011.

Pereira, Erick Wilson. Direito Eleitoral - Interpretação e Aplicação das Normas Constitucionais-Eleitorais, 1ª ed., Saraiva, 2010.

Pimenta Bueno, José Antônio. Direito Público Brasileiro e Análise da Constituição do Império, 1ª ed., Ministério da Justiça, 1958.

Pinto, Djalma. Direito Eleitoral, 4ª ed., Atlas, 2008.

Pinto, Djalma e Petersen, Elke Braid. Comentários à Lei da Ficha Limpa, 1ª ed., Atlas, 2014.

Pinto Ferreira, Luiz Alfredo Moraes. Comentários à Constituição, 1ª ed., Saraiva, 1989, vol.1.

____ Código Eleitoral Comentado, 3ª ed., Saraiva, 1991.

____ Comentários à Lei Orgânica dos Partidos Políticos, 1ª ed., Saraiva 1992.

____ As Eleições Municipais e o Município na Constituição de 1988, 1ª ed., Saraiva, 1992.

Ponte, Antônio Carlos da. Crimes Eleitorais, 1ª ed., Saraiva, 2008.

Pontes de Miranda, Francisco Cavalcanti. Comentários à Constituição de 1946, 4ª ed., Borsoi, 1963, tomo I e tomo II; 3ª ed., Borsoi, 1960, tomo IV.

____ Tratado de Direito Privado, 3ª ed., Borsoi, 1970, tomo 5, 3ª ed., Borsoi, 1971, tomo 7, 3ª ed., Borsoi, 1971, tomo 17 e 1ª ed., Borsoi, 1967, tomo 54.

____ Tratado das Ações, 2ª ed., RT, 1972, tomo I, e 1ª ed., RT, 1974, tomo V.

Posner, Richard Allen. Direito, Pragmatismo e Democracia, tradução brasileira, 1ª ed., Forense, 2010.

Prade, Péricles. Comentários ao Código Eleitoral, 1ª ed., Dialética, 2004.

Ramayana, Marcos. Direito Eleitoral, 14ª ed., Impetus, 2015.

____ Código Eleitoral Comentado, 3ª ed., Roma, 2006.

____ Comentários sobre a Reforma Eleitoral, 1ª ed., Impetus, 2010.

Ribeiro, Fávila. Direito Eleitoral, 3ª ed., Forense, 1988.

____ Abuso de Poder no Direito Eleitoral, 2ª ed., Forense, 1993.

Rocha, Cármen Lúcia Antunes. Constituição e Segurança Jurídica, 2ª ed., Fórum, 2009.

____ Princípios Constitucionais da Administração Pública, 1ª ed., Del Rey, 1994.

Rollo, Alberto e outros, Eleições no Direito Brasileiro, 1ª ed., Atlas, 2010.

Romano, Santi. Princípios de Direito Constitucional Geral, 1ª ed., RT, 1977.

Sampaio Doria, Antônio de. Direito Constitucional - Curso e Comentários à Constituição, 3ª ed., Nacional, 1953, 1º tomo.

Sidou, J. M. Othon. Dicionário Jurídico, 8ª ed., Forense Universitária, 2003.

Silva, José Afonso da. Curso de Direito Constitucional Positivo, 31ª ed., Malheiros, 2008.

____ Comentário Contextual à Constituição, 2ª ed., Malheiros, 2006.

Silva, Paulo Thadeu Gomes da. Sistema Constitucional das Liberdades e das Igualdades, 1ª ed., Atlas, 2012.

Simão, Calil. Improbidade Administrativa - Teoria e Prática, 1ª ed., Mizuno, 2011.

Sobreiro Neto, Armando Antônio. Direito Eleitoral – Teoria e Prática, 5ª ed., Juruá, 2010.

Stoco, Rui. Legislação Eleitoral Interpretada, 3ª ed., RT, 2010.

Temer, Michel. Elementos de Direito Constitucional, 5ª ed., RT, 1989.

Thur, Andreas von. Parte General del Derecho Civil, 1ª ed., Juricentro, San José, Costa Rica, 1977.

Torquato Jardim, Direito Eleitoral Positivo, 1ª ed., Brasília Jurídica, 1996.

Vargas, Marco Antônio Martin e Neisser, Fernando. Direito Eleitoral, Estudos em Homenagem ao Desembargador Mathias Coltro, Gazeta Jurídica, 2014.

Vellasco, Domingos. Direito Eleitoral, 1ª ed., Guanabara, 1935.

Velloso, Carlos Mário da Silva e Agra, Walber de Moura, Elementos de Direito Eleitoral, 2ª ed., Saraiva, 2010.

Vigliar, José Marcelo Menezes e Lucon, Paulo Henrique dos Santos. Código Eleitoral Interpretado, 2ª ed., Atlas, 2011.

Wieacker, Franz. História do Direito Privado Moderno, 1ª ed., Fundação Calouste Gulbenkian, Lisboa, 1980.

____ El principio general de la buena fe, 1ª ed., Civitas, Madrid, 1982.

Yarshell, Flávio Luiz. Direito Eleitoral, Estudos em Homenagem ao Des. Mathias Coltro, 1ª ed., Gazeta Jurídica, 2014.